Karl-Heinz Joachim
Schoeps-Jensen

VON HITLERS DEUTSCHLAND ZU TRUMPS AMERIKA

Karl-Heinz Joachim
Schoeps-Jensen

VON HITLERS DEUTSCHLAND ZU TRUMPS AMERIKA

Das Leben zweier Brüder: Krieg, Nachkriegszeit und die Folgen

lau verlag

Bibliografische Information
der Deutschen Nationalbibliothek
Die Deutsche Nationalbibliothek verzeichnet diese
Publikation in der Deutschen Nationalbibliografie;
detaillierte bibliografische Daten sind
im Internet über http://dnb.d-nb.de abrufbar.

Sämtliche Abbildungen von
Karl-Heinz Joachim Schoeps-Jensen

Der Abdruck der Gedichte von Bertolt Brecht
erfolgt mit Genehmigung des Suhrkamp Verlages.

ISBN 978-3-95768-249-9

Internet: www.lau-verlag.de

Umschlagentwurf: pl, Lau-Verlag, Reinbek
Umschlagabbildung: © iStock.com/ DenKuvaiev
Satz und Layout: pl, Lau-Verlag, Reinbek
Druck und Bindung: Finidr, s.r.o.
Printed in Czech Republic

Inhalt

Zum Andenken an meine Eltern und Geschwister
Hans-Günther, Inge und Röselie

Einführung

»Der junge Alexander eroberte Indien.
Er allein?«[1]

Es herrscht wieder Krieg in der Ukraine, in der mein Bruder vor rund 80 Jahren als deutscher Wehrmachtsoffizier gekämpft hat und gefallen ist; er ist jetzt auf dem deutschen Soldatenfriedhof in Kharkiv beerdigt, zusammen mit rund 42 000 anderen deutschen Soldaten. Die Namen der Orte in der Ukraine, die von den Russen belagert und beschossen werden, sind mir von den Briefen meines Bruders wohlvertraut. Auch ich habe den Krieg als Kind an der Heimatfront er- und überlebt; die Ereignisse in der Ukraine wecken schlimme Erinnerungen in mir.

Am 7. August 1943 schlug nachmittags eine Granate neben dem Gefechtsstand ein, der in wenigen Stunden verlegt werden sollte. Mehrere Soldaten, darunter der Bataillonskommandeur, wurden dabei verletzt. Der Adjutant des Kommandeurs kam mit schwersten Verletzungen sofort zum Verbandsplatz und von dort in ein Feldlazarett hinter der Front, wo er am folgenden Tag, dem 8. August 1943, starb. Der Adjutant war mein Bruder.

Etwa zur gleichen Zeit erstarrte ein kleiner siebenjähriger Junge vor Angst und Schrecken, unfähig, sich in Deckung zu bringen. Um ihn herum fielen Bomben und neben ihm spritzte Staub auf von Maschinengewehrgarben. Über ihm im Tiefflug ein Gesicht mit Flügeln, unter denen er deutlich einen fünfzackigen weißen Stern erkennen konnte. Das Kind überlebte den Angriff und kroch voller Furcht durch einen Graben zu seinem nahe gelegenen Haus. Seine Mutter befürchtete schon das Schlimmste und glaubte, nun auch ihren zweiten Sohn verloren zu haben. Das Kind war ich.

Damit beginnt die Geschichte zweier Brüder, die unterschiedlicher nicht sein konnten. Ich begann meinen Bericht im März 2020 inmitten der Corona-Pandemie, die bereits schlimme Ausmaße erreicht hatte, obwohl sie von dem Mann im Weißen Haus immer noch heruntergespielt wurde, dessen Regime mich an die Dreißigerjahre in Deutschland erinnerte, in denen ich geboren wurde.

Auf den folgenden Seiten versuche ich, das Leben dieser zwei Brüder in Deutschland nachzuzeichnen. Doch die Milieus, in denen sie aufwuchsen, waren grundverschieden: der eine in einer brutalen Diktatur, der andere in einer freiheitlichen Demokratie. Beide erlebten den Zweiten Weltkrieg, der eine als Soldat, der andere als Kind. Der eine verlor sein Leben an der Front in Russland, der andere überlebte den Krieg am Rande des Ruhrgebiets und musste nach dem Krieg mit Schuldgefühlen und den Folgen des Krieges zurechtkommen und sich seine Welt in Freiheit und ohne Krieg erobern. Die Rede ist von mir und meinem 16 Jahre älteren Bruder Hans-Günther; er wurde im Jahre 1919 geboren, ich im Jahre 1935. Sein Leben endete in einer Diktatur; mein Leben begann in einer Diktatur. Doch gegen Ende meines Lebens finde ich mich wieder in einer durch schleichenden Faschismus unter Trump gefährdeten Demokratie.

Ausgehend von unseren Eltern und unserem Elternhaus versuche ich, das Leben meines Bruders darzustellen anhand von seinen Briefen, Tagebuchnotizen, Aufzeichnungen unserer Mutter, Erzählungen und Notizen meiner älteren Schwester Inge und meinen eigenen, wenn auch nur dunklen Erinnerungen. Von seinen Briefen zitiere ich nur Ausschnitte, die ich für relevant und von allgemeinem Interesse halte, jedoch mit meinen Kommentaren aus heutiger Sicht. Vieles Persönliche wie Danksagungen für Briefe und Päckchen oder Anproben beim Uniformschneider übergehe ich dabei. Von Kampfhandlungen findet sich kaum etwas in seinen Briefen wegen der militärischen Zensur, und weil er unsere Eltern nicht unnötig beunruhigen wollte. Auch über sein Einsatzgebiet gibt es nur vage Hinweise, sodass ich dazu andere einschlägige historische Quellen zu Rate ziehen musste, die im Literaturverzeichnis aufgelistet sind. Die Übersetzungen stammen von mir, wenn nicht anderweitig angezeigt. Beide Geschichten »spiegeln das menschliche Drama des 20. Jahrhunderts wesentlich direkter als zahlreiche akademische Abhandlungen«.[2] »Statt von der großen Politik herabzuschauen, ist diese umgekehrte Perspektive der Versuch, das Verhalten einfacher Menschen von unten zu rekonstruieren.«[3] Oder wie Bertolt Brecht es in seinem Gedicht »Fragen eines lesenden Arbeiters« formulierte: »Cäsar schlug die Gallier./ Er allein?/ Philipp von Spanien weinte, als seine Flotte/untergegangen war. Weinte sonst niemand?«[4] Sowohl mein Bruder als auch ich sind Zeitzeugen; mein Bruder als Soldat und ich als Kriegskind. Wie Sabine Bode in ihrem Buch *Die vergessenen Generation. Die Kriegskinder brechen ihr Schweigen* ausführt, sind »die Kriegskinder als Zeitzeugen von unschätzbarem Wert«.[5] Mein Bruder musste nach dem Krieg nicht »re-zivilisiert« werden wie seine überlebenden Altersgenossen. Und auch ich nur in bedingtem Maße, da ich als 1935 Geborener zu jung war, um vom Nationalsozialismus infiziert zu sein. Meine Sozialisierung begann »nach Hitler« in der Britischen Besatzungszone und der Bundesrepublik Deutschland in einer Zeit, die Konrad Jarausch in seinem Buch *After Hitler. Recivilizing Germans 1945–1995* ausführlich beschreibt.

Nach Absolvierung der Kriegsschule in Potsdam im September 1939 kam mein Bruder als junger Leutnant zu seinem Regiment in die Eifel, wurde im Frankreichfeldzug verletzt, meldete sich nach seiner Genesung freiwillig zu seinem Regiment und nahm an den Feldzügen in Jugoslawien und in Russland teil. Er wurde dort nochmals verwundet, meldete sich trotzdem wieder an die Front zurück. Von den Verbrechen der Wehrmacht, der SS und den Einsatzgruppen in Russland, an denen er als Frontoffizier wohl nicht persönlich beteiligt war, doch von denen er sicherlich etwas gewusst haben musste, findet sich kein Wort in seinen Briefen. Während seiner Zeit an der Kriegsschule in Potsdam erlebte er trotz des Weggangs zahlreicher Künstler das immer noch reichhaltige Kulturleben der Reichshauptstadt, das er in seinen Briefen ausführlich schildert. Aus manchen seiner Briefe erfahren wir auch einiges über Land und Leute in den eroberten Gebieten, und das nicht ohne eine gewisse Sympathie. Aus anderen Briefen wiederum sprechen seine totale Bewunderung für den Führer, sein unerschütterlicher Glaube an den Endsieg und seine Gedanken über ein Leben in Deutschland nach dem gewonnenen Krieg.

Anschließend kontrastiere ich mein eigenes Leben mit dem meines Bruders, das unterschiedlicher nicht hätte sein können. Damit hoffe ich, aus meiner Perspektive einen weiteren Beitrag zur »Zeitgeschichte von unten« zu leisten. In einem kleineren Rahmen versuche ich damit, was bereits Konrad Jarausch in seinem Buch *Broken Lives* getan hat, in dem er die Leben einer Anzahl von einfachen Bürgern in den Wirren des Krieges und der Nachkriegszeit nachzeichnet: »Statt sich auf den Verlauf der hohen Politik zu konzentrieren, erhellt dieser umgekehrte Weg die menschliche Dimension. … Statt von der hohen Politik herunterzuschauen, versucht diese umgekehrte Perspektive, das Leben einfacher Leute von unten zu rekonstruieren.«[6] Doch anstelle von Jarauschs »siebzehn exemplarischen Beispielen … einundzwanzig sekundären Personen … [und] mehr als vierzig Nebenfiguren«[7] konzentriere ich mich auf nur zwei exemplarische Personen: meinen Bruder und mich. Meine Darstellung schließt sich anderen Büchern mit Feldpostbriefen Angehöriger an, beispielsweise von Uwe Timm mit seinem Buch *Am Beispiel meines Bruders* oder Konrad H. Jarausch in *Das stille Sterben … Feldpostbriefe von Konrad Jarausch aus Polen und Russland 1939–1942*. Timms 16 Jahre älterer Bruder Karl-Heinz war als junger Freiwilliger bei der Waffen-SS an der kämpfenden Front in Russland und bezahlte dafür mit seinem Leben wie mein Bruder, der ebenfalls 16 Jahre älter war als ich. Jarauschs Vater dagegen war Veteran des Ersten Weltkriegs und im Zweiten Weltkrieg als Bewacher von polnischen und russischen Kriegsgefangenen eingesetzt, deren Leiden und Sterben er hautnah miterlebte. Aber auch er überlebte den Krieg nicht und starb an Typhus. Mein Bruder dagegen war Frontoffizier, erst in Frankreich, dann in Jugoslawien und zuletzt in Russland. Auch er bezahlte dafür mit seinem Leben. Bei Peter Longerich und in Jarauschs Buch finden sich weitere Literaturhinweise auf andere Feldpostbriefsammlungen wie *Briefe aus Stalingrad*. Auch im Internet gibt es eine wertvolle Sammlung von Feldpostbriefen.[8]

Mein Leben dagegen verlief völlig anders als das meines Bruders. Ich erlebte zwar die Schrecken des Krieges und die Wirren der Nachkriegszeit als Kind am Rande des Ruhrgebiets in einem Dorf, jetzt Stadt namens Voerde. Doch alles Militärische und Nationalistische ist mir fremd und erfüllt mich mit Abneigung. Als die politische und gesellschaftliche Lage sich etwas beruhigt hatte, ergriff ich die Möglichkeiten, die eine offene Welt und eine freiheitliche Demokratie mir boten, studierte in Deutschland und anderen Ländern und landete schließlich in den Vereinigten Staaten von Amerika und wurde deren Staatsbürger, doch unter Beibehaltung der deutschen Staatsbürgerschaft. Mein Bericht behandelt meine Kriegserlebnisse als Kind, meine Nachkriegserlebnisse als Kind und als Jugendlicher und die Folgen; der Schatten des Krieges und der Nazizeit haben mich mein ganzes Leben begleitet.

Für meine Autobiografie waren zwei Bücher inspirierend: Jost Hermands *Als Pimpf in Polen* und *Zuhause und anderswo*. Hermand, einer meiner Professoren an der University of Wisconsin in Madison, erlebte wie ich die Kriegs- und Nachkriegszeit in Deutschland. Doch da er rund 6 Jahre älter war als ich, wurde er in die Hitlerjugend gezwungen und als Pimpf im Zuge der Kinderlandverschickung in ein Lager nach Polen geschickt, wo er wegen seines Sprachfehlers und seiner unsportlichen Haltung malträtiert wurde. Hitler wollte bekanntlich seine Jugend »flink wie Windhunde, zäh wie Leder und hart wie Kruppstahl«. Und Hermand war alles andere als flink, zäh und hart, sondern interessiert an Literatur, Kunst und Musik. In seinem Buch *Zuhause und anderswo* beschreibt er sein Leben im Nachkriegsdeutschland, aber auch ausführlich seine außerordentliche akademische Karriere in Deutschland und, zum größten Teil, in den USA. Ein Kapitel widmet sich den Studentenunruhen auf dem Campus in Madison, die auch ich miterlebt habe und auf die ich später noch zurückkommen werde.

Ein weiteres Buch, das mir Anregungen und Einsichten vermittelte, stammt von dem bekannten Germanisten Peter Wapnewski (1922–2012), vor allem der erste Band seiner Erinnerungen *Mit dem anderen Auge, Erinnerungen 1922–1959*, da es Kriegs- und Nachkriegsjahre umfasst. Wapnewski gehörte zu der Generation meines Bruders und diente im Krieg als Panzersoldat in einem Gebiet, in dem auch das Regiment meines Bruders kämpfte. Als Verwundeter (er hatte dabei ein Auge verloren) kam Wapnewski zunächst in ein Notlazarett in Taganrog, einer Stadt am Asowschen Meer, in der etwa zur gleichen Zeit 1942 mein Bruder stationiert war. Obwohl wesentlich jünger, teile ich mit Wapnewski die Erinnerungen an den Bombenkrieg, den er in Berlin erlebte.

Die Familie

1935 war ein entscheidendes Jahr in der deutschen Politik. Adolf Hitler hatte am 30. Januar 1933 als Reichskanzler die Macht übernommen und begonnen, die Demokratie zu zerstören und sein diktatorisches Regime zu errichten. Im März 1933 wurde das erste Konzentrationslager (KZ) für politische Gegner des Regimes in Dachau bei München eröffnet. Am 16. März 1935 wurde die allgemeine Wehrpflicht wieder eingeführt – entgegen den Bestimmungen des Vertrags von Versailles, den Hitler aufgekündigt hatte. Das »Gesetz zum Schutze des deutschen Blutes und der deutschen Ehre« folgte am 15. September 1935 und kurz darauf, am 18. Oktober 1935, das »Gesetz zum Schutze der Erbgesundheit des deutschen Volkes«, die sogenannten »Nürnberger Gesetze«, Gesetze, die nach James Q. Whitman mit Blick auf die amerikanischen »Jim Crow«-Rassengesetze zustande kamen.[9] Die Gesetze verboten Eheschließungen und außerehelichen Geschlechtsverkehr zwischen Juden und Nichtjuden (»Ariern«). Auf »Rassenschande« standen Zuchthaus und Gefängnis. Die »Reinerhaltung des deutschen Blutes« sahen die Nazis auch durch »Zigeuner, Neger und ihre Bastarde« gefährdet. Juden wurde außerdem das Hissen der deutschen (Hakenkreuz-)Flagge verboten. Bertolt Brechts Antwort auf die Nürnberger Gesetze war seine 1935 im dänischen Exil in Svendborg geschriebene »Ballade von der ›Judenhure‹ Marie Sanders«, erstmals veröffentlicht in der Exilzeitschrift *Das Wort* in Moskau, vertont von Hanns Eisler:

> In Nürnberg machten sie ein Gesetz
> Darüber weinte manches Weib, das
> Mit dem falschen Mann im Bett lag.
> »Das Fleisch schlägt auf in den Vorstädten
> Die Trommeln schlagen mit Macht
> Gott im Himmel, wenn sie etwas vorhätten
> Wäre es heute Nacht.«
>
> Marie Sanders, dein Geliebter
> Hat zu schwarzes Haar.
> Besser, du bist heute zu ihm nicht mehr

Wie du zu ihm gestern warst.
»Das Fleisch schlägt auf in den Vorstädten
Die Trommeln schlagen mit Macht
Gott im Himmel, wenn sie etwas vorhätten
Wäre es heute Nacht.«

Mutter, gib mir den Schlüssel
Es ist alles halb so schlimm.
Der Mond sieht aus wie immer.
»Das Fleisch schlägt auf in den Vorstädten
Die Trommeln schlagen mit Macht
Gott im Himmel, wenn sie etwas vorhätten
Wäre es heute Nacht.«

Eines Morgens, früh um neun Uhr
Fuhr sie durch die Stadt
Im Hemd, um den Hals ein Schild, das Haar geschoren
Die Gasse johlte. Sie
Blickte kalt.
»Das Fleisch schlägt auf in den Vorstädten
Der Streicher spricht heute nacht.
Großer Gott, wenn wir ein Ohr hätten
Wüssten wir, was man mit uns macht.«[10]

Im März 1936 ließ Hitler die Wehrmacht in das entmilitarisierte Rheinland einmarschieren; eine weitere Verletzung des Versailler Vertrags. Frankreich und Großbritannien unternahmen nichts, um den Diktator und seine Eroberungspläne zu stoppen. Die »Nürnberger Gesetze« verschärften weiterhin die Lage der jüdischen deutschen Mitbürger, die bereits am 7. April 1933 als Beamte ihre Stellung verloren hatten gemäß dem »Gesetz zur Wiederherstellung des Berufsbeamtentums«. Weitere Demütigungen der deutschen jüdischen Bevölkerung folgten und erreichten ihren ersten Höhe- oder besser Tiefpunkt in der »Reichskristallnacht« vom 9. November 1938, in der jüdische Geschäfte und Synagogen verwüstet und zahlreiche Juden getötet wurden. Der absolute Tiefpunkt der Judenverfolgung in Deutschland begann Mitte 1941 mit der systematischen Deportation deutscher Juden in Konzentrationslager im Osten – noch vor Beginn der berüchtigten Wannseekonferenz vom 20. Januar 1942, die dazu diente, den Holocaust besser zu organisieren. Das geschah mitten im Krieg, der am 1. September 1939 gegen Polen, 1940 gegen Frankreich und am 22. Juni 1941 gegen die Sowjetunion begann.

Das also war die Welt, in die ich am 8. Dezember 1935 hineingeboren wurde. Mein Geburtsort war Dinslaken, eine Kleinstadt am nordwestlichen Rande des Ruhrgebiets. Aufgewachsen bin ich in Voerde am Niederrhein.[11] Voerde ist nicht weit entfernt von Xanten, einst ein großes römisches Lager namens Ulpia Trajana. Xanten war nach der Nibelungensage auch der Geburtsort des mythologischen Siegfried von Xanten; der Schatz der Nibelungen soll ebenfalls bei Xanten im Rhein begraben sein. Weiter stromaufwärts ist Düsseldorf, die Hauptstadt von Nordrhein-Westfalen; Geburtsort von Heinrich Heine. Von den oben geschilderten Ereignissen hatte ich natürlich keine Ahnung und erfuhr davon erst wesentlich später. Meine erste Erinnerung war der Glanz der aufgehenden Sonne im Osten, gefiltert durch hohe Fichten an unserem Haus in der Alexanderstraße. (Ironischerweise sah ich als alter Mann den Sonnenuntergang im Westen wiederum durch hohe Fichten vor dem Fenster meines Schlafzimmers in Urbana, Illinois.) Mein Vater war Volksschullehrer und Rektor der Alexanderschule (jetzt Pestalozzischule) in Voerde mit zwei Klassenräumen im Westteil eines größeren Gebäudes, das im Ostteil unsere geräumige zweistöckige Wohnung beherbergte.

Nach Osten hin war ein Steingarten und dahinter ein großer Garten, in dem meine Mutter, Blumen und Gemüse anbaute. Unser Vater engagierte sich nur, wenn er seine Schulkinder nach Kartoffelkäfern suchen ließ. Südlich von unserem Schul- und Wohngebäude war ein großer Schulhof, zum Teil durch große Fichten beschattet, ideal für Kinder an sonnigen Tagen und später zur Tarnung von Wehrmachtsfahrzeugen. Vom Haupteingang im Osten des Hauses betrat man einen längeren Flur. Links war der Eingang zur Küche, die erste Tür rechts führte ins Esszimmer, das wir nur selten und nur für Gäste und zu hohen Feiertagen wie Weihnachten benutzten. In der Mitte des Esszimmers stand ein großer Esstisch, an der Ostwand eine Anrichte (oder Buffet), auf der zu Weihnachten die Geschenke aufgebaut wurden; an der Westwand war eine große Öffnung zum Wohnzimmer mit Schiebetür. Der Esstisch bot mir öfter Schutz vor Fritz Vorgang,

Schulhaus in Voerde in den Dreißigerjahren

einem Kollegen meines Vaters und Vorgänger im Amt, vor dem ich Angst hatte, wenn er Hund spielte und mich anbellte. Er war ein etwas komischer Charakter seiner Zunft, klein und mit bürstenartigem Haarschnitt (crew cut), der damals Lehrer in Brünen bei Wesel war und ab und zu mit seiner Frau (die nichts zu sagen hatte) zu uns nach Voerde zu Besuch kam. Gegenüber von der Wohnzimmertür zum Flur war ein dunkler Vorhang, dahinter einige Stufen, die zur Seitentür nach draußen, zur Kellertür und zur Tür zu den Klassenzimmern führten. Durch die letztere Tür hätte mein Vater in Pantoffeln in die Klassen gehen können, was er jedoch nie tat, sondern immer nur mit Schuhen, Anzug und Krawatte, allerdings ohne Pfeife, die er sonst gewöhnlich im Mund hielt. Als Kind hatte ich immer Angst, wenn ich an dem dunklen Vorhang vorbei musste, vor allem im Dunkeln, denn dahinter konnten sich ja unheimliche Gestalten verbergen. Am westlichen Ende des Flurs, vorbei an dem Vorhang, ging eine Treppe nach oben, wo sich die Schlafzimmer und Vaters Bibliothek befanden. Vor der Küche gab es noch einen Vorraum mit Steinboden, Wasserpumpe und Ausgang zum Garten. In diesem Haus verbrachte ich meine Kinderjahre bis zum Februar 1945 und erlebte die Schrecken des Krieges, aber auch viele schöne Stunden.

Kurz nach meiner Geburt wurde ich sehr krank, da ich keine Muttermilch vertrug. Ich verlor an Gewicht und entwickelte mich rückwärts. Ich wurde in die Städtischen Krankenanstalten in Dortmund gebracht, wo meine Tante Ami, die ältere Schwester meiner Mutter, Krankenschwester war. Dort nannte man mich »Krümelchen« und päppelte mich wieder auf. Später, wenn ich als Teenager meine Tante in Dortmund besuchte, erlangte ich eine gewisse Berühmtheit, denn zu meiner Verwunderung kannten mich alle Krankenschwestern auf der Station. Bei einem meiner Besuche meinte meine Tante, ich sei nun erwachsen genug und müsse einen Hut tragen. Also ging sie mit mir in ein Hutgeschäft, kaufte mir dieselbige Kopfbedeckung und ging dann mit ihrem behüteten Neffen in eine Konditorei. Das war allerdings das erste und letzte Mal, dass ich einen Hut getragen habe. Mit einer Ausnahme. In Mülheim/Ruhr, dem Wohnort meiner ältesten Schwester und Familie, lief ein nicht jugendfreier Film, den ich unbedingt sehen wollte; ich glaube es war *Die Sünderin* (1951) mit Hildegard Knef (1925–2002). Mit Hut tief im Gesicht ließ man mich ungeschoren hinein.

Mein Vater, Karl Gustav Schoeps (1893–1977) wurde am 7. September 1893 in Crefeld (Krefeld) am Rhein im Staat Preußen geboren. Sein Vater, Carl Gustav Schoeps, war Schreiner, der auf Wanderschaft den Rhein aufwärts in Kreuzlingen, Schweiz, eine Caroline Lang kennenlernte, heiratete, mit zurück nach Krefeld nahm und Mutter meines Vaters und seines Bruders Hans wurde (daher meine Schweizer Verbindung). Mein Vater diente im Ersten Weltkrieg als einfacher Musketier in der 8. Kompanie des 10. Rheinischen Infanterieregiments 161 und wurde gleich zu Anfang, am 19.9.1914, bei Sedan verwundet. Damit war für ihn der Krieg zu Ende und zum Glück für mich. Nach seiner Genesung wurde er am 20. August 1915 mit dem Eisernen Kreuz Zweiter Klasse und einigen Granatsplittern im Rücken entlassen. Somit konnte er seine Ausbildung zum Volksschullehrer in einer »Präparande« absolvieren. Ich wünschte später, ich hätte meinen Vater mehr nach seiner Soldatenzeit im Ersten Weltkrieg befragt und noch mehr nach seiner Haltung im Dritten Reich. Doch leider habe ich das kaum getan.

Verlobungsbild meiner Eltern 1918

Am 20. September 1918 heiratete mein Vater die »Jungfrau Ella Katharina Margarete Grühl« (so die amtliche Bescheinigung), meine Mutter.

Am 18.7.1919 kam ihr erster Sohn Hans-Günther auf die Welt, gefolgt von Ingeborg, geboren am 30.9.1921, und Rosemarie (Röselie), geboren am 28.11.1924. Hans-Günther ist am 8.8.1943 in Russland gefallen, Inge starb 2017 im hohen Alter von 96 Jahren und Röselie ist 2007 im Alter von 83 Jahren gestorben. Somit bin ich das letzte noch lebende Kind der Eheleute Schoeps. Bei der Durchsicht von Familienunterlagen – mein Vater musste ja im Dritten Reich einen Ariernachweis erbringen – entdeckte ich mit einigem Schrecken eine Todesanzeige von Karl-Heinz Schoeps. Das war glücklicherweise nicht ich, sondern ein Bruder, der aber nur einen Tage lebte und am 20.11.1922 verschied.

Meine Schwester Inge musste nach ihrem Abitur in Wesel zum obligatorischen Arbeitsdienst (zuvor natürlich auch zum »Bund deutscher Mädel« [BdM]). Danach machte sie eine Ausbildung zur Volksschullehrerin. Im Jahre 1942 heiratete sie den Sonderschullehrer Heinz Kolkmann, den sie kennengelernt hatte, als er Hospitant an der Schule meines Vaters war. In meiner Erinnerung sehe ich ihn in Luftwaffenuniform in unserem Haus, um meine Schwester Inge zu besuchen. Er war als Funker eingezogen und in der Nähe von uns stationiert. Wann immer er konnte, kam er mit seinem Funkwagen zu uns nach Voerde, um mit Inge alleine zu sein. Ich aber war natürlich neugierig und wollte wissen, was der fremde Mann da von meiner Schwester wollte. Gute Worte halfen nichts, um mich loszuwerden, wohl aber Fliegerschokolade. Bis dahin hatte ich nie Schokolade gesehen. Und diese kam in kleinen runden Dosen. Sobald ich die süße Bestechung erhalten hatte, zog ich davon. Später, nachdem er am Balkanfeldzug teilgenommen hatte, schaffte es Heinz mitten im Krieg, aus der Luftwaffe entlassen zu werden.

Wie kam es dazu, dass es Heinz gelang, mitten im Krieg aus der Wehrmacht als »kriegsuntauglich« entlassen zu werden? Läuse! Die hatten sich in seinen Beinen festgesetzt und konnten im Lazarett nur unter Betäubung mit Alkohol ausgebrannt werden. Nach seiner Entlassung aus dem Lazarett stand er nun beim Appell mit Lumpen an den Beinen da, weil er mit seinen geschwollenen Beinen keine Schuhe und Beinkleider tragen konnte. Der den Appell abnehmende Offizier fand es für einen Soldaten der Wehrmacht als unwürdig, meinen Schwager Heinz so mit umwickelten Beinen ohne Schuhe dastehen zu sehen. Er wurde als »kriegsuntauglich« entlassen. Dabei spielte auch ein prominenter Großgrundbesitzer und Parteimitglied, van Ackeren aus Birten, heute ein Teil von Xanten im Kreis Wesel, eine wichtige Rolle. Der Arzt, der meinen Schwager Heinz behandelt hatte, stammte aus Birten, hatte Kinder wie auch sein Bekannter van Ackeren, die wegen des Krieges keine Schule mehr hatten. Als sie nun erfuhren, dass Heinz Lehrer war, wollten sie ihn anstellen, um ihre Kinder zu unterrichten. Van Ackeren schaltete seinen Bekannten Rudolf August Oetker ein, Chef des Oetker-Konzerns und strammer Nazi, um die Entlassung von Heinz durchzusetzen. Läuse haben ihm damit wohl das Leben gerettet.[12]

Heinz hasste das Militär – ganz im Gegensatz zu meinem Bruder, der mit Leib und Seele Berufsoffizier wurde. Wie die beiden miteinander zurechtkamen, ist mir schleierhaft. Doch sie haben sich ja sowieso nur sehr selten gesehen. Kolkmanns hatten zwei Kinder: Ulrich, heute pensionierter Pfarrer in Braunschweig, und Ricarda, heute pensionierte Sonderschullehrerin in Weggis, Schweiz. Die Geburt von Ulrich oder Ulli, wie ich ihn immer noch nenne, am 8. Februar 1944 werde ich nie vergessen (wie so viele andere Geburtstage), da Inge bei Fliegeralarm mit einem Krankenwagen zur Entbindung ins Krankenhaus nach Dinslaken gebracht werden musste, zum selben Krankenhaus, in dem ich 1935 geboren wurde. Es war eine Zitterpartie für uns alle, da der Krankenwagen hätte beschossen oder bombardiert werden können, doch alles ging gut. Röselie machte eine Lehre als Buchhändlerin bei Engelbertz in Wesel und verbrachte ebenfalls eine Zeit im BdM und im Arbeitsdienst wie ihre Schwester Inge. Dann diente sie als Flakhelferin und in der Rüstungsindustrie. Als ihre Flakstellung bombardiert wurde, war sie glücklicherweise auf Urlaub bei uns zu Hause, sonst hätte sie nicht überlebt. Nach dem Krieg machte sie eine Ausbildung zur Säuglingsschwester und heiratete den Vikar und Pastor Karlheinz Beyer, mit dem sie vier Kinder hatte: Günther, Irmela, Joachim und Ulrike.

Meine Mutter wurde 1890 in Barmstedt im südlichen Schleswig-Holstein geboren, ungefähr 30 Kilometer nordwestlich von Hamburg. Sie wuchs auf in Blossin bei Fredersdorf, Brandenburg, südlich von Berlin, zusammen mit zwei Schwestern, Alma (die älteste) und Gretel

Familie Schoeps 1937.
Im Hintergrund links der Vater mit Pfeife und Hans-Günther;
im Vordergrund von links: Röselie, unsere Mutter, ich, Inge und Kusine Uschi

(die jüngste) sowie einem Bruder, mein Onkel Max, Lehrer und Afrikaforscher (Äthiopien), der nach 1945 in einem sowjetischen Lager starb. Die Familie war sehr arm; der Vater war im Krieg von 1870–71 gestorben und Sozialversicherung gab es keine. Meine Mutter und ihre Schwestern – der Bruder Max wohnte nicht mehr bei ihnen – verdienten sich ihr karges Geld mit der Bedienung einer Zugbrücke an einem der vielen Wasserwege um Berlin herum, der zum Wolziger See führt (heute gibt es da eine Brücke). Zu DDR-Zeiten für uns im Westen unerreichbar, doch nach der Wende machten meine Schwester Inge und ich einen unvergesslichen Besuch in Blossin. Dort, in Blossin, sah mein Vater meine Mutter zum ersten Male, als er mit einem Freund, meinem späteren Onkel Walter, eine Bootsfahrt machte und durch die Zugbrücke musste. Mein Vater heiratete dann die mittlere Schwester, Onkel Walter die jüngere. Meine Mutter war eine typische Hausfrau, die Haushalt und Kinder liebevoll versorgte, während mein Vater seinem Beruf nachging, Bücher und Zeitungen las, seine Pfeife rauchte und ansonsten herzlich wenig im Hause tat. Meine Mutter war eine liebe und intelligente Frau mit einigen literarischen Ambi-

Familie Schoeps 1939. Von links nach rechts Inge, Mutter, Röselie, ich, Hans-Günther als frischgebackener Leutnant und Vater

tionen. Unter dem Pseudonym Elsaba Boje (eigentlich der Name einer Vorfahrin) wollte sie immer einen Roman schreiben, doch daraus wurde nie etwas. Sie starb leider viel zu früh 1953 im Alter von 63 Jahren. Ich werde ihren Todestag nie vergessen. Nach der Tanzstunde bei einer Party bei Freunden spürte ich plötzlich, dass ich unbedingt nach Hause musste. Ich raste wie ein Wilder mit meinem Fahrrad nach Voerde und kam gerade noch rechtzeitig, um meine Mutter an einer Embolie sterben zu sehen. Ich warf mich über sie und mein Vater musste mich mit Gewalt entfernen. Meine Mutter weilte bis dahin zur Kur in einem Erholungsheim in Pracht, einer Kleinstadt in Rheinlandpfalz. Als es ihr schlechter ging, holten wir sie nach Hause, statt sie ins Krankenhaus nach Dinslaken zu bringen. Für mich war ihr Tod ein schwerer Schlag, und als mein Vater zum zweiten Male heiratete, ließ ich meinen Frust an Erna, seiner neuen Frau, aus. Sie war zu mir jedoch immer liebevoll, und als ich etwas reifer war, entschuldigte ich mich bei ihr.

Meine Mutter und ich in Berlin 1942

An meinen Bruder Hans-Günther kann ich mich kaum erinnern, da er gleich nach seinem Abitur in Wesel zum Arbeitsdienst musste, dann zur Kriegsschule nach Potsdam, anschließend Berufsoffizier wurde und nur selten zu Hause war. Zwei Begegnungen blieben in meinem Gedächtnis: Spaziergänge mit ihm und unserem Schäferhund Rolf in einem Wäldchen gegenüber von unserer Schule 1940 oder 1941 und sein Besuch in Voerde mit seinem kommandierenden General im Frühjahr 1943.

In seiner Karriere als Lehrer hat mein Vater mehrere Deutschlands erlebt und spiegelte damit deutsche Geschichte im 20. Jahrhundert. Seinen ersten Eid als Beamter leistete er auf den Kaiser. 1918 verschwanden Kaiser und Reich nach dem verlorenen Ersten Weltkrieg. Es folgte die Weimarer Republik und mein Vater leistete einen Eid auf sie. 1933 kam das nächste Deutschland, das Dritte oder Tausendjährige Reich, und wiederum legte er seinen Eid auf dieses Regime ab, das jedoch nach nur 12 Jahren unterging. Das nächste, in vier Zonen geteilte und verkleinerte Deutschland erlebte mein Vater zuerst im englischen Internierungslager in Paderborn und dann als einfacher Hilfsarbeiter, bis er in der Bundesrepublik wieder als Lehrer eingestellt wurde und erneut einen Eid auf diesen Staat schwor. »Was für ein Deutschland kommt nun als Nächstes?«, fragte er sich. Das vereinte Deutschland hat er nicht mehr erlebt; er starb 1977 im Alter von 84 Jahren. Mein Vater war eigentlich ein deutscher Patriot, der sich von Hitler eine Erneuerung Deutschlands, das Ende der Wirtschaftskrise und die Kündigung des aus seiner Sicht (und nicht nur aus seiner) unfairen Versailler Vertrags erhoffte (»make Germany great again« – frei nach Donald Drumpf, i.e. der Name seiner deutschen Vorfahren). Also trat er bereits 1933 in die Nationalsozialistische Deutsche Arbeiterpartei (NSDAP) ein. Gegen den Rat meiner Mutter, die ihm riet, doch erst einmal abzuwarten. Doch ihr Karl hörte nicht auf sie und – politisch naiv, wie er war – ließ sich von einem Lehrerkollegen beschwatzen. Was ihn als Christ besonders beeindruckte, war der »Tag von Potsdam«, an dem der greise Reichspräsident von Hindenburg zusammen mit dem neuen jungen Reichskanzler Adolf Hitler am 21. März 1933 eine Staatszeremonie in der Garnisonskirche in Potsdam besuchte (ein Vergleich Trump mit der Bibel vor einer Kirche in Washington D.C. bietet sich an). Peter Fritzsche beschreibt den Tag von Potsdam, dessen Bedeutung nicht zu überschätzen ist, folgendermaßen: »Der Tag von Potsdam fand am 21. März 1933 in der Potsdamer Garnisonskirche statt, der Kirche, in der Friedrich der Große begraben lag. Damit wurde Hitler mit der verehrten preußischen Tradition der Hohenzollern und der Reichsgründung vor 60 Jahren verbunden sowie mit den heroischen Opfern des Großen Krieges, repräsentiert durch den ›Helden von Tannenberg‹, den Präsidenten Paul von Hindenburg, den Hitler noch vor einem Jahr heftig bekämpft hatte. Tausende von Postkarten zeigten, wie Hitler und Hindenburg die Hände schüttelten und damit die Union des alten mit dem neuen Deutschland besiegelten. Die feierliche Zeremonie mit militärischer Musik und Kirchenglocken und die intime Szenerie in der Garnisonskirche wurden effektvoll im Radio übertragen. Das ist also die Bedeutung des Tages von Potsdam: Bilder der Einheit für die Bevölkerung.«[13]

Mein Vater hat die Radioübertragung höchstwahrscheinlich gehört und die Postkarten gesehen; er war als Veteran des Ersten Weltkriegs sicherlich beeindruckt. Noch glaubte er im Ernst, dass die Nazis sich nicht in das religiöse und kirchliche Leben der Christen einmischen würden, doch er wurde bald eines Besseren belehrt.

Wie alle nichtjüdischen Deutschen mussten auch meine Eltern ihren »arischen« Stammbaum nachweisen und einen »Ariernachweis« erbringen, obwohl niemand so recht wusste, was ein Arier eigentlich war. Wie groß die Verwirrung war, zeigt das Beispiel einer Berliner Familie: »Ich habe in einer Enzyklopädie nachgelesen, was Arier sind. Die leben in Asien. Wir haben keine Verwandten dort, wir stammen aus Prenzlau.«[14] Es musste große Mühen gekostet haben, alle nötigen Dokumente aus zwei Generationen zu sammeln, zumal die Mutter meines Vaters Schweizerin war. Aufgrund dieser erzwungenen Ahnenforschung hatte ich kaum Interesse daran, meinen Ahnen nachzuspüren. Trotzdem fand ich die Familiengeschichte meiner Vorfahren, die ich von meinem Vater geerbt hatte, recht interessant.

Unter dem Druck der NS-Politik spaltete sich die evangelisch-protestantische Kirche in »Deutsche Christen«, deren Pfarrer das Hakenkreuz am Talar trugen, und »Bekennende Christen«, für die das Kreuz Christi über dem Hakenkreuz stand. Der bekannteste Vertreter dieser Richtung war Dietrich Bonhoeffer, der dafür mit seinem Leben bezahlte. Mein Vater zählte zu den bekennenden Christen. Er durchlief in der Folgezeit einen Prozess der Desillusionierung und sah sich in seinem Glauben bedroht. So schrieb er bereits im Herbst des Jahres 1937 an einen Freund: »Ich habe den Nationalsozialismus als die große Lüge erkannt und bereue es sehr, den nun unabänderlichen Schritt zur Partei getan zu haben.«[15] Als Beamter hätte er bei seinem Austritt aus der Partei sofort seine Stelle verloren, vielleicht sogar mehr. Außerdem hatte er vier Kinder zu versorgen, vor allem seinen kleinen 1935 geborenen Sohn. So verblieb er in der Partei bis zum bitteren Ende. In Bildern aus den frühen Dreißigerjahren ist das Parteiabzeichen auf dem Revers seiner Jacke noch zu sehen, später nicht mehr – ich kann mich jedenfalls nicht daran erinnern.

Anfang 1944 wurde er zum Bau des »Atlantikwalls« eingezogen – Schule gab es wegen der Fliegerangriffe und Belegung der Klassen mit Militär sowieso nicht mehr. In den letzten Kriegsmonaten wurde er noch zum Volkssturm eingezogen, obwohl er weder Uniform noch eine Waffe besaß. Seine Aufgabe bestand im Telefondienst. Als mein Schwager Heinz, jetzt ebenfalls im Volkssturm, ihm nahelegte, zusammen mit ihm zu fliehen, konnte mein Vater das nicht mit seinem Beamtengewissen vereinbaren, bis mein Schwager ihm zeigte, dass das Telefon sowieso nicht mehr funktionierte – er hatte das Kabel durchtrennt. Da der Lärm der alliierten Artillerie immer stärker wurde und weder mein Vater noch mein Schwager den Rheinübergang der alliierten Streitkräfte verhindern konnten, schwangen sie sich auf ihre Fahrräder und fuhren gen Osten zu uns nach Remmighausen bei Detmold, wo wir, meine Mutter, meine Tante Ami, Schwester Inge mit dem kleinen Ulli evakuiert waren. Es muss eine ganz schlimme Fahrt gewesen sein; die beiden haben später kaum davon erzählt. Nur eine Episode blieb in meinem Gedächtnis haften. Die beiden Männer wurden von einem deutschen Kradmelder überholt, den sie kurz darauf ohne Kopf im Graben liegen sahen; er war von einer Granate zerfetzt worden. Kurz nach Kriegsende kehrten sie wieder zurück; mein Vater nach Voerde, mein Schwager nach Mülheim/Ruhr, wo er seine Wohnung auf dem Hingberg 107 unversehrt vorfand, obwohl der Rest der Straße in Trümmern lag. In Voerde dagegen, wo er und seine Familie sich ziemlich sicher fühlten und ein Behelfsheim in unserem Garten bezogen hatten, haben sie alles verloren.

Aber auch ihre Rückfahrt auf Fahrrädern Ende April 1945 war nicht ganz ungefährlich, denn der Krieg war ja noch nicht beendet. Sie mussten unzählige Kontrollen von belgischem, amerikanischem und britischem Militär über sich ergehen lassen. »Auf unserer Fahrt hierher waren Heinz und ich 3½ Tage unterwegs, weil die Verkehrsverhältnisse zu unsicher sind. In Verl wollte man uns zuerst festhalten, sind aber einfach durchgebrannt; in Rheda sind wir umgekehrt, weil die Amerikaner die Räder wegnahmen. Andere Orte haben wir aus dem gleichen Grunde umfahren müssen. In Rinkerode war Kontrolle durch die Belgier, da hatte ich um Heinz Angst, da die Kontrolle äußerst scharf war und Heinz in Gefahr kam, einkassiert zu werden als ehemaliger Soldat, wenn er auch ordnungsmäßig entlassen war. Überall liegen eben noch Kampftruppen, so gibt es noch keine Pässe und infolgedessen auch noch keine einheitliche Handhabung des Verkehrs.«[16] Übernachtet hatten die beiden bei gastfreundlichen Fremden.

Von unserer Wohnung in Voerde war nicht mehr viel übrig, doch nicht durch Bombeneinwirkung. »Wir stehen vor dem Nichts. Unser Haus steht zwar noch äußerlich – doch unser Hab und Gut ist im Inneren restlos zerstört. Als Einquartierung hatten wir Franzosen.[17] Lohmanns [Nachbarn] hatten drüben in ihrer Wohnung gehört, wie diese Vertreter der ›Grande Nation‹ mit Hämmern, Äxten und Beilen gewütet hatten. Von meinem Schreibtisch habe ich nichts wiedergefunden, ebenso von meinem Bücherschrank mit Inhalt nichts. Die oberen Zimmer haben diese französischen ›Kulturträger‹ als Stall benutzt, denn man kann nicht zutreten vor der Menge größerer und kleinerer ›Korinten‹. Eine Schweinerei – unbeschreiblich. …[18] Was noch einigermaßen zu gebrauchen war, haben Russen und Polen geräubert.«[19] »Zu bewohnen ist unser Haus nicht mehr, alle Fenster sind raus, der Dreck bergehoch, dazu keine Möbel.«

Nach Angaben meines Vaters waren auch die Amerikaner nicht viel besser. »In anderen Häusern haben die Amerikaner ähnlich gehaust. … 7–8 Männer aus Voerde sind erschossen worden von den Amerikanern, weil sie, wie z.B. der dicke Berlin von der Neustraße, nicht schnell genug in der fraglichen Nacht aus dem Bett gekommen sind und geöffnet haben. Krick und noch andere haben die Amerikaner aufs Feld getrieben und dann hineingeschossen. Hinter Kricks Grundstück liegen sie beerdigt; dort ist ein Friedhof angelegt worden, wo auch deutsche Soldaten liegen. Payenberg von der Rönskenstraße, Vater und Sohn, haben die Amerikaner aus dem Haus geholt und einfach erschossen.« Es kam auch zu Vergewaltigungen: »Bei Kaldewey auf der Kronprinzenstraße haben sie [amerikanische Soldaten] die Mutter und die 16-jährige Tochter Edith vergewaltigt; der Mann und Vater musste dabei stehen, wobei er mit Erschießen bedroht wurde. Ebenfalls ist solches mit Inge Blecking passiert, Letztere aber, soviel ich weiß, von Russen. Dr. Militzer, in dessen Behandlung die 3 sind wegen Geschlechtskrankheit, sagte, dass täglich viele Frauen und Mädchen zu ihm kommen, scheußlich zugerichtet.«

Freigelassene Fremdarbeiter nahmen Rache an der Voerder Bevölkerung: »Diese bilden eine wahre Landplage. Bis zu 50 Mann bilden sie Banden und überfallen besonders nachts Häuser und Höfe, schlachten Vieh ab und rauben und plündern. Die amerikanische Militärpolizei [es gab keine deutsche Polizei] … scheint hier in Voerde doch nicht auf der Höhe zu sein.« Das allerdings sollte sich bald ändern, als sie mit Waffengewalt Ordnung schafften. Mein Vater war auch wieder in seiner geliebten Kirche, die allerdings arg beschädigt war: »Gestern morgen [am 29.4.1945] war ich in der Voerder Kirche. Pastor Petri [der mich später konfirmierte] predigte über Psalm 98. Mich hatte die ganze Situation doch sehr gepackt. Von der Friedhofsseite aus ist ein Volltreffer in die Orgel reingegangen, an derselben Seite mehrere große Fensterlöcher, können aber doch Gottesdienst halten, wenn es auch kalt und zugig ist.« Auch die Menschen kommen wieder in die Kirche: »So voll wie gestern habe ich die Kirche in normalen Zeiten nicht gesehen. Auch die bisherigen Gottgläubigen kommen langsam zur Besinnung und erkennen den scheußlichen seelischen Betrug, den die Nazis am Volke begangen haben.« Im Psalm 98, der meinen Vater so beeindruckt hat, heißt es unter anderem: »Singet dem Herrn ein neues Lied,/denn er tut Wunder./Er schafft Heil mit seiner Rechten/ und mit seinem heiligen Arm./Der Herr lässt sein Heil verkündigen;/ vor den Völkern macht er seine Gerechtigkeit offenbar./Er gedenkt an seine Gnade und Treue für das Haus Israel,/aller Welt Enden sehen das Heil unseres Gottes.«[20]

Der gute Kirchenbesuch hielt allerdings nicht lange an. Als es den Leuten wieder besser ging, trat Gott wieder in den Hintergrund und sie verfolgten andere Interessen. Literarisch lässt sich das gut nachlesen in Heinrich Bölls Kurzgeschichte, eine seiner besten, *Doktor Murkes gesammeltes Schweigen* (1955), in welcher der pompöse Bur-Malottke in seinen Reden Gott durch »das höhere Wesen, das wir verehren« ersetzt sehen wollte. – Das Loch in der Kirchenwand habe ich später auch noch selbst erlebt, als wir wieder in Voerde wohnten; es war nur notdürftig mit einer Plane verdeckt. Angesichts der Verwüstungen in unserem Haus schrieb mein Vater: »Heute erkenne ich, dass es richtig war, dass ich seinerzeit abgehauen bin. Die ›heldenhaften‹ Franzosen hätten mich einfach totgeschlagen, weil sie in mir den Ortsgruppenleiter [der NSDAP] vermutet hätten. Den echten Ortsgruppenleiter, Herrn Heusing, ein Nachbar von uns, hat man erschossen im Graben nicht weit von seinem Haus gefunden.« (Seine Tochter Gerda war übrigens meine erste Freundin als ich fünf oder sechs Jahre alt war.) Mein Vater und mein Schwager haben die Franzosen noch in unserem Haus angetroffen. »Als ich mit Heinz vor acht Tagen in unser Haus kam, waren die französischen Banditen noch drin und verweigerten uns die Besichtigung der Wohnung. ›Das ist der Krieg‹, sagte ein Soldat, der eine Art Vorgesetzter war; es wären <u>zu viel</u> Hitlerleute im Hause gewesen. Damit deutete er auf das Schild der Ortsgruppe [der NSDAP] an der Schule, das aber jetzt entfernt war. Als Heinz ihm nun klarmachte, dass ich damit nichts zu tun hatte, sondern Lehrer und Leiter der Schule sei, da machte der Franzose ›Aah‹, aber die Verwüstung war geschehen.« Die Schule war ein öffentliches Gebäude und über den Klassenräumen war das lokale Büro der Nazi-Partei, auf das ein großes Schild mit Hakenkreuz hinwies. Kein Wunder, dass die Franzosen glaubten, das Haus sei voller Nazis gewesen, obwohl wir in der Tat nichts damit zu tun hatten. Nun waren wir die unschuldigen Opfer. Aus seinem Brief geht hervor, dass mein Vater offensichtlich nicht viel für die Franzosen übrighatte; schließlich hatte er ja auch gegen den »Erbfeind« im Ersten Weltkrieg gekämpft. Da unsere Wohnung unbewohnbar war, fand mein Vater Unterkunft bei einem Bruder von Bauer Neuland und seiner Tochter Anna in der Rönskenstraße in Voerde, wo wir dann auch später in zwei Zimmern ohne Küche und Bad recht primitiv einige Jahre lang lebten. Bei der Schilderung der Zerstörung in unserem Haus und dem Verhalten der alliierten Soldaten darf man allerdings nicht vergessen, wie die Deutschen in Frankreich und noch viel schlimmer in der Sowjetunion gehaust haben. Das alles betraf uns jetzt ganz persönlich.

Mein Vater hatte jedoch auch eine positive Begegnung mit einem amerikanischen Soldaten, Eugene Heisler, der ihm eine amerikanische Militärausgabe des Neuen Testaments schenkte mit der Widmung: »To a Protestant Friend – Who requested such, A friend, E. Heisler, U.S. Army, Voerde, the 27th May 1945.« Ebenso schenkte GI Heisler meinem Vater ein Gebetbuch für die US-Armee, *A Book of Prayers and Services for the Armed Forces* mit Widmung »Eugene Heisler – Same Friend Different Book. Eugene Heisler, U.S. Army. Voerde, the 27th, May 1945«. Hier waren zwei ehemalige Feinde kaum einen Monat nach Kriegsende, getrennt durch Politik, doch vereint im christlichen Glauben. Ganz erstaunlich. Das Testament beginnt mit einem Vorwort von US-Präsident Franklin D. Roosevelt: The White House Washington, March 6, 1941:

»To the Member of the Army: As Commander-in Chief I take the pleasure in recommending the reading of the Bible to all who serve in the armed forces of the United States. Throughout centuries men of many faiths and diverse origins have found in the Sacred Book words of wisdom, counsel and inspiration. It is a foundation of strength and now, as always, an aid in attaining the highest aspirations of the human soul.«

»An die Mitglieder der Armee: Als Oberkommandierender ist es mir ein Vergnügen, die Lektüre der Bibel allen denjenigen zu empfehlen, die in der Armee der Vereinigten Staaten dienen. Über Jahrhunderte hinweg haben Menschen verschiedener Glaubensrichtungen und Herkunft Worte der Weisheit, des Trosts und der Inspiration in diesem Heiligen Buch gefunden. Es ist eine Quelle der Stärkung und jetzt wie immer ein Hilfsmittel, die höchsten Bestrebungen der menschlichen Seele zu erreichen.«

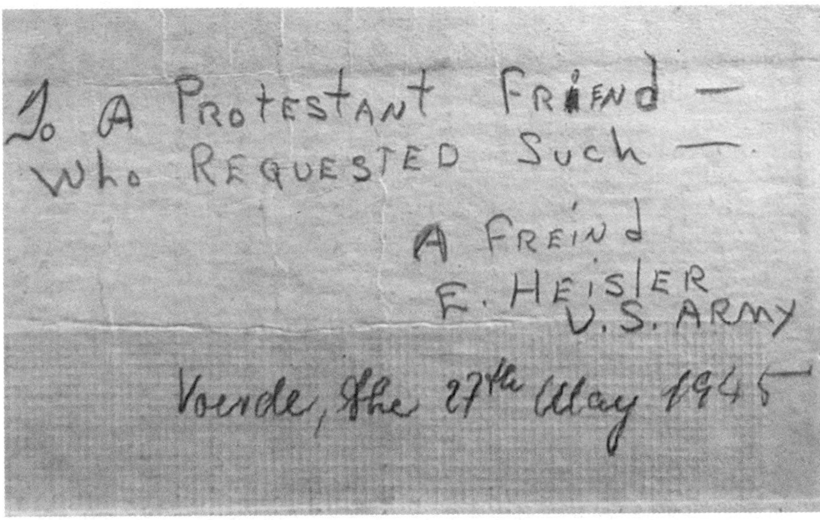

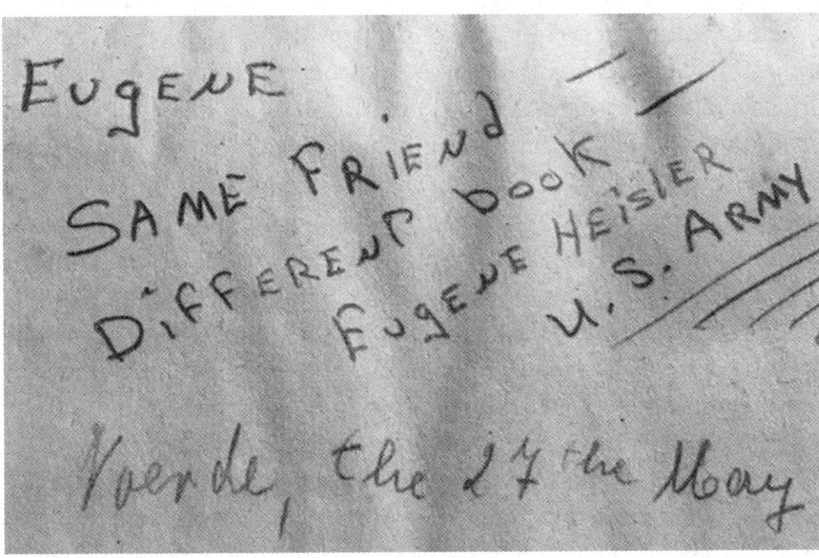

Widmungen des amerikanischen Soldaten Eugene Heisler

Beide Bücher stehen nun in meinem Bücherregal in Urbana, Illinois.

Nach dem Krieg wurde mein Vater aufgrund einer Denunziation von einem Voerder Mitbürger zwei Jahre lang von den Briten im »Sennelager« bei Paderborn interniert, einem ehemaligen Ausbildungslager der deutschen Wehrmacht, in dem sein Sohn, mein Bruder Hans-Günther, nach seiner Verwundung militärisch zum Wiedereinsatz geschult worden war. Vater und Sohn im gleichen Lager unter ganz verschiedenen Bedingungen und Zeiten, doch nur wenige Jahre voneinander getrennt. Als die Briten ihn in Voerde in der Rönskenstraße abholten, war meine Mutter bei Verwandten in der Schweiz und ich in der Schule. Als ich nach Hause kam, war mein Vater nicht mehr da und ich Neunjähriger fühlte mich völlig verlassen. Ich hatte keine Ahnung, wo mein Vater war. »Tante Anna« Neuland, bei der wir zur Untermiete wohnten, sagte mir nur, dass ein englisches Auto vorgefahren sei, um meinen Vater abzuholen, aber wohin sie ihn brachten, wusste sie auch nicht. Meine Mutter kam sofort aus der Schweiz zurück und wir konnten meinen Vater noch kurz durch ein vergittertes Fenster im Keller des Amtsgerichts in Dinslaken sprechen, ehe er nach Paderborn abtransportiert wurde.

Nach zwei Jahren kehrte er völlig abgemagert aus dem Lager zurück. Da er seine Stellung als Lehrer inzwischen verloren hatte, war er zunächst einige Zeit eine Art Sekretär in Haus Friede, einem christlichen Erholungsheim in Hattingen. Danach verdingte er sich als einfacher Hilfsarbeiter bei Babcock & Wilcox im Voerder Ortsteil Friedrichsfeld (wo wir später auch wohnten, und wo ich mich nie heimisch gefühlt habe). Nach seiner Entnazifizierung wurde er wieder als einfacher Lehrer in Friedrichsfeld eingesetzt. Wiederum riet meine Mutter, er solle doch abwarten mit seiner Entnazifizierung, doch wieder mal hörte ihr Karl nicht auf sie; später verlief die ganze Entnazifizierung im Sande. Es gab fünf Kategorien der Entnazifizierung: 1. Hauptschuldige (Kriegsverbrecher), 2. Belastete/Schuldige (Aktivisten, Militaristen und Nutznießer), 3. Minderbelastete (Bewährungsgruppe), 4. Mitläufer und 5. Entlastete, die vom Gesetz nicht betroffen waren. Nach meiner Erinnerung wurde mein Vater von der Spruchkammer in Gruppe 4 als »Mitläufer« eingestuft. Er war zwar seit 1933 Parteigenosse (PG), doch nie aktiv; statt zu Parteiveranstaltungen ging er in die Kirche unter dem höhnischen Spott der auf unserem Schulhof angetretenen SA. Doch mein Vater trug alles mit Geduld, denn seiner Meinung nach war alles Gottes Wille. Doch ich finde, dass man Gott manchmal etwas nachhelfen muss. Bei der Entnazifizierung ging nicht alles mit rechten Dingen zu; ein Kollege von ihm, zum Beispiel, war ein aktiver Nazi, hängte dann nach Kriegsende seine Fahne nach dem Wind und wurde aktives SPD-Mitglied. Er wurde nie belangt; es wurde sogar ein Schwimmbad nach ihm benannt. Dabei teile ich durchaus nicht die Meinung des rechtsextremen Autors Ernst von Salomon in seinem Roman *Der Fragebogen* von 1951, in dem er die 131 Fragen des Fragebogens auf seine Weise beantwortet.[21]

Ich habe meinem Vater leider zu wenig Fragen gestellt. Warum eigentlich? Ich war zu sehr mit meiner eigenen Zukunft beschäftigt. Nach den Schäden des Krieges ging es mehr um Wiederaufbau statt Vergangenheitsbewältigung. Vielleicht hatte ich auch Angst vor den Antworten, die mein Vater mir geben könnte zur eigenen Schuld oder seine Haltung zum Antisemitismus. Verdrängung spielte dabei eben auch eine nicht zu unterschätzende Rolle. Mein Bruder gehörte zur »Weimar Generation« (Jarausch). Meine Generation diente nicht mehr im Krieg, sie war die »skeptische Generation«, die alles nur kritisch betrachtete, aber nicht offen rebellierte. Wir waren die »Ohne-mich-Generation«, über die der Münsteraner Soziologe Helmut Schelsky ein dickes Buch verfasst hat: *Die skeptische Generation. Eine Soziologie der deutschen Jugend* (1957 und 1975). Nach mir kam dann die sogenannte 68er-Generation, die viel rigoroser war, indem sie die Generation ihrer Väter und Großväter mit Fragen bedrängte. Nach dem Tod meines Vaters fand ich in seinen Unterlagen nicht nur seinen »Ariernachweis«, der seine judenfreie Deutschheit beweisen sollte, sondern auch ein Gedicht, das er zwar nicht selbst verfasst, doch aufgehoben hatte, da es vermutlich seine Haltung zum Dritten Reich wiedergab. Hier einige der insgesamt 17 Strophen:

1. Ich liebte nicht das Kreuz mit Haken,
   Weil mir das andere werter war,
   Das meinen Heiland einst getragen,
   Durch ihn geweiht wird zum Altar.

2. Doch hör ich Euch befremdet fragen:
   Wie kommt es, dass Du als Christ

Das Zeichen der Partei getragen
Und ein PG [Parteigenosse] geworden bist?

5. Wie sah das Funkelnagelneue
Am Anfang doch so anders aus.
Man sprach viel von Herz und Treue,
Von Reinigung im ganzen Haus.

6. Wie lag doch alles so darnieder
Und nun dies frische Frühlingswehn.
Es füllten sich die Kirchen wieder …
Ein Trugbild war's, was wir gesehn.

7. Doch sah der Laie durch die Dinge,
Und fand er sich zurecht denn gleich?
Verborgen war ihm manche Schlinge
Der Führung in dem Dritten Reich.

11. Vom positiven Christentume
Las ich, drauf stehe die Partei,
Das schien mir wie die Ackerkrume,
Auf der noch Platz zum Guten frei.

12. Der Christen Einfluss zu verstärken,
Schien mir begehrenswertes Ziel,
Doch mussten wir zu spät es merken,
Wie man hier trieb ein falsches Spiel. …

13. Und raffiniert nun das bekämpfte,
Zu dem sich ihr Programm bekannt,
Das Christentum nach Kräften dämpfte,
Aus seinen Reihen hielt verbannt.

14. Wir wissen, wie es dann gekommen,
Und haben's an uns selbst verspürt,
Es hat der Weg, den sie genommen,
Tief ins Verderben uns geführt.

Das Gedicht schließt mit der Bitte um Nachsicht an die Nachgeborenen:

16. Wir stehn vor Aufgaben, so großen,
Dass der Gedanke schon erschreckt.
Könnt da die Hand zurück Ihr stoßen,
Die willig sich entgegenstreckt?

17. O, dass die Sprache wir verständen,
Die Sprache noterfüllter Zeit;
Und alle sich zusammenfänden
Im neuen Geist, aufbaubereit.[22]

Es ist die Antwort eines Christen auf Fragen der Nachgeborenen, wie er als Christ Mitglied der Nazi-Partei sein konnte, wenn ihm das Kreuz Christi wertvoller war als das Hakenkreuz der Nazis. Wie zahlreiche andere Christen hatte er anfänglich geglaubt, dass die Nazis die christlichen Werte hochhalten würden, aber er musste erkennen, dass es ein Trugbild war. Doch wie konnte er das am Anfang erkennen, da die Kirchen sich wieder füllten und die Nazis sich so christlich gaben? Als Christ und Parteigenosse versuchte er, seinen Beitrag zum Wiederaufbau des Landes zu leisten, doch er sah sich getäuscht und merkte zu spät, dass die Nazis bekämpften, was sie anfänglich vorgaben zu unterstützen, und mit ihrer Politik das Land in den Untergang führten. Das Gedicht endet mit einer Bitte um Verständnis und einem Appell an die Nachgeborenen zur gemeinsamen Wiederaufbauarbeit.

War mein Vater ein Nazi? Immerhin war er Parteimitglied von Anfang bis Ende und dadurch vielleicht mitschuldig. Gabrielle Robinson war entsetzt, als sie herausfand, dass ihr geliebter Großvater, ein hoch geachteter Arzt, Mitglied der Partei war.[23] Ich bin es nicht. Ein Nazi ist nach meiner Definition ein Rassist und Supernationalist. Das trifft meiner Meinung nach nicht auf meinen Vater zu. Mein Vater war ein deutscher Patriot und zögerlicher Demokrat, aber kein Nazi. Es gab und gibt viele Nazis mit und ohne Parteibuch – nicht nur in Deutschland, sondern auch in anderen Ländern, einschließlich Trumps Amerika, wie wir zu unserem Entsetzen am 6. Januar 2021 wiederum feststellen mussten, als ein faschistischer Mob das Kapitol in Washington D.C. stürmte. Aber es gab auch viele Mitglieder der Partei, die keine

Nazis im Sinne der obigen Definition waren. Das Problem dabei ist natürlich, dass sie durch ihre Mitgliedschaft in der Partei ein mörderisches System unterstützten. Ich kann jedoch meinen Vater deswegen nicht verurteilen, da ich nicht weiß, was ich an seiner Stelle und unter seinen Umständen getan hätte. Genau das meinte auch Helmut Kohl, wenn er von der »Gnade der späten Geburt« sprach, was oft missverstanden wurde. Mein Vater war ein bekennender Christ; er glaubte an das Kreuz von Christus und nicht an das Kreuz von Hitler. In den wenigen Unterhaltungen über dieses Thema, die ich mit meinem Vater hatte, meinte ich immer ein Gefühl von Mitschuld zu spüren. Konnte mein Vater wissen, was wirklich in Deutschland geschah? Vielleicht. Selbst bei der strengen Pressezensur unter der Nazi-Herrschaft gab es Gerüchte von verbrecherischen Machenschaften, für deren Verbreitung man allerdings mit dem Tode wegen »Volksverhetzung« bestraft werden konnte. Und selbst bei freier Presse gab und gibt es immer noch uninformierte oder ideologisch verblendete Menschen, welche die Wahrheit nicht sehen oder erkennen wollen – die USA unter Trump sind ebenfalls ein gutes Beispiel dafür. Immerhin haben über 40 % der Amerikaner trotz aller Warnungen für einen Anti-Demokraten und Rassisten gestimmt. Mein Vater glaubte als deutscher Patriot, dass Hitler nach der Niederlage von 1918, dem ungerechten Vertrag von Versailles und der verheerenden Wirtschaftskrise nach 1929 Deutschland zu neuer Größe führen könne (»make Germany great again«), wie viele seiner Mitbürger, einschließlich deutscher Juden.

Was die Deutschen vom Holocaust wussten

Die Frage ist, was meine Eltern von den Verbrechen der Nazis wussten. Ein Beispiel: Ich kann mich gut daran erinnern, dass meine Mutter zu mir sagte, nachdem ich mal unartig war: »Wenn du das nochmal machst, kommst du in ein Konzentrationslager.«[24] Die Worte meiner Mutter verraten zweierlei. Sie wusste also, dass solche Lager existierten; das war allgemein bekannt. Aber wusste sie, was sich in solchen Lagern wirklich zutrug? Sie und viele andere glaubten, dass diese Lager zur Erziehung von schwer Erziehbaren dienten. Diejenigen, die aus diesen Lagern entlassen wurden, waren unter Strafandrohung zu strickter

Geheimhaltung verpflichtet, andernfalls würden sie wieder eingekerkert oder schlimmer. So schilderte es beispielsweise Ernst Wiechert in seinem Buch *Der Totenwald*[25], in dem er über seine Haft im KZ Buchenwald berichtete. Von den Vernichtungslagern im Osten wie Auschwitz haben meine Eltern vermutlich nichts erfahren; sie hatten genug Sorgen, den Bombenkrieg lebend zu überstehen. Hätte meine Mutter gewusst, was wirklich in diesen Lagern vor sich ging, hätte sie niemals zu mir gesagt, dass ich bei ungehörigem Benehmen in ein solches Lager käme; ich hatte eine sehr liebe und warmherzige Mutter.

Leider habe ich meine Eltern nie befragt, ob und was sie von der Judenverfolgung und dem Holocaust wussten. Ich glaube nicht, dass meine Eltern Juden in Voerde kannten, doch in Dinslaken, meiner Heimatstadt, gab es eine kleine jüdische Gemeinde. In den Dreißigerjahren war Dinslaken eine Kleinstadt mit rund 26 000 Einwohnern und einer jüdischen Gemeinde von ungefähr 200 Bürgern. Nach Adolf Krassnig, dem Autor des Kapitels »Juden in Dinslaken« in dem Buch *Dinslaken in der Nazi-Zeit* »fanden sich die wenigsten Antisemiten in der Arbeiterschaft und sozialen Oberschicht, die meisten im Mittel- und Kleinbürgertum«.[26] Den Dinslakener Juden erging es unter der Nazi-Herrschaft nicht besser als den Juden in anderen deutschen Klein- und Großstädten. In der Pogromnacht vom 9. auf den 10. November 1938 ging auch die Dinslakener Synagoge in Flammen auf, »ebenso einige Häuser jüdischer Bürger in der Nähe. Bereits 1936 jedoch wird ein Akt von antisemitischer Zerstörungswut unter der Bezeichnung ›Sachbeschädigung in der hiesigen Synagoge‹ dokumentiert. Fünf junge Männer im Alter zwischen 19 und 24 Jahren brechen am Morgen des 8. März in die Synagoge ein und zerstören Mobiliar und Kultgegenstände. Einer der Täter gehört dem SA-Nachrichtensturm 56 an, die anderen der Hitlerjugend.«[27] Der 10. November 1938 war auch das Ende des jüdischen Waisenhauses in Dinslaken. Das Haus sollte für jüdische Kinder aus den Rheinprovinzen und angrenzenden Provinzen sein, doch »seit 1930 stiegen die Belegungszahlen stark an, Kinder aus allen Teilen Deutschlands kamen, wenn auch die Großstädte die stärksten Kontingente stellten«.[28] Am 10. November verwüsteten Nazi-Schlägertrupps das Haus und vertrieben die Kinder. »In einer Art Spießrutenlaufen musste er [der damalige Erzieher Sophoni Herz] seine Kinder durch eine dichtgedrängte Menge von neugierigen Zuschauern in ein kleines ›Internierungslager‹ führen, eine nahe gelegene Schule. … S. Herz gelang es, die Kinder zunächst nach Köln zu bringen und dann ihre Auswanderung nach Holland und Belgien zu betreiben. Weitere Einzelheiten über das Schicksal der Kinder sind uns nicht bekannt.«[29] Doch sind nach der Besetzung Belgiens und Hollands durch die Deutschen jüdische Menschen, Frauen Männer und Kinder, in Konzentrationslager deportiert worden. Was aus den meisten Dinslakener Juden geworden ist, bleibt im Dunkeln. Bekannt ist jedoch, dass eine Dinslakenerin, Ilse Isaakson, Auschwitz überlebte, nachdem sie in Holland entdeckt und nach Auschwitz transportiert worden war. Nach ihrer Befreiung durch die rote Armee wanderte sie nach Nordamerika aus. Das Dinslakener Waisenhaus blieb äußerlich unversehrt und beherbergte bis 1945 die Kreisleitung der NSDAP.[30] Von den mehr als 200 Juden lebten 1939 nur noch 36 in ihrer Heimatstadt, doch am 11. November 1939 wurden auch sie verhaftet;[31] Dinslaken war »judenfrei«. Wir wohnten damals in Voerde, nur wenige Kilometer von Dinslaken entfernt, und ich frage mich, ob meine Eltern wussten, was direkt vor ihren Augen den Dinslakener Juden angetan wurde. Meine Eltern kannten wohl persönlich keine Juden, doch die beste Freundin meiner Cousine Ursula (Uschi) Oeberg in Berlin, die Tochter der jüngsten Schwester meiner Mutter, war Jüdin. Auch sie wurde 1942 abtransportiert, und Uschis Bruder Heinz verfolgte ihren Weg bis Warschau, verlor aber danach jegliche Spur. Die Freundin hinterließ einige Sachen bei Oebergs, doch sie kam nie zurück, sie abzuholen. Das wäre auch nicht möglich gewesen, denn die Oebergs hatten in den Bombenangriffen auf Berlin im Jahre 1943 alles verloren und entkamen nur knapp mit ihrem eigenen Leben.

Was also wussten meine Eltern von der Deportation von Juden und vom Holocaust? Was konnten sie wissen? Was hätten sie wissen sollen? Was habe die Deutschen überhaupt von dem Massenmord an Juden, sowjetischen Kriegsgefangenen und anderen gewusst oder wissen können? Bücher von Peter Fritzsche, *Life and Death in the Third Reich* und Peter Longerich, *»Davon haben wir nichts gewusst!« Die Deutschen und die Judenverfolgung 1933–1945*, versuchen, darauf eine Antwort zu geben. Nach dem verlorenen Krieg behaupteten viele Deutsche, dass sie nichts vom Holocaust gewusst hätten. Sowohl Fritzsche als auch Longerich gelingt es nachzuweisen, dass solche Behauptungen falsch waren. Die Nazis gaben vor, dass die deportierten Juden nur umgesiedelt wurden. Doch bald kursierten Gerüchte im

Reich, dass die Juden nach Ankunft erschossen und in Massengräbern verscharrt wurden. »Die verstörenden Tatsachen, dass Frauen und Kinder Opfer der Massenerschießungen wurden, dass die Opfer gezwungen wurden, sich vor ihrer Erschießung zu entkleiden, und dass Juden in die offenen Gräber stürzten, hinterließ einen so starken und Furcht einflößenden Eindruck auf die Deutschen, dass diese Bilder fast alle Informationen über die Judendeportationen bis zum Kriegsende überschatteten.«[32] Es kursierten gar Gerüchte, dass Menschen mit Gas getötet wurden, doch es gab keine konkreten Angaben zur industriellen Ermordung in Vernichtungslagern, obwohl Einwohner des in der Nähe gelegenen Konzentrationslagers Auschwitz-Birkenau den Gestank von den Krematorien deutlich wahrnehmen konnten: »Das ständige Ankommen von Transporten mit Tausenden von Menschen, die weithin sichtbaren Flammen aus den Krematorien und der charakteristische Geruch verbrannter Leichen, der sich in der Umgebung der Lager ausbreitete, waren untrügliche Anzeichen dafür, dass hier nicht nur eine hohe Todesrate herrschte, sondern dass hier ein Massenmord ungeheuren Ausmaßes vor sich ging.«[33] Das deutsche Zugpersonal, das Hunderttausende von Häftlingen in das Lager beförderte, deutsche Angestellte von Firmen in der Gegend wussten sicherlich, was in dem Lager vor sich ging, und berichteten davon zu Hause. Weitere Informationen über Massenmorde wurden durch Erzählungen von Soldaten auf Urlaub in der Heimat verbreitet, weniger jedoch in ihren Briefen, die sie ihren Angehörigen in Deutschland schickten; wegen der Zensur finden sich nur in 2% der Briefe Nachrichten über Massenmorde.[34] Doch wenn sie zu Hause waren, erzählten sie Freunden und Verwandten, was sie gesehen und erlebt hatten. Die Briefe meines Bruders enthalten nicht den geringsten Hinweis auf Gräueltaten. Auch wenn er zu Hause bei meinen Eltern war, erzählte er nichts von seinen Erlebnissen und Erfahrungen an der Ostfront. Wie er in einem seiner Briefe schrieb: »Zu Hause will ich nur euer großer Sohn sein.« Doch ich kann mir nicht vorstellen, dass er nichts von den Verbrechen von SS, Militär- und Polizeieinheiten gewusst hat.

Informationen von Verbrechen gelangten auch durch Flugblätter der Alliierten, Reden von Thomas Mann und durch deutschsprachige Radiosendungen der BBC an die Bevölkerung, sie wurden als feindliche Propaganda abgetan. Nach Schätzungen hörten rund 50% der Bevölkerung wenigstens gelegentlich die BBC-Sendungen.[35] Zu diesen

50% gehörten auch meine Eltern, die neben ihrem Volksempfänger einen großen Blaupunkt-Radioapparat besaßen. Dieser hatte in der Mitte ein sogenanntes magisches Auge, das blau wurde, wenn die gewünschte Station voll erreichbar war. Wenn wir BBC hören wollten, versammelten wir uns nahe vor dem Radio und stellten es ganz leise. Einer von uns musste an der Haustür Wache schieben, um ungebetene Besucher abzuwimmeln, und derjenige war meistens ich. Was meine Eltern da erfuhren, weiß ich nicht mehr, nur dass BBC auch Meldungen über bevorstehende Luftangriffe sendete. Das Abhören ausländischer Sender war natürlich verboten und konnte streng geahndet werden: »Vom Sondergericht München wurde 1943 eine Frau verurteilt, die Meldungen ausländischer Sender über die Ermordung von Juden mit Gas weitergegeben hatte.«[36] Tagebücher sind eine andere Quelle, aus der man entnehmen kann, was Deutsche über den Holocaust wussten. Karl Dürkefälden, ein Techniker aus Celle, »dessen Tagebuch *Schreiben, wie es wirklich war* 1985 veröffentlicht wurde, sammelte systematisch Informationen über die Ermordung von Juden und schloss daraus, dass ein Massenmord vor sich gehe. Dürkefälden kombinierte unterschiedliche Quellen: offizielle Verlautbarungen über die ›Ausrottung‹ der Juden, Angaben des deutschsprachigen Dienstes der BBC, Informationen aus Gesprächen mit seinem in der Ukraine eingesetzten Schwager und aus Unterhaltungen mit Wehrmachtssoldaten sowie Beobachtungen über Deportationen von Juden aus seiner Heimat. Dürkefälden war sich darüber im Klaren, dass Morde in großem Umfang erfolgten und dass die Juden durch Erschießungen und mit Giftgas umgebracht wurden.«[37]

Victor Klemperer, Professor der Romanistik aus Dresden, der seine Stelle infolge des »Gesetzes zur Wiederherstellung es Berufsbeamtentums« verloren hatte, da er Jude war, hat während der gesamten Nazizeit Tagebuch geführt und damit ein unschätzbares Dokument geschaffen, das uns unmittelbaren Einblick in die Nazizeit ermöglicht. Am 19. September 1942 notierte er in sein Tagebuch: »Welch namenloses Elend ist in diesem Jahr über uns gekommen. Alles Vorige scheint leicht demgegenüber. – Und Stalingrad fällt eben und im Oktober gibt es mehr Brot: Also kann sich die Regierung über den Winter halten: Also hat sie Zeit zur gänzlichen Vernichtung der Juden. Ich bin tief deprimiert.«[38] Bereits im Januar 1942 hatte er erfahren, dass aus dem Reich deportierte Juden in Riga erschossen wurden.[39]

Von einem Fahrer einer Polizeieinheit erfuhr er von dem Massaker an Juden in Babyn Yar bei Kiew: »Grauenhafte Morde an Juden in Kiev. Kleine Kinder mit dem Kopf an die Wand gehauen. Männer, Frauen, Halbwüchsige zu Tausenden auf einen Haufen zusammengeschossen, ein Hügel gesprengt und die Leichenmassen unter der explodierenden Erde begraben.«[40] Klemperer wusste sogar von der Existenz des Konzentrationslagers Auschwitz, obwohl er erst später von den Gaskammern erfuhr: »Als furchtbares KZ hörte ich in diesen Tagen Auschwitz (oder so ähnlich) bei Königshütte in Oberschlesien nennen. Bergwerksarbeit, Tod nach wenigen Tagen.«[41] Auch vom KZ Buchenwald hatte er gehört: »Nicht unbedingt und sofort tödlich, aber ›schlimmer als Zuchthaus‹ soll Buchenwald bei Weimar sein.«[42] Am 24. Oktober 1944 erfuhr er von einem Freund, dass sechs bis sieben Millionen Juden ermordet worden seien: »Am Sonntagabend war Konrad ein paar Minuten bei uns. Er äußerte sich – und mit vieler Wahrscheinlichkeit hinter seiner Annahme und Berechnung – furchtbar pessimistisch über das Schicksal der in die Hitlerhand gefallenen Juden, der polnischen, ungarischen, balkanischen und der in den Osten deportierten und anderen Westjuden. Er glaubt (nach Soldatenberichten), dass vor den Rückzügen alles ermordet worden ist, dass wir niemanden mehr wiedersehen werden, dass sechs bis sieben Millionen Juden (von den fünfzehn, die existiert haben) geschlachtet (genauer erschossen und vergast) worden sind. Die Lebensaussichten für uns kleinen Judenrest hier in den Klauen der verzweifelten Bestien hielt er auch für gering.«[43] Der einzige Hoffnungsschimmer für die Juden waren die steigenden Zahlen der Todesanzeigen von Soldaten in der Zeitung (darunter auch diejenige von meinem Bruder im August 1943); kündeten sie doch von großen Verlusten und einer möglichen Niederlage. Wie Klemperer am 16.3.1942 in sein Tagebuch notierte: »Ein allgemein jüdischer Trost sind die *Todesanzeigen mit dem Hakenkreuz.* Jeder zählt, wie viele? Jeder zählt, wie viele noch ›für den Führer‹ fallen.«[44] Victor Klemperer kam mit knapper Not mit dem Leben davon; er sollte am 13. Februar deportiert werden, doch der schreckliche Bombenangriff vom 13. und 14. Februar 1945 rettete ihm das Leben; er konnte mit seiner Frau dem Feuersturm entkommen.

Als Jude hatte Klemperer natürlich ein besonderes Interesse am Schicksal der Juden, doch was er in relativer Isolation hörte (er lebte in einem »Judenhaus« mit großen Einschränkungen), konnten auch andere Deutsche erfahren. Ursula von Kardorff, zum Beispiel, schrieb gegen Ende 1944 über die »Ausrottung« der Juden. In einer eingeschmuggelten Schweizer Zeitung hatte sie von der systematischen Ermordung der Juden in den Gaskammern von Auschwitz gelesen. Sie konnte kaum glauben, was sie da las, weil es so furchtbar war: »Anscheinend werden die Juden dort systematisch vergast. Sie werden in einen riesigen Waschraum geführt, angeblich zum Baden, dann lässt man durch unsichtbare Röhren Gas einströmen. Bis alle tot sind. Die Leichen werden verbrannt. Der Artikel wirkt seriös, klingt nicht nach Gräuelpropaganda. Muss ich diesem entsetzlichen Bericht glauben? Er übersteigt die schlimmsten Ahnungen. Das kann einfach nicht möglich sein. So viehisch können selbst die brutalsten Fanatiker nicht sein. … Das Lager soll in einem Ort namens Auschwitz sein. Wenn es wirklich stimmt, was in der Zeitung stand, dann gibt es nur noch ein Gebet: ›Herr, befreie uns von den Übeltätern, die unseren Namen mit dieser Schande bedecken.‹«[45]

Die Deportation der Juden verlief im Großen und Ganzen problemlos, doch nicht immer mit Zustimmung der Bevölkerung. So wurde die Deportation der Juden in Detmold heftig diskutiert, vor allem in religiösen Kreisen.[46] In Sabbenhausen, heute Teil der Stadt Lügde im Kreis Lippe in Nordrhein-Westfahlen, »›hatte die Frau des Lehrers *Heumann* versucht, den Juden Wurst und andere Lebensmittel zu bringen. Nach Mitteilung des Ortsgruppenleiters Schlichting wurde Frau Heumann festgenommen.‹«[47] Diese Aktionen waren jedoch eher die Ausnahme als die Regel. Doch »während des gesamten Zeitraums von 1933 bis 1945 zeigt sich in den Stimmungsberichten und in anderen Quellen, dass die NS-›Judenpolitik‹ in der Bevölkerung ein erhebliches Maß an Verständnislosigkeit, Skepsis und Kritik zu überwinden hatte.«[48]

Während die Deportation der Juden oft unter den Augen der Bevölkerung stattfand, versuchten die Nazis zunächst, den Massenmord von Juden geheim zu halten. Doch Gerüchte verbreiteten sich weiterhin. Um diese Gerüchte einzudämmen, griffen die Nazis zu drastischen Maßnahmen, was an zahlreichen Beispielen von Verurteilungen wegen Verbreitung von Informationen und Gerüchten über die »Endlösung« deutlich wurde. Longerich zitiert eine Reihe von Fällen. So verurteilte der Volksgerichtshof »im September 1943 einen Dentisten zum Tode, weil dieser in einem privaten Gespräch hatte verlauten lassen, es seien eine Million Juden ermordet worden«.[49] Aber selbst diese Maßnahmen verhinderten nicht die weitere Verbreitung von Gerüchten. Die Nazis traten daher die Flucht nach vorne an, indem sie zugaben, wenn auch nur indirekt, dass Verbrechen stattfanden. Sie weihten somit die Bevölkerung in ihre Untaten ein und machten sie zu Mitwissern, die nach verlorenem Krieg die Rache der Gegner zu befürchten hatten. Aus »Kraft durch Freude« wurde »Kraft durch Furcht«.[50] Manche Leute, die von den Massenmorden im Osten gehört hatten, befürchteten, dass die Bombenangriffe Strafe für die von ihren Landsleuten begangenen Verbrechen waren: »Die Luftangriffe auf deutsche Städte, die in der zweiten Hälfte von 1941 ernsthaft zunahmen und sich 1942 und 1943 dramatisch steigerten, wurden oft als Strafe für die Morde an Juden angesehen, um Rechnungen zu begleichen.«[51]

Ganz offensichtlich wussten die Deutschen mehr über den Holocaust, als sie nach dem Kriege bereit waren zuzugeben.

»Das von vielen deutschen Zeitgenossen im Nachhinein behauptete vollkommene Unwissen – mit dem Beigeschmack unschuldiger Ahnungslosigkeit – in Bezug auf die ›Endlösung‹ [ist] entweder als leicht durchschaubarer Verteidigungsmechanismus zu betrachten, … oder als Hinweis darauf, dass Menschen einen beträchtlichen Teilaspekt nationalsozialistischer Politik konsequent ignorierten. Denn die ›Judenpolitik‹ nahm immer dann, wenn das Regime die Verfolgung radikalisierte, in der Darstellung des Regimes einen herausragenden Platz ein, und das Regime wurde nicht müde, die Zentralität der Judenverfolgung für die Durchsetzung seiner Politik offensiv und öffentlich zu betonen.«[52]

Wenn viele oder gar die meisten Menschen etwas über den Holocaust wussten; was hätten sie mit diesem Wissen machen können? Einige wenige leisteten offenen Widerstand und bezahlten dafür mit ihrem Leben, so die Studenten der »Weißen Rose« in München und andere. Die große Mehrheit dagegen blieb gleichgültig, einige zeigten offene Gegnerschaft und noch weniger zeigten Mitleid für die Juden. Die weitaus meisten Deutschen waren mit ihren eigenen Problemen beschäftigt, vor allem während des Bombenkrieges; sie sorgten sich um ihre Angehörigen an der Front oder hofften, den nächsten Angriff zu überleben, wie meine Eltern, meine Geschwister und ich. Hätte mein Vater offen darüber gesprochen, was er von der Judenverfolgung wusste, sagen wir im Jahre 1942, hätte er sofort seine Stelle als verbeamteter Lehrer verloren und wäre ins Gefängnis oder gar ins KZ gekommen. Sein Sohn als Berufsoffizier an der Front wäre kompromittiert gewesen und meine Mutter, meine Schwester Rosemarie, 17 Jahre alt, und ich mit knapp sieben Jahren – meine älteste Schwester war bereits verheiratet – hätten mittellos dagestanden. Was hätte mein Vater mit einem offenen Wort der Kritik erreicht? Absolut gar nichts, außer der Zerstörung seiner Familie. Also hielt mein Vater den Mund und flüchtete sich immer mehr in seinen christlichen Glauben.

Die christlichen Kirchen

Als bekennender Christ radelte mein Vater jeden Sonntag in die Kirche, um die Orgel zu spielen. Zur gleichen Zeit an jedem Sonntagmorgen trat die lokale Voerder SA auf unserem Schulhof an. Wenn sie meinen Vater auf dem Wege zur Kirche sahen, riefen sie ihm nach: »Da fährt er wieder zu seinem Saftladen.« Diese Worte hallen bis heute in meinem Gedächtnis nach. Mein Vater gab keine Antwort, duckte sich und trat härter in die Pedale seines Fahrrads. In der Kirche entlud er seine Frustration durch energisches Orgelspiel und lauten Gesang, mit denen er die kleine schläfrige Gemeinde mitzuziehen versuchte, denn sie war immer mindestens einen Ton hinterher. Seine Orgel hatte zwei Manuale und Fußpedale, die er mit seinen 163 cm Körpergröße kaum erreichen konnte. Ehe die Orgel elektrisch betrieben wurde, musste man sie mit einem Pedal pumpen. Gelegentlich, wenn das dazu designierte Gemeindemitglied abwesend war, musste ich diese Aufgabe übernehmen. Da ich aber zu leicht war, ging der Ton der Orgel entsprechend auf und ab – und so auch der Gesang der Gemeinde. Es wäre eine interessante Tonaufnahme geworden.

Meines Vaters hartnäckiges Festhalten an seinem Glauben war an sich bereits eine Form des Widerstandes, da die Nazis mit allen Mitteln versuchten, das Christentum zu unterdrücken und durch eine heidnisch-germanische »Religion« zu ersetzen. Es war relativ leicht, gegen die jüdischen Mitbürger vorzugehen, da sie eine Minderheit in einer wesentlich größeren und zum Teil antisemitisch eingestellten Bevölkerung waren. Schwieriger dagegen war es, die beiden christlichen Kirchen anzugreifen. Das geschah denn auch nur Schritt für Schritt von anfänglich geheuchelter Kirchenfreundlichkeit bis zur späteren offenen Feindschaft. Mit der katholischen Kirche schlossen die Nazis 1933 ein Konkordat, in dem sie der Kirche gewisse Freiheiten einräumten, Versprechen, die nie gehalten wurden. Die evangelische Kirche wurde zur Spaltung in Deutsche Christen und Bekennende Christen getrieben. Das Ziel war jedoch, nach dem gewonnenen Krieg die christliche Religion abzuschaffen. Die Weltanschauung des Christentums mit ihrem Mitleid mit den Schwachen stand in krassem Gegensatz zu der Ideologie der Nazis mit ihrer Betonung des Rechts vom Stärkeren. Jesus war für sie ein Schwächling, der sich ohne Gegenwehr ans Kreuz schlagen ließ. Für Martin Bormann (1906–1945), Hitlers Stellvertreter nach dem mysteriösen Flug seines Vorgängers Rudolf Hess nach England im Mai 1941, waren Christentum und Nationalsozialismus schlechthin unvereinbar. Alfred Rosenberg (1893 – gehängt 1946), Leiter des Reichsministeriums für die besetzten Gebiete und führender Ideologe der NSDAP, forderte eine nationale Reichskirche, die entschlossen ist, den fremden christlichen Glauben auszulöschen, der in dem »schicksalsschweren« Jahr 800 nach Deutschland eingeführt worden war. Die Verbreitung der Bibel solle sofort verboten und alle Kruzifixe, Bibeln sowie Heiligenbilder aus Kirchen verbannt werden. Das einzige Buch auf den Altären sollte *Mein Kampf* sein und das christliche Kreuz durch das Hakenkreuz ersetzt werden.[53]

Christliche Symbole wurden durch Nazi-Symbole ersetzt, christliche Feiertage in Nazi-Feiertage umfunktioniert, christliche Adventslieder durch atheistische ersetzt, so ein Lied von Hans Baumann (1914–1988), einem Nazi-Dichter: »Hohe Nacht der klaren Sterne« (komponiert 1936). Als ich einmal vorschlug, bei unseren sonntäglichen Adventsfeiern auch mal dieses Lied zu singen, weil es mir gefiel, schlug mein Vater zu meinem Erschrecken mit der Faust auf den Tisch und sagte ganz energisch: »Nicht in meinem Haus!!!« Ich hatte natürlich keine Ahnung, warum dieses Lied in unserem Haus verboten war, doch mein Vater hatte den politischen Hintergrund erkannt. Hier der Text des Liedes:

Hohe Nacht der klaren Sterne,
Die wie helle Zeichen steh'n
Über einer weiten Ferne
D'rüber uns're Herzen gehn.

Hohe Nacht mit großen Feuern,
Die auf allen Bergen sind,
Heut' muss sich die Erd erneuern
Wie ein jung geboren Kind.

Mütter, euch sind alle Feuer
Alle Sterne aufgestellt,
Mütter, tief in euren Herzen
Schlägt das Herz der weiten Welt.

Nach dem Krieg und dem Ende der Nazizeit verschwand dieses Lied nicht etwa auf dem Müllhaufen der Geschichte, wo es eigentlich hingehört, sondern wurde von dem deutschen Pop-Idol Heino (1938 geb.) erfolgreich wiederholt, allerdings ohne die letzte Strophe. Vielleicht war selbst ihm der Nazi-Mütterkult zu viel. Der Sonnenkult der Nazis hat ihn dagegen offensichtlich nicht gestört.

Erster Teil:
Hans-Günther

Hans-Günther als Oberleutnant 1943

Kindheit und Jugend

Mein Bruder Hans-Günther Karl Schoeps wurde am 18. Juli 1919 in Isselburg geboren. Seine Kindheit war geprägt von liebenden Eltern und »inniger Harmonie mit seinen zwei Schwestern Inge (Mausi) und Rosemarie (Hotta). Bubi, Mausi und Hotta waren ein Kleeblatt, das stundenlang miteinander spielen konnte, im Sommer im Garten, im Winter im warmen gemütlichen Stübchen.« Dieses und die folgenden Zitate stammen aus den Aufzeichnungen, die meine Mutter für mich gemacht hat und denen ich hier folge. Durch ihren frühen Tod sind sie allerdings unvollständig geblieben. »Am schönsten war für Hans-Günther jedoch das Papierschiffchenbauen und auf dem Söller in einer alten Badewanne Seeschlachten zu machen. Da gab es sämtliche Flotten der Welt, angefangen vom kleinen Linienschiff bis zum Schlachtkreuzer.[1] Wehe wenn ich ein durch Beschuss beschädigtes Linienschiff in den Ofen steckte. Es wurde repariert und wieder kampffähig gemacht. So zeigte sich schon in frühester Jugend sein späterer Lebensweg ab: entweder zu Wasser oder zu Land Soldat zu werden. Ein Erbteil seines Großvaters [der Vater meiner Mutter, der als preußischer Kürassier im Krieg von 1871 kämpfte und starb]. Kaum sechsjährig begann mit dem Schulbesuch in Isselburg der Ernst des Lebens. Hans-Günther war ein wenig ein Träumer und einmal schickte ihn die Lehrerin heim, er solle sich die Ohren waschen. Allzu früh hat das Leben ihm sein Traumland zerstört. Von 1928 an besuchte er das Gymnasium in Wesel. Er war ein guter Schüler, der nur einmal einen blauen Brief heimbrachte – und dies noch ohne seine Schuld. Unvergesslich sind die gemütlichen Samstagnachmittage in Wertherbruch von 1930 bis 1934. Vati qualmte die lange Pfeife, Mutti las vor und unser Kleeblatt beschäftigte sich und lauschte. Da gab's oft von nachmittags vier Uhr bis acht Uhr kein Aufhören. Schlimm war's, wenn unerwartet Besuch kam. Dann musste die Hotta [Röselie] mit dem Holzsäbel dazwischenfahren! …«

Am 18. Oktober 1934 zog die Familie nach Voerde, wo mein Vater eine neue Stelle als Lehrer und Schuldirektor angenommen hatte. »1937 bestand H-G sein Abitur mit gut. Kurz darauf rief ihn der Arbeitsdienst ins Kollrunger Moor bei Bremen. Pfingsten 1937 war er zu einem kurzen Urlaub daheim und machte mit dem kleinen Brüderlein den ersten Spaziergang durch den Garten«, aber ich kann mich nur an das Bild davon erinnern.

»Nach Beendigung des Arbeitsdienstes trat Hans-Günther als Soldat in das Maschinengewehr-Bataillon in Euskirchen ein. Schwere Wochen und Monate folgten. Der raue (aber herzliche) Soldatenton mag ihn wohl oft bis ins Innere getroffen haben. … Im Frühjahr 1938 trat er als Fahnenjunker in das Infanterie-Regiment 60 in Lüdenscheid ein. Seine eiserne Energie hatte ihn zum Ziel geführt. Im Kreise guter Kameraden lernte er das Soldatenleben lieben. Der Abschluss seiner Ausbildung war dann ein Jahr Kriegsschule in Potsdam. Was noch weich und kindlich an ihm war, wurde hier hart und männlich. Im Juli 1939 wurde er zum Leutnant befördert und kehrte zu seinem Lüdenscheider Regiment zurück. ›Bübchen‹ nannten ihn die alten Landser heimlich. Aber wie bald mussten sie ihm das abbitten.«

Soweit der Bericht meiner Mutter, auf den ich noch mehrmals zurückkommen werde. Seine Briefe, die er nach Hause an meine Eltern, vor allem an meine Mutter, schickte und nun in meinem Besitz sind, beginnen mit seiner Zeit in Potsdam und enden kurz vor seinem Tod im August 1943 in der heutigen Ostukraine (Donbas). Sie enthalten wegen der Militärzensur keine militärischen Geheimnisse, doch sie geben uns Einblicke in das Leben eines loyalen Wehrmachtsoffiziers, seine Ansichten und Erfahrungen. Meine Nachzeichnung des Lebenswegs meines Bruders basiert hauptsächlich auf diesen Briefen, ergänzt durch Hinweise auf den historischen Kontext und meine Kommentare. Die Zahlen in Klammern nach den Zitaten geben das Datum der Briefe an. Ich zitiere nur wörtlich, was ich von allgemeinem Interesse halte, und verzichte auf Persönliches, wie Erhalt von Päckchen, Familienbesuche etc.

Hans-Günther 1937 in Arbeitsdienstuniform in unserem Schulgarten

Hans-Günther mit Brüderchen im Schulgarten 1937

Kriegsschule Potsdam I

In der Kriegsschule Potsdam gehörte mein 19-jähriger Bruder zur Lehrgruppe A, Fähnrichschaft 7.

»Mit 4 Junkern liegen wir auf zwei Stuben. Jeder hat einen Schrank, einen Schreibtisch, ein prima gefedertes Bett und einen Waschtisch mit Spiegel und Lampe, Linoleumboden, tadellos alles. Gutes Essen« (16.11.1938). »Ich konnte es gar nicht glauben, dass diese Zimmer hier noch in einer Kaserne lägen. Ich habe sehr feine Kameraden gefunden. Es ist überhaupt eine Freude, mit so vielen Kameraden, die das gleiche Ziel haben, seinen Dienst zu machen. Außer mir liegen auf der Stube ein Feldwebel, der schon seine 5½ Jahre hat und jetzt Fahnenjunker geworden ist, ein kleiner Österreicher und ein Berliner. Mir hat man mal wieder ein kleines Pöstchen gegeben. Ich muss den Stubenältesten machen. Mehrere Stuben zusammen sind eine Fähnrichschaft, etwa 30 Mann unter einem Fähnrichsoffizier, einem Leutnant, 3–4 Fähnrichschaften bilden eine Inspektion und zwei Inspektionen eine Lehrgruppe. Die etwa 400 Kriegsschüler sind in zwei Lehrgruppen eingeteilt. Ich bin in der Lehrgruppe A. Unser Inspektionschef der II. Inspektion, ein Major, und unser Fähnrichsoffizier, ein Leutnant, sind sehr feine Offiziere, ebenso unser Taktiklehrer, der Mann, der uns in der Hauptsache beurteilt. Er ist ein Vetter meines Regimentskommandeurs Oberst von Basse. Er selbst ist Hauptmann. Der Schuldirektor ist ein Oberst. Am Donnerstag besichtigte er uns beim Exerzieren und am Freitag beim Sprung vom Dreimeterbrett. Ich habe einen sehr guten Eindruck von ihm. … Morgens haben wir fast immer Unterricht bis 12 Uhr. Jede Fähnrichschaft hat einen eigenen Hörsaal im Hörsaalgebäude. Dort findet der Unterricht statt. Taktik, Heerwesen, Kartenlehre, Waffenlehre, Panzerlehre, Pionierlehre usw. sind unsere Unterrichtsfächer. Es gibt immer viel zu schreiben. Dazu einmal in der Woche morgens praktische Ausbildung, Exerzieren oder Felddienst, zweimal Reiten und einmal Sport. Mittags geht's geschlossen zum Mittagessen in unserem Fähnrichsheim. Weiß gedeckte Tische, Blumen drauf, Bedienungsfräulein, die uns auftragen. Das Essen ist sehr gut. Morgens um 6:20 Uhr zum Morgenkaffee gibt's Butter, Brot, Marmelade, Zucker, Milch und Kaffee. Um 10 Uhr bringen uns Küchenfräuleins Butterbrote in den Hörsaal. Abends um 19 Uhr Abendessen. Butter, Brot, Käse Aufschnitt, Fisch oder Suppe, Tee, Kakao usw. … Nachmittags wieder Unterricht, Sport oder praktischen Dienst. Zapfenstreich um 22 Uhr. Falls wir etwas Besonderes vorhaben, gibt's Nachturlaub, z.B. wenn wir ins Theater, Oper oder Ähnliches gehen wollen, was man uns sehr empfohlen hat« (20.11.1938).

So besuchte er mit seinem Vetter Ernst-Ludwig (Sohn von Max und Hedwig Grühl), der in Berlin wohnte, Verdis *Requiem* in der Garnisonskirche in Potsdam mit dem Tenor Walter Ludwig (1902–1981). Am folgenden Samstag hatte er Karten für Bizets *Carmen* in der Deutschen Oper Berlin (3,15 RM für den besten Platz).

Kulturszene Potsdam – Berlin

Aus den Briefen meines Bruders geht deutlich hervor, dass es in Potsdam und vor allem in Berlin noch immer ein reges kulturelles Leben gab trotz der Emigration von zahlreichen Künstlern, Musikern,

Schauspielern, Regisseuren und Schriftstellern. Am 11. Dezember 1938 hörte mein Bruder ein Konzert des katalanischen Cellisten Gaspar Cassado (1867–1966) in der Potsdamer Beethovenhalle. Cassado stammte aus Barcelona, hatte bei dem berühmten spanischen Cellisten Pablo Casals (1876–1973) studiert und ging mit der befreundeten Pianistin Alicia de Larrocha (1923–2009), die ebenfalls aus Barcelona stammte, auf Tournee. Am 8. Januar 1939 besuchte er eine Aufführung von der Komödie *Die Primanerin* im Theater am Kurfürstendamm in Berlin. Darauf folgten ein Konzert der Donkosaken und ein Theaterstück mit Albrecht Schoenhals (1888–1978) in der Hauptrolle. Schoenhals war von 1934 bis 1969 ein berühmter Film- und Bühnenschauspieler, der als Arzt begonnen hatte. Doch nach seiner Verwundung im ersten Weltkrieg nahm er Schauspielunterricht und spielte unter anderem im Theater von Freiburg und Hamburg. 1934 begann er eine erfolgreiche Karriere als Filmschauspieler, so in Veit Harlans Film *Die Kreutzersonate* (1937), basierend auf dem Roman von Tolstoy. Seine Mitspieler waren andere Berühmtheiten wie Lil Dagover (1887–1980), Hilde Körber (1906–1969) und Paul Bildt (1885–1957). Seine Karriere wäre beinahe zu Ende gewesen, als er sich weigerte, die Hauptrolle in dem antisemitischen Film *Jud Süss* (1940) unter der Regie von Veit Harlan (1899–1964) zu übernehmen. Harlan, Ehemann von Hilde Körber und Kristina Söderbaum (1912–2001), sowie Ferdinand Marian (1902–1946), der die Hauptrolle nach Schoenhals' Weigerung übernahm, mussten nach dem Krieg schwer für diesen Film büßen.

Mein Bruder war auch ein begeisterter Opernfan (wie ich). Im Februar 1939 sah er Verdis Oper *Luise Miller* in der Volksoper Berlin (heute Theater des Westens) und Carl Maria von Webers Oper *Der Freischütz* in der Berliner Staatsoper mit Willi Domgraf-Fassbaender (1897–1978), einem der besten Baritone der Zwischenkriegszeit und Vater der bekannten Mezzosopranistin Brigitte Fassbaender (1939 geb.), und dem Tenor Marcel Wittrisch (1901–1955). Später im selben Monat folgten Verdis *Rigoletto* in der Deutschen Oper, ein Liederabend mit dem Tenor Fritz Wolff (1894–1957), ein Konzert mit einem englischen Cellisten (leider ohne Namensangabe) und im März 1939 Beethovens *Neunte Symphonie* in der Garnisonskirche in Potsdam.

Musikalischer Höhepunkt war zweifellos ein Konzert der Berliner Philharmoniker im April 1939. Wilhelm Furtwängler (1886–1954) dirigierte nicht nur, er war auch einer der drei Solisten in Mozarts

Konzert für drei Klaviere und Orchester. Furtwängler war einer der größten Dirigenten des 20. Jahrhunderts, der den Berliner Philharmonikern von 1922 bis 1945 vorstand und nochmals von 1952 bis zu seinem Tod im Jahre 1954. Die anderen beiden Solisten waren Edwin Fischer (1866–1960), ein Schweizer Pianist und Dirigent, Lehrer von so bekannten Pianisten wie Paul Badura-Skoda (1927–2019), Alfred Brendel (1931 geb.) und Jörg Demus (1928–2019), sowie Wilhelm Kempff (1895–1991), einer der größten deutschen Pianisten des 20. Jahrhunderts.

Hans-Günther verschmähte auch nicht das politische Kabarett, so am 23. April 1939 im »Kabarett der Komiker«. Leider hatte er eine Vorstellung verpasst, in der ein Komiker auftrat mit einer Kiste, in der eine Hitlerbüste ruhte. Auf der Kiste stand deutlich zu lesen: »Bitte nicht stürzen.« Die Nazis verstanden allerdings keinen Spaß, hatten die Nummer verboten und den Komiker entlassen, ehe mein Bruder ihn sehen konnte (es hätte ihn vielleicht auch amüsiert).

Am 10. Mai 1939 war es wieder eine Oper, Verdis *Maskenball* mit einer Starbesetzung: Helge Roswaenge (1897–1972), ein dänischer Tenor mit einer illustren Karriere in Deutschland vor, während und nach dem Zweiten Weltkrieg, vor allem in der Staatsoper Berlin und der Staatsoper Wien, und der große deutsche Bariton Heinrich Schlusnus (1888–1952). Letzterer sang vor allem in der Staatsoper Berlin von 1917 bis 1952; er war auch ein bekannter Interpret von Liedern. Weitere Opern, die Hans-Günther in seinen Briefen erwähnte, sind *La Boheme*, *Troubadour*, *Die Walküre* und vor allem *Aida* in der Berliner Staatsoper, wiederum mit Helge Roswaenge und Rudolf Bockelmann (1892–1958), einem deutschen Bariton und Kammersänger, Mitglied der Staatsoper Berlin von 1932 bis 1944, bekannt für seine Wagnerrollen, mit Joseph von Manowarda (1890–1942), einem österreichischen Bassisten, und Tiana Lemnitz (1897–1994), einer deutschen Sopranistin, Mitglied der Staatsoper 1934 bis 1957 und Kammersängerin.

Im Mai 1939 stand wieder eine Komödie auf Hans-Günthers Programm mit dem beliebten Komiker Rudolf Platte (1904–1984), der vor und nach dem Zweiten Weltkrieg in über 200 Filmen mitwirkte. Zusammen mit Werner Finck (1902–1978) hatte Platte 1924 das Kabarett »Die Katakombe« gegründet. Künstler, die in der »Katakombe« auftraten, waren neben Finck und Platte so bekannte Namen wie Ernst Busch (1900–1980), Schauspieler, Sänger und Mitglied der kommunistischen Partei sowie Mitarbeiter von Bertolt Brecht. Wie Brecht, so emigrierte auch er im Jahre 1933. Weitere Katakomben-Künstler waren Hanns Eisler (1898–1962), Komponist und Schoenberg-Schüler, Mitarbeiter von Brecht, Exil 1933, und Erich Kästner (1899–1974), Schrifsteller, Satiriker, Drehbuchautor, Pazifist und Anti-Nazi, der in Deutschland blieb, doch immer in Gefahr war, verhaftet zu werden. Kabarett spielte (und spielt) im deutschen kulturellen Leben eine wichtige Rolle, selbst in der Nazizeit, als Kabarettisten bis an die Grenzen des Erlaubten gingen und Verhaftung riskierten, wenn sie darüber hinaus gingen. Werner Finck war einer von ihnen. Einmal richtete er sich an einen vermutlich im Publikum anwesenden Gestapo-Agenten mit den Worten: »Spreche ich zu schnell, kommen Sie mit oder muss ich mitkommen?«[2] Für die Nazis war er ein »Kulturbolschewist«: »Werner Finck ist ein typischer Kulturbolschewist, der offensichtlich die neue Zeit nicht verstanden hat.«[3] Auf Befehl von Propagandaminister Joseph Goebbels wurde die Katakombe am 10. Mai 1935 geschlossen; Finck und andere wurden verhaftet und sechs Wochen im Konzentrationslager Esterwegen interniert, im selben Lager wie auch Carl von Ossietzky (1889–1938 ermordet), Pazifist, Chefredakteur der Zeitschrift *Die Weltbühne* und Friedensnobelpreisträger 1935, und Julius Leber (1891–Hinrichtung am 5.1.1945), Sozialdemokrat und Widerstandskämpfer. Nach seiner Entlassung fuhr Finck mit seiner Arbeit fort, immer in Gefahr, wieder verhaftet zu werden. Im Krieg wurde er als einfacher Soldat eingezogen und erhielt sogar das Eiserne Kreuz zweiter Klasse und eine Ostfrontmedaille, die er »Gefrierfleischorden« nannte.[4] Nach dem Krieg stieg er wieder in seinen alten Beruf als Kabarettist ein. Sein Grabstein auf dem Berliner Waldfriedhof trägt die Inschrift: »Du stehst noch hier, und ich ging hin, bald bist Du dort, wo ich schon bin.«[5]

Mein Bruder hatte nie Gelegenheit, Werner Finck zu sehen und zu hören. Er sah jedoch Theo Lingen (1903–1978), einen von Fincks Kollegen in einem Stück von und mit ihm. Lingen, eigentlich Franz Theodor Schmitz – er nannte sich Lingen nach dem Geburtsort seines Vaters – war ein sehr bekannter Schauspieler, Komiker, Filmregisseur und Drehbuchautor. Im Jahre 1929 spielte er auf Einladung von Bertolt Brecht den McHeath in der legendären Uraufführung der *Dreigroschenoper* im Theater am Schiffbauerdamm in Berlin. Dort traf er auch Brechts erste Frau Marianne Zoff (1893–1984), eine österreichische Schauspielerin und Sängerin, die er nach ihrer Scheidung von Brecht heiratete. Lingen hatte Rollen in zahlreichen Filmen, so in *M* und *Das Testament des Doktor Mabuse* unter der Regie von Fritz Lang. Da Marianne Zoff jüdisch war, wollte Lingen mit ihr Deutschland verlassen, doch Goebbels gab Lingen eine Sondererlaubnis, weiterhin aufzutreten, da er beim Publikum so beliebt war und somit seine Frau schützen konnte. Nach dem Krieg zog Lingen nach Wien, wurde österreichischer Staatsbürger und Mitglied des Burgtheaterensembles.

Am 16. Juni 1939 besuchte mein Bruder eine andere Komödie mit Theo Lingen im kleinen Haus des Staatstheaters Berlin. Neben Lingen stand in diesem Stück *Was wird hier gespielt* Paul Henkels (1885–1967) auf der Bühne, ebenfalls ein bedeutender deutscher Theater- und Filmschauspieler, der zwischen 1927 und 1964 in über 200 Filmen mitspielte. Henkels war Halbjude (sein Vater war Jude), doch wegen seiner großen Beliebtheit konnte er im Dritten Reich problemlos weiterarbeiten, beschützt und unterstützt von dem berühmten Schauspieler und Regisseur Gustav Gründgens (1899–1963). Henkels größter Erfolg war wohl seine Rolle als Professor Bömmel in dem äußerst erfolgreichen Film *Die Feuerzangenbowle* von 1944, zusammen mit dem legendären Heinz Rühmann (1902–1994). Die letzte Oper meines Bruders aus seiner Zeit in Potsdam war Beethovens einzige Oper *Fidelio* in der Staatsoper Berlin am 24. Juni 1939. Andere Freizeitbeschäftigungen meines Bruders neben Oper, Konzert und Theater waren Spaziergänge im Park von Sanssouci, dem Potsdamer Schloss des Preußenkönigs Friedrich II. (im Volksmund der Alte Fritz genannt), der Preußen von 1740 bis 1786 regierte. Wie er am 3. Dezember 1938 schrieb, glaubte er bei seinen Gängen durch den Park »die Nähe des alten Königs zu spüren«. An Filmen erwähnte er *Neapolitanische Nächte* (»blöd«) oder *13 Mann und eine Kanone*. Bücher, die er sich wünschte, trugen Titel wie *Der soldatische Führer* von Oberst Altrichter oder *Infanterie greift an* von Oberst Rommel.

Kriegsschule Potsdam II

Er lernte Autofahren in einem »Wanderer«, einem Mittelklassewagen der Autounion, von dem zwischen 1937 und 1940 23 000 Exemplare gebaut wurden, bis der Krieg der Produktion Einhalt gebot.[6] Offiziere wie mein Bruder sollten auch gesellschaftliche Umgangsformen beherrschen und mussten dazu tanzen lernen. So wurde Hans-Günther zu einem Tanzkurs in Berlin befohlen mit Abschlussball am 15. Mai 1939 im feudalen Berliner Esplanade Hotel am Potsdamer Platz.[7] Im Januar 1939 wurde für die Kriegsschüler ein Skiausflug nach Krummhübel (heute Karpacz in Polen) im Riesengebirge organisiert sowie ein Ausflug nach Ostpreußen im Juli 1939. Für den Skiausflug hatte sich Hans-Günther versehentlich eine Damenskihose gekauft und wunderte sich: »Wo ist denn nun vorne und hinten an meiner Hose? Es war eine Hose mit Reißverschluss an der Seite.« Um nicht dem Gelächter seiner Mitschüler ausgesetzt zu sein, wollte er die Hose umtauschen, doch es gab nur noch eine blaue Knickerbockerhose zu 9,45 RM, die er dann zusammen mit seiner Jungvolk (Hitlerjugend)-Jacke trug. Wie bei allen Anfängern erlebte auch er diverse Stürze »mit darauf folgenden Auseinandersuchen der Arme, Skier und Beine«. Andere Ausflüge führten die Kriegsschüler in eine Pionierschule in Rossau-Dessau und in eine Luftkriegsschule in Werder, in der, wie mein Bruder ausdrücklich betonte, die Schüler besser bezahlt wurden. In Potsdam erhielten die Kriegsschüler ein monatliches Stipendium von 108 RM, von dem 45 RM in bar ausgezahlt wurden. Außerdem wurde von jedem Schüler ein Beitrag von 20 RM erhoben.

Die Fahnenjunkerprüfung fand am 4., 5. und 7. August 1939 statt. Aus diesem Anlass benötigte mein Bruder eine neue Uniform, die er für 400 RM samt Offiziersdolch selbst finanzieren musste; eine Menge Geld für einen Fähnrich. Doch mit Unterstützung der Eltern und einem Darlehen über 150 RM von der »Heereskleiderkasse«, rückzahlbar in Monatsraten von 15 RM, konnte er sich einen guten Schneider in Potsdam leisten. In Berlin hatte Hans-Günther guten Kontakt zu Oebergs: Tante Grete, jüngste Schwester unserer Mutter, und ihr Mann Onkel Walter, sowie deren Kinder Ursula (Uschi) und Heinz. Außerdem auch zu Grühls, besonders Onkel Max, Bruder unserer Mutter. »Ich besuche ihn gerne und er freut sich jedes Mal, wenn ich komme. Oft sitzen wir dann in seinem Zimmer und diskutieren. Neulich haben wir uns beinahe 4 Stunden ununterbrochen über unseren Staat unterhalten. Dann erzählen wir wieder einmal über seine Reisen (Onkel Max war oft in Abessinien [oder Äthiopien] zu Forschungsreisen), über Geschichte, die Kultur der alten Ägypter. Onkel Max hat ein ganz ungeheures Wissen. Es ist äußerst lehrhaft, sich mit ihm zu unterhalten. Wenn ich gegen ihn in politischen Dingen, in denen wir beide etwas anders denken [ich wüsste zu gerne, wie] auch nicht ganz ankomme, so leicht gebe ich mich doch nicht geschlagen« (10.2.1939). Vom Rest der Familie Grühl schreibt er im gleichen Brief: »Waldemar [ein Vetter] ist seit Mitte Januar wieder Zivilist und arbeitet wieder in seinem Geschäft. Tante Hedwig [Frau von Onkel Max] ist immer noch die alte [was auch immer das bedeutet]. Ortwin [ein anderer Vetter] ist ein prächtiger Soldat [später im Krieg gefallen] und guter Sportler. ... Inge [Kusine] will am 29.3.1939 heiraten. Ich bin schon eingeladen« (10.2.1939). Inge Grühls Mann war Erich Ackermann, von dem später noch die Rede sein wird; ich habe beide nach dem Krieg in Toronto, Kanada, besucht, wohin sie ausgewandert waren. Die anderen Vettern habe ich nie gekannt, da sie in der DDR lebten.

Der von meinem Bruder so bewunderte Onkel Max war eigentlich »das schwarze Schaf« der Familie; mit seiner Abenteuerlust, seinen verrückten Plänen und Spinnereien war er ein Außenseiter in unserer ziemlich konventionellen Familie. Obwohl er auf seinen Vortragsreisen einmal bei uns in Voerde war, habe ich keine Erinnerung an ihn. Er wurde am 26. März 1884 in Pinneberg bei Hamburg geboren und ließ sich als Lehrer ausbilden. Doch das Lehrerdasein in einem kleinen Dorf war ihm zu eng und begrenzt; er beschloss, Afrikaforscher zu werden und eine Expedition nach Äthiopien zu unternehmen. Er reiste mehrmals in dieses Land und behauptete sogar, den Kaiser Haile Selassie getroffen zu haben. Er wandte sich an mehrere Organisationen, um Geld für seine Pläne aufzutreiben, mit wechselndem Erfolg. Er bat sogar meine Mutter und ihre Schwestern verschiedentlich um Geld, die selbst kaum Geld einnahmen mit ihrer Bedienung einer Zugbrücke in Blossin am Wolziger See bei Berlin. Onkel Max war dauernd in finanziellen Schwierigkeiten und konnte oft seine Miete oder seine Mitarbeiter nicht bezahlen, darunter ein Äthiopier, den er mit nach Deutschland gebracht hatte. Er schrieb sogar einen (erfolglosen) Brief an Reichskanzler Stresemann, um ihm seine Dienste als Diplomat und Orientexperte anzubieten, obwohl er zu der Zeit nicht einmal Deutschland verlassen hatte und kein ausgebildeter Orientalist war; was er wusste, hatte er sich durch Selbststudium beigebracht. Als es ihm schließlich gelang, nach Äthiopien zu kommen, musste das deutsche Außenministerium eingreifen, um seine diplomatischen Fehltritte zu korrigieren. Er war sogar in eine Spionageaffäre verwickelt und durfte zeitweilig nicht nach Äthiopien einreisen, da er mit äthiopischen Nationalisten zusammenarbeitete. Seine Expeditionen brachten nur wenig neue Erkenntnisse, obwohl er behauptete, mehrere wichtige Entdeckungen gemacht zu haben, und mehrere Bücher dazu veröffentlichte, darunter *Das Reich der Toten. Mysterien des Totenkults im alten Ägypten* (1925), *Vom heiligen Nil ins Reich des Kaisergottes von Kaffa* (1929) oder *Abessinien, die Zitadelle Afrikas* (1935). Onkel Max starb 1945 oder 1946 in Sachsenhausen, in dem Nazi-KZ, das die Sowjets nach Kriegsende 1945 weiterführten, obgleich mit anderen Häftlingen.[8]

Gelegentlich kamen Vortragende in die Kriegsschule. So sprach im April 1939 ein Dr. Henniger über die Lage in Südeuropa und erklärte, warum Rumänien an die Seite Deutschlands getrieben wurde und dass die tschechischen Skoda-Werke nun zu Krupp gehörten. Dann wandte er sich der Lage in Südkärnten und der Steiermark zu, Letztere Teil von Südslawien mit einer großen deutschsprachigen Minderheit, die auch heim ins Reich wollte wie die deutsche Bevölkerung von Böhmen und dem Memelland. Die Südslawen flohen aus Furcht vor einem deutschen Einmarsch, kehrten aber zurück, als dieser nicht erfolgte, und nahmen Rache an den deutschsprachigen Einwohnern. Soweit Dr. Henniger. Ein anderer Redner war ein Hauptredakteur vom Scherl-Verlag, einem ehrwürdigen alten Verlag, der aber vom Eher-Verlag übernommen worden war, dem offiziellen Verlag der Nazi-Partei. Mein Bruder schrieb nicht, worüber der Herr sprach, doch man kann es sich vorstellen.

Was mich am meisten interessierte und verstörte in seinen Briefen aus der Kriegsschule in Potsdam, war seine absolute und unkritische Bewunderung des Führers und seiner (Misse-) Taten. Am 21. März 1939 schrieb mein 19-jähriger Bruder: »Heute abend trifft der Führer wieder in Berlin ein. Da muss ich dabei sein, und wenn ich mir die Beine in den Bauch stehe. Das war wieder ganz groß, was der Führer da gemacht hat. … Um 18 Uhr war ich auf dem Wilhelmsplatz vor der Reichskanzlei. Habe mich dann langsam bis vorn durchgearbeitet. Kurz nach 20 Uhr kam der Führer, ging aber einen anderen Eingang hinein. Da haben wir so lange gebrüllt und gesungen, bis er mit den Herren Göring und Ribbentrop auf den Balkon kam. Ich stand direkt davor und habe ihn ganz genau gesehen. Das erste Mal in meinem Leben, nie werde ich das vergessen.« Ich kann mich heute nur wundern über seine Verehrung von Hitler, doch als 19-Jähriger hätte ich unter gleichen Umständen womöglich ähnlich gedacht und gehandelt – nur die »späte Geburt« hat mich davor bewahrt.

Was nun war im März 1939 so großartig? Im März 1938 war Hitlers Wehrmacht unter großem Beifall der Bevölkerung in Hitlers Heimatland Österreich einmarschiert, das nun als »Ostmark« in das deutsche Reich eingegliedert wurde. Fast genau ein Jahr später, im März 1939, besetzte die Wehrmacht gegen den Willen der Bevölkerung die gesamte Tschechoslowakei, nachdem der Westen dieses Staates, das Sudetenland, bereits 1938 in das Deutsche Reich integriert worden war als Folge der Münchner Konferenz vom 29. bis 30. September 1938, bei der der britische Premierminister Chamberlain Hitler zu beschwichtigen suchte. Durch das Münchner Abkommen war die Tschechoslowakei bereits so geschwächt, dass jeder Widerstand aussichtslos war. Sie musste 11000 Quadratmeilen (rund 28 489 Quadratkilometer) an Deutschland abtreten, ein Gebiet, in dem 2 800 000 Sudetendeutsche und 800 000 Tschechen lebten. In diesem Gebiet befanden sich ausgedehnte Festungsanlagen, vergleichbar mit der Maginotlinie in Frankreich im Ersten Weltkrieg, die der tschechische Staat nun verloren hatte. Dazu war das gesamte Eisenbahn-, Straßen- und Telekomunikationssystem unterbrochen. Der Verlust des Sudetenlands kostete den Staat 66 % der Kohlenförderung, 80 % der Zementproduktion, 80 % der Textilindustrie, 70 % der Kohle- und Stahlindustrie, 70 % Elektrizität und 40 % Holzindustrie. Über Nacht war eine große Nation ruiniert und besetzt.[9]

Doch damit gab Hitler sich nicht zufrieden. Am 14. März 1939 wurde die Slowakei, bis dahin ein Teil der Tschechoslowakei, ein eigener Staat unter dem Nazi-hörigen katholischen Priester Jozef Tiso. Am 16. März 1939 hielt Hitler seinen triumphalen Einzug in Prag, doch ohne Jubel der Bevölkerung wie in Österreich, und verkündete das Ende des tschechoslowakischen Staates. Nach der Besetzung des Rheinlands im März 1936, dem Anschluss Österreichs im März 1938, der Annexion des Sudetenlands im September 1938 und der Besetzung der Rest-Tschechoslowakei im März 1939 stieß Hitler noch immer nicht auf den Widerstand der Westmächte. Er schien unaufhaltsam. Das also war nach Ansicht meines Bruders des Führers »großartige Leistung«: »Was unser Führer wieder einmal geleistet hat, ist ganz groß, nicht wahr? Der März hat uns wieder einmal große Überraschungen gebracht. Nun können Frankreich und England mit ihrem Anhang uns den Buckel runterrutschen. Ich meine, wer noch so ein heftiger Gegner des 3. Reiches ist, den Tatsachen, die unser Führer auf außenpolitischem Gebiet geschaffen hat, kann er sich nicht verschließen. Die muss er anerkennen. Ich habe mich an jenem Mittwoch maßlos geärgert, als in der uralten deutschen Stadt Prag unsere Truppen einmarschierten und ich hier sitzen musste. Wer einmal genau nachdenkt über das, was in den letzten Tagen geschehen ist, der sagt sich nur immer wieder: ›Herr Gott, erhalte uns diesen Mann, unseren Führer, noch recht, recht lange!‹« (21.3.1939)

Mit der Fähnrichsprüfung – Taktikarbeit von sechs Stunden und zweistündige Arbeit über das Militärstrafrecht – im März 1939 und weiterer Ausbildung verließ Hans-Günther die Kriegsschule in Potsdam im August 1939 und kehrte als Leutnant zu seinem Regiment in Lüdenscheid zurück: »Die erste Stufe auf der langen Leiter wäre geschafft« (4.9.1939). Als gerade mal 20-Jähriger führte er »den 2. Zug der 1. Kompanie. Es gibt keine schönere Aufgabe, als eine Anzahl Leute zu haben, für die man sorgen kann.« Er ist voller Optimismus und Vertrauen auf seinen Führer: »Ich freue mich auf die Zukunft. Unser Führer wird die Sache schon hinkriegen« (26.8.1939). Dieser Brief kam noch aus Lüdenscheid, der nächste aber vom 4.9.1939 kam aus dem »Einsatzgebiet«.

Wartekrieg

Der Krieg im Osten hatte am 1.9.1939 mit dem Einmarsch der Wehrmacht in Polen begonnen. Im Westen herrschte erst mal noch Ruhe an der Front (»Sitzkrieg«). Dazu etwas historischer Hintergrund aus dem *Lexikon der Wehrmacht* und Wikipedia »16. Infanteriedivision«. Am 25. August 1939 wurde die 16. Infanteriedivision meines Bruders mobil gemacht und an die deutsche Westgrenze verlegt. Der Stab der Division lag in Bitburg in der Eifel; die einzelnen Teile der Division in anderen Gegenden der Eifel. Als der Krieg im Westen begann, durchquerte die Division am 10. Mai 1940 Luxemburg, marschierte durch Südbelgien und kämpfte dann bei Sedan und um die Höhen beiderseits von Stonne, einer Ortschaft in den Ardennen, um das Bergmassiv von Damion bei Stonne. Bei der »Schlacht um Frankreich« »erzwang die Division den Durchbruch durch die französischen Linien, ging in Richtung Verdun vor und gewann den Übergang über die Maas bei Savigny. Anschließend verfolgte die 16. Infanteriedivision die geschlagenen Franzosen bis in den Raum südlich von Nancy und Toulon.«

Nach dem Waffenstillstand wurde die Division bereits im Juli 1940 wieder in die Heimat verlegt, doch im Dezember 1940 diente sie als Besatzungstruppe im Raum von Paris.

In der Wartezeit in der Eifel hatten sich die Soldaten von Hans-Günthers Kompanie eine kleine »Villenstadt« gebaut: »An einen Hang geklebt steht ein Häuschen – teils mit Zeltbahnen, teils mit Teerpappe bedacht – neben dem anderen. Alle Wege mit Steinen belegt, zwischen den Hütten ist alles mit Moos ausgelegt. Die ganze Anlage sieht sehr nett aus. Es darf nur nicht regnen, dann schwimmt alles im Matsch davon« (9.9.1939). »Unten am Fuß des Berges liegt ein Gemeinschaftslager von Westwallarbeitern« (14.9.1939). Doch es herrscht Ungeduld: »Wir warten immer darauf, dass es losgeht. … Im Osten haben wir es bis jetzt großartig geschafft. Wir hier an unserer Einsatzstelle können uns überhaupt nicht vorstellen, dass wir Krieg haben, so friedlich geht noch alles zu, fast wie im Manöver« (14.9.1939). Bei all den militärischen Erfolgen im Osten glaubte mein Bruder, dass der Krieg nicht lange dauern wird und ob die Franzosen ihn überhaupt führen würden. Nach einer Führerrede – »er war selbst noch ganz ergriffen von seiner Fahrt an die Front« – fragte Hans-Günther sich, wie alles nun weitergehen wird: »Ich bin nun gespannt, wie die Sache weiterläuft. Kann mir nicht denken, dass die Franzosen große Lust haben, weiter Krieg zu führen« (20.9.1939). Hans-Günther und seine Mitstreiter glaubten, dass der Krieg bald zu Ende sein wird: »Wir sind hier alle der Überzeugung, dass in 14 Tagen Schluss ist. … Wir werden noch einige Wochen hier treue Wacht stehen, bis wir abgelöst werden« (1.10.1939).

Wartezeit bedeutete auch Zeit zum Lesen. Hans-Günthers Lektüre umfasste Ausgaben der *Deutschen Rundschau*, ein konservatives literarisches und politisches Blatt, gegründet 1874, sowie die Romane *Mont Royal* von Werner Beumelburg (1899–1963)[10], *Meister Pausewang* von Erwin Guido Kolbenheyer (1878–1969)[11] und *Cromwell* von Mirko Jelusich (1886–1969).[12] Alle drei Autoren gehörten zu den bekanntesten Schriftstellern im Dritten Reich, die heute nahezu völlig vergessen sind.

»In *Mont Royal* (1936) führt Beumelburg den Leser zurück in ›die Zeit tiefster Erniedrigung‹. Der Roman spielt in den Jahren zwischen 1680 und 1700, als in dem deutschen Kaiserreich große Uneinigkeit herrschte, der deutsche Kaiser vor Wien die Türken abwehrte und ›seine Allerchristlichste Majestät‹ Ludwig XIV., die Unruhe geschickt ausnutzend, dem Reich große Teile entriss. Zur Festigung der französischen Macht legte der Baumeister Vauban bei Trarbach an der Mosel eine gewaltige Festung an: Mont Royal. Von hier aus beherrschten und unterdrückten die Franzosen – so Beumelburg – die deutsche Bevölkerung und versuchten, Frankreich bis zum Rhein und darüber hinaus auszudehnen. … In den historischen Rahmen wird die Geschichte von Jörg und seinem Bruder Martin aus Trarbach eingebettet.« Jörg kämpft »als Saboteur, Guerilla und Partisan gegen die Franzosen und für ein deutsches Reich, … wird von den Franzosen gefasst und gefoltert, entkommt aber und stirbt als Visionär und Vorkämpfer des deutschen Reiches. ›Für das Reich muss man sterben und für den Glauben an das Reich. Es muss aber dieser Glaube so stark sein, dass er durch nichts erschüttert werden kann, denn nur aus diesem Glauben vermag das Reich zu wachsen.‹«[13] Mein Bruder hatte wohl diesen (Irr-)Glauben, als wiederum ein Krieg gegen Frankreich bevorstand. *Mont Royal* schien die passende Lektüre für ihn zu sein, da er in der Eifel in der Nähe von Trarbach an der Mosel stationiert war, wo Vauban seine Festung gegen die Deutschen gebaut hatte. Nun aber lagen hier deutsche Wehrmachtssoldaten, um die Westgrenze des Deutschen Reiches mit den Befestigungen des Westwalls gegen die Franzosen zu verteidigen und gegen sie in den Krieg zu ziehen, um das Deutsche Reich zu sichern.

Mein Bruder glaubte, in großer Zeit zu leben, deren Sinn erst spätere Generationen zu begreifen imstande seien: »Ich bin stolz darauf, dass wir jetzt in dieser Zeit befördert sind [er zum Leutnant], zu einer Zeit, die wir in ihrer ganzen Größe noch gar nicht erfassen können. Ich glaube, dass erst unsere Kinder einmal den Sinn des gewaltigen Geschehens unserer heutigen Tage voll und ganz verstehen und würdigen können« (1.10.1939). Wie wahr, doch nicht in dem Sinne, in dem mein Bruder es meinte. Heute wissen wir genau, welche Verbrechen in dieser »großen Zeit« begangen wurden. Nach sechs Wochen in der Eifeler Ruheposition brennen die Soldaten darauf, dass der Krieg im Westen endlich beginnen würde: »In der Eifel hat der Herbst seinen Einzug gehalten. Als wir vor 6 Wochen hier ankamen, war es noch Sommer. 42 lange Tage mit ihrem ewigen Einerlei. Entweder soll man uns nach Hause schicken oder einen anständigen Krieg führen« (9.10.1939).

Noch war der Krieg für meinen Bruder in weiter Ferne, nicht jedoch die Opfer des Krieges, vor allem wenn es sich um Kameraden, Freunde oder Verwandte handelte: »Oft muss ich an meine Kameraden denken, die vor 8 Wochen noch mit mir zusammen in Potsdam waren und nun z.T. im Osten gekämpft haben. Die Nachricht vom Abschuss Erich Ackermanns und vom Tode Joseph Brüggemanns haben mich doch erschüttert. Man liest zwar in der Zeitung die Anzeigen der Gefallenen, aber man ist doch gleichgültig dabei. Die beiden aber, die man gut gekannt hat, gehen einem doch näher« (9.10.1939). Doch der volle Ernst des Krieges hat ihn selbst noch nicht erreicht. »Wir hören zwar ab und zu das Grollen des Geschützfeuers, sonst können wir uns aber noch gar nicht klarmachen, dass wir im Krieg leben. Der volle Ernst dieses Wortes ist unseren Männern, die den Krieg 14–18 nicht mitgemacht haben, noch gar nicht bewusst geworden und – ich muss es gestehen – mir auch noch nicht. Wir wollen hoffen, dass dieses Wort [Krieg] uns niemals in seiner ganzen Größe vor Augen und Sinne treten möge« (9.10.1939). Angst vor dem Tod? Denn das bedeutet das Wort Krieg. Was aber daran »groß« sein soll, ist mir schleierhaft. Doch dieser Krieg, so meinte mein Bruder, musste sein, denn er wurde seiner Meinung nach den Deutschen von England und Frankreich aufgezwungen, obgleich Hitler den Frieden wahren wollte. Das war auch genau das, was die Nazi-Propaganda behauptete. Dazu schrieb mein Bruder am 9.10.1939: »Doch wenn man in England und Frankreich die dargebotene Hand, die der Führer ihnen entgegenstreckt, nicht annehmen will, dann werden wir ihnen zeigen, dass wir es mit ihnen aufzunehmen vermögen. Und ich glaube, das werden sie einmal bitter bereuen.« Heute wissen wir, dass es anders gekommen ist; Deutschland hat zu bereuen, was es angerichtet hat. Mein Bruder glaubte auch, dass »in diesem Krieg sich die Landkarte ein wenig verändern wird« (21.10.1939). Wie wahr, doch wiederum nicht, wie er es sich vorgestellt hatte. Statt »Lebensraum« im Osten wurde der Osten zum »Sterberaum« für die Wehrmacht und ehemalige deutsche Städte wie Danzig, Breslau oder Stettin sind heute Gdansk, Wroclaw und Szczecin in Polen.

Joseph Brüggemann habe ich nicht gekannt, wohl aber Erich Ackermann, den Mann von unserer Cousine Inge Grühl, Tochter unseres Onkels Max, Bruder meiner Mutter. Mit Erich ist eine recht ungewöhnliche Geschichte verbunden. Er war Teil einer Bomberbesatzung der Luftwaffe im Einsatz gegen Polen. Der Krieg gegen Polen begann am 1.9.1939; am 3.9.1939 wurde seine Maschine von den Polen abgeschossen. Die vorrückenden deutschen Truppen fanden drei verstümmelte Leichen von drei Besatzungsmitgliedern, jedoch keine Spur von Erich. Da man annahm, dass auch er zu Tode gekommen war, kam eine Delegation der Luftwaffe zu unserer Cousine Inge, um ihr den »Heldentod« ihres Mannes zu melden. Doch unsere Cousine konnte es nicht glauben; eine verständliche Reaktion. Und in der Tat: Wochen später klingelte es bei Inge und Erich stand vor der Tür. Was war geschehen? Die Polen hatten ihn gefangen genommen und in ein Lager in Ostpolen nahe der sowjetischen Grenze gebracht, um ihn zu verhören. Doch Erich ergriff die erste beste Gelegenheit, aus dem Lager in die Sowjetunion zu fliehen. Dort verpflegte man ihn, kleidete ihn neu ein und schickte ihn zurück nach Deutschland. Es war die Zeit des Hitler-Stalin-Nichtangriffspaktes, unterzeichnet am 23. August 1939, der für 80 Jahre gelten sollte. Dieser Vertrag erlaubte es den beiden Mächten, Deutschland und der Sowjetunion, Polen unter sich aufzuteilen. Bekanntlich hielt dieser Pakt keine zwei Jahre und endete mit dem Überfall der Wehrmacht auf die Sowjetunion am 22. Juni 1941 unter dem Decknamen »Unternehmen Barbarossa«, benannt nach Kaiser Friedrich I. oder »Barbarossa« seines roten Bartes wegen, der von 1155 bis 1190 regierte. Als Erich zu seiner Einheit zurückkehrte, konnte sein Kommandeur kaum glauben, was geschehen war (»ein Wunder«) und versprach Erich, ihm jeden Wunsch zu erfüllen. Erich war nicht der Pilot der Maschine, doch nun wollte er Pilot werden. Obwohl bereits etwas zu alt dafür, gewährte ihm der Kommandeur seinen Wunsch.

Ich kann mich noch dunkel an Erichs Besuche bei uns in Voerde erinnern, als er auf dem Flughafen Düsseldorf-Lohausen stationiert war. Nachdem er am Vormittag eine Bombenmission nach London geflogen hatte, kam er am Nachmittag zu uns zum Kaffee. Obwohl er mehrmals abgeschossen wurde, überlebte er und kehrte immer wieder zurück in die Lüfte; zum letzten Male als Fluglehrer im Frühjahr 1945, wobei er in einen Pulk von Spitfires (britische Jagdflugzeuge) geriet und wieder mal abgeschossen wurde. Sein Flugschüler war sofort tot, doch Erich, obwohl schwer verwundet, gelang es, die Maschine sicher zu landen. Er kam sofort in ein Lazarett, doch in den Wirren der letzten Kriegstage erhielt er nicht die nötige Behandlung. So holte unsere Cousine ihn aus dem Lazarett und schob ihn auf einem Fahrrad nach Hause, immer bedroht von marodierenden russischen Soldaten, die schreiend wegliefen, da er so schrecklich aussah. Nach der Rückkehr zur Normalität wurde er weiter behandelt, doch den Ärzten gelang es nicht, sein Gesicht völlig zu rekonstruieren. Als das Leben in der Ostzone und späteren DDR zu unerträglich für ihn und seine Familie wurde, flohen sie in den Westen und endeten in einem Flüchtlingslager. Als im Jahre 1955 die Bundeswehr in der Bundesrepublik gegründet wurde (gegen den Widerstand der Bevölkerung), kam ein früherer Kollege zu Erich, um ihn zu überreden, wieder zu fliegen. Erich wollte erst nicht, doch dann begleitete er den Kollegen nach Bonn, um sich nach Möglichkeiten zu erkundigen. Doch als Erich auf dieselben Bonzen traf, die auch im Krieg hinter der Front saßen und sich drückten (»da saßen doch wieder dieselben Scheißkerle«), hatte er die Nase voll von der Bundesrepublik und emigrierte mit seiner Familie nach Kanada. Dort besuchte ich ihn und seine Angehörigen mehrmals und erfuhr seine Geschichte.

Ab Anfang Oktober 1939 wohnte Hans-Günthers Kompanie »in einer nationalsozialistischen Aufbauschule, einem ehemaligen Kloster. Ein Teil wird jetzt noch von Mönchen bewohnt. Die Leute [die Soldaten] wohnen in der Aula, früher Kapelle. Der Chef hat ein Zimmer und wir 2, Leutnant Jarchow (vom Zollamt Lüdenscheid), ein 12-Ender[14], und ich, wohnen ebenfalls in einem Mansardenzimmer. 2 weiß bezogene Betten – ein Genuss, den wir seit 6 Wochen zum ersten Mal wieder recht genießen. 1 Tisch, 2 Stühle, 2 Spinde, Nachttisch, Waschschüssel und -kanne bilden die Einrichtung, ein wahrer Komfort« – nach Wochen in Zelten (15.10.1939). In Gedanken reist er oft zurück »nach Wertherbruch und Isselburg. Ich sehe uns alle 5 noch zu Hause [mich gab es noch nicht]. Es ist ein Samstagnachmittag. Der Garten wird schnell noch etwas geharkt. Morgen ist Sonntag. Aller Dreck der Woche, der von außen und der von innen, soll verschwinden. Im Stübchen ist der Kaffeetisch gedeckt. Es folgten die schönsten Stunden der Woche. Für all diese Stunden habt Ihr beide, Vati und Mutti, 1000, 1000 Dank. Wann werden wir wohl einmal wieder so zusammensitzen, erzählen und Musik hören?« (21.10.1939).

Auch die kulturellen und musikalischen Darbietungen Berlins sind nur noch eine schöne Erinnerung. Musik hört Hans-Günther nun auf seinem kleinen »Volksempfänger«, den er für 32,50 RM erstanden hat. Oder im Dienstzimmer »unseres Ic«[15] im großen Telefunken-Super, der sonst nur von Dolmetschern zum Abhören von ausländischen Nachrichten benutzt wird. »Der Deutschlandsender brachte Opernmelodien mit Walter Ludwig (1902–1981; lyrischer Tenor), Maria Cebotari (1910–1949)[16] und Rudolf Bockelmann, den Hans-Günther mehrmals in Berlin gesehen und gehört hatte. »Ich habe mir vorgestellt, ich säße in der Staatsoper« (21.10.1939).

In einem Brief vom 26.11.1939 bat Hans-Günther unsere Eltern, ihm erstens »die drei letzten Platten der 5. Symphonie von Beethoven auf Telefunken, dirigiert von Wilhelm Mengelberg«, zu bestellen. »Den 1. Satz habe ich bereits. … Es müssen diese Telefunkenaufnahmen sein. Zweitens möchte ich gerne die Elektrola-Aufnahme mit dem Tenor Rudolf Gerlach-Rusnak [1895–1960] von der Postillon-Arie ›Freunde vernehmet die Geschichte‹ und auf der anderen Seite ›Ach so fromm, ach so traut‹ aus *Martha*. … Die Platten kosten zusammen 17,50 M. … Für jede der bestellten Platten müsst Ihr eine von meinen uralten abgeben.«[17] Die Postillon-Arie stammt aus der Oper *Le Postillon de Lonjumeau* (1886) von dem französischen Komponisten Adolphe Adam (1803–1855), heute kaum noch im Opernrepertoire. Auch die Oper *Martha* von Friedrich von Flotow (1812–1863) ist heute nahezu vergessen, war aber wohl selbst in den USA im 19. Jahrhundert recht bekannt. *Opera News* vom März 2021 berichtet beispielsweise davon, dass diese Oper zur zweiten Amtseinführung (»inauguration«) von Präsident Lincoln im Grover's Theater in Washington DC aufgeführt wurde. Damit war Lincoln »der einzige US-Präsident, der seine Amtseinführung mit einer Oper zelebrierte«.

Mitte Oktober 1939 wurde Hans-Günther zum Korps als Verbindungsoffizier seiner Division abkommandiert.[18] »Von jeder Division befindet sich ein Offizier in dieser Eigenschaft hier« (19.10.1939). Doch die Aufgabe gefällt ihm nicht; er möchte zurück zu den Kameraden an der Front. »Wie es jetzt wohl unseren Leuten vorn geht? Ich möchte gerne zu ihnen zurück. Dieses Leben hier befriedigt mich nicht. Wir alle warten auf das Ereignis, das dem jetzigen Zustand ein Ende bereitet« (19.11.1939). Mit »Ereignis« ist vermutlich Krieg und Kampf gemeint.

Anfang Dezember ist Hans-Günther wieder bei seinen Leuten an der Front. »Gestern Nachmittag bin ich hier in meinen Zugführerbunker eingezogen. ... Er ist zwar kein Eifeler Hof, aber als junger Mensch stellt man sich schnell um. ... Ich habe zwar in der 1. Nacht im Bunkerbett auch nicht geschlafen wie in einem Federbett, doch in dieser Nacht wird es bedeutend besser werden. Meine 7 Männer, die mit mir im Bunker liegen – soweit ich sie bis jetzt kennengelernt habe – sind anständige Leute. Unter ihnen ein Unteroffizier (Uffz), der wegen seiner Tüchtigkeit nach dem 1. Dienstjahr zum Uffz befördert ist« (10.12.1939). »Es ist nun Advents- und Vorweihnachtszeit: Am vorletzten Abend beim Korps fand noch eine kleine wunderschöne Advents- und Nikolausfeier statt mit dem Nikolaus und Knecht Ruprecht. Unter Motorengeheul erschien der Nikolaus mit seinem Knecht. Für jeden gab es zuerst eine Tracht Prügel und hinterher ein Verschen mit einem kleinen ulkigen Geschenk. Dann wurde das Licht gelöscht und der Adventskranz angesteckt. Dazu kamen auf den Tisch Äpfel mit Tannengrün und Kerzen und für jeden einen Teller mit Spekulatius. Es war ein Abend, den ich nie wieder vergessen werde. So einen Kreis von prächtigen Menschen, wie ich ihn dort angetroffen habe, werde ich wohl nie mehr wiederfinden« (10.12.1939).

Weihnachten 1939 feierte Hans-Günther zum ersten Mal an der Front ohne seine Familie. Da sein Kompanieführer in Urlaub war, konnte er dessen »Bude« beziehen und weihnachtlich herrichten, ohne sich von den Mäusen stören zu lassen.

»In der Ecke steht mein Bäumchen mit Engelhaar geschmückt. Seine Lichterchen leuchten hell. In der anderen Ecke steht das Öfchen, zwischen beiden mein Weihnachtstisch. ... Am Sonnabend fand unser Kompanie-Weihnachtsfest statt. Zuerst gab es ein Essen: Suppe, Kartoffeln, Tunke, Kalbs- und Schweinebraten mit Salat und hinterher Pudding. Unsere Einkäufer hatten 3 Tage vorher alles Nötige, u.a. 50 Eier, in Köln, Düsseldorf und Essen eingekauft. Es folgte eine sehr nette Feier, bei der unser Pfarrer die Eingangsrede und Weihnachtsansprache hielt. Unsere Gäste, unter ihnen die Arbeitsdienstführer, waren alle begeistert. Jeder Kompanie-Angehörige bekam einen großen Teller Süßes, mit Äpfeln und Nüssen, dazu ein kleines Geschenk (Messer, Notizbuch usw.); jeder Bunker erhielt einige Gesellschaftsspiele. Am Heiligen Abend war ich nachmittags unten in der Kirche zum Weihnachtsgottesdienst, den auch unser Pfarrer hielt. Vorher hatte ich in meinem Büdchen alles aufgebaut, den Weihnachtsbaum und den Tisch mit den noch ungeöffneten Päckchen. Nach dem Gottesdienst gegen 18 Uhr fing ich an, die einzelnen Bunker zu besuchen. Alle hatten sie ihr Bäumchen und ihren Weihnachtstisch. Gegen 24 Uhr kehrte ich todmüde heim und hatte nun Zeit, meine Weihnacht zu feiern« und Päckchen zu öffnen. Viele natürlich von den Eltern und Verwandten, aber auch eines von der Gauleitung in Essen: »Ein schönes Zeichen, dass uns die Heimat nicht vergisst« (26.12.1939).

Zwischen Weihnachten und Neujahr herrschte Ruhe an der Front, die mein Bruder dazu benutzte, seine Männer in Urlaub zu schicken. »Es war mir immer eine Freude, die Männer in Urlaub zu schicken. 20 Mann dürfen je Kompanie in Urlaub sein. Ich habe 36 weggeschickt.« Die freie Zeit gab ihm auch Gelegenheit, mit einem Kameraden »durch den verschneiten Märchenwald« der Eifel zu reiten (6.1.1940) oder ins Kino zu gehen, um sich Filme anzusehen, wie *Robert Koch* oder *Es war eine rauschende Ballnacht*. Ende Januar 1940 befindet sich mein Bruder mit 380 Mann in Koblenz, dem alten römischen »Confluentia«, wo die Mosel auf den Rhein trifft, um das »Übersetzen über einen Fluss in Floßsäcken zu lernen« (28.1.1940). Laut Wikipedia war ein Floßsack »ein Sack aus imprägniertem Segeltuch oder anderem Material, der als Hilfsmittel zum Übersetzen von Soldaten und Material über Gewässer diente. Der Floßsack wurde vor Gebrauch mit Stroh, Heu, Schilf, Laub oder Ähnlichem gestopft. Der Auftrieb entstand durch die Wasserverdrängung des leichten Stopfmaterials. Je nach Sackgröße vermochte er bis zu acht Mann zu tragen. Man konnte eine größere Anzahl Floßsäcke in einer Reihe auf dem Wasser platzieren und diese als Unterlage für eine provisorische Brücke aus Holzbrettern verwenden. Die Wehrmacht hatte Floßsäcke in mehreren Größen, die als Hilfsmittel für verschiedene Zwecke genutzt wurden.«

Wieder zurück in Bitburg, hatte Hans-Günther sich in Trier einen Lorenz-Radioapparat mit großen sieben Röhren für 282 RM gebraucht gekauft, um besser seine geliebte Musik hören zu können. Außerdem hatte er sich eine neue Uniform schneidern lassen. Auch eine Oper, *Figaros Hochzeit*, stand auf seinem Programm (4.2.1940 und 9.2.1940). Unsere Eltern hatten sich wohl beklagt, dass er so wenig über seinen Dienst schreibt und im Urlaub erzählt, denn er schrieb am 2.3.1940: »Ihr dürft darüber nicht böse sein. Aber es ist nun einmal so, dass man über den Dienst daheim nicht gerne redet. Wenn ich bei Euch bin, habe ich alles Dienstliche abgelegt. Da will ich nur Euer Großer sein. Ich kann es auch gar nicht anders sein.« Er spürt, dass er eine gespaltene Person ist; zu Hause der große Junge und an der Front der soldatische Offizier. »Sobald ich wieder zur Truppe komme, bin ich wieder ganz anders, ich merke es selbst« (2.3.1940). Das Militär hat ihn verändert: »Man wird, ohne dass man es selbst merkt, beim Militär und besonders jetzt im Kriege ein ganz anderer Mensch. Ich meine härter und männlicher, aber ohne dass das, was man vom Elternhaus mitbekommen hat, sich verändert. Das bleibt dem Menschen und in dem Menschen erhalten, und wenn er sich vielleicht mit allen Kräften sträubt, einmal kommt's wieder zum Durchbruch. Früher hätte ich nie geglaubt, dass ich Menschen so hart hätte anfassen können, wie ich es heute manchmal tue und tun muss. Bei allem aber bleibe ich noch Euer großer Junge und Soldat« (2.3.1940).

Auch über den Tod machte er sich Gedanken; der Anlass war der Tod unserer Tante Grete, der jüngsten Schwester meiner Mutter, in Berlin. Als Christ versuchte er, unsere Mutter zu trösten: »Es geschieht nichts auf der Welt, als was er [Gott] für gut befindet.« Dann folgen ausgedehnte Gedanken über den Tod; im Hinblick auf den Krieg besonders aktuell: »Man muss sich auch darüber einmal Gedanken machen und gerade jetzt in dieser Zeit. Und uns allen kommt er gar nicht so schlimm vor wie noch vor einiger Zeit. Schlimmer ist er nur für die, die man zurücklässt. Nur eines fürchten wir: Der Tod könne eher an uns herantreten, ehe wir etwas geleistet, unser Leben abverdient haben.« Dann kommt ein Wunsch, den kein Zivilist wie ich, sondern nur ein hundertprozentiger Soldat ihn haben kann: »So haben wir nur den einen Wunsch, den uns Gott erfüllen möge; wenn uns eine Kugel bestimmt ist, dann soll sie uns nach einem Angriff, nach einem gelungenen Spähtruppunternehmen, nach dem Nehmen eines Bunkers treffen, so wie es sich Ernst Wurche auch gewünscht hat« (10.3.1940).

Wer war Ernst Wurche? Er war ein Kriegskamerad vom älteren Walter Flex (1887–1917), einem deutschen Autor, der sein Buch *Der Wanderer zwischen beiden Welten, ein Kriegserlebnis* (1915) seinem Freund, dem Theologiestudenten und Kriegsfreiwilligen, Leutnant Ernst Wurche gewidmet hat. Wurche fiel 1915 an der Ostfront bei Kalvarja, der »Leidensstadt«. »Die Parallele zum Opfertod Christi ist auch Flex nicht entgangen. Doch der Freund weilt auch nach dem

Tode bei ihm als ›Wanderer zwischen beiden Welten‹; die Grenze zwischen Leben und Tod ist aufgehoben: ›Großen Seelen ist der Tod das größte Erleben.‹ Die mitmarschierenden Toten werden zu einem Wesensmerkmal der Nazi-Literatur und -Ideologie (siehe Horst-Wessel-Lied).«[19] »Wurche wie Flex selbst war ein vorbildlicher und pflichtbewusster deutscher Offizier, der nicht nach den Hintergründen des Krieges fragt, Befehle bis zur Selbstaufgabe durchführt, seinerseits aber auch absoluten Gehorsam fordert. Dabei verlangte er von seinen Untergebenen nicht mehr als von sich selbst: Er lebt vor, und wenn nötig, so stirbt er auch vor: ›Leutnantdienst tun heißt: seinen Leuten vorleben, … das Vorsterben ist dann wohl einmal ein Teil davon. Vorleben bedeutet Führer sein und die beste Schule für das Führertum ist der Schützengraben der Kriegsfront: Das Zusammenleben im Graben war uns vielleicht die beste Schule und es wird wohl niemand ein rechter Führer, der es nicht hier schon war.‹«[20] Dieses Flex'sche Offiziersethos hatte wohl auch mein Bruder verinnerlicht. Flex selbst fiel am 16.10.1917 an der Ostfront – wie sein Freund Wurche. Sein Roman war überaus erfolgreich; er lag im Jahre 1942 in 912 000 Exemplaren vor. Er wurde zu einem Kultbuch für eine ganze junge Generation wie die von meinem Bruder. Was Rainer Maria Rilkes Prosagedicht *Die Weise von Liebe und Tod des Cornets Christoph Rilke* (1912) für die deutschen Soldaten im Ersten Weltkrieg bedeutete, war Flex' *Wanderer* für die deutschen Soldaten im Zweiten Weltkrieg. Der Cornet oder Leutnant Christoph Rilke kämpfte und starb im Krieg in der Türkei.

Ein weiteres Kriegsbuch, das mein Bruder mit großer Wahrscheinlichkeit gelesen hat, ist Ernst Jüngers Kriegstagebuch aus dem Ersten Weltkrieg *In Stahlgewittern* (1920), das bis 1945 in zahlreichen Auflagen erschien (die 24. 1942). Für den Offizier Ernst Jünger schafft erst ein Krieg abgehärtete und gestählte Männer sowie eine Hierarchie von Führern und Geführten. Ein anderes bekanntes Kriegsbuch aus dem Ersten Weltkrieg, das mein Bruder wohl eher nicht gelesen hat, ist Erich Maria Remarques *Im Westen nichts Neues* (1929), ein Anti-Kriegsbuch, von dem in den ersten 18 Monaten nach seiner Veröffentlichung 2,5 Millionen Exemplare verkauft wurden, das 1933 von den Nazis verboten wurde. Die Nazis wussten genau, dass man mit einem Buch wie *Im Westen nichts Neues* keine Armee aufbauen kann. Ich dagegen empfehle jedem Soldaten und jedem, der daran denkt, Soldat zu werden, dieses Buch zu lesen, oder sich den Film anzusehen.

Am 17.3.1940 gratuliert Hans-Günther unserer Schwester Inge zur bestandenen Reifeprüfung (Abitur) und wünscht der Familie »ein recht frohes Osterfest. … Seid froh trotz der letzten Ereignisse, seid froh trotz des Krieges mit seinem vielen Leid! Nichts ist zwecklos auf dieser Welt. Alles, was geschieht, hat einen tieferen Sinn, wenn wir ihn auch nicht erkennen. Alles auf dieser Welt vergeht, damit Neues werde, und in dem Neuen lebt das Alte weiter und ist damit ein Stück Unvergänglichkeit geworden.« Selbst sein kleiner Bruder – ich – wurde mit einer Osterkarte beglückt, die einen pfeiferauchenden Osterhasen zeigt, der einer Reihe von Soldaten ein Osterei ins Kochgeschirr legt: »Mein lieber kleiner Bub, Dein großer Bruder schickt Dir recht herzliche Ostergrüße. Lass Dir Deine Ostereier recht gut schmecken. Sei nur recht artig, damit der Osterhase nicht wegläuft, bevor er Eier gelegt hat. Nun leb wohl, grüße Mamaken und Papaken von mir und auch Inge und Röselie. Dein großer Bruder.« Die Karte stammt aus dem zweiten Frontkünstlerwettbewerb einer westfälischen Division 1940.

Ostern 1940

Der Dienst ist weiterhin langweilig: »Er verläuft tagaus, tagein in derselben Bahn und hängt einem bald zum Hals heraus. Es ist ewig dasselbe, was geübt werden muss.« Doch das darf er sich als Offizier nicht anmerken lassen: »Dabei muss man seinen Männern immer frisch und fröhlich vorausgehen, während diese schon einmal auf stur schalten dürfen und einem durch ihr Verhalten sagen: ›Was Ihr da macht, ist ja todlangweilig, jeden Tag dasselbe, das kotzt uns an.‹« (10.3.1940). Die Langeweile wird unterbrochen durch die Vorführung eines Bunkerangriffs: »Es hat alles prächtig geklappt und wir sind mit dem Ergebnis der Besichtigung zufrieden« (17.3.1940). Auch vertrat Hans-Günther bis zum 28.3.1940 seinen Kompaniechef, der auf Urlaub war. Zu Ostern bekam er ein Päckchen von unserer Mutter, aber auch eines »von der Kindergruppe der NS-Frauenschaft Voerde« mit Plätzchen, Zigaretten und einem Spruch:

Wenn einer von uns müde wird,
Der andere für ihn wacht.
Wenn einer von uns zweifeln will,
Der andere gläubig lacht.
Wenn einer von uns fallen sollt,
Der andere steht für zwei.
Denn jedem Kämpfer gibt ein Gott
Den Kameraden bei.
(Karfreitag 1940)

Zum Karfreitag 1940 hörte Hans-Günther im Radio eine Übertragung der Matthäuspassion aus dem Kölner Dom: »Es ist doch etwas Herrliches, die Musik unseres Johann Sebastian Bach. 2 Stunden lang lebte man in einer anderen Welt« (Karfreitag 1940). Und ähnlich wie Richard Wagner am Ende seiner Oper *Die Meistersinger von Nürnberg* lobte auch mein Bruder die Einmaligkeit der deutschen Kunst: »Wo gibt es ein anderes Volk, das Ähnliches geschaffen, einen Meister vergleichbar unserem Bach hervorgebracht hätte. Und darum glaube ich ganz fest an unseren Sieg, weil Gott ein Volk mit solchen Gaben nicht untergehen lassen kann« (Karfreitag 1940). Zur gleichen Zeit jedoch verübte »ein Volk mit solchen Gaben« unsägliche Verbrechen, von denen mein Bruder zu der Zeit wohl nichts gewusst hat. Nur ein Blick auf das Nachbarland Frankreich, gegen das er nun Krieg führte, hätte meinem Bruder sagen können, dass es auch andere Völker »mit solchen Gaben« gab. Ganz abgesehen davon, dass ein ganzes Volk keine Künstler hervorbringt, nur Individuen.

Ein Höhepunkt war der Besuch des ehemaligen Kommandeurs des Regiments, Generalmajor von Basse. »Vor 10 Monaten ist er verunglückt und jetzt noch nicht ganz wiederhergestellt.« Doch »in den 3 Tagen, die er bei uns war, blühte er richtig auf. Sie haben ihn weitergebracht als 4 Wochen im Sanatorium. Einen Menschen, der so durch und durch Soldat ist wie er, habe ich noch nicht gesehen. Wenn er von ›seinem alten Regiment‹ sprach, kamen ihm die Tränen in die Augen. Er ist für uns das Vorbild eines preußischen Offiziers« (23.4.1940). In Gedanken ist mein Bruder oft bei seinen Lieben zu Hause in der Heimat, mit dem Schulhaus in Voerde, »das durch das Wäldchen auf dem Schulhof schimmert, wenn man vom Bahnhof kommt« (7.5.1940). Auch ich kann mich noch gut daran erinnern. Doch diese Gedanken »machen einen weich und das darf nicht sein« (1.5.1940). Eine weitere Unterbrechung des »täglichen Einerleis« war ein großes Gefechtsschießen mit schweren Waffen unter den Augen des Generals, der sich »sehr anerkennend über das Bataillon und seinen schwungvollen Angriffsgeist« äußerte (7.5.1940). Doch immer wieder auch die Langeweile: »Wenn nur bald diese Untätigkeit aufhören wollte« (7.5.1940).

Krieg im Westen

Aber das sollte sehr bald geschehen, wie der nächste kurze Brief vom 10.5.1940 auf dem Vormarsch »in aller Eile« bewies. Für Hans-Günther hat der heiße Krieg endlich begonnen: »Es macht doch Spaß, dass das Einerlei aufgehört hat. … Zuerst glaubte kein Mensch von uns, dass es wirklich losgehen sollte; wir hatten zu oft Probealarm gemacht. Wir glaubten es noch nicht, als wir zur Grenze marschierten. Des Nachts schliefen wir in einem alten R. A.-Lager.[21] Der Vormarsch wurde uns erst am nächsten Morgen zur Gewissheit, als wir in aller Frühe die Sprengung der luxemburgischen Sperren und das Dröhnen unserer Luftwaffe hörten. Da kam uns zum ersten Mal in den Sinn, dass nun der Krieg für uns beginnt. Bis jetzt haben wir noch wenig von ihm gemerkt. Unsere Panzer vorn gehen so schnell vorwärts, dass wir gar nicht mitkommen können« (15.5.1940). Verständigungsprobleme mit der Bevölkerung, soweit sie nicht geflohen ist – »das Dümmste, was sie machen können« – hat mein Bruder kaum: »Ich beiße mich mit meinem Schulfranzösisch ganz gut durch.« Die Infanterie erhielt große Unterstützung von der Luftwaffe: »Unsere Luftwaffe ist glänzend. Bis jetzt haben wir noch kein einziges feindliches Flugzeug gesehen. Unsere Bomber haben vorn furchtbar gewütet.« In seinem Abschnitt war allerdings davon nicht viel zu sehen: »In ganz Belgien, d.h. in unserem Abschnitt, ist von Kriegsspuren fast nichts zu sehen. In rasendem Tempo ging es vor« (15.5.1940).

Verwundung und Genesung

Doch der Schrecken des Krieges holte meinen Bruder bald ein. Ein kurzer Brief vom 22.5.1940 informierte unsere Eltern von seiner Verwundung: »Ihr Lieben, bekommt keinen Schrecken, dass ich nicht selbst schreibe. Ich habe eine kleine Handverletzung. Bin sonst wohlauf und hoffe, bald in die Heimat zu kommen.« Was war geschehen? An der Marne war es zu schweren Kämpfen gekommen und bei einem Sturmangriff trafen ihn die feindlichen Kugeln. Er wurde in ein Lazarett in Remagen gebracht, wo unsere Mutter ihn besuchte. Zu ihrem großen Schrecken war seine Verwundung wesentlich schlimmer, als er in seinem Brief vom 22.5.1940 angedeutet hatte. Er hatte die linke Hand verloren, dazu im rechten Arm einen Granatsplitter und zwei Durchschüsse; außerdem eine tiefe Wunde im Rücken. Als unsere Mutter ihn sah, war sie nahe am Zusammenbruch. »Aber der Herr schenkte mir große Kraft. … Als das Essen kam, habe ich meinen Jungen wie vor 20 Jahren wieder gefüttert, allerdings mit blutendem Herzen«, so unsere Mutter in einem Bericht über meinen Bruder für mich, aus dem ich hier zitiere. »Einige Wochen später wurde Hans-Günther nach Chemnitz verlegt. Der rechte Arm war ihm durch Gottes Güte erhalten geblieben und auch die Rückenwunde heilte gut.«

Hans-Günthers nächster Brief kam denn auch aus Chemnitz: »Bin heute Nachmittag nach endloser Bahnfahrt glücklich im schönen Sachsenland in Chemnitz im Reserve-Lazarett II gelandet. Fühle mich gesund und munter« (17.6.1940). Immer der Optimist! Für seine

Tapferkeit an der Front wurde ihm das Eiserne Kreuz zweiter Klasse verliehen, von der man auch in seinem Heimatort Voerde Notiz nahm:

»Amt-Voerder Neuigkeiten. Tapferkeit vor dem Feinde. Wieder wurde ein Heimatbewohner an der Westfront ausgezeichnet wegen besonderer Tapferkeit vor dem Feinde. Bei Sedan zeichnete sich Hans-Günther Schoeps aus Voerde aus, wo er auch verwundet wurde. Nun wurde ihm das Eiserne Keuz zweiter Klasse verliehen, wozu auch wir herzlich Glück wünschen.«[22]

Wie es der Zufall wollte, wurde auch unser Vater im ersten Weltkrieg bei Sedan verwundet; auch er erhielt dafür das Eiserne Kreuz. Doch im Unterschied zu meinem Bruder bedeutete seine Verwundung für ihn das Ende des Krieges (sonst gäbe es mich vielleicht nicht) – nicht jedoch für meinen Bruder; für ihn war es erst der Anfang. Bekanntlich hatte Sedan nicht nur große Bedeutung für unsere Familiengeschichte – sowohl Vater als auch Sohn wurden dort verwundet, der Vater im Ersten, der Sohn im Zweiten Weltkrieg –, sondern auch in der deutschen Geschichte. Der deutsch-französische Krieg von 1870 endete am 2. September 1870, als der französische Kaiser Napoleon III. samt 100 000 seiner Soldaten nach der Schlacht bei Sedan gefangen genommen wurde, ein Sieg, der zur Gründung des Zweiten Deutschen Reiches unter Kaiser Wilhelm I. führte. Von 1871 bis 1919 war der 2. September, Sedan-Tag, offizieller Feiertag.

Im ersten wieder selbst geschriebenen Brief nach seiner Verwundung vom 29.6.1940 berichtete mein Bruder aus dem Lazarett in Chemnitz: »Die Chirurgen sind hervorragend. Die Schwestern, besonders die Oberschwester Marianne, sind sehr nett und um mich besorgt. Sie erfüllen mir jeden Wunsch, wenn's eben geht. Der Oberstabsarzt, der Chef des Lazaretts, kommt alle paar Tage und besucht seinen Jungen, wie er immer sagt. Meine Wunden sehen auch sehr gut aus. Der linke Arm ist bereits zugeheilt. Er wird jeden Tag in Seifenwasser gebadet. Nur einen großen Kummer hat man mir angetan: der rechte Arm ist ganz in Gips gelegt worden. Der Arzt meinte, es wäre besser für den Bruch. … Die Einschusswunde am Unterarm ist fast zugeheilt, auch der Oberarmstreifschuss. Der Rücken sieht ebenfalls gut aus.« Und am 3.7.1940: »Das Lazarett, früher städtisches Krankenhaus, liegt sehr schön im Grünen außerhalb der Stadt. Die Stadt selbst ist nichts Besonders.« Er hörte Radio aus einem gemieteten Apparat, bekam Mengen von Blumen und feierte die Verleihung seines EKs.

Nur ausgehen konnte er nicht, obwohl es erlaubt war, denn er hatte nur einen Schlafanzug und bittet daher um seine Uniform: »Ich laufe nun schon den ganzen Tag umher in meinem Sträflingsanzug. Schickt doch bald meine Uniform. Ich darf ausgehen und kann nicht, da ich nichts anzuziehen habe« (29.6.1940).

Er benötigt seine Uniform nicht nur zum Ausgehen in Chemnitz, sondern auch, um vom 17. bis zum 19.7.1940 die Wagnerfestspiele in Bayreuth zu besuchen: »Der Führer hat uns eingeladen« (3.7.1940). Wie die *National-Zeitung* vom 21.7.1940 überschwänglich berichtete, waren die Festspiele im Sommer 1940 nur für Soldaten und Arbeiter/innen zugänglich:

»Wohl kaum konnte der Dank des deutschen Volkes für den gerade errungenen Sieg – [der Krieg gegen Frankreich war am 25. Juni 1940 erfolgreich beendet worden] – tiefer und symbolhafter zum Ausdruck gebracht werden als durch die Bestimmung des Führers, die höchste Weihestätte deutscher Kunst in diesem Kriegssommer nur jenen zu öffnen, die an diesem gewaltigen geschichtlichen Ereignis aktiv Anteil hatten: den Frontsoldaten dieses Krieges, die mit den Waffen in der Hand den Sieg erfochten, und den Arbeitern und Arbeiterinnen, die in den Munitionsfabriken den Kämpfern die Waffen geschmiedet haben. So wird Bayreuth in diesem Jahr zum doppelten Symbol: zum Siegesfest der deutschen Waffen und zum Siegesfest der deutschen Kultur. Durch die Tat des Führers wurde Bayreuth endlich zu dem von dem Meister ersehnten nationalen Heiligtum Deutschlands. Erst der Nationalsozialismus vermochte das Erlebnis der Bayreuther Bühnenfestspiele allen Volksschichten zu vermitteln. Zum ersten Mal aber seit Bestehen des Festspielhauses wurden seine Pforten in diesem Sommer für alle fremden Besucher gesperrt und nur den Gästen des Führers, den Soldaten und Arbeitern, für die ›Kraft durch Freude‹ geschlossene Vorstellung geöffnet.[23] Es ist ein herrliches Symbol für die Kulturkraft der Deutschen, dass gerade jetzt im Kriege das Volk – und nicht einige wenige ›obere Kreise‹ – für die großen Opfer um den Sieg unserer nationalen Sache mit den höchsten Offenbarungen deutscher Kunst belohnt wird.«

Natürlich konnte nur ein kleiner Teil »des Volkes« daran teilnehmen, »denn die Zahl der Plätze ist beschränkt und mehr als zwölf Vorstellungen konnten nicht stattfinden. Und dennoch beläuft sich die Zahl der Gäste auf die stattliche Summe von 20 000.« Bei der

Auswahl der Teilnehmer war »musikalisches Verständnis und Liebe zur Musik« Voraussetzung. Ausgewählte Gäste wurden in D-Zügen der Reichsbahn angefahren, mit Wagen zweiter Klasse für die Verwundeten [es gab drei Klassen damals]. Winifred Wagner (1897–1980), die englische Schwiegertochter Wagners und nach dem Tod ihres Mannes Siegfried Leiterin der Festspiele von 1930 bis 1945, ließ es sich nicht nehmen, zahlreiche Gäste persönlich zu begrüßen.

Auf dem Programm standen *Der fliegende Holländer*, *Das Rheingold* und *Die Walküre*, dirigiert von Franz von Hösslin (1885–1946), einem bekannten Wagner-Dirigenten in den 1920er- und 1930er-Jahren. Als Musikdirektor der Breslauer Oper hatte er sich geweigert, das Horst-Wessel-Lied, die offizielle Nazi-Hymne, zu dirigieren und ging mit seiner jüdischen Frau, der Sängerin Erna Liebenthal (1886–1946) in die Schweiz ins Exil, bis ihn Winifred Wagner 1938, 1939 und 1940 wieder nach Bayreuth holte. Hösslin und seine Frau kamen bei einem Flugzeugabsturz im Jahre 1946 zu Tode.

Im Juli 1940 erhielt meine Mutter einen netten Brief von Hans-Günthers Zimmerwirtin aus Forsthaus-Ingendorf bei Bitburg-Prüm in der Eifel, die von seiner Verwundung gehört hatte. »Die Soldaten des Herrn Leutnant Schoeps haben uns von dessen schweren Verwundungen berichtet und diese Nachricht hat uns schwer erschüttert. Ihr Sohn war nämlich hier bei uns allen sehr beliebt, ein guter Mensch, der für alle ein liebes und freundliches Wort hatte« (16.7.1940). Dieser Brief zeigt einmal mehr, wie beliebt mein Bruder war.

Anfang August 1940 besorgte Hans-Günther für uns eine Pension in Falkenhain in Sachsen, damit wir in seiner Nähe sein konnten. Wie meine Mutter in ihrem bereits zitierten Bericht schrieb: »So fuhren Vati, ich, Röselie und Karl-Heinz (Inge war im Arbeitsdienst) Anfang August 1940 mitten durch Deutschland bis an den Rand des Erzgebirges und verlebten dort herrliche 4 Wochen.« Ich kann mich noch gut an die Bahnfahrt erinnern, obwohl ich noch keine fünf Jahre alt war; es war meine erste lange Fahrt in einem (vollen) D-Zug. Und weiter aus Mutters Bericht: »So oft es ging, kam unser Soldat zum Besuch. Meinen 50. Geburtstag [am 19. August 1940] feierten wir bei einer Flasche Wein fröhlich im Familienkreise. Ja, Röselie durfte sogar mit dem großen Bruder ein Tänzchen machen. – Da muss ich ein nettes Erlebnis zwischenfügen. Röselie sollte einmal den Herrn Leutnant in Chemnitz besuchen und ganz ›groß‹ mit ihm ausgehen.

Sie machte sich ganz fein und freute sich unbändig. Aber – o große Not – sie konnte die Autobusfahrt nicht vertragen. Unterwegs überkam sie etwas ›Menschliches‹! Kleid, Wagen usw. waren beschmutzt. In Chemnitz angekommen sagte der Schaffner: ›3 M oder den Wagen schrubben!‹ 3 M war viel Geld fürs Röselein! Und so schrubbte sie unter strömenden Tränen den Wagen, bis Hans-Günther kam und alles wieder in Ordnung bringen ließ.«

Nach seiner Genesung Ende August 1940 bekam Hans-Günther Heimaturlaub nach Voerde und es »folgten herrliche Wochen des Beisammenseins. Aus dem reichen Schatz der schönsten Schallplatten, Hans-Günthers einzige Liebhaberei, wurden Opern- und Operettenabende, Männer- oder Kosakenchöre, Bachabende usw. veranstaltet. Jeder musste seinen Obolus opfern, und wenn Hans-Günther nach Essen fuhr, um die Prothese zu probieren, brachte er eine neue Schallplatte mit.« Doch er wollte kein »Krüppel« sein und nach der Rückkehr seiner alten Kräfte trat er wieder in sein altes Regiment in Lüdenscheid ein.

Hans-Günthers nächster Brief kam aus Paderborn, wo er im Militärlager »Sennelager« auf seinen weiteren Dienst in der Wehrmacht vorbereitet wurde. Ausgerechnet in demselben Lager war unser Vater später nach Kriegsende für zwei Jahre von den Engländern interniert. Ein »lieber« Voerder Nachbar hatte ihn als »schlimmen Nazi« bei der britischen Besatzung denunziert, während viele echte Nazis ungeschoren davonkamen und in der Bundesrepublik wieder Karriere machten, sogar in höchsten Ämtern, wie Hans Globke, Kommentator der antisemitischen »Nürnberger Gesetze« und Kanzleramtschef von 1953 bis 1963 unter Adenauer. Im Sennelager wurde mein Bruder »mit großem Hallo« empfangen. »Fühle mich hier schon ganz wohl. Werde mich langsam wieder an den Dienst gewöhnen.« Doch leicht war es nicht, denn er muss seine Kriegserlebnisse vor der Verwundung mit seinem neuen Dienst in neuer Umgebung in Einklang bringen.

»Der Dienst läuft so wie in alten Zeiten weiter, als ob es nie einen Krieg gegeben hätte. Nun kommt man plötzlich wieder herein in den Betrieb und steckt mit seinen Gedanken noch in den Tagen, in denen man seine Truppe verlassen musste. Die Zeit, die zwischen den Tagen vor meiner Verwundung und dem Tage des neuen Dienstbeginns liegt, scheint wie weggewischt. So entsteht ein krasser Unterschied zwischen dem damalig Erlebten und dem heutigen Dienstbetrieb. Den Kameraden fällt das nicht auf. Sie sind ganz allmählich aus einer Zeit, in der

der ganze Dienstbetrieb freier und gelöster war, in die Zeit des strammen friedensmäßigen Dienstes geführt worden. Die Kriegserlebnisse sind für die meisten eine Erinnerung geworden, über die man ab und zu bei einem Glase Bier erzählt, der man sonst aber keinen größeren Wert beilegt. Das ist besonders dann der Fall, wenn der jetzige Kommandeur den Krieg nicht mitgemacht hat. Das sind Gedanken, mit denen man erst einmal fertigwerden muss. ... Eines aber ist geblieben aus den Tagen in Frankreich, die Kameradschaft« (22.9.1940).

An die Prothese am linken Arm nach dem Verlust der Hand hatte er sich inzwischen gewöhnt: »Nach 3 Tagen Dienst hatte ich einen ganz pfundigen Muskelkater. ... sonst habe ich nicht die geringsten Beschwerden. ... Die Rückenwunde scheint nun endgültig zu heilen. An das Tragen der Prothese habe ich mich so gewöhnt, dass die meisten Leute gar nichts merken und mich fragen, wofür ich das silberne Verwundetenabzeichen trage« (22.9.1940). Er begann sogar wieder Auto zu fahren und steuerte seinen Wagen nach Bielefeld, um die Eltern eines gefallenen Kameraden zu besuchen: »Die Mutter tat mir sehr leid. Ihr Hatto war das einzige Kind« (22.9.1940).

Die nächste Station seiner Reintegration in die Wehrmacht war Wuppertal, mein letzter Wohnort in Deutschland vor meinem Umzug nach Amerika. »Nach langer Zeit zum ersten Mal wieder ein geregelter Kasernenbetrieb« (7.10.1940). In Wuppertal hatte er auch wieder die Gelegenheit, in die Oper und ins Theater zu gehen: »Gestern abend war ich in der Barmer Oper, *Carmen* in Neuinszenierung wurde gegeben. Die Aufführung war sehr sehr schön. Die Barmer Oper soll neben Köln und Duisburg die beste Oper in Westdeutschland sein. ... Wir bekommen 50 % Ermäßigung. Solange wir noch hier liegen, werde ich die Gelegenheit ausnutzen, um wöchentlich einmal ins Theater zu gehen« (7.10.1940). In Köln besuchte er ein Konzert speziell für Soldaten im Gürzenich: »Eugen Papst mit seinem Gürzenich-Orchester spielte für uns Landser ... ein sehr schönes Programm: Beethovens *Romanze für Violine in F-Dur*, Schuberts *Unvollendete* und einige Stücke aus Wagner-Opern. Es sangen eine Sopranistin und ein Bariton der Kölner Oper. Man sorgt doch für unsere Wehrmacht« (29.11.1940). Auch kaufte er sich wieder vier Platten im Musikhaus Tonger in Köln: »Das italienische Konzert von Bach, gespielt von den Berliner Philharmonikern unter Hans Schmidt-Isserstedt« (29.11.1940).[24] Die erstandenen Platten wurden jedoch erst nach Erhalt von vier alten Platten abgeschickt.

Als Besatzungsoffizier in Paris

Nach der Kapitulation Frankreichs am 22. Juni 1940 hatte mein Bruder gehofft, Weihnachten 1940 wieder zu Hause bei uns in Voerde zu verbringen. Doch das sollte nicht sein. Wie meine Mutter berichtet: »Am 2. Adventssonntag kam er heim mit der Hiobsbotschaft, dass sein Regiment nach Frankreich verlegt werden sollte. Wir hatten uns schon so sehr auf das gemeinsame Weihnachtsfest gefreut. Der Weihnachtsbaum stand schon im Garten. In der Dämmerung schmückte ich ihn schnell mit einigen Kerzen und Lametta, baute ihm einen kleinen Gabentisch auf und öffnete die Tür zum Nebenzimmer. Strahlende Freude lag auf dem noch so jungen, kindlichen Gesicht unseres Jungen und doch rann eine Träne über seine Backen. Es war das einzige Mal, dass ich ihn weinen sah.« Sein Regiment war in der Nähe von Paris stationiert, doch die französische Hauptstadt hatte ihn nicht sonderlich beeindruckt. »Gestern nach 4-tägiger Fahrt in unserem Quartier angekommen. Regnen tut's hier genauso wie in Deutschland. Die Häuser und Bewohner, d.h. soweit vorhanden, schmutzig wie ein Schweinestall. Prächtige Villen stehen leer – für uns« (12.12.1940).

Weihnachten verbringt er wiederum »draußen im Feld. ... Dass ich das Weihnachsfest in Frankreich feiern würde, hätte ich vor einem Vierteljahr nicht geglaubt. ... Das, was ich bis jetzt in Frankreich und auch seiner Hauptstadt kennengelernt habe, war wenig schön. ... Gestern war ich zum ersten Mal in der Hauptstadt. Schon die Fahrt durch die Vorstädte macht einen wenig versprechenden Eindruck und in der Stadt selbst sieht man sich schnell die bekannten Gebäude (Louvre, Triumphbogen, Eiffelturm usw.) an und hat damit eigentlich alles von Paris gesehen« (14.12.1940). Doch er muss zugestehen, dass er nach nur einem Nachmittag in Paris kein abschließendes Urteil abgeben kann. Außerdem »ist Krieg, die Stadt ist dunkel, die Häuser stehen zum Teil leer« (14.12.1940). Sein Urteil war auch sicherlich dadurch getrübt, dass er nun Besatzungsoffizier im »Feindesland« war. Alles ist teuer und Schwarzhändler versuchen, schlechte Ware zu hohen Preisen anzubieten: »Kaum stand ich mit meinem Wagen an der Kommandantur, als der erste Schwarzhändler kam: ›Monsieur, fein Kaffee, nur 1,50 M das Paket?‹ ... Ich probierte das Zeug – es war gemahlenes Süßholz. ... Der Kaffee, den es im Café des Eiffelturms gab, reichte bei Weitem nicht an unseren Malzkaffee.[25] Nur das Essen war ganz pfundig« (14.12.1940) – aber auch teuer. »Eine Speisekarte gab es nicht. Man musste sich das Essen selbst zusammenstellen. Zuerst nahm ich eine Suppe, dann Steinbutt in Butter und als Hauptgang Kotelett mit Erbsen und Bratkartoffeln, dazu weißen Bordeaux. … Austern, Kaviar usw. bekommt man in fast jedem einigermaßen anständigen Lokal. Gekostet hat der Spaß 120 Fr. So könnt Ihr Euch wohl vorstellen, wie es mit den anderen Preisen aussieht. Schuhe kosten 20–25 M, nur Platten sind billiger als in Deutschland« (14. und 20.12.1940).

Am 15.12.1940 war der dritte Advent: »Langsam fängt es an zu weihnachten. Wir merken nur nicht viel davon« (15.12.1940). Seine Gedanken eilen voraus zum Weihnachtsfest in der Heimat, denn »bald wird der Lichterbaum entzündet werden. Wie wird der Kleine [ich] strahlen. Seine Augen möchte ich sehen, wenn er die Eisenbahn fahren sieht«, und er hofft, dass es bald Frieden geben möge (15.12.1940), »und wir das Jahresende 1941 heil und gesund zusammen verleben mögen« (30.12.1940). Am Heiligabend besuchte Hans-Günther mit seinem Kommandeur die einzelnen Kompanien: »Es war sehr, sehr nett bei jeder Einheit. Die Leute haben sich mächtig gefreut. Ich glaube, selten werden unsere alten deutschen Weihnachtslieder mit größerer Wärme und mehr Gedenken gesungen als von unseren Landsern in Feindesland« (1.1.1941). Doch trotzdem fehlt ihm »die Weihnachtsstimmung etwas. Sie ist nur in Deutschland zu finden. Hier in diesem Land ist alles so fremd. … Es gibt eben nur ein einziges deutsches Weihnachten und das gibt's nur in der Heimat« (1.1.1941). Am ersten Weihnachtstag: »Nach der Rückkehr vom Dienst steckte ich mir die Lichterkerzen an und öffnete meine Weihnachtspost« (1.1.1941). Unter den Päckchen von der Familie und Verwandten befand sich auch eines von der »Gauleitung Essen mit Süßigkeiten und Rauchwaren« (11.1.1941). Nach dem Auspacken saß er »dann noch ein Stündchen allein unterm Weihnachtsbaum, hörte die wunderschöne Übertragung der *Boheme* und gedachte Euer und aller anderen Lieben« (13.12.1940).

Am Neujahrstag 1941 hatte es geschneit und bot somit eine Gelegenheit für eine Schneeballschlacht und einen Schneemann: »Einen großen Schneemann bauten wir und setzten ihm die Mütze unseres Kommandeurs auf und zogen ihm seinen Mantel an. Dann sagten wir unserem Major, er würde draußen erwartet und zeigten ihm sein Ebenbild. Die ganze Sache wurde im Film festgehalten und wir werden im Frieden noch viel Freude in Erinnerung dieses Tages genießen« (1.1.1941). Doch dazu sollte es nicht mehr kommen.

Wie in Berlin, so kam auch in Paris die Musik zu ihrem Recht. Mit einem Kameraden sah Hans-Günther eine Aufführung von *Carmen* in der Opéra Comique und Gounods *Faust* in der Pariser großen Oper, gefolgt von Lehars Operette *Land des Lächelns*, allerdings auf Französisch. »Es war sehr, sehr schön. Früher habe ich das Singen in französischer Sprache nicht gern gehört. Doch jetzt habe ich mich daran gewöhnt« (2.2.1941). Höhepunkt aber war Wagners *Der fliegende Holländer* in der Pariser Oper: »Eine wunderschöne Aufführung, die ich den Franzosen niemals zugetraut hätte. Vor allem in der Kunst der Inszenierung sind sie ganz groß« (2.2.1941). Kam da sein Glaube an die Überlegenheit der deutschen Kunst vielleicht etwas ins Wanken??

Am 18.1.1941 fuhr Hans-Günther »am Tage der 70-jährigen Wiederkehr des Reichsgründungstages zu dieser historischen Stätte [gemeint ist Versailles]. Man musss sagen, ein machtvoller Bau mit viel Prunk, trotzdem an wertvollen Gegenständen alles bei Kriegsbeginn entfernt worden ist. Doch die Stadt selbst kommt mit unserem Potsdam nicht mit. Es fehlt ihr eben die deutsche Behaglichkeit« (19.1.1941). Zur Erinnerung: Am 18. Januar 1871 wurde der preußische König Wilhelm I. in Versailles zum Deutschen Kaiser gekrönt und begründete damit das zweite Deutsche Reich nach dem ersten Reich, dem »Heiligen Römischen Reich Deutscher Nation«, das mit der Kaiserkrönung von Otto I. 962 begann und durch Napoleon im Jahre 1806 sein Ende fand.

Unsere Mutter war anscheinend besorgt, dass ihr 21-jähriger Sohn den Verlockungen von Paris erliegen könne. Doch er versuchte, sie zu beruhigen: »Muttche, hab keine Angst um Deinen Großen. Er weiß, wann er Punkt zu machen hat. Da kann auch das Sündenbabel Paris nichts ändern. Brauchst nicht zu glauben, dass ich mit dem vielen Geld, das ich mir schicken lasse, Dummheiten begehe« (2.2.1941). Außerdem hielt Mutterns Bild über seinem Bett Wacht: »Dein Bild, Muttche, steht oben in meinem Schlafzimmer unterm Tannenbusch. Du bist da, wie Du leibst und lebst. Jeden Abend, wenn ich ins Bett gehe, siehst Du mich an und morgens beim Aufstehen bist Du auch dabei« (11.1.1941).

Ende Januar 1941 musste Hans-Günther einen Herrenabend für Offiziere des Regiments arrangieren: »Die Ausschmückung des Saales, das Essen, das deutsche Bier, alles musste vorbereitet werden. Allein der Langusten wegen, die es geben sollte, war ich dreimal in Paris.« Zum Essen gab es »Langusten mit Röstbrot und Butter, klare Ochsenschwanzsuppe mit Einlage, Champignons überbacken, Hühnerfrikassee mit Reis und Kartoffeln, Fruchtsalat und Kaffee« (2.2.1941). Alles natürlich von einem Koch zubereitet. Nicht schlecht für eine Kriegsmahlzeit; fast wie »Gott in Frankreich«. Im März 1941 verbrachte Hans-Günther einen 14-tägigen Urlaub in Voerde und ließ sich von unserer Mutter mit deutschem Kotelett mit Kartoffeln und Gemüse sowie Mutterns Kartoffelsalat verwöhnen, denn »die Franzosen verstehen nicht, Kartoffelsalat zu machen« und von den »kleinen Schweinereien in Paris« wurde er nicht satt (2.2.1941).

Jugoslawienfeldzug

Die letzten Tage in Paris nach seiner erholsamen Zeit in der Heimat waren ohne besondere Ereignisse. Doch am 5.4.1941 kam ein Brief von einer Bahnfahrt »mit unbekanntem Ziel«. Aber es wurde bald klar: Das Ziel war Jugoslawien, ein Land, das 1918 aus Resten des Habsburgerreiches entstanden war. Dazu etwas historischer Hintergrund: Trotz des deutsch-sowjetischen Nichtangriffspaktes (oder auch Hitler-Stalin-Pakt oder Molotow-Ribbentrop-Pakt), unterzeichnet vom deutschen Außenminister Joachim von Ribbentrop und dem sowjetischen Außenminister Vyacheslav Molotov am 23. August 1939, plante Hitler die Invasion der Sowjetunion, um »Lebensraum« für Deutschland zu schaffen und den Bolschewismus für immer zu zerstören. Hitler hatte nie die Absicht, sich an den Pakt zu halten, er ließ ihm freie Hand, Polen anzugreifen. Hitlers Invasion Polens am 1. September 1939 nahmen die Sowjets zum Anlass, ihrerseits Ostpolen zu besetzen und sich einzuverleiben.

Der Krieg gegen die Sowjetunion sollte eigentlich im Mai beginnen. Doch zu Hitlers großem Verdruss hatte sein Bündnispartner Mussolini beschlossen, Ende Oktober 1940 in Griechenland einzumarschieren. Die griechische Armee bereitete den Italienern eine schwere Niederlage und hohe Verluste. Das eröffnete den Briten eine Gelegenheit, Stützpunkte in Griechenland einzurichten und somit Hitlers Pläne zu durchkreuzen. Er versammelte daraufhin eine starke

Armee in Rumänien, eine mit Deutschland verbündete Nation, um Griechenland unter dem Decknamen »Marita« anzugreifen. Dazu war allerdings erforderlich, dass Jugoslawien sich aus dem Krieg heraushält. Unter Druck von Hitler unterzeichnete die jugoslawische Regierung am 25. März 1941 einen solchen Pakt, eigentlich ein Trippelpakt oder Berlin-Pakt zwischen Deutschland, Italien und Japan vom 27.9.1940, dem Jugoslawien am 25. März 1941 beitrat. Dieser Pakt verursachte allerdings den Sturz der jugoslawischen Regierung und verhinderte somit, dass der Pakt in Kraft treten konnte, worauf Hitler beschloss, zusammen mit seinen Verbündeten Italien und Ungarn in Jugoslawien einzufallen.

Wie William Shirer berichtet, fielen im Morgengrauen des 6. April 1941 starke deutsche Wehrmachtsverbände in Jugoslawien und Griechenland ein mit schnellem Vormarsch gegen eine schwache Verteidigung, die von Angriffen der Luftwaffe zermürbt war. Die jugoslawische Hauptstadt Belgrad wurde total zerstört und am 13. April 1941 von deutschen und ungarischen Truppen eingenommen. Die Überreste der jugoslawischen Armee, immerhin noch 28 Divisionen stark, ergaben sich in Sarajewo; der König und sein Premierminister flohen nach Griechenland.[26] Die Griechen, welche die Italiener nach sechsmonatigen schweren Kämpfen besiegt hatten, ergaben sich am 23. April 1941. Vier Tage später rückten deutsche Panzer in Athen ein und hissten die Hakenkreuzfahne auf der Akropolis. In insgesamt drei Wochen im April 1941 war der ganze Spuk vorbei; Griechenland war besetzt, der Staat Jugoslawien aufgelöst und ein neuer Staat Kroatien unter der faschistischen Ustascha-Bewegung geschaffen.[27]

Durch den Krieg gegen Griechenland und Jugoslawien verzögerte sich allerdings der geplante Angriff auf die Sowjetunion um mehr als einen Monat bis zum 22. Juni 1941. Für Shirer war diese Entscheidung Hitlers die folgenschwerste seiner Regierungszeit, da sie verhinderte, den Krieg im Osten noch vor Einbruch des Winters zu beenden; der britische Historiker Kershaw ist da allerdings ganz anderer Meinung.[28]

Die 16. Infanteriedivision meines Bruders »wurde im Dezember 1940 in den Raum Paris und im März 1941 in den Raum Wien verlegt. Von hier aus marschierte die Division durch Ungarn, um ab dem 8. April 1941 am Balkanfeldzug teilzunehmen. Bei Barcz überschritt die Division die jugoslawische Grenze und stieß in Richtung Belgrad vor. Am 13. April drehte sie in Richtung Vincovci-Mitravica ab. Es folgte der Vorstoß auf die Drina-Brücke bei Zvornik nach Sarajewo. Nach der Kapitulation der jugoslawischen Streitkräfte trat die Division bereits am 18. April 1941 den Rückmarsch in den Raum Graz an. Dort wurde die Division verladen und in den Raum Leipzig-Torgau verlegt.«[29]

Das ist also der historische Hintergrund für den Feldzug meines Bruders, den er in zwei Briefen vom 25. April 1941 und vom 7. Mai 1941 detailliert beschreibt. Ich zitiere daraus ausführlich, denn es berichtet hier ein Teilnehmer und Augenzeuge, nicht ein späterer Historiker aus einer anderen Generation oder aus einem anderen Land. Am 15.4.1941 hatte mein Bruder schon ganz kurz geschrieben: »Nach unserem 1. Gefechtstag, den wir glänzend bestanden haben – mit einer Kompanie 3000 Gefangene gemacht trotz hartnäckigen Widerstandes –, recht herzliche Grüße in die ferne Heimat. Bei herrlich warmem Wetter ruhen wir. Ein pfundiger Orlog. Viel Neues gesehen.«

Ausführlicher dann am 25.4.1941: »Unsere jugoslawische ›KdF-Fahrt‹ liegt hinter uns.[30] Es geht wieder der Heimat zu. Erlebnisreiche Tage liegen hinter uns. Wenn nicht einige Kameraden drunten in Serbien lägen, könnte man diesen Feldzug, der für uns nur eine Woche gedauert hat, als eine Rundfahrt durch Jugoslawien bezeichnen. Ein seltsames Land, dieses Jugoslawien. Teilweise läuft man uns mit Hakenkreuzfahnen entgegen, überschüttet uns mit Eiern, Schinken und Wein, und teilweise greifen selbst Frauen zur Waffe, um gegen uns zu kämpfen. Landschaftlich eine Vielfalt von Bildern. Tiefebene, die einen an den Niederrhein erinnert, breite, langsam dahinströmende Flüsse, steile, kahle, zerklüftete Berge mit vielen von Steinen übersäten Tälern, reich bewaldete Höhen, die einen an den Harz erinnern. Dazu die Menschen in ihrer Verschiedenheit, vom hochmodernen Mitteleuropäer bis zum zerlumpten Bettler, den man kaum noch als Menschen bezeichnen kann. Türken mit ihrem roten Fez, verschleierte Frauen, Bosniaken in ihrer bunten Tracht. Viel zu viel, um alles mit einem Mal zu verdauen.«

Ein ausführlicherer Brief folgte am 2. Mai 1941, den ich in seiner ganzen Länge zitiere. »Nun will ich Euch schnell und kurz [!] von den letzten 4 Wochen berichten. Mein Urlaub war gerade zur rechten Zeit zu Ende gegangen. Drei Tage nach meiner Ankunft am Standort [Raum Paris] ging es los. Eine 4-tägige Bahnfahrt brachte uns in die Ostmark [Österreich]. … Im Landmarsch ging es weiter. Wetter und

Straßen wurden immer schlechter. In Ungarn wurden wir sehr freundlich aufgenommen. Die Leute empfingen und bewirteten uns mit einer Begeisterung und Gastfreundschaft, die wir nie erwartet hätten. Mit Wein, Schnaps und Eiern wurden wir geradezu überfüttert. – Von der hohen Politik erfuhren wir nur wenig. Am 6.4.1941 hatte der Angriff auf Jugoslawien begonnen, das war alles, was wir wussten. – Durch die ungarische Tiefebene am Plattensee vorbei ging die Fahrt. In der Nacht vom 11. zum 12.4.1941 überschritten wir die Feindesgrenze über die Donaubrücke bei ?/ [unleserlich], die Teile unseres Panzerkorps unversehrt in die Hand genommen hatten. Gleich hinter der Brücke begegneten uns die ersten Gefangenen, unter ihnen eine ganze Reihe Volksdeutscher. Wir unterhielten uns einen Augenblick mit ihnen und erfuhren, dass sie einem Regiment angehörten, das zum großen Teil aus Kroaten bestand. Fast alle waren Reservisten. Man hatte sie erst wenige Tage vorher eingezogen. Vom Kriege hatten sie bis vor 2 Tagen noch nichts erfahren. Erst von flüchtenden Serben hörten sie davon. Darauf warf das ganze Regiment die Waffen fort und machte sich auf den Weg uns entgegen. Die Offiziere waren ins Landesinnere geflüchtet. Auf die Frage, wohin sie wollten, antworteten sie: ›Wir gehen nach Hause zu unserer Familie.‹ So kamen uns in den nächsten Tagen Tausende entgegen. Kein Mensch als Bewachung bei ihnen. Man ließ sie einfach laufen. Gefährlich wurden sie nur für einen einzelfahrenden Kradmelder. Das Einzige, was wir vom Kriege sahen, waren lange, durch Fliegerangriffe aufgeriebene Fahrzeugkolonnen, d.h. zertrümmerte Wagen und tote Pferde. Einzelne gesprengte Brücken konnten den Vormarsch nicht aufhalten. Vor uns befanden sich noch unsere Kradschützen und Teile unserer Aufklärungsabteilung. Unser Bataillon war mit Sonderauftrag etwa 150 km vor der Masse des Regiments. Die zerstörten Save-Brücken hielten den Vormarsch etwa einen Tag auf. Ein Ruhetag für uns, an dem seit langer Zeit zum ersten Mal wieder die Sonne schien. Am ersten Ostertag durchfuhren wir ein volksdeutsches Städtchen. Es ist einfach nicht zu beschreiben, wie man uns dort aufgenommen hat. An den Straßen waren lange Tische aufgebaut, bepackt mit Schinken, Eiern, Stuten, Wurst, Wein, Milch u.a. Quer über die Straße waren Seile gespannt, die uns zum Halten bringen sollten. Dann bestürmte man uns mit allen diesen Herrlichkeiten und warf sie, wenn wir ablehnten, in unsere Fahrzeuge. Und so etwas nannte sich Feindesland!!! Dass etwa 15 km südlich dieses Ortes noch eine unserer Kompanien im Kampf gegen zwei serbische Regimenter stand, störte keinen Menschen.

Mit dem Überschreiten der Save näherten wir uns dem eigentlichen Kernland Jugoslawiens, Bosnien. – In den Vormittagsstunden des zweiten Ostertages stießen wir auf stärkeren Feindeswiderstand. Die Straße trat längs des Drinatals in das Gebirge ein. Diese wichtige Stellung verteidigte der Gegner mit stärkeren Kräften. – Unsere Jungens legten einen Angriff hin, der einfach nicht zu beschreiben ist. Sie griffen mit einem Schwung an, wie ich es mir nie hätte träumen lassen. Nach dreistündigem Kampf hatten wir unser Ziel erreicht. Die beherrschenden Höhen in unserer Hand. Unser zweites Bataillon stieß sofort nach, keinen Augenblick durfte der Feind zur Ruhe kommen. Etwa 3000 Gefangene, 52 M.G.s [Maschinengewehre], 8 Geschütze waren in unsere Hände gefallen. Am nächsten Tag kapitulierte die Sarajewo-Armee vor unserem Ansturm. Zwei Tage Ruhe nach all den Anstrengungen taten uns gut. Am 18.4.1941 zogen wir in Sarajewo ein, das am 15.4. von unserer Aufklärungsabteilung zuerst erreicht wurde. Am Tage unseres Einzuges hörten wir vom Waffenstillstand. Genau eine Woche betrug unser Aufenthalt in Feindesland. Viel hatten wir gesehen und Großes erreicht. Unser Korps hatte Belgrad, Agram und Sarajewo genommen und unzählige Gefangene gemacht und Massen von Waffen und Gerät erbeutet. Viel war von unseren Männern, vor allem von den Fahrern, verlangt worden. In der Ebene grundlose Wege, im Gebirge bis zu 1500 m hoch im Schneesturm und immer in glänzender Stimmung.

Drei Tage Ruhe in Sarajewo. Von der Abnahme der Mördentafel [??], die unserem Regimentskommandeur als Erstem übergeben wurde, und der Parade habt Ihr sicherlich im Rundfunk gehört. Hier bei uns in [?? unleserlich] sah ich vorgestern Abend in der Wochenschau mich wieder; das Bild verschwand aber wieder so schnell, dass man mich nicht erkennen konnte, wenn man nicht vorher von den Aufnahmen weiß. Es sind Bilder von unserer Flaggenhissung in Sarajewo. Zwei lange Unteroffiziere unserer ersten Kompanie sieht man die Flagge hissen und dann dahinter die erste Kompanie, der Kommandeur vor der Kompanie stehend, ich am rechten Flügel. Die Wochenschau beginnt mit der Fahrt eines deutschen Hilfskreuzers.«

Meine Eltern fuhren sofort nach Dinslaken ins Kino, um diese Wochenschau zu sehen. Plötzlich der Ansager: »Truppenvorbeimarsch am Kommandanten von Sarajewo!« Vati sah und erkannte unseren Soldaten sofort neben dem Kommandanten stehend. Ich hatte nichts gesehen vor lauter Aufregung und blieb einfach sitzen für die nächste Vorstellung. »Ich sah ihn in weiter Ferne, meinen lieben Jungen, und sandte ihm einen lieben Gruß hinüber ins fremde Land.«

Nach dem Ende des Jugoslawienfeldzugs ging es zurück in die Heimat. Erste Station war Agram, der österreichische Name für Zagreb, die heutige Hauptstadt Kroatiens. »In Agram wieder zwei Tage Ruhe. Leider war das Wetter so schlecht, dass ich nicht viel von der Stadt gesehen habe. Schöne breite Asphaltstraßen, große prächtige Bauten erinnerten uns daran, dass wir uns wieder Mitteleuropa näherten. Die erste Asphaltstraße wurde mit einem selten gespürten Glücksgefühl befahren. Wir hielten sogar an, um sie genau betrachten und bewundern zu können. Unsere Quartiergäste in Agram waren von einer rührenden Sorgfalt. Gleich am ersten Abend fragte man uns – ich hatte meinen Burschen und meinen Fahrer mit in mein Quartier genommen –, ob wir Rühreier lieber ohne oder mit Speck äßen. So ging es Tag für Tag. Am zweiten Tag brachte mir mein Fahrer aus einer Konditorei so viel Schlagsahne mit, dass ich sie nachher nicht mehr mochte. Ungeahnte Herrlichkeiten waren in den Geschäften ausgestellt, Schinken, Würste von Meterlänge, Eier, Butter usw. Es gab reinweg alles Mögliche zu kaufen, nur – und jetzt kommt das große Aber – zu ziemlich teuren Preisen. – Weiter ging die Fahrt. Durch die wunderschöne Steiermark brachten uns unsere Fahrzeuge nach Graz. Dort erfolgte die Verladung und ausgeladen wurden wir – na, nun ratet einmal – 130 km von meiner alten Lazarettstadt [Chemnitz]. … Viel Neues haben wir gesehen …. Das bunteste Bild war Sarajewo. … Ich werde Euch nur noch einige Bilder von der Stadt zuschicken. Einige Kleinigkeiten, die ich mitgebracht habe, gehen Euch ebenfalls zu.« Darunter Schuhe aus dem türkischen Viertel in Sarajewo und »ein Kaffeegerät, zu dem Ihr mir den Kaffee spendieren müsst. Ich werde Euch einen echt türkischen Kaffee liefern, mein Quartiergeber in Sarajewo hat mir das Kaffeebraten – so sagt der Türke – beigebracht.« Dieses türkische Kaffeeservice steht jetzt auf dem Bücherregal in meinem Arbeitszimmer in Urbana, Illinois, USA, als Andenken an meinen Bruder.

Türkisches Kaffeeservice aus Sarajewo

Nach dem Sieg über Jugoslawien und Griechenland und deren Besetzung durch die Wehrmacht war der Weg frei für die Verfolgung von Juden, Roma und Sinti.

»Seit Beginn der Überfälle machten Wehrmacht und SS Jagd auf die in Jugoslawien und Griechenland lebenden Juden. Systematisch ging der neue Befehlshaber, General Franz Böhme, in Serbien gegen die rund 17 000 Juden vor, aber auch gegen die im Land lebenden Roma. Teils zur ›Sühne‹, teils gezielt zur Vernichtung ermordeten Wehrmacht und SS Tausende Juden und Roma in Topola oder Valjevo. Die überlebenden Frauen, Kinder und Männer wurden entweder erschossen oder in eigens herbeigeschafften Gaswagen ermordet. Im Mai 1942 meldete der zuständige Befehlshaber der Sicherheitspolizei stolz nach Berlin: ›Serbien ist judenfrei.‹ In Griechenland begannen die Vorbereitungen für die Deportation und Ermordung der Juden ebenfalls bereits 1941. Anfänglich scheiterte diese aber am italienischen Widerstand. Als Italien jedoch 1943 die Seiten wechselte, begann die Verschleppung der Juden in die Vernichtungslager Auschwitz und Treblinka. Die Bahnfahrkarten dafür mussten sie selber bezahlen. Rund 59 000 – 90 Prozent der griechischen Juden – ermordete die SS in den dortigen Gaskammern. Die Mehrzahl kam aus der großen jüdischen Gemeinde in Saloniki, manche aber auch von den Inseln in der Ägäis und im Ionischen Meer.«[31]

Mein Bruder war ein kleines Zahnrädchen in dieser riesigen Mordmaschine. Selbst wenn er nicht selbst beteiligt war – und dafür gibt es keine Belege –, bereiteten er und seine Wehrmachtseinheit den Weg für diese Katastrophe.

Zurück in Deutschland war mein Bruder in Elsnig bei Torgau einquartiert, bei »der Pastorenmutter Kölling«, schrieb meine Mutter, »die eine echte Soldatenmutter wurde. Da es keinen Heimaturlaub gab, fuhr ich [meine Mutter] auf sein Bitten nach Halle/Saale, wo wir drei schöne Tage zusammen sein durften.«

Von seinem Quartier in Elsnig unternahm Hans-Günther mehrere Ausflüge nach Leipzig zum Völkerschlachtdenkmal[32]– »unförmiger Steinhaufen«, so Hans-Günther am 25.5.1941, zu Auerbachs Keller, bekannt durch Goethe – »hat mir viel besser gefallen« (25.5.1941) – und nach Meißen und Dresden. Am 23.5.1941 kamen die Offiziere des Regiments zusammen, »um des Tages von Mont Damion am 23.5.1940 zu gedenken. Vor einem Jahr nahm das 7. Regiment im Sturm den Mt. Damion. Von weiteren Stürmen des Regiments, meines Regiments, auf das wir alle stolz sind, werdet Ihr bald hören« (25.5.1941). Das Soldatenleben ist inzwischen ganz sein Leben geworden – ganz im Gegensatz zu mir, einem pazifistischen Zivilisten. Er kann sich »den Frieden gar nicht mehr vorstellen. … ich [mein Bruder] kann es verstehen, dass nach dem Weltkrieg sich eine Reihe Soldaten nicht in den Frieden hineinfanden und zu sogenannten Landsknechten wurden« (25.5.1941). Doch die sieben schönen Wochen im Vaterland gingen zu Ende; der Krieg ging weiter mit dem Überfall auf die Sowjetunion am 22.6.1941. Am 15.7.1941 schrieb mein Bruder: »Der Abschied wird schwer werden. Doch wir dürfen beim Endkampf nicht fehlen. – Seid unbesorgt, Ihr Lieben. Ich schreibe Euch offen, dass wir fortziehen, damit Eure Fürsorge mich wieder begleiten kann. Wir werden uns wiedersehen!« Schwingen hier nicht dunkle Vorahnungen mit? Am

21.6.1941, einen Tag vor der Ost-Offensive, kam noch ein ganz kurzer Brief »am Morgen meines Abrückens. Jetzt geht es weiter in den Kampf und in den Sieg«.

Krieg gegen die Sowjetunion

Im Folgenden möchte ich zuerst kurz den historischen Hintergrund des Krieges gegen die Sowjetunion ausleuchten, ehe ich aus den Briefen meines Bruders aus der Sowjetunion zitiere. Zunächst zur allgemeinen Lage, dann zu dem spezifischen Kriegsweg meines Bruders mit Ortsangaben, die er in seinen Briefen aus strategischen Gründen und wegen der militärischen Zensur nicht angeben konnte oder nur in groben Umrissen. Dabei folge ich den Schilderungen von Gerhard Weinberg, William Shirer und Ian Kershaw (jeweils in meiner Übersetzung). Die Invasion begann »in den frühen Morgenstunden am Sonntag, den 22. Juni 1941, am selben Tag, an dem im Jahre 1812 Napoleon den Fluss Niemen oder Memel auf dem Wege nach Moskau überquerte und genau ein Jahr nach der Kapitulation Frankreichs«.[33]

»Der Hauptangriff am 22. Juni begann mit drei Heeresgruppen Nord, Mitte und Süd. Die Heeresgruppe Nord unter Generalfeldmarschall Wilhelm Ritter von Leeb [1886–1956] mit drei Armeen rückte in die Baltischen Staaten und besetzte Litauen in nur wenigen Tagen.[34] Nach Überquerung der Dvina an mehreren Stellen war am Ende der ersten Juliwoche der größte Teil von Lettland in ihrem Besitz.[35] Im Mittelfrontabschnitt zwischen den Baltischen Staaten und den Prijpet Sümpfen durchbrach die Heeresgruppe Mitte unter Generalfeldmarschall Fedor von Bock [1880–1945] mit vier Armeen die sowjetische Front und besetzte in den ersten zwei Wochen die ostpolnischen Gebiete, die 1939 von der Sowjetunion annektiert worden waren. Die Heeresgruppe Süd unter Generalfeldmarschall Gerd von Rundstedt [1875–1953] drang mit drei Armeen plus der 11. Armee in die ehemals südpolnischen Gebiete und die vor 1939 Ukrainische Sowjetische Republik ein.«[36]

In einem gewaltigen Ansturm kamen über drei Millionen deutsche Soldaten zum Einsatz, verstärkt durch 500 000 Soldaten von verbündeten Nationen wie Finnland, Ungarn, Italien, Rumänien und Slowakien mit »über 3700 Panzern, 600 000 motorisierten Fahrzeugen einschließlich Panzerwagen, 7000 Geschützen und 2500 Flugzeugen«[37] sowie über 600 000 Pferden.[38] Ihnen gegenüber stand eine zahlenmäßig überlegene Sowjetarmee von »über drei Millionen sowjetischen Soldaten, unterstützt von nach heutigen Schätzungen zwischen 14 000 bis 15 000 Panzern (davon 2000 hochmodernen), über 34 000 Geschützen und 8000 bis 9000 Kampfflugzeugen«.[39]

Der deutsche Angriff kam für Stalin völlig überraschend und traf auf eine unvorbereitete und schlecht geführte Sowjetarmee. Die deutsche Luftwaffe zerstörte über 4000 sowjetische Flugzeuge in den ersten Wochen des Krieges.

»In den ersten drei Wochen stieß von Bocks Heeresgruppe Mitte mit dreißig Infanteriedivisionen und fünfzehn Panzer- und motorisierten Divisionen 450 Meilen [724 km] weit von Bialystok bis Smolensk vor. Moskau lag nur noch 200 Meilen [320 km] weiter östlich auf dem Wege, den Napoleon im Jahre 1812 genommen hatte. Im Norden eilte Feldmarschall von Leebs Heeresgruppe mit einundzwanzig Infanterie- und sechs Panzerdivisionen durch die baltischen Staaten auf Leningrad zu. Im Süden rückte Feldmarschall von Rundstedts Heeresgruppe mit einundzwanzig Infanterie- und fünf Panzerdivisionen zum Dnieper und auf Kiev vor, der Hauptstadt der fruchtbaren Ukraine, die Hitler begehrte.«[40]

Die Sowjets erlitten Riesenverluste: »Bis Ende Juli [1941] waren nach Schätzungen 89 von 164 sowjetischen Divisionen völlig oder teilweise vernichtet und nur noch 9 von 29 Panzerdivisionen der Roten Armee waren kampffähig.«[41] In den ersten Kriegswochen wurden Hunderttausende Sowjetsoldaten gefangen genommen. Deutschland schien dem Sieg so nahe, dass Franz Halder (1884–1972), General und Stabschef des Oberkommandos der Wehrmacht (OKH), am 3. Juli 1941 erklärte: »Es ist wahrscheinlich keine Übertreibung, zu sagen, dass der Feldzug gegen Russland in dem Zeitraum von zwei Wochen gewonnen wurde.«[42] Doch wie wir heute wissen, kam es ganz anders. Die deutsche Armeeführung hatte die sowjetische Stärke und Widerstandskraft grob unterschätzt.

Meines Bruders Regiment war ein Teil der 16. motorisierten Infanteriedivision und gehörte zur Heeresgruppe Süd. Der im folgenden beschriebene Weg dieser Division stammt aus dem Lexikon der Wehrmacht.[43]

»Am 20. Juni [1941] erfolgte die Verlegung in den Raum Sandomiercz–Kielce [in Süd-Zentralpolen] zur Bereitstellung für den Russlandfeldzug. Ab dem 22. Juni [1941] kämpfte die Division in Russland. Es kam zu ersten Kämpfen bei Dubno, Werba, Sokal, Ostrog und Zaslaw [in der westlichen Ukraine; die Namen erscheinen in verschiedenen Schreibweisen]. Am 6. und 7. Juli [1941] durchbrach die Division die Stalinlinie westlich von Lubar [Ukraine]. Lubar selbst wurde am 9. Juli [1941] erobert.«

Nach dem Einmarsch der deutschen Truppen begann an vielen Orten die Judenverfolgung, vor allem durch die Einsatzgruppen, die der Wehrmacht nachrückten. Ob mein Bruder vorn in der kämpfenden Truppe davon gewusst hat, geht aus seinen Briefen nicht hervor. Ich kann mir allerdings nicht vorstellen, dass er nie davon gehört hat. In Lubar, zum Beispiel, wurde ein Judengetto eingerichtet und 300 Juden in einem nahen Wald umgebracht. Im September 1941 ermordeten Einsatzgruppen unter Mithilfe der ukrainischen Hilfspolizei 1300 Juden aus der Stadt und Umgebung.[44]

Von Lubar »ging es weiter Richtung Winniza, Uman und Talnoje.[45] Bei Nowo Archangelsk kam es zu schweren Kämpfen, außerdem bei Swerdlikowo und bei Dobrowodje.[46] Vom 7. bis 9. August marschierte die Division nach Süden nach Wossnessensk am Bug.[47] Am 15. August [1941] schwenkte sie auf Nikolajew[48] und in den Raum Kriwoi Rog[49] zum Dnjepr ein. Weiter marschierte die Division Richtung Krementschug[50] und Poltawa.[51] Ende August [1941] übernahm die Division die Sicherung am großen Donbogen zwischen Dnepopetrowsk[52] und Nikopol.[53] Im September [1941] nahm die Division an der Umfassungsschlacht östlich von Kiew teil. Anschließend marschierte sie auf Kursk[54] und weiter in Richtung Tim. Am 5. Dezember [1941] stellte die Division ihre Angriffe ein und baute ihre Winterstellung östlich von Kursk aus … sie wurde bis zum Mai 1942 gehalten. … Am 12. Mai 1942 wurde der Division die Panzerabteilung 116 zugewiesen. Am 28. Juni [1942] begann der deutsche Vorstoß über den Fluss Tim und der Vorstoß nach Staryi-Oskol.[55] Nach den schweren Kämpfen um und in Woronesh[56] begann Mitte Juli [1942] der Vorstoß in den Kaukasus[57] Am 26. Juli [1942] überschritt die Division den Don über Radorskaja und stieß anschließend zum Mantysch vor. Dieser wurde bei Porny überschritten. Am 4. August [1942] setzte die Division über den Kuban, nahm Armavir und ging über den Laba. Nach dem Vorstoß in den Kaukasus bis über Abadsechskaja wurde die Division am 20. August [1942] von der 101. Gebirgsdivision abgelöst. Anschließend drehte die Division über Maikop und Woroschilowsk ab in Richtung Astrachan. Die Division marschierte anschließend durch die Kalmückensteppe und erreichte den Raum östlich von Chalchuta, dem östlichsten Punkt der Ostfront. Hier wurde die Division von russischen Truppen eingekesselt, konnte jedoch nach Westen ausbrechen und kämpfte anschließend im Raum Elista. … Am 31. Dezember 1942 begann der allgemeine Rückzug über Rostow[58], Taganrog[59] auf die Mius-Linie«, dem Ort schwerer Abwehrschlachten wie auch im Raum Mariupol[60] und der Industriestadt Stalino[61] im Jahre 1943.

Im Juli 1943 hielten die deutschen Verteidigungslinien am Mius dem russischen Ansturm noch stand, doch im August und September 1943 gelang es der Roten Armee, die Deutschen vom linken Ufer des Dniepr und aus ihren Stellungen am Mius zu vertreiben.[62] Doch zu der Zeit war mein Bruder bereits tot.

Am 24.6.1941, zwei Tage nach Beginn des Überfalls auf die Sowjetunion, schrieb mein Bruder aus dem Einsatzgebiet, dass sein Regiment noch nicht in Kampfhandlungen verwickelt war; es war sozusagen die Ruhe vor dem Sturm: »Einige Tage der Ruhe – oder sind es nur Stunden, wir wissen es nicht – sind uns noch vor der Bewährung im Kampf gegeben. Eine Ruhe und eine Siegesgewissheit erfüllt uns alle, als ob es gar keinen Tod gäbe, obwohl vor uns die Masse der russischen Elitetruppen liegt. – Ringsum noch herrscht geschäftiges Treiben. Es wird zum letzten Male alles überprüft. Jede Schraube wird nachgesehen, denn auf unseren künftigen Wegen bleibt uns dazu wenig Zeit. Vorwärts, immer nur vorwärts, heißt die Parole. Vorwärts bis zum großen Endsieg.« Dann kam der Einsatzbefehl zum Vormarsch, von dem seine nächsten Kurznachrichten stammen: »Russland, staubige Straße. Alles in Ordnung« (2.7.1941). »Vormarschstraße: Aus dem alten Russland mit seinen fürchterlichen Straßen recht herzliche Grüße. Die Straßen halten uns länger auf als der Russe drüben, bei dem sich bereits Anzeichen von Auflösung bemerkbar machen« (4.7.1941). »Uns geht's immer noch gut. Die Russen laufen jetzt zum großen Teil wie die Hasen« (9.7.1941). Von den schweren Kampfhandlungen, die in diesem Zeitraum stattfanden, schreibt Hans-Günther nichts; wohl um die Eltern nicht zu beunruhigen. Außerdem gab es während der Kämpfe keine Zeit, ausführlich darüber zu berichten. Andeutungsweise geschieht das allerdings in einem ausführlicheren Brief vom 15.7.1941, geschrieben »im Felde« ohne genaue Ortsangabe: »Ihr Lieben daheim, ein Ruhemorgen gibt mir endlich die Gelegenheit, einige Zeilen an Euch zu schreiben. Harte Tage liegen hinter uns, sodass die wohlverdiente Ruhe guttut. Deutschland, die Heimat, liegt wie ein ferner Traum irgendwo weit zurück. Hier ist das ganze tägliche Leben ausgefüllt mit dem Kampf gegen die Russen und oft der ebenso harten Arbeit gegen den Staub oder den Regen. Und doch schaffen unsere Männer alles mit bewundernswerter Einsatzbereitschaft. Wenn man diese Leute sieht, die tagelang nicht zur Ruhe gekommen sind, keine warme Verpflegung erhalten, da die Feldküchen stecken bleiben, wenn man diese Männer im Angriff sieht, indem sie mit unaufhaltsamem Schwung alles niederrennen, dann weiß man doch, der deutsche Soldat ist der beste der Welt, und ist stolz auf seine Männer. Dann weiß man auch, dass wir hier draußen es schaffen werden, wenn Ihr drinnen in der Heimat stark bleibt.«

Zu dieser Zeit, Mitte Juli 1941, war Hans-Günthers Division bereits weit in das sowjetische Reich vorgedrungen: »Tief stecken wir nun in diesem Riesenreich drin und sind fast so anspruchslos geworden wie seine Bewohner. Alles ist in diesem Land so riesenhaft ausgeweitet. Die Städte sind keine Städte in unserem Sinn, sondern Riesendörfer. Die Getreidefelder erstrecken sich oft kilometerweit. Auf die glühende Sonne folgt oft innerhalb von 3–5 Minuten ein Regen, der die Wege, auf denen noch vor Kurzem der Staub 10–20 cm hoch lag, in die reinsten Schlammbäder verwandelt. Das alles muss überwunden werden in ständigem Kampf gegen den äußeren Feind, der zwischen den Kornfeldern versteckt den einzelnen Versprengten von uns der gefährlichste und hinterhältigste Gegner ist. Und trotz allem geht es vorwärts und immer nur vorwärts bis zu unserem großen Sieg« (15.7.1941).

Seinen 22. Geburtstag feiert Hans-Günther »in einem verlorenen Kaff«; sein vierter Geburtstag in der Fremde. Doch blieb nicht viel Zeit zum Feiern, denn schon »kam der Befehl zum Weitermarsch« (18.7.1941). Die größte Freude der Soldaten ist die Post aus der Heimat: »Für uns und unsere Landser gibt es keine größere Freude als die, wenn es heißt: Die Post ist da« (23.7.1941).

Wie mein Bruder berichtete, wurden die deutschen Truppen von den Ukrainern freundlich empfangen: »Im Übrigen ist das Land hier sehr arm. Doch bringen uns die Ukrainer das, was sie haben – Milch und Eier –, gern. Geld nehmen sie nicht dafür. Sie sind ja so froh, von der Herrschaft der Bolschewiken erlöst zu sein. Grauenhaft muss hier in dieser fruchtbaren Landschaft der Bolschewismus gewütet haben. Man hat den Leuten alles genommen und den Kollektiven zugeführt. Sobald wir jetzt in einen Ort hineinkommen, strömt die ganze Bevölkerung zu den Kollektiven und holt sich ihr Vieh wieder. Immer wieder staunt man über die Fruchtbarkeit dieser Landschaft. Mit Recht wird sie die Kornkammer Europas genannt. Riesige Kornfelder von unvorstellbarer Größe reihen sich aneinander, fast ermüdend und niederdrückend wirken sie auf die Dauer. Dazu kommt ein richtiges Treibhausklima. Nass-warme Tage wechseln mit drückend heißen Tagen, sodass man alles direkt wachsen sieht« (23.7.1941).

Das erinnert mich ein wenig an den amerikanischen Mittleren Westen, in dem ich seit über 50 Jahren lebe, nur dass es hier meist Mais- und Sojabohnenfelder sind. In der Tat hatte die Ukraine unter der Herrschaft des Bolschewismus unsäglich gelitten. »Holodomor – Tötung durch Hunger – tötete zwischen 1932 und 1933 durch die Zwangskollektivierung zwischen drei und zehn Millionen Menschen«.[63] Kein Wunder, dass die Ukrainer in den Deutschen Befreier sahen und sie willkommen hießen. Doch das sollte sich bald ändern und in Feindschaft umschlagen, als die Einsatzgruppen zu wüten begannen. Ukrainer, wie alle Slawen, waren für sie »Untermenschen«. Außerdem sollten ihre fruchtbaren Gebiete zu Deutschlands Kornkammern und »Lebensraum« werden, in dem Ukrainer höchstens als Sklaven geduldet werden sollten. Dabei wären die Ukrainer sehr wahrscheinlich ohne die nazistisch-rassistische Vernichtungsideologie zu wertvollen Verbündeten im Kampf gegen den Bolschewismus gewesen. So verhinderte die eigene Ideologie schließlich einen möglichen Sieg im Kampf gegen die Sowjetunion.

Am 27.7.1941 fand mein Bruder wieder etwas Zeit zum Schreiben, »als wir auf der Straße vor einer elendig glitschigen Höhe festlagen, auf die unsere Fahrzeuge nicht hinaufkamen«. Dazu hörte er auf dem Kurzwellensender, »der uns hier im Osten mit Nachrichten und Musik versorgt ... das deutsche Wunschkonzert und anschließend Opernmusik. In solchen Minuten vergisst man den ganzen Krieg, die ganzen Mühen. Die Seele wandert und wandert in weite, grün blühende Gefilde der Seligkeit und kehrt gestärkt in ihre Hülle zurück. – Es ist heute der 6. Kriegssonntag; der wievielte Sonntag nach dem 22.6. [1941; Kriegsbeginn gegen Russland] mag wohl wieder ein Friedenssonntag sein?« (27.7.1941). Aber solche Gedanken werden unterbrochen durch einen bevorstehenden Angriff: »In 1¼ Stunden geht der große Angriff los. Das letzte Loch um 150 000 Russen soll geschlossen werden. Der große Sieg ist dann wieder ein Stück näher gerückt« (28.7.1941). Doch bei den Russen macht sich nun stärkerer Widerstand bemerkbar und mein Bruder musste die Tapferkeit russischer Soldaten anerkennen: »Manchmal muss man die Zähigkeit der Russen bewundern, die sich in aussichtsloser Lage oft sehr tapfer schlagen, wenn auch nur von ihren Kommissaren angetrieben« (28.7.1941). Das Ergebnis des Angriffs: »So mancher gute Kamerad, den man lieb gewonnen hatte, ist geblieben. Umso härter sind wir geworden, umso schwungvoller wird unser Angriff« (28.7.1941).

Am 2.8.1941 schrieb mein Bruder wieder einen längeren Brief »in einem kleinen Waldstück. Seit zwei Tagen liegt hier unser Gefechtsstand, 500 m uns gegenüber der Russe, der immer wieder versucht, aus seinem Sack auszubrechen und den Kessel zu durchbrechen. Vor unserem Abschnitt hat er sich jedoch zweimal blutige Köpfe geholt und lässt uns jetzt in Ruhe. Wir liegen im Schatten der Bäume, hören Radiomusik unseres Kurzwellensenders und träumen vom Schwarzen Meer und seinen Badegelegenheiten. Wenn man sich vier Tage nicht mehr gewaschen hat, hat man nur den einen Wunsch nach etwas Wasser zum Waschen. Zwar liegt 300 m vor uns ein Bach, doch wenn man ihm zu nahe kommt, erhält man einen aufgebrannt. Da verzichtet man lieber auf Wasser« (2.8.1941).

Doch da kam bereits ein Wagen mit Kanistern voller Wasser, aber bei 30 Mann reicht es für jeden nur für eine Handvoll Wasser. Die Russen schießen zuweilen in die deutsche Stellung, »bis mal einer getroffen wird. Ab und zu gehe ich einmal zur Beobachtungsstelle und sehe mir den Laden drüben an. Die Russen laufen dort genauso offen herum, wie wir es hier auch tun. Wenn allzu viele auf einem Klumpatsch stehen, schießen wir mit unseren Infanteriegeschützen hinein. … Man könnte bald von einem gemütlichen Krieg sprechen, wenn man nicht wüsste, dass unsere beiden Schwesterbataillone in hartem Kampf stehen. Gestern Abend hörten wir, dass unser Leutnant W, einer unserer tüchtigsten Offiziere in unserem Bataillon, als Führer der 5. Kompanie gefallen ist, nachdem er sie gerade vor 24 Stunden über-

Blick ins Feindgelände, Zeichnung von einem Kameraden meines Bruders

ganz im Gegensatz zu unseren sonstigen Erfahrungen. Die Kollektivernten sind nämlich in diesem Jahr unter die Dorfgemeinschaften verteilt worden. Die Dörfer hier haben nun fast alle die Eigenschaft, dass die Häuser durchweg etwas höher liegen als die Dorfstraße. Vor den Häusern sieht man zudem noch des Öfteren runde Erdaufwürfe mit einem Durchmesser von etwa 2 m und 50–60 cm hoch. Im Anfang interessierten uns diese Erdbuckel nicht weiter, bis plötzlich jemand an diesen Buckeln Holzdeckel bemerkte, mit Stroh, Dreck oder Gras sehr gut getarnt. Das Geheimnis der leeren Häuser war damit gelüftet. Unter dieser Holzklappe führte ein Einstieg von etwa 60 mal 60 cm in den Keller. Nun ist der erste Gang unserer Landser, wenn wir in einen neuen Unterkunftsort kommen, der Kellersturm. Jeder Zug hat seine eingeteilten Organisierer. Die holen nun all das zusammen, was der Zug zu seinem Abendessen braucht. Die Einwohner des Dorfes sind dadurch kaum beeinträchtigt, denn das, was wir ihnen nehmen, haben sie sonst an den Staat abliefern müssen und sich zum Teil selbst aus dem staatlichen Kollektivbesitz genommen. Außerdem herrscht der Grundsatz Napoleons: Der Krieg muss den Soldaten ernähren. Das soll nun nicht heißen, dass man von höherer Seite uns selbst für unseren Lebensunterhalt sorgen lässt. Doch unser Landser isst gern viel und gut. Da ist eine Nebenkost nicht zu verachten« (31.10.1941).

Zumeist waren die deutschen Soldaten in einfachen, ja nahezu primitiven Quartieren untergebracht, in denen sie auf Stroh schliefen. Doch manchmal hatten sie Glück und fanden eine bessere Behausung. So schrieb mein Bruder am 13.11.1941: »Wir bewohnen dieses Mal auch so ein nettes gemütliches Quartier. ... Es ist die Lehrerwohnung, die wir bezogen haben. Nach russischen Verhältnissen ist sie ganz komfortabel eingerichtet. Eine Küche, ein kleiner Wohnraum und ein großer Raum, der zugleich mit seinem großen gemauerten Ofen, der von der Küche beheizt wird, als Schlafraum für die Lehrerfamilie und jetzt für uns dient. Wir benutzen allerdings nie den Ofen als Schlafstätte. Er ist uns einmal zu warm und zum anderen eine zu gute Ungeziefersammelstelle. Wir packen uns einen Arm voll Stroh in die Ecke und breiten es des Nachts aus. Dem hohen Bataillonsstab dient nun der große Raum, den wir uns mit zwei Tischen, einer Bank, einem Schrank und mehreren Schemeln, dazu als Wichtigstes unser Radio, gemütlich eingerichtet haben als Wohn- und Schlafstätte, während die beiden anderen Räume von unseren Burschen und zwei meiner Gefechtsschreiber bewohnt werden« (13.11.1941). Wo allerdings die russische Lehrerfamilie geblieben ist, wird nicht erwähnt.

Ende September 1941 genoss Hans-Günthers Bataillon eine wohlverdiente Ruhepause hinter der Front, ehe es auf eine lange Fahrt nach Nordosten ging. Die Truppe hatte bis dahin 5500 km zurückgelegt und Menschen und Maschinen bedurften einer Ruhepause und Erholung: »Unsere Fahrzeuge mit ihren kaputten Scheiben, die man durch Holzlatten mit eingeschnittenen Gucklöchern ersetzt hat, mit ihren fehlenden Kotflügeln, mit all ihrem Ächzen und Stöhnen, das sie sich auf den Morastwegen angewöhnt haben, und eben auch die Männer, unrasiert, teilweise mit langen Spitzbärten, in den alten abgetragenen Klamotten, so müsste uns die Heimat einmal sehen. Das soll nicht heißen, dass unsere Fahrzeuge, unsere Waffen und die Ausrüstung schlecht sind. Nein, im Gegenteil. Es gibt nichts Besseres. Wenn man gesehen hat, auf welchen Wegen wir uns bewegten, dann muss man immer wieder staunen, dass unsere Kraftfahrzeuge die 5500 km, die wir bis jetzt im Ostfeldzug zurückgelegt haben, überstanden haben. Die Fahrer haben sich zu wahren Künstlern entwickelt; mit einer Anhänglichkeit und Liebe pflegen sie ihre Fahrzeuge, als wenn diese ein Stück von ihrem Körper wären. Richtige Hexenkünstler sind diese Männer von unserer I-Staffel [Instandsetzung] geworden, die aus einem Stück Blech alles Mögliche herstellen« (24.9.1941).

Noch hält sich die Hoffnung, dass der Krieg bald siegreich beendet sein wird. »Tage eines endlosen und harten Kampfes gegen den Morast liegen hinter einem. Doch nun hoffen wir, den Oberbefehlshaber der russischen 13. Armee bald zur Strecke gebracht zu haben, denn hinter ihm her geht die Jagd. Mit einigen Leuten treibt er sich hier in den Wäldern umher. Mit jedem Tag hoffen wir, dem Endsieg und damit der Rückkehr in die Heimat näher zu kommen« (14.10.1941).

Angesichts der steigenden Todesanzeigen in den Zeitungen machte sich unsere Mutter natürlich große Sorgen um ihren Sohn an der Ostfront. Doch der versucht, sie zu beruhigen: »Keine Angst, Muttche, der Tod kann uns nicht mehr schrecken. Denn die Erkenntnis haben wir gewonnen, dass durch ihn unser Leben nicht beendet ist, … dass an unserem Leben das Kostbarste die Gewissheit ist, dass unser Leben nicht mit dem Einbetten in die Erde beendet ist, sondern dass dann erst der Teil des Lebens beginnt, für den man jetzt in seinen 40, 50, 60 oder 70 Jahren arbeitet und kämpft« (9.10.1941). Ob das nun ein wirklicher Trost für unsere Mutter war? Mir jedenfalls bleibt dieser Text unverständlich. Dahinter steckt weniger eine christliche Weltanschauung, die unsere Eltern ihm vermittelt hatten, eher die Lektüre von Walter Flex' Roman *Wanderer zwischen beiden Welten* von 1916.

In Kampfpausen freuten sich die Soldaten auf das sonntägliche Volkskonzert mit den Klängen aus der Heimat. Dann gingen Hans-Günthers Gedanken sehnsüchtig zurück nach Deutschland: »Unser ganzes Leben ist augenblicklich nur ausgefüllt von Erinnerungen und Zukunftsplänen. Wisst Ihr, was ich mir so oft ausmale? Das Reisen. Ich denke es mir wunderschön, wenn ich wieder in Deutschland bin, einmal gemeinsam mit Euch durch Deutschland reisen zu können. … Man bekommt hier in Russland, in dem sich alles ins Riesenhafte ausdehnt, bisweilen eine unstillbare Sehnsucht nach einem schönen, heimeligen Fleckchen Erde, wie es sich nur in Deutschland findet. Jetzt erst in der Fremde wird einem klar, wie schön eigentlich unser Deutschland ist« (2.11.1941). Selbst »der entlegenste Winkel Ostpreußens, das hinterste Hinterpommern«, kommen ihm jetzt vor wie ein Paradies (2.11.1941). Verbindung zur Heimat gibt es nicht nur in Gedanken oder durch die Post, sondern auch durch die Winterhilfssammlung: »Unsere diesmonatige Winterhilfssammlung hat bei etwa 650 Köpfen rund 6500 M ergeben. Weit über 100 000 M sind bis jetzt von unserem Bataillon nach Hause geschickt worden« (2.11.1941).

Am wichtigsten ist jedoch die Verbindung durch die Post, wie mein Bruder am 13.11.1941 an unsere Schwester Inge schrieb: »Du glaubst gar nicht, wie sehr man sich nach einem Gruß aus der Heimat sehnt.« Sogar Benzin und Munition mussten warten: »Die Division hatte angeordnet, dass Betriebsstoff und Munition erst einmal warten sollten, bis ein Teil der Post abtransportiert sei. Denn neben Verpflegung ist die Post das Wichtigste für den Landser« (13.11.1941). Mit der Post kamen auch einige kleine Bücher, darunter *An den vier Wällen. Jugendtage am Niederrhein* (1940) von Otto Brues. Brues war ein heute nahezu vergessener Autor, der 1897 in Krefeld, der Heimatstadt unseres Vaters, geboren wurde und dort 1967 starb. Auch Hans-Günther, wie alle seine Geschwister, ist am Niederrhein aufgewachsen. Und Brues' Buch lenkte die Gedanken meines Bruders zurück in seine Kindheit und Jugend in Isselburg, Wertherbruch und »in das stille, ruhige Voerder Bruch in dem Waldschulhaus«, in dem auch ich aufgewachsen bin. »Dieser kleine Flecken auf der großen Welt bedeutet einem hier draußen in der unendlichen Weite Russlands die Welt, darin man sich geborgen fühlt, aus der man sich Kraft holt« (12.12.1941). Er war voller Dank für die behütete Kindheit, die unsere Eltern ihm ermöglicht hatten: »Wie dankbar müssen wir Vati und Mutti sein, dass sie uns eine so schöne Kindheit gegeben haben. Das Fundament eines Menschen wird in seiner Jugend gelegt, in seinem Elternhaus. Ein Elternhaus und eine Erziehung, wie wir sie genossen haben, lassen einen die Mühen und Sorgen des späteren Lebens leicht überwinden« (7.12.1941). Da kann ich als Nachgeborener nur zustimmen; mein Bruder spricht hier auch für mich. Auch ich hatte eine behütete Kindheit trotz Krieg, Evakuierung und Verlust unseres Hauses. Mehr davon später.

Doch der Krieg ging weiter und so auch die Sorge unserer Mutter um ihren Sohn: »Du schreibst in Deinem Brief vom 25.9.1941, Muttche, Du hättest große Angst um mich. Wir hatten damals noch einige Kämpfe um einen Flussübergang.« Wie berechtigt die Angst unserer Mutter war, verdeutlichen folgende Zeilen: »Der 29.9.1941 war der letzte und auch der schwerste Kampftag. Ich hätte an dem Morgen jenes Tages nicht geglaubt, den Abend noch gesund zu erleben. ... Jene wenigen Minuten, in denen wir sechs, die wir zusammen vorgingen, mit unserem Leben abgeschlossen hatten, werden wir nie vergessen. Ich glaube, das musst Du damals gespürt haben, Muttche. Und Du bist in jenen Augenblicken auch bei mir gewesen« (13.11.1941). Beim Lesen dieser Zeilen kommen mir fast die Tränen. Umso mehr war das sicherlich der Fall bei meiner Schwester Inge, da sie alle Briefe unseres Bruders aus der altdeutschen Sütterlinschrift in mühevoller Handarbeit in unsere heutige Schreibweise übertragen hat, die 1941 eingeführt wurde; ich habe die Sütterlinschrift nicht mehr gelernt, als ich 1942 eingeschult wurde.

Anfang Oktober 1941 geriet der motorisierte Vormarsch von Hans-Günthers Truppe wegen der schlechten Straßen ins Stocken; nur Fußtruppen kamen noch weiter, wie er am 30.10.1941 schrieb: »Der letzte Postempfang liegt nun bereits 4 Wochen zurück. Damals waren wir noch in einem unaufhaltsamen Vorwärtsstürmen begriffen.« Dabei machten sie große Beute: »Eisenbahnzüge mit russischen Soldaten aufgeprotzt, sorglos dahinziehende Batterien waren unsere Beute. Da setzte vor 14 Tagen der Regen ein, der uns auf unseren ausgesprochen schlechten Straßen festhielt. Nun müssen wir halt warten, dass sich das Wetter etwas bessert, damit wir auf eine bessere Straße kommen und von dort aus weiter jagen können. So überlassen wir den Fußdivisionen für die nächste Zeit etwas Arbeit. Es tröstet uns nur, dass die anderen Divisionen unserer Panzerarmee auf besseren Straßen vorwärtsstürmen können« (30.10.1941).

Doch der Krieg war härter und grausamer geworden. Gefahr drohte nun nicht mehr nur vom Kampf an der Front, sondern auch von Partisanen hinter der Front: »Und doch hat der Krieg seine härteste und grausamste Stufe erreicht. Nicht im Kampf an der Front, sondern hinter der Front. Wir Deutsche sind wie immer zu weich gewesen und haben den Bolschewiken zu viel getraut. So manchen Gefangenen haben wir laufen lassen, weil wir seinen Aussagen, er sei nur zum Kriegsdienst gepresst, glaubten. Wir waren vielfach auch zu faul, sie abzutransportieren. Das konnte man in der Ukraine machen, doch nicht hier in Zentralrussland. Mancher unserer Kradfahrer hat für unsere Gutmütigkeit sein Leben lassen müssen. Besorgniserregend ist diese Partisanengefahr nicht. Doch wir rücken ihr nun zu Leibe, ehe sie sich weiter ausdehnen kann. Man kann es nur verstehen, dass unsere Männer mit diesen Kerlen nicht allzu sanft umgehen. Es gilt das Wort: Auge um Auge, Zahn um Zahn. Dieses Volk, das jahrhundertelang unter der Knute gelebt hat, lässt sich nicht durch Drohungen belehren und auch nicht durch Schläge« (13.11.1941).

Die offensichtliche Lösung des Problems: erschießen. Mein Bruder hat mit Sicherheit die Erschießung von Partisanen gebilligt, doch ob er diese selbst angeordnet hat, geht aus seinen Briefen nicht hervor.

Am 26.11.1941 berichtete mein Bruder »aus einer großen Stadt«, vermutlich Kharkov (heute Kharkiv in der Ostukraine), die am 24.10.1941 von deutschen Truppen erobert worden war, dass er zum Oberleutnant befördert worden sei und nach langer Zeit auch mal wieder im Kino war. Bei Bildern aus der Heimat kamen ihm fast die Tränen: »Manchmal musste man die Zähne aufeinanderbeißen.« Doch bei den Bildern von den Kämpfen an der Front musste er sich fragen, ob da nicht etwas fehlt, ob der Film den Lieben in der Heimat zeigt, wie es in Wirklichkeit war: »Da saß man nun und sah sich und seine Kameraden kämpfen und stürmen und siegen, und dann sagt man sich, so sieht das also im Film aus, so sehen es unsere Lieben in der Heimat. Und man wusste nicht, ob man zu dem Geschehen sagen sollte: Ist es wirklich so oder fehlt da nicht etwas? Da fehlt wirklich etwas. Man müsste neben den äußeren Bildern des Vorwärtsstürmens, des Schießens und der Einschläge der feindlichen Artillerie auch noch das Gefühl aufnehmen und darstellen können, das den Einzelnen bewegt und packt. Das kann der Film nicht, das versteht nur der Dichter« (26.11.1941).

Sollte er jemals Zweifel an seiner Berufswahl als Soldat gehabt haben, so sieht er sich durch das Fronterlebnis erneut bestätigt: »Mit den meisten unserer Männer verbindet mich ein enges Band. Ich kenne sie durch und durch und sie kennen mich und wir alle wissen voneinander, dass sich jeder auf den anderen verlassen kann. Das gibt mir ein Gefühl stolzer Freude und Kraft. Ich kann mich auf meine Männer unbedingt verlassen, auch wenn ich nicht ihr Einheitsführer bin. Das ist es, was mich alle Arbeit und Mühe immer vergessen macht. Ich fühle nun auch immer mehr, was mich dazu bewogen hat, gerade diesen Beruf zu ergreifen. Es ist der Wunsch, einer Anzahl von Männern Führer und Erzieher zu sein, sie durch eigenes Vorbild dahin zu bringen, wohin man sie haben will. Ich glaube jetzt auch, dass ich mit meinem Beruf das Richtige für mich getroffen habe, wenn ich auch in manchen Stunden daran gezweifelt habe. Das Vertrauen, das mir die Männer entgegenbringen, ist mir der schönste Beweis« (26.11.1941).

Hans-Günther mit General von Falkenhayn 1942. Wo sind wir eigentlich?

Hans-Günther im Einsatz in Russland 1942

Das Band der Kameradschaft war so stark, dass Verwundete nach ihrer Genesung auf Heimaturlaub verzichteten und zu ihren Kameraden an der Front zurückkehren wollten: »Täglich treffen Briefe Wiedergenesener ein, die sich im Ersatzbataillon befinden: ›Holt uns zurück, wir wollen wieder zur Kompanie.‹ Es sind Leute gekommen, die nach ihrer Wiederherstellung auf jeden Urlaub verzichtet haben und nach der Entlassung aus dem Lazarett sich zu uns durchgeschlagen haben. Tagelang sind sie auf offenen Güterwagen oben auf den Kisten oder dergleichen gefahren, ohne Decke, ohne Mantel, hungernd und frierend. Sie wollten zurück, wieder zur Kompanie! Dieser Geist ist prächtig und unbesiegbar!« (16.12.1941)

Und wiederum ein Angriff, der ihn mit Stolz auf seine Männer erfüllte: »Trotz der Kälte von minus 16 Grad liegt ein heißer, aber erfolgreicher Tag hinter uns. Unsere Jungens haben heute wieder einmal mit einem Schwung angegriffen, der nicht zu beschreiben ist. Einfach herrlich, wie sie herangegangen sind, feuernde Geschütze auf 50 m erledigt, die fliehenden Russen von abfahrender 8,8 Flak heruntergeholt. Trotz des 25 km langen Angriffs kein einziger Verwundeter oder Fußkranker« (1. Advent 1941).

Und wieder steht ein Weihnachtsfest in der Fremde vor der Tür: »Wir werden hier draußen ein rechtes deutsches Weihnachten machen und uns gegenseitig von unserem Daheim erzählen. Und unser aller Weihnachtswunsch wird sein, im nächsten Jahr das Platzerl, das Ihr in diesem Jahr noch freihaltet, wieder selbst ausfüllen zu können. Lasst Euch durch nichts anfechten« (2.12.1941). »Wir werden Weihnachten in unserem kleinen gemütlichen Stübchen verbringen, das wir jetzt nach einer Woche harten Kampfes bezogen haben und das uns jetzt für längere Zeit beherbergen wird« (7.12.1941). »Das Schönste jedoch in unserem Heim ist der Adventskranz, der an der Decke hängt. Sogar einen richtigen Tannenbaum werden wir haben, denn vor dem Haus steht eine Fichte, etwas krumm zwar, für uns jedoch das herrlichste Weihnachtsgeschenk« (12.12.1941). Die Vorfreude auf das Fest wurde erhöht durch die Nachricht von Pearl Harbor: »Was sagt Ihr zu den Erfolgen der Japaner? Sie sind doch großartig, nicht wahr? Wir alle gönnen es den aufgeblasenen Amerikanern von Herzen« (16.12.1941). Gemeint ist der japanische Überfall auf den amerikanischen Kriegshafen von Pearl Harbor auf Hawaii am 7.12.1941, bei dem acht amerikanische Kriegsschiffe beschädigt oder versenkt wurden und über

2400 Menschen umkamen. Der japanische Angriff signalisierte den Eintritt der USA in den Krieg.

Überschattet wurde die Weihnachtsstimmung jedoch durch den Tod von Hans-Günthers Freund Oberleutnant Sohlmann: »Unser Sohlmann, dieser prächtige Mensch mit seiner strahlenden Seele, ist am 21.12.1941 von uns gegangen. So wie er lebte, starb er auch. An der Spitze seiner Kompanie vorstürmend traf ihn die Kugel. Ein rascher und schmerzloser Tod war ihm beschieden. Sein kleiner Henning hat seinen Vater nicht kennengelernt, so wie er seinen eigenen Vater, der 1915 in den Argonnen fiel, nicht gesehen hatte« (28.12.1941).[66]

Am 24.12.1941 vormittags »gingen Leutnant Flake und ich die ganze Stellung ab. Trotz der fast übermenschlichen Anstrengungen der letzten Wochen lag auf den Gesichtern der Männer ein freudiger Schein. Weihnachten ist ja das Fest der Freude und des Freudemachens, das nur uns Deutschen in dieser Art gehört. Ein jeder trägt, und sei er durch den Krieg noch so verhärtet, in seinem Herzen die Erinnerung an eine selige, fröhliche Kinderzeit. Den Heiligen Abend leiteten wir gegen 17 Uhr mit einem Kerzenstündchen, Plätzchen und Bohnenkaffee bei Oberleutnant Torley ein. Dass andauernd der Fernsprecher rasselte, Sperrfeuer angefordert werden musste, Melder kamen und gingen, störte keinen von uns. Um 18 Uhr kehrten wir beide zu unserem Häuschen zurück. Unsere Burschen hatten mit viel Liebe und Geschick aus dem schmutzigen Raum ein behagliches Stübchen gemacht. In der Ecke stand ein richtiger kleiner Weihnachtsbaum, auf dem Tisch einige Kerzen und Tannengrün. Die Front hatte sich beruhigt, in Ruhe und Frieden verging der Abend« (28.12.1941). Doch die Ruhe hielt nicht lange an: »Die restlichen Weihnachtstage vergingen unter Kämpfen und Schießen« (28.12.1941). Am Ende der Briefe aus dem Jahre 1941 befinden sich Karikaturen und ein Gedicht über den Kampf gegen Läuse und deren »Abschuss« an meinen Bruder, überreicht von Leutnant Sohlmann, Chef der ersten Kompanie. Ob er auch der Dichter war, ist mir nicht bekannt. Hier eine Kostprobe:

»Dem Adjutanten Leutnant Hans-Günther Schoeps zu seinem Abschuss im Kriegswinter 1941 Russland – Der Generalinspekteur für Kleintierzoologie Salomon!«

Nach des Tages Kampf und Kämpfchen
ruhet man im Panjehaus
unter leicht beschmutztem Hemdchen
seine Kriegerknochen aus.

»Gute Nacht ihr Kameraden«,
Flüstert man nicht ohne Hohn.
Dann kribbelts auch schon an den Waden
Überm Bauch und anderswo.

Es zwickt und zwackt an allen Ecken
rot und röter werden Flecken.
Kleintiervieh am Korpus rennt
und kein Krieger dann mehr pennt
hastig wird das Hemd geklemmt
mit der Ruh ist's dann zuend.

Zweite Verwundung und Genesung

Und dann geschah es zum wiederholten Male. In den schweren Kämpfen nach Weihnachten traf eine russische Kugel meinen Bruder in den linken Arm, in denselben Arm, in den ihn eine französische Kugel getroffen und er dabei die linke Hand verloren hatte. In einem Brief von ihm, abgeschickt am 11.1.1942 aus dem Lazarett in Trier, in dem er die Ereignisse nach seiner Verwundung schildert, die er zuvor aufgeschrieben hatte, doch erst aus Trier abschicken konnte: »Ihr Lieben daheim, mich hat's wieder einmal ein bisserl erwischt. Am 1. Januar [1941] erhielt ich einen Gewehrschuss in den linken Unterarm. Der Doktor hat mir nun wieder ein Stückchen abnehmen müssen. Das Ellenbogengelenk ist jedoch erhalten. Bin sonst wohlauf. Habe kaum noch Fieber. Das Schreiben auf den Knien ist liegend nur so ungewohnt. Sind gestern nach dreitägiger Eisenbahnfahrt in einem Kriegslazarett einige 100 km hinter der Front angekommen« (11.1.1942). Und weiter am 13.1.1942: »Mir geht es ausgezeichnet. Appetit ist gut. Kaum noch Fieber. Mit Sehnsucht wird der nächste Lazarettzug nach Deutschland erwartet« (13.1.1942). Dann ein Telegramm aus Trier: »Liege hier im Reservelazarett. Erwarte Besuch mit Kartoffelsalat, Frikadellen, Gurken, Obst« (16:50 Uhr; 1.2.1942). Nach fast zwei Jahren war mein Bruder wieder in die Gegend seines ersten Kriegseinsatzes als junger Leutnant zurückgekommen; in die Nähe der Eifel. Jetzt lag er hier als Oberleutnant verwundet im Lazarett.

Sofort nach Erhalt des Telegramms traf unsere Mutter die Vorbereitungen für ihre Fahrt nach Trier. Im Folgenden nun der Bericht meiner Mutter von ihrem Besuch bei ihrem Sohn, meinem Bruder, ein Bericht, den meine Mutter kurz vor ihrem Tod im Jahre 1953 für mich angefertigt hat.

»Den ganzen Tag wurde gerüstet und geschafft und in der Frühe des nächsten Morgens fuhr ich ab. In der Eifel war so starkes Schneetreiben, dass der Zug im Schnee stecken blieb. Und ich erst gegen 20 Uhr in Trier eintraf. Da stand ich vor Kälte zitternd in einer fremden dunklen Stadt. Jemand zeigte mir den Weg und gegen 21 Uhr hatte ich endlich das Lazarett gefunden. Auf meine Bitten führte man mich noch nach oben. Ein Kamerad ging auf dem Flur auf und ab. ›Sind Sie Frau Schoeps? Ihr Sohn erwartet Sie schon den ganzen Tag. Erschrecken Sie nicht, wenn Sie ins Zimmer kommen, er liegt oben rechts im Bett.‹ War das mein Junge? Abgemagert und totenblass das Gesicht! Und wieder der linke Arm in einem großen Verband. Ich streichelte seine abgezehrte rechte Hand: ›Mein Junge, ich bringe Dir alles, was Du Dir gewünscht hast, und bleibe jetzt bei Dir.‹ Nur ein ganz leises Flüstern: ›Ich kann nichts essen, nimm nur alles wieder mit heim‹ war das Einzige, was er sprach. Ich musste wieder gehen. Als ich endlich im christlichen Hospiz eine Unterkunft gefunden hatte, konnte ich nur noch beten; Herr, hilf Du.«

Was war geschehen? In der Silvesternacht 1941/1942 hatte ihm im schweren Kampf eine Granate den linken Arm bis über den Ellenbogen zerschmettert und dazu bekam er im Feldlazarett die Ruhr.[67] »Oh diese endlose Nacht einsam und allein in der fremden Stadt! Früh am Morgen eilte ich wieder zum Lazarett. Hans-Günther war im Operationssaal, da seine Wunde eiterte. Nach diesem entscheidenden Eingriff ging es langsam, langsam besser. ›Größer als der Helfer ist die Not ja nicht!‹ Und dazu 1. Johannes 5, 14–15.[68] Am dritten Tag meines Dortseins konnte er noch etwas Kartoffelsalat und Gürkchen essen. Nach einer Woche fuhr ich heim, voller Lob und Dank im Herzen. Später fuhr Vati noch einmal für einige Tage hin und fand einen lebensfrohen Soldaten im Kreise lieber Kameraden.«

Am 6.3.1942 schrieb Hans-Günther: »Im Lazarett hat sich seit Vatis Abfahrt nichts Wesentliches ereignet. Ab und zu gibt es einmal ein Konzert, ein Chor singt oder eine Kapelle spielt. Heute Nachmittag ist ein sehr schönes Streichkonzert mit Werken alter Meister.« Seine Genesung zieht sich nun doch etwas länger hin, zumal Splitter in seinem linken Arm Eiterungen verursachen: »Die Röntgenaufnahme vom Arm zeigt noch eine Menge Splitter, daher immer noch die Eiterungen. Infolgedessen wiederum habe ich abends immer noch Fieber. Nun soll ich heute eine Gipsschiene bekommen, damit der Arm ganz ruhig liegt. Ich selbst fühle mich sonst sehr wohl. ... Es dauert halt in diesem Jahr etwas länger als das letzte Mal« (6.3.1942). Am 13.3.1942 heißt es: »Vergangenen Montag ist meine Wunde durch den Chefchirurgen gereinigt worden. Ich hatte einige Tage hohes Fieber, das jetzt aber vollkommen abgeflaut ist« (13.3.1942). Doch er fühlte sich immer noch schlapp und müde: »Ich bin jedoch meist den ganzen Tag über so müde und schlapp, dass ich am liebsten still im Bett liege und gar nichts tue. Zum Lesen komme ich kaum« (15.3.1942). Doch zu Ostern ging es ihm bereits besser: »Soeben kam der Nelkenstrauß, mein Ostergruß von daheim. Eine größere Freude hättet Ihr mir nicht machen können! ... Die NS-Frauenschaft schickte ein Osterpäckchen mit drei Eiern, Gebäck und Kuchen. Ich habe mich wirklich gefreut darüber. ... Fieber habe ich nicht mehr, dafür täglich einen Mordshunger. Zu Ostern darf ich aufstehen« (2.4.1942).

Es ging weiterhin aufwärts: »Ich stehe von jetzt an jeden Nachmittag auf« (11.4.1942). Es folgte der erste Gang in die Stadt: »Mein erster Ausgang in die Stadt liegt hinter mir. Ich war im Kino und sah mir einen italienischen U-Boot-Film an. War nichts Besonderes. Man kommt sich in dem Getriebe einer Großstadt nach den Monaten in der Weite Russlands und der Stille der Krankenstube ganz fremd und verloren vor. ... [Leutnant] Flake war am Dienstag bei mir. Wir hatten uns viel zu erzählen. An der Front war es bis Anfang April ruhig« (17.4.1942). Mit dem Aufstehen und Laufen wurde es immer besser: »Das Aufstehen bekommt mir ausgezeichnet. Zuerst hatte ich zwar immer das Gefühl, ich sinke in den Knien ein, doch fühle ich mich jetzt bereits imstande, einen 25-km-Marsch zu machen« (22.4.1942). Doch der Lazarettaufenthalt gibt ihm auch die Muße, über die vergangenen Jahre und Monate nachzudenken: »Bei uns in der Stube ist es ganz still. Es ist die rechte Zeit, sich zu besinnen. Noch so vieles ist da, was bis jetzt nur mit äußeren Sinnen aufgenommen, jetzt aber in diesen Stunden sich hervordrängt und verstanden sein will. Und doch bleibt manches nicht zu Begreifende. Die letzten 1½ Jahre brachten zu viel. Die Zeit wird auch kommen, die den Sinn all dieser Geschehen der zurückliegenden Monate zeigt. Der Abstand zu allem ist noch zu gering. Eines aber haben die besinnlichen Abendstunden gebracht. Ich bin wieder innerlich ruhig geworden. All die Erregung, die die Ereignisse des Feldzugs im Innern gespeichert hatte, ist gewichen. Ich kann wieder in Ruhe meine Musik hören und ganz Ohr sein« (24.4.1942).

Auch andere kulturelle Veranstaltungen kamen wieder zu ihrem Recht: »Der gestrige Abend sah mich wieder als Schüler unter Schülern bei einer Aufführung der Lessing'schen *Emilia Galotti* im Staatstheater« (24.4.1942). Oder: »Am Sonntagmorgen hörte ich hier eine sehr gute Dichterlesung von Paul Alverdes« (28.4.1942).[69] Weitere kulturelle Veranstaltungen folgten, wie Ibsens *Gespenster* (»darstellerisch sehr gut«, doch ihm »zu gruselich«), Hans Albers in einem Film mit dem Titel *Mann auf Abwegen* (eine »Verherrlichung eines Idealmannes … unterhaltend und lustig«) und *Boccacio*, »ein wirklich das Gemüt erheiternder Film, den Ihr Euch wirklich einmal ansehen müsst« (30.4.1942). Am 8.5.1942 folgte ein Liederabend mit Karl Erb: »Beethoven, Schubert und Wolf. Am eindrucksvollsten Schuberts ›Über allen Gipfeln ist Ruh‹[70], womit er sich als letzte Zugabe verabschiedete.« Hans Albers (1891–1960) war einer der bekanntesten und beliebtesten deutschen Schauspieler des 20. Jahrhunderts, den ich auch noch in Filmen gesehen habe. Karl Erb (1877–1958) war ein deutscher Tenor, bekannt für seine Darbietungen als Liedersänger und in Opern sowie Oratorien.

Aus einem geplanten Urlaub in Voerde oder einer Verlegung in ein Krankenhaus in Wesel wurde nichts, doch im Juni 1942 befand sich mein Bruder in einem Lazarett in Dorsten, also nicht weit entfernt von Wesel und Voerde. Da durch den Bombenkrieg viele Lazarette im Ruhrgebiet aufgelöst worden waren, war es im Dorstener Lazarett etwas beengt. Und selbst dort am Rande des Ruhrgebiets blieb man von den Bomben nicht verschont. So schrieb mein Bruder am 2.6.1942: »Nach viertelstündigem Fußmarsch vom Bahnhof in Dorsten gelangte ich gestern glücklich hier an. Da infolge der Auflösung vieler Lazarette im Industriegebiet – unter anderem auch in Dortmund – das hiesige Haus in den letzten Tagen sehr viele Zugänge hatte, sind die

Raumverhältnisse etwas beschränkt und ich nehme mit einem kleinen, einfachen Stübchen vorlieb. Mir eher recht, da bin ich in ihm Alleinherrscher. Das Lazarett liegt in lauter Grün und macht mir einen sehr guten Eindruck, bis jetzt wenigstens. Wir werden durch Rote-Kreuz- und Ordensschwestern versorgt. Des Nachts veranstaltete man rings um uns einen donnernden Salut, der alles bisher Erlebte weit übertraf. Vor einer Stunde ging der zweite Tagesalarm zu Ende« (2.6.1942).

Im Lazarett erreichte ihn auch ein langer Brief von seinem Burschen Hans aus Russland, geschrieben am 16.3.1942, in dem er seine Anhänglichkeit an seinen Herrn Oberleutnant bekundet und ihn sehr vermisst: »Lieber Herr Oberleutnant! Herzliche Grüße aus Russland sendet wieder in bester Gesundheit Bursche Hans. … Der Russe lässt uns sehr in Ruhe, ab und zu macht er Spähtruppe. … Die Kradmelder haben schon sehr oft das Wort gebraucht, ach, wäre doch noch Herr Oberleutnant bei uns, kein Mensch kümmert sich mehr darum, sie werden jetzt hin und her gejagt. Ich muss dies Herr Oberleutnant schreiben, weil sich alles viel geändert hat. Wie ich Herr Oberleutnant immer besucht habe in Kursk, habe ich aus Liebe getan, weil ich fast nicht von Herr Oberleutnant mich trennen konnte.«

Mit Leutnant Flake, einem Freund meines Bruders, kam Hans überhaupt nicht zurecht, da Flake ihn beschimpfte und schlecht behandelte. So behandelt man seine Untergebenen einfach nicht; Flake bedeutet auf englisch Flocke und das war er wohl auch. Dazu bekam Flake völlig zu Unrecht das Verwundetenabzeichen, da er nicht im Kampf verwundet wurde, sondern, wie Hans schreibt, nur mit dem Kopf gegen eine Tür gerannt war: »Jetzt hat Herr Leutnant Flake das Verwundetenabzeichen bekommen, wo er nur mit dem Kopf gegen die Tür gelaufen ist und eine Gehirnerschütterung bekommen hat.« Hans wünschte sich sehnlich, dass mein Bruder wieder an die Front käme, und er mit ihm zusammen sein könnte: »Herr Oberleutnant, es mag noch so schlimm sein hier, wenn ich nur wüsste, ob Herr Oberleutnant noch mal zu uns wiederkommt, und wenn nicht, dann möchte ich doch so von ganzem Herzen wieder bei Herr Oberleutnant sein. Das wäre mein einziger Wunsch, denn so oft habe ich an Herr Oberleutnant gedacht. Alles habe ich so gern von Herzen getan, weil es mir immer so leid getan hat, wegen Herr Oberleutnant seine erste Verwundung. Ich aber wünsche Herr Oberleutnant im ganzen Leben das Allerbeste und noch viel Glück, wenn ich mal nicht mehr Herr Oberleutnant zu sehen bekomme.«

Ein rührender Brief eines einfachen Soldaten, der zeigt, wie beliebt mein Bruder bei der Truppe war. Er verrät aber auch gleichzeitig den verdammten Untertanengeist, den Heinrich Mann bereits in seinem Roman *Der Untertan* (1918) gegeißelt hatte. Hans war sicherlich nicht ein so unerfreulicher Typ wie Diederich Hessling, die Hauptfigur des Romans, doch die Haltung ist dieselbe. Überhaupt, warum mussten Wehrmachtsoffiziere Burschen haben? Konnten sie sich nicht alleine die Schuhe anziehen oder einen Kaffee kochen? Mein Bruder brauchte nach seiner Verwundung sicherlich Hilfe, doch er hätte sie bestimmt auch ohne dieses hierarchische Burschensystem bekommen. Es war genau dieses autoritäre Untertanensystem, das den Nazi-Staat herbeigeführt und ermöglicht hatte.

In den Papieren meines Bruders aus dem Jahre 1942 befindet sich auch ein Artikel mit dem Titel »Das Geheimnis des Sieges«, ein Sonderabdruck aus *Stahl und Eisen*, 62, (1942), Heft 1, S. 2–9, vom General der Infanterie Wolfgang Muff aus Hannover, den mein Bruder mit Sicherheit gelesen hat. Darin schildert Muff die »gewaltige Aufgabe«, die Deutschland zugefallen war und von Hitler ergriffen wurde, Deutschland und den gesamten Westen vor dem Ansturm des Bolschewismus zu schützen, ehe es zu spät war: »Doch der Deutschen Schicksal ist ihre Mittellage zwischen West und Ost. Seitdem es ein Deutschland als Raum, ein Reich als deutsche Aufgabe gibt, standen sie politisch im Kampf, geistig in der Auseinandersetzung mit West und Ost. … Bevor noch die letzte Entscheidung im Westen gefallen ist, begann hier im Osten eine neue große Auseinandersetzung, ebenfalls ein Kampf von weltumgestaltender Bedeutung, aber viel gewaltiger und gefährlicher als jener gegen den Westen. Denn hier stießen in elementarer Wucht zwei revolutionäre Bewegungen von stärkster innerer Dynamik und unter gleich entschlossener und rücksichtsloser Führung gegeneinander. Wir haben ihren furchtbaren Zusammenprall auf den weiten Schlachtfeldern vom Eismeer bis zum Schwarzen Meer erlebt.«

Der Bolschewismus ist angetreten, »um über unsere Völker die Revolution des Leninismus zu tragen«. Diesem Unterfangen, »das drohend bereitstand, Europa zu verschlingen, ist unser Führer zuvorgekommen. Er hat ihm nicht nur Deutschlands bewaffnete Macht entgegengeworfen, sondern auch die Kraft seiner nationalsozialistischen Idee. Beide haben sich besser und deshalb als überlegen erwiesen. Sie haben Europa gerettet. … So kämpfen wir unter Adolf Hitlers

Führung für die Zukunftsgestaltung Europas. Der Glaube an diese Sendung ist das Geheimnis unserer bisherigen Siege und gibt uns das Vertrauen auf den Endsieg.«

So wurde den Soldaten an der Front und dem Volk in der Heimat der Krieg im Osten verkauft und das wirkliche Kriegsziel verschleiert: Die Eroberung des Ostens als Lebensraum für das deutsche Volk – ohne Rücksicht auf die dort lebenden Menschen und damit verbunden die Ausrottung der Juden sowie die Versklavung und Ermordung der slawischen Bevölkerung.

Die Genesung meines Bruders dauerte bis in den Sommer, doch dann bekam er zur großen Freude unserer Mutter erst mal Heimaturlaub: »Nun folgten wieder Tage daheim in Voerde. Ich durfte meinen Jungen pflegen und verwöhnen und er dankte es mit einer stillen, aber großen Liebe. Unsichtbare Fäden gehen hinüber und herüber von Mutter und Kind und bauen eine Brücke über unendliche Fernen hinweg. In diesen schönen Sommertagen machten wir zwei eine ganz vornehme Reise zweiter Klasse nach Elsnig zur Pastorenmutter, die uns wie ihre lieben Kinder aufnahm und viel Gutes an uns tat. Ich sehe noch in der Erinnerung das blitzsaubere Stübchen vor mir im stillen Pfarrhaus mit dem Blick auf das kleine Kirchlein. Außer uns weilten auch noch die Frau und das Söhnchen eines Weihnachten 1941 gefallenen Freundes von Hans-Günther, Oberleutnant Sohlmann, bei der Pastorenmutter.« Damit endet der Bericht meiner Mutter; der Tod nahm ihr 1953 den Stift aus der Hand.

Dienst in der Heimatarmee

Nach seinem Wiedereintritt in die Wehrmacht diente mein Bruder als Adjutant für General Kühne, seinem alten Divisionskommandeur in Köln, »der 1938 unsere Rekrutenbesichtigung vornahm« (Münster, 28.8.1942). Mit seinem General war er in mehreren deutschen Städten stationiert, so in Rheine, Münster, Aachen und Wuppertal (mein letzter Wohnort in Deutschland vor meiner Übersiedelung in die USA im Jahre 1967). Seine Aufgabe bestand vor allem in Verwaltungsarbeit und Besuchen bei verschiedenen Truppenteilen der Heimatarmee zusammen mit seinem General. Seine Briefe aus dieser Zeit handeln zumeist von persönlichen Dingen, doch einige sind von allgemeinerem Interesse. In Münster hatte er auch wieder Zeit und Gelegenheit für kulturelle Veranstaltungen, so für ein Beethoven-Konzert und einen Film *Violanta* nach einer Novelle von dem Schweizer Autor Ernst Zahn (1867–1952). Von größerem Interesse für ihn war jedoch die Wochenschau, die deutsche U-Boote im St.-Lorenz-Strom in Kanada zeigte: »Die Kerls leisten doch mordsmäßig« (25.9.1942). Zugleich hoffte er, dass »Stalingrad bald fallen wird! Ich warte täglich darauf« (25.9.1942). Stalingrad fiel jedoch erst am 2. Februar 1943 und nicht so, wie mein Bruder gehofft hatte, sondern mit einer katastrophalen Niederlage der deutschen Wehrmacht; es war der Wendepunkt des Krieges in Europa. Bei einem Gang durch die Parkanlagen in Münster genoss er zwar die schöne Anlage, ärgerte sich jedoch über die Unordnung: »Gestern Abend Spaziergang durch die Anlagen der Stadt. … Alles sehr schön angelegt, jedoch durch weggeworfenes Papier vernachlässigt wirkend. Es fehlt die Erziehung der Bevölkerung. Im Kaiserhof hörten wir etwas Musik, die Kapelle besteht fast nur aus Ausländern. Die Musik war unter aller Kritik. Man glaubte sich in die Zeit vor 1933 versetzt. Ich hätte ein Dutzend unserer Männer bei mir haben müssen! Wir hätten diese Tangojünglinge aus dem Saal herausgepfiffen« (26.9.1942). Die Musik war ihm offenkundig nicht deutsch genug. Für seinen militärischen Geschmack herrschte dort Unordung, Disziplinlosigkeit und Dekadenz wie in der Weimarer Republik; dem allen wollte das Dritte Reich Abhilfe schaffen und alles und alle gleichschalten. Die Modellausstellung der Deutschen Reichsbahn hat ihm dagegen sehr viel besser gefallen: »Ich hätte zu gerne zu spielen angefangen« (26.9.1942).

Die Zeit verstrich mit Kino- und Konzertbesuchen, Ausflügen, Spaziergängen und eigentlich recht wenig Arbeit. Am 30.9.1942 machte Hans-Günther einen Ausflug nach Enschede im besetzten Holland: »Strahlender Sonnenschein lag über den schön gepflegten Parkanlagen. Eichhörnchen spielten unbekümmert auf dem Rasen – man glaubt sich in eine unwirkliche Welt versetzt, in der man keinen Krieg kennt« (30.9.1942). Er genoss das gemütliche Zusammensein mit seinen Kameraden, doch »es fehlte allerdings die Unbekümmertheit der letzten Vor-Russlandjahre bei uns, die wir dort draußen waren. Ob wir je wieder so werden können wie früher?« (1.10.1942) Am Freitag, den 2.10.1942, fuhr Hans-Günther von Münster nach Bielefeld, um die Pianistin Elli Ney zu hören: »Diese Frau ist eine begnadete Künstlerin. Trotz ihres Alters wirkte sie sehr frisch und jugendlich. Das Spiel ist begeisternd und mitreißend. Der Schlussteil mit der geliebten 5. von Beethoven ist ein Erlebnis. Es gibt eben nur einen Beethoven. Die Begeisterung war ungeheuer« (2.10.1942).[71] Wieder zurück in Münster sah er am folgenden Tag einen »entzückenden Film *Ihr erstes Rendezvous* mit Danielle Darrieux [1917–2017, einer der bekanntesten französischen Filmstars]. Eine ganz andere Art des filmischen Schaffens zeigt sich in diesem französischen Film« (3.10.1942) – ein weiteres Beispiel französischen Kulturschaffens, das mein skeptischer Bruder anerkennen musste.

Am Sonntag, den 4.10.1942, kam unsere Schwester Röselie zu Besuch: »Mit fast einstündiger Verspätung trifft Röselie ein. Ihr Bruderherz wartet geduldig am Bahnhof. Wir verbringen bei herrlichem Sonnenschein einen wunderschönen Tag. Ich freue mich, meiner kleinen Minka[72] Freude machen zu dürfen und damit mir auch« (4.10.1942). Am Abend hörte er noch eine Rede Görings: »Wer nach diesen beiden Reden – der Führer sprach zum WHW[73] – noch irgendwie an unserem Sieg zweifelt, verdient es nicht, noch weiter zu leben« (4.10.1942). Die beiden Reden verscheuchten auch seine eigenen Sorgen: »Sie haben mir über manche Sorge hinweggeholfen und lassen mich wieder alles klar sehen« (4.10.1942). Aber leider nicht klar genug, um das Lügengewebe der Nazis zu durchschauen. Doch seine Tage in Münster neigten sich dem Ende zu. Der Stab war bereits ausgedünnt und einige seiner Offizierskameraden wurden auf andere Stellen versetzt, so der eine zu General Rommel, der andere in den Osten. Und unser Hans-Günther zog mit seinem Chef, General Kühne, als O-1 in seinen Divisionsstab nach Aachen.[74] Sein Bursche Hans, der aus Russland auf Urlaub war, begleitete meinen Bruder nach Aachen. Auf dem Weg besuchten sie unserere Tante Ami in Dortmund, doch der gemütliche Abend wurde durch Fliegeralarm unterbrochen. Die nächste Station war ein unerwarteter Kurzbesuch in Voerde bei unseren Eltern. Am Donnerstag, den 8.10.1942, trafen Hans-Günther und Hans in Aachen ein, doch Hans konnte nicht bleiben und mein Bruder fragte sich: »Ob ich jemals einen so treuen Kerl wiederbekomme?« (8.10.1942). Seine neue Heimat war »ein großes modernes Gebäude, ein Priesterseminar« (8.10.1942). Bekocht wurden sie von den Schwestern des Seminars; in einem anderen Teil des Seminars war ein Lazarett untergebracht.

Aber die Umstellung wurde schwer für meinen Bruder, denn er war bei Weitem der jüngste Offizier, doch »die Herren sind alle sehr nett. Schließlich können sie ja nichts dafür, dass sie so viel älter sind als ich« (8.10.1942). Von der Stadt Aachen war er enttäuscht: »Habe sie mir schöner vorgestellt« (11.10.1942). Sein anschließender Kinobesuch wurde durch Fliegeralarm gestört. Beeindruckt dagegen hat ihn der Aachener Stadtwald: »Unsere deutschen Wälder sind doch wunderschön. Der russische Urwald in seiner Stickigkeit bedrückt einen, der deutsche Wald macht das Herz offen und froh« (17.10.1942). Ja, ja, der deutsche Wald. Die amerikanischen oder schweizerischen Wälder tun für mich das Gleiche, wenn ohne ideologische Brille betrachtet. In Aachen wie in Münster kam aber auch das kulturelle Leben wieder zu seinem Recht. So sah und hörte Hans-Günther am Samstag, den 24.10.1942, die Operette *Der Vogelhändler* von Carl Zeller (1842–1898) und am folgenden Sonntag, den, 25.10.1942, einen Film über Bismarcks Entlassung: »Ich halte ihn für den besten Film, den ich je gesehen« (25.10.1942).

Am Dienstag, den 10.11.1942, begleitete er seinen General zu einer Aufführung von Heinrich von Kleists Drama *Prinz Friedrich von Homburg oder Die Schlacht bei Fehrbellin*, geschrieben 1809–1810, doch erst nach dem Tod des Autors 1821 uraufgeführt. Die Schlacht von Fehrbellin fand im Juni 1675 statt zwischen schwedischen und brandenburgisch-preußischen Truppen, in der der historische Prinz von Homburg eigenmächtig vorpreschte und dadurch die Schlacht gewann. An diese historische Szene knüpfte Kleist an. Bei Kleist soll Homburg für seine Tat zum Tode verurteilt werden. Er fürchtet den Tod, doch er überwindet seine Angst, wird gerettet und vom Tode verschont, da sein Sieg alles bedeutete. Eine Zeile aus dem Stück mag meinen Bruder besonders beeindruckt haben: »In den Staub mit allen Feinden Brandenburgs« bzw. Preußens, da sie gut in die Zeit des Zweiten Weltkriegs passte – ebenso auch das Thema Tod und Angst vor dem Tod, wie auch mein Bruder vermerkte: »Ein Stück, das viele Vergleiche mit der heutigen Zeit ziehen lässt« (10.11.1942).

Ein wichtiger Bestandteil von Hans-Günthers Arbeit bestand in Besuchen bei verschiedenen Truppenteilen der Heimatarmee. Am Montag, den 26.10.1942, begleitete er seinen Oberst »zur Besichtigung einer Kompanie in Köln. Es ist großer Mist, was uns da gezeigt wird. Ich bringe es auch klar zum Ausdruck in den Besichtigungsbemerkungen, die anschließend dem Regiment schriftlich zugestellt werden. Eine Kompanie, die nicht einmal 10 Minuten still stehen kann, taugt nichts und erst recht ihre Ausbilder nicht« (26.10.1942). Sehr zufrieden war er dagegen mit dem Bataillon 464 in Eschweiler, das er mit seinem General am Freitag, den 6.11.1942, besichtigte: »Das Bataillon machte einen sehr ordentlichen Eindruck« (6.11.1942). Es war in alten, vor dem ersten Weltkrieg erbauten Kasernen untergebracht, in denen schon unser Vater im ersten Weltkrieg gehaust hatte. Inzwischen hatte Hans-Günther sich auch in Aachen eingelebt, obwohl es nicht leicht war. Doch er vermisste den aktiven Dienst bei der Truppe: »Morgen ist es ein Monat, den ich in Aachen bin. Die Umstellung ist mir nicht leichtgefallen. Doch nun habe ich mich reingefunden in die Luft, die hier herrscht. Aber eines fehlt mir manchmal sehr, der Truppendienst. Es ist für einen jungen Offizier meines Alters das einzig Richtige« (6.11.1942).

Die Nachrichten in den ersten Novembertagen 1942 beunruhigten ihn: »Ich lese die Zeitungen der letzten Tage nach. Wie wird das werden, was sich jetzt anbahnt?« (11.11.1942). Die Meldungen konnten sich nur auf die Schlacht um Stalingrad beziehen, wo der Kessel sich langsam um die 6. Armee schloss. »Doch der Führer wird's schon richten«, glaubte mein Bruder, dabei bahnte sich hier die größte Katastrophe der Wehrmacht an.

»Was muss der Führer nicht alles bewältigen! Wie groß er ist, können wir nur ahnen. Er ist der Einzige, der unser deutsches Volk auf seinem Wege führen kann; und er wird es zu einem guten Ende führen, das glaube ich fest. Das kann nicht der Sinn der Weltgeschichte sein, dass sie es zulässt, dass ein Volk, das seit seinem Bestehen von morgens bis abends um sein bisschen täglich Brot hat schuften müssen, von Menschen ausgerottet wird, die auf ihren Reichtümern sitzen, die ihnen alles geben, und darauf warten, uns mit diesen einfach zu erdrücken. Nein, das kann Gott nicht wollen, das kann er nicht zulassen! Wenn ich das nicht zuinnerst wüsste, könnte man die Flinte gleich ins Korn werfen. So aber bin ich bereit, alles, was ich habe, einzusetzen, weil ich weiß, dass es nicht verloren geht« (11.11.1942).

Worauf mein Bruder hier anspielt, ist mir nicht ganz klar. Sicher nicht auf Russland, eher auf die Kapitalisten im Westen; immerhin hatte Deutschland den USA am 11.12.1941, 4 Tage nach dem Angriff der Japaner auf Pearl Harbor, den Krieg erklärt. Und am 8.11.1942 hatte die alliierte Invasion in Französisch-Nordafrika mit dem Decknamen

»Operation Torch« (Fackel) unter General Dwight D. Eisenhower begonnen und damit eine zweite Front im Westen eröffnet.

Am Freitag, den 13.11.1942, verbrachte mein Bruder wiederum einen schönen Casinoabend im Kreise von Kameraden: »Wie oft hat man in Russland davon geträumt, in der Heimat im Kameradenkreis einen solchen Abend zu verbringen« (14.11.1942). Doch der Gedanke an die Kameraden an der Ostfront ließ ihn nicht los: »Wie mag es ihnen jetzt gehen? Dieser Gedanke begleitet einen überallhin – dieses Russland lässt einen nicht mehr los« (13.11.1942). Am Donnerstag, den 19.11.1942, erfolgte wieder ein Truppenbesuch: »Die beiden Pionier-Bataillone, die wir sehen, machen einen vorzüglichen Eindruck. Mein altes Soldatenherz lachte vor Freude über das gebotene Bild. Die Rekruten, Kerlchen vom Jahrgang 1924, Kinder noch, wenn man sie so unter den großen alten Weltkriegsstahlhelmen sieht, sind mit einer ungeheuren Begeisterung dabei. Ich bekomme wieder einmal richtige Sehnsucht nach einer Kompanie. Diese Kerlchen mit ihren großen fragenden Jungenaugen dahin zu bringen, wohin man sie haben will, ich meine, aus ihnen solche Soldaten zu machen, die jederzeit draußen bestehen können, ist doch die schönste Aufgabe, die ich mir denken kann, aber auch die schwerste« (19.11.1942).

Am 15.12.1942 ging mein Bruder in die Stadt, um einen zu Zuchthaus verurteilten jungen Soldaten zu besuchen und zu helfen, der durch Selbstverwundung der Front zu entkommen versucht hatte: »Meine Absicht war, in der Haftanstalt des Amtsgerichts einen Schützen zu besuchen, der einige Tage vorher zu 12 Jahren Zuchthaus verurteilt worden war. Er hatte sich durch einen selbst beigebrachten Schulterschuss dem Frontdienst zu entziehen versucht. Der Junge ist 19 Jahre, hat das Einjährige und kommt aus gutem Hause. Seine Briefe an seine Mutter zeugen von großer Anhänglichkeit. Mir tat der Junge leid. Nach 12 Jahren Zuchthaus ist sein Leben vorbei. Um dann von vorne anzufangen, ist er zu alt. Ich möchte ihm helfen dadurch, dass ich für ihn eintrete, die Zuchthausstrafe in eine Gefängnisstrafe abzuändern und ihn zur Bewährung an die Front zu schicken. Entwickelt er sich dort zu einem voll bewährten Soldaten, kann die Gefängnisstrafe auch noch aufgehoben werden. Nach langer Aussprache schließt sich der Richter meiner Ansicht an. Er will dem General, dem Gerichtsherrn, in meinem Sinne vortragen. – Leider treffe ich den Gefangenen nicht an. Man hat ihn bereits nach Eschweiler gebracht« (15.12.1942).

Doch mein Bruder hatte Erfolg: »Für den Gefangenen, meinen jungen Soldaten, hat der General den Antrag auf Abänderung unterschrieben« (15.12.1942). Wir wissen nicht, was aus dem jungen Soldaten geworden ist. Vielleicht ist er an der Front gefallen, vielleicht hat er überlebt. Auf jeden Fall hätte er im Gefängnis überlebt und wäre nach 2½ Jahren freigekommen, es sei denn, das Gefängnis wäre von einer Bombe getroffen worden oder er wäre in ein Strafbataillon gekommen. Mein Bruder hat es sicherlich gut gemeint, doch eine echte Hilfe für den jungen Mann war es bestimmt nicht. Warum hat mein Bruder sich überhaupt für ihn eingesetzt? Ich vermute, dass er viel von sich selbst in diesem Jungen sah, vor allem dessen enge Verbindung zur Mutter, wie mein Bruder sie hatte.

Und wieder gab es eine Truppenbesichtigung: »Der General besichtigte unseren R.O.B.-Lehrgang (Reserve-Offizier-Bewerber) in Elsenborn. Es war eine reine Freude, dieses junge prächtige Material zu sehen. Diese Kerlchen waren mit einer ungeheuren Begeisterung dabei. Sie überschlugen sich förmlich vor Eifer. Ihre größte Freude ist es, nun bald an die Front zu kommen, um sich zu bewähren. Mit diesen Menschen müssen wir den Krieg gewinnen« (18.12.1942). Mir ist heute völlig unverständlich, wie man sich freuen kann, an die Front zu kommen. Außerdem stört es mich, diese jungen Leute als »Material« zu bezeichnen; es sind Menschen, kein Material.

Auch Weihnachten 1942 konnte mein Buder nicht mit unserer Familie in Voerde feiern, obwohl er ganz in der Nähe in Aachen war. Am Heiligen Abend 1942 schrieb mein Bruder an unsere Eltern: »Vor mir auf dem Tisch steht mein Weihnachtsbäumchen, einige Tannenzweige geschmückt mit Engelhaar, in einem Blumentopf. Die Lichter sind verlöscht. Noch steht leise der Tannengeruch im Zimmer. Auf dem Tisch liegen die Weihnachtsgaben, die Euer Paket enthielt. Dazu kommen ein Kasten Briefpapier, den ich vom Major erhielt, und meine drei Platten. Das schönste Geschenk seid jedoch Ihr beiden, Muttche und Du, mein kleiner Bub, der Du vor mir stehst und mich so herzig anlachst. Behalt Dir Dein Lachen und sei daheim ein kleiner Sonnenschein!« (24.12.1942). Vielen Dank, Dir, mein großer Bruder!! Seine Gedanken gingen zurück in seine eigene Kindheit: »Die Gedanken hatten Zeit, zurückzuwandern in die Vergangenheit. O du selige schöne Kinderzeit! Hätte ich die nicht gehabt, wer weiß, wie ich die letzten beiden Jahre überstanden hätte. Habt Dank, Ihr beiden, Vati und

Mutti, die Ihr mir diesen Kraftquell schenktet« (24.12.1942). Zum Jahresende konnte er dann doch noch in den Urlaub nach Voerde fahren.

Der nächste Brief kam aus Wuppertal, wohin er mit seinem Stab und General umgezogen war. Am Sonntag, den 6.2.1943, lud ihn der General »zu einem kleinen Schoppen in das Zoo-Gasthaus ein. Lernte dabei seine jüngste Tochter kennen, ein hübsches, kluges und frisches Mädel« (11.2.1943). Hatte der General vielleicht einen künftigen Schwiegersohn im Blick? Von Frauenbekanntschaften schrieb mein Bruder eigentlich recht wenig. Verständlich in Briefen von der Front, doch auch in Briefen aus Heimatstandorten ist davon kaum die Rede. In einem seiner Briefe jedoch schrieb er, dass er einem Besuch bei Pastor Büchner in Honnef lieber aus dem Wege ging, da dessen Tochter und wohl auch die Eltern in ihm einen potenziellen Mann und Schwiegersohn sahen und er sich nicht binden wollte.

Mit seinem General reiste mein Bruder auch wieder zu Truppenbesuchen, so am Mittwoch, den 10.2.1943, »nach Wahn [Köln-Wahn] zum Gefechtsschießen von Rekruten. Wir sahen zwei sehr gute Kompanien« (11.2.1943). Am 15.2.1943 »nachmittags begleite ich den Kommandeur nach Mülheim [Ruhr] und nehme dort mit ihm an einem Planspiel des Bataillonskommandeurs teil. Anschließend führt die Fahrt nach Geldern, wo es ebenfalls ein Planspiel wird. Gegen 20 Uhr landen wir in der Siegfriedstadt Kleve« (19.2.1943). Am nächsten Tag sahen sie »ein vorzügliches Bataillon in den Füs. A. Btl 39, wie ich es selten gesehen habe« (19.2.1943). Auf der Rückfahrt über Xanten und Wesel machen sie, mein Bruder und der General, eine Pause bei uns in Voerde, »wo es dem General sehr gut gefallen hat« (19.2.1943). Ich kann mich an diesen Besuch noch sehr gut erinnern. Meine Mutter war sehr nervös ob des hohen Besuchs. Als sie kamen, spielte ich auf dem Teppich mit meinen Bleisoldaten, und als ich aufsah, sah ich zwei rote Streifen, die im Unendlichen endeten. Generäle trugen rote Streifen an ihren Hosen, und so rote Streifen wollte auch ich einmal haben. Doch dazu musste man General werden. Also wollte ich General werden. Doch dieser Vorsatz hielt nicht lange vor; dann wollte ich Rottenarbeiter bei der Bahn werden, damit ich viele Züge sehen konnte; ein kleiner sozialer Abstieg vom General. Aus beidem wurde jedoch nichts, obwohl ich nach Gründung der westdeutschen Bundeswehr mal kurz daran dachte, General zu sein wäre nicht schlecht, denn dann könnte ich im Konfliktfall meine Soldaten nach Hause schicken.

Schließlich wurde ich dann weder General noch Rottenarbeiter, sondern Gymnasiallehrer und Professor der Germanistik in den USA.

Der Krieg war auch längst in der Heimat angekommen. So beobachtete mein Bruder von Wuppertal aus am 26.2.1943 einen Bombenangriff auf Essen: »Von unserer Burg aus hat man einen fantastischen Blick auf das Feuerwerk. Hoffentlich war es nicht allzu schlimm« (26.2.1943). Am 5.3.1943 war es wiederum Essen: »Wieder einmal eine tolle Knallerei über Essen. … Ebenso erleben wir jeden Angriff auf Köln, Düsseldorf, Duisburg und Dortmund mit. Drei einwandfreie Abschüsse waren zu sehen. Einer kam brennend herunter, zwei weitere platzten in der Luft auseinander« (5.3.1943). Auch ich kann mich an diese Angriffe erinnern; mein Bruder und ich waren wohl Augenzeugen derselben Attacken. Am 14.3.1943 schrieb mein Bruder von einem Besuch seiner alten Kaserne in Euskirchen, in der er vor viereinhalb Jahren als Rekrut gelegen hatte: »Ein eigenartiges Gefühl befällt den Menschen, wenn er nach Jahren die Stätte wiedersieht, die der Ausgangspunkt eines neuen Lebensabschnittes war. Die Zeit in Euskirchen war nicht leicht, aber sie hinterlässt in meinen Erinnerungen einen hellen und schönen Schein. Sie gab mir den einzigen Freund meines bisherigen Lebens. – Ich fuhr weiter über Gemünd – das Städtchen unseres Westwallbaues – und die Hocheifel nach Aachen« (14.3.1943). Und von dort wieder zurück nach Wuppertal.

Wieder an der Ostfront

Ende März 1943 war seine halbjährige Arbeit bei der Division 526 zu Ende. Er hatte sich freiwillig wieder zum Dienst an der Front gemeldet. Nach Verlust des linken Armes hätte er in der Heimat bleiben können, doch er wollte unbedingt zurück zu seinen Kameraden. Der Abschied in Wuppertal vom Stab und seinem General fiel ihm doch etwas schwer. Damit begann ein neuer Abschnitt in seinem Leben; es sollte der letzte sein. Nach einer langen Bahnfahrt über Düsseldorf, Rheine, Hamm, Berlin und Breslau [heute Wroclaw] traf er am 4.4.1943 in Krakau ein, von dort dann weiter mit dem Flugzeug nach Nikolajew in der Südukraine. Und weiter ging's mit dem Zug nach Stalino [heute Donetsk], wo er am 9.4.1943 nach 24-stündiger

Fahrt eintraf: »Eine Mordsstadt mit großer Oper, vier Soldatenkinos und einem Riesenverkehr« (9.4.1943). Sein Endziel war jedoch nicht Stalino, sondern eine Stadt am Meer, vermutlich Mariupol am Schwarzen Meer, doch es könnte auch Taganrog gewesen sein, denn am 13.5.1943 vermerkte er in seinem Tagebuch: »Taganrog sehr ordentliche Stadt, gute Asphaltstraße.« Dort trat er am 16.4.1943 seinen Dienst als Regimentsadjutant bei seinem alten Regiment an: »Der neue Aufgabenkreis wird mir nach einigen Tagen der Einarbeit große Freude bereiten. – Gestern kam das Regiment in seinem Ruheort an. Vor uns liegen einige Wochen der Erholung, die unsere Männer reichlich verdient haben. Am Rande dieser verhältnismäßig großen Stadt sind sie in guten Quartieren untergebracht. Bis zum Strand am Meer sind es nur wenige Kilometer. Dort unten liegt auch das Erholungsheim der Division, in dem verdiente Divisionsangehörige für zehn Tage aufgepäppelt werden« (16.4.1943). Das Quartier meines Bruders »ist ein kleines sauberes Zimmer – wenigstens nach russischen Verhältnissen –, das ich mit meinem Burschen, einem bis jetzt durchaus brauchbaren Obergefreiten, bewohne. Die Quartierleute waren höchst erstaunt, als ich sämtliche Decken, Matratzen und Kissen aus dem mir gehörenden Bett herauswarf,[75] haben sich jedoch inzwischen an unser auch sonst ihnen manchmal unverständliches Benehmen gewöhnt, wie z.B. die morgendliche Wäsche mit Zähneputzen. Sie sind indessen recht umgänglich und zuvorkommend, vor allem nachdem ich der kleinen dreijährigen Tochter eine Rolle Drops und dem Pan etwas Tabak schenkte. An jedem Drops lutscht abwechselnd die ganze fünfköpfige Familie, wobei jedes Mal aufs Neue das Wort ›caroche‹ (schön, gut) ertönt« (16.4.1943). Sein Vorgesetzter »ist ein ganz prächtiger Mensch. Ein Soldat und Offizier durch und durch. Seine innere Einstellung zum Beruf ist einzigartig vorbildlich. Er wird für mich neben unserem früheren Regimentskommandeur, Oberst von Basse, der Typ des preußischen Offiziers sein, den man heute leider nur noch sehr selten findet. … Er ist übrigens einer der Ersten, der im Afrikafeldzug mit dem Ritterkreuz ausgezeichnet wurde« (16.4.1943).[76]

Doch der Tod schlug auch in diesem Ruhe- und Erholungsort zu: »Gestern setzten wir einen alten Regimentskameraden bei, den Oberleutnant Pleuger. Selten hat die Nachricht vom Tode eines Kameraden tragischer und erschütternder auf uns gewirkt« (16.4.1943). Was war geschehen? »Froh und stolz, dass wir in den letzten Wochen kaum einen Verlust hatten, fuhren wir in unsere Ruhequartiere. Eine kleine Panne zwingt uns, Oberleutnant Risse und mich, die wir zusammen im Wagen saßen, zum Halten. Da kommt ein Soldat und meldet, dass dort unten am Strand Oberleutnant Kretzer, Chef der 13. Kompanie, mit seinem Kompanie-Offizier beim Spaziergang während einer Marschpause auf eine Mine gelaufen seien. Oberleutnant Pleuger war sofort tot, Kretzer ist schwer verwundet.«

Aber neben Verlusten gab es auch Neuzugänge. Am 20.4.1943 »holte ich 350 Mann Ersatz – meist Jahrgang 24 [1924] – ab. Für Unterhaltung ist auch gesorgt: Um 17 Uhr Festaufführung unseres Divisions-Theaters für die Kampfgruppe ›Mius‹« (21.4.1943).[77] Es stellte sich heraus, dass sein Bursche, ein gelernter Tischler namens Preussner, »überhaupt ein Kochkünstler« ist und »im Organisieren ein Meister seines Faches. Meine Klamotten hält er tadellos in Schuss. So bin ich mit ihm zufrieden« (27.4.1943). Der Arzt im Erholungsheim war übrigens derselbe, »der mich damals am 1.1.1942[78] als Erster behandelt und verbunden hat. Er staunte Klotz und Bein, als ich jetzt vor ihm stand« (27.4.1943).

Am Ostersonntag 1943 waren Hans-Günther und Kameraden »Gäste bei einer feierlichen Landübergabe an die Bevölkerung. Mehrere Kollektive wurden aufgeteilt auf die bisherigen Arbeiter, sodass jede Familie etwa 8 ha [Hektar] bekam. Es war ein schönes buntes Bild: unsere Ehrenkompanie, die Musik spielte, ein Volkschor in bunten Trachten und über allem die strahlende Sonne« (27.4.1943). Trotz vieler bürokratischer Arbeit fühlte er sich wohl im Keise seiner Kameraden: »Es ist ja nichts Schöneres als die Kameradschaft, die hier draußen herrscht« (9.5.1943). Der Krieg schien weit entfernt: »Vom Kriege merken wir gar nichts, es herrscht nur große Hitze« (13.5.1943).

Hans-Günther hat auch wieder »einen neuen Burschen, einen Russen. Es ist ein prächtiger Junge« (13.5.1943). Wie kam ein deutscher Offizier an einen russischen Burschen? Der Russe war ja der Feind, gegen den sie kämpften. Wieso dann ein Russe in deutschen Diensten? Wie kam mein Bruder dazu, Slawen nicht als »Untermenschen« zu behandeln, wie die Nazi-Doktrin forderte? Hier der britische Historiker Richard Evans zu diesem Thema: »Slawen, Polen, Tschechen, Russen usw. waren Untermenschen, die als primitiv, zurückgeblieben, passiv und dumm galten, doch keine Bedrohung für Deutschland darstellten, es sei denn, sie wurden von cleveren und rücksichtslosen Juden angeführt. Auf sich selbst gestellt galten sie als entbehrlich, boten aber keine existenzielle Herausforderung für Deutschland und die deutsche Rasse«, wie dagegen, nach Ansicht der Nazis, die Juden.[79] Sie konnten versklavt oder gar ermordet werden, um Lebensraum für das deutsche Reich im Osten zu schaffen – vergleichbar in etwa mit der Behandlung indianischer Stämme bei der Besiedelung des amerikanischen Westens.[80] Dass mein Bruder einen russischen Burschen hatte, war zwar außergewöhnlich, doch trotz der Nazi-Vorurteile gegen Slawen dienten auch Ukrainer und Russen als »Hilfswillige« in der deutschen Wehrmacht und der SS aus den verschiedensten Gründen, sei es, um der miserablen Lage in deutschen Kriegsgefangenenlagern zu entkommen, oder ihr Land vom Bolschewismus zu befreien. Während die meisten von ihnen Wehrmachts- oder SS-Einheiten angegliedert waren, kämpfte die sogenannte Vlasow-Armee oder Russische Befreiungsarmee unter ihrem eigenen Kommandeur Andrey Vlasow, einem ehemaligen General der Roten Armee, der zu den Deutschen übergelaufen war. Nach dem Krieg endeten die meisten noch überlebenden Soldaten der Vlasow-Armee in Stalins Gulag. Ihr Kommandeur Vlasow wurde zum Tode verurteilt und am 1. August 1945 gehängt.

Doch zurück zu meines Bruders russischem Burschen. Sein richtiger Name war Wladimir Dalgow, doch mein Bruder und seine Kameraden nannten ihn Ferdi. Auch ich kannte Ferdi, kann mich aber nur noch dunkel an ihn erinnern. Er war öfter im Urlaub bei uns zu Hause in Voerde, und wenn ich an ihn denke, sehe ich sein Foto neben dem Foto meines Bruders auf unserem Blaupunkt-Radio im Wohnzimmer; er war fast wie ein Sohn für meine Eltern. Von Ferdi weiß ich nur, was meine Schwester Inge, die ihn gut kannte (wie auch meine Schwester Röselie) für mich aufgeschrieben hat. Hier ist ihr Bericht: »Ferdi, wie er von Hans-Günther genannt wurde, war die letzte Lebenszeit von Hans-Günther dessen Bursche. Das Regiment lag 1943 in Russland am Mius und für einige Tage in Ruhestellung. An einem dieser Tage badeten die Soldaten am Fluss. Hans-Günther ging hin, um nach ihnen zu schauen. Dort fand er am Ufer sitzend einen jungen Burschen voll großer Traurigkeit. Hans-Günther sprach ihn an [per Dolmetscher] und erfuhr dessen Schicksal. Es war ein junger Russe aus Woronesch mit Namen Ferdinand oder Wladimir Dalgow, er ließ sich jedoch ›Ferdi‹ nennen. Dieser besuchte zu Beginn des Krieges als

15-Jähriger die Musikschule in Kiew. Als die deutsche Wehrmacht in die Stadt einrückte, zog sich die russische Armee zurück. Die Musikschule wurde aufgelöst und die Schüler waren sich selbst überlassen. Nach Woronesch, wo seine Mutter lebte, konnte Ferdi nicht. So schloss er sich dem Tross der deutschen Wehrmacht an.« Da er neu eingekleidet werden musste, erhielt er eine deutsche Uniform – etwas anderes hatten die Soldaten an der Front nicht –, eine Erkennungsmarke, ein Gewehr und Urlaub. Auf seine Frage, wohin er denn gehen solle, schickte mein Bruder ihn zu uns nach Voerde. Und wieder meine Schwester: »Da Hans-Günther indessen als einarmiger Offizier auf Hilfe angewiesen war, nahm er Ferdi zu sich als ›Burschen‹, wie es damals hieß. Auch im Urlaub brachte er ihn mit nach Hause, sodass Ferdi nach langer Zeit wieder die Geborgenheit einer Familie erlebte und darin glücklich war. Er nannte sogar Hans-Günthers Mutter so wie dieser ›Muttche‹.« Nach meines Bruders Tod kämpfte Ferdi weiterhin als Wehrmachtssoldat, fiel aber 1945 in Schlesien. Hätte er überlebt, wäre er sehr wahrscheinlich als Verräter verurteilt und hingerichtet worden. Doch hatte er eine andere Wahl, als in der deutschen Wehrmacht zu überleben?? Doch weiter in meiner Schwester Bericht: »Ob die Mutter je von Ferdis Schicksal etwas erfahren hat, ist ungewiss. Sein Bruder Josef kämpfte in der Roten Armee. Nach Hans-Günthers Tod kümmerte sich Oberstleutnant Stammerjohann um Ferdi. Aber auch der Oberstleutnant ist, soweit bekannt, in den Rückzugsgefechten der deutschen Wehrmacht in Schlesien gefallen.« Soweit meine Schwester Inge. Ferdi interessierte sich auch für meine Schwester Röselie, die etwa gleichaltrig mit Ferdi war, und korrespondierte mit ihr in seinem gebrochenen Deutsch. Leider ist diese Korrespondenz verloren gegangen. Ferdi hat auch meinen Bruder in seinen letzten Stunden begleitet und davon berichtet. Für meinen Bruder war Ferdi jedenfalls weder Slawe noch Russe, sondern ein junger Mensch, der Hilfe brauchte.

Trotz aller Schwierigkeiten war mein Bruder auch irgendwie fasziniert von der Weite Russlands. Am 16.5.1943 erlebte er »wieder einen der seltsamen zauberhaften russischen Abende. … So eigenartig wie das ganze Land ist, sind seine Abende besonders voll eines seltsamen, unbekannten Reizes. Dieses Land ist in allem noch so unberührt und ursprünglich wie wohl kaum ein anderes. Das macht wohl seinen Zauber aus, der besonders stark ist, wenn sich mit der Weite des Landes

Hans-Günthers russischer Bursche Ferdi 1943

die des Abendhimmels verbindet« (16.5.1943). Wer die Sonnenuntergänge in den Weiten des amerikanischen Mittelwestens gesehen hat wie ich, kann sich vielleicht eine Vorstellung davon machen. Während es an der Front noch ziemlich ruhig war, erhielt Hans-Günther beunruhigende Nachrichten aus der Heimat. Dortmund, der Wohnort unserer Tante Ami, Mutters Schwester, wurde schwer bombardiert, doch sie blieb, Gott sei Dank, verschont. »Dieses Mal habe ich mir wirklich Sorgen gemacht. Beim ersten Angriff hat der Nordteil der Stadt gelitten, so musste es dieses Mal der Südteil sein. Diese Nachrichten mitsamt dem Wehrmachtsbericht sind für uns zurzeit die einzigen Anzeichen des Krieges. Nicht einmal die russischen Flieger erscheinen, um uns beim Dienst zu stören. Bei günstigem Wind hört man ab und zu etwas Donnergrollen von der Front her. Ansonsten ist das Schießen auf dem Schießstand der einzige Kriegslärm« (2.6.1943). Nach gerade mal zwei Monaten, seit er Berlin Richtung Ostfront verlassen hatte, kam es ihm so vor, »als sei ich gar nicht vom Regiment fort gewesen« (2.6.1943). Und wieder ging sein Blick über die unendliche russische Weite: »Kilometerweit schweift das Auge über die aus fruchtbarstem Boden bestehende, leicht gewellte Erdoberfläche dahin. Nirgendwo findet das Auge einen Halt. Einzelne kleine Siedlungen, aus Lehmhäusern bestehend, verschwinden ganz in dieser Unendlichkeit« (2.6.1943).

Am zweiten Pfingsttag, den 14.6.1943, dachte mein Bruder in einem längeren Brief über ein Leben nach dem Kriege und eine zukünftige Frau nach: »Ihr Lieben daheim, ja wisst Ihr, wie meine Zukünftige, die dermal einst bessere Hälfte meiner Wenigkeit, aussehen soll, ist das Problem meiner schlaflosen Nächte; viel besser gesagt, eigentlich ist es noch kein Problem, das mir vielleicht Kopfschmerzen macht, wenngleich dieses Thema von uns auch sehr oft angeschnitten wird. Es ist nur so, je länger der Krieg dauert, umso mehr übertragen sich seine Formen auf den Menschen.« Er fürchtete, dass sich die militärischen Strukturen und Denkweisen so verfestigen, dass die Soldaten für ein Leben als Zivilisten im Frieden untauglich werden: »Die Gefahr des ewigen Landsknechtstums besteht. Und das ist nicht die Aufgabe des Menschen, als Landsknecht durch die Welt zu ziehen. Wenn wir den Krieg siegreich beendet haben, wird die Aufbauarbeit folgen. Dazu brauchen wir Ingenieure, Kaufleute, Handwerker, Lehrer usw. Und da ist nun die Gefahr, dass die lange Zeit harten und unerbittlichen Kämpfens alle anderen Regungen und Antriebe, die unmittelbar mit der jetzigen Aufgabe nichts zu tun haben, verflachen und verkommen lässt. Das Leben hier draußen hat seinen starken, sogar sehr starken Zauber. Da ist die echte Kameradschaft, die man im Frieden nie finden wird; da ist der Kampf als solcher, den wir Deutschen nun doch einmal lieben [speak for yourself!]; da ist das freie, ungebundene Dasein, das man als Herr im unterworfenen Land führen kann. Wohlverstanden, ich meine das Wort ›Herr‹ im guten Sinn, so wie wir es einmal werden müssen, um das jetzt geschaffene Reich zu erhalten. Das sind alles Dinge, die einen Menschen zum Landsknechtsleben verlocken können; je länger der Krieg dauert, umso stärker natürlich. Da ist es gut, wenn man jemanden an seiner Seite weiß, der ein Gegengewicht zu all den eben aufgezählten Dingen bildet; das ist uns das Wesen, die Aufgabe der Frau. Sie soll die weiche, menschlich empfindende Hälfte des Mannes sein und mit ihm ein Eins bilden, das gipfelt in den Kindern. Ich glaube, darin auch den Grund zu finden, dass die Heiratszahl bei den Soldaten, auch Offizieren, in den letzten Monaten stark gestiegen ist. Ja, wie nun meine Frau aussehen soll, weiß ich immer noch nicht. Ich weiß nur in etwa, wie sie innerlich stehen soll; ob sie dann das Heft führt oder ich, macht mir vorläufig keine Sorge« (14.6.1943).

Als nachgeborener Zivilist, der, Gott sei Dank, nie im Militär war, kann ich all das, was mein Bruder da schreibt, nicht nachvollziehen. Interessant in dem Brief ist nur noch, dass Röselie einen neuen Freund hat. Leider verriet unser Bruder nicht, wer das war (14.6.1943). In seinem nächsten kurzen Brief, undatiert, doch geschrieben im Mai 1943 zwischen dem 14. und 20., lag ein Schreiben von Ferdi an unsere Familie bei, das mein Bruder nicht gelesen hat, »weil er [Ferdi] sich genierte«, wohl wegen seines Deutschen. Ferdi schrieb: »Schönen Gruss von Ferdi für Familie Obl [Oberleutnant] Schoeps. Ich danke schön für sie. Sie haben mir geschikt Zigaretten Etui und das Puding pulver. Das ich alles bekommen. Von meine seite ich schiken für oich pekchen mit Butter und alles was ken sie gut gebrauchen. In Russland ich ken was organisierin und was kenen wir nicht gebrauchen doch auch gebrauchen. Also ... wir schiken alle. Fiel danke.«

Am 20.6.1943 berichtete mein Bruder von einer merkwürdigen Begebenheit. Er hatte zwei Offiziersanwärter zu Kaffee und Kuchen eingeladen: »Es waren zwei prächtige Jungen, die da zwei Stunden bei mir saßen. Frische saubere und anständige Charaktere. Es war eine Freude, sich mit ihnen über vielerlei Dinge unterhalten zu können. Einer von ihnen kam aus Dortmund, der andere aus Münster. Und stellt Euch einmal vor, was geschah. Der Münsteraner erwähnte in der Unterhaltung, dass sein Bruder bei der Flak diene und zur Zeit am Asowschen Meer liege. Da sage ich so spaßeshalber: ›Gestern habe ich hier in der Stadt einen Kradfahrer der Flak unvorschriftsmäßigen Fahrens wegen aufgeschrieben und das ist dessen Feldpostnummer.‹ ... Und siehe da, es war die Feldpostnummer des Bruders. Alles Weitere war nicht schwer. Es kostete mich einige Telefongespräche, dann hatten wir ihn ausfindig gemacht. Nun ist gerade der Besucher abgefahren mit einem Wagen, den ich ihm gleich gab, um den so unverhofft Gefundenen aufzusuchen. Seine Freude könnt Ihr Euch denken, so wie ich auch Freude gehabt habe, ihm helfen zu können« (20.6.1943).

Und wieder plagt ihn die Hitze: »Bis zu 55 Grad Celsius steigt das Thermometer« (20.6.1942). Früher gab es bei uns in Deutschland bei hohen Temperaturen hitzefrei und dabei dachte Hans-Günther an seinen kleinen Bruder [mich]: »Denk Dir mal, Bub, hier gäbe es jeden Tag hitzefrei, wenn Du zu mir kämst und hier zur Schule gingst. Hast Du keine Lust dazu? Schreibe es mir doch einmal« (20.6.1943). Aber ich hatte keine Lust und bin froh, dass wir hier im amerikanischen Mittelwesten bei solchen Temperaturen Klimaanlagen haben. Eine große Freude war es für meinen Bruder, als er »44 Genesene aus Rheine empfing. Von diesen 44 Soldaten hatten sich 39 freiwillig raus zum Regiment gemeldet, obwohl sie noch nicht wieder an die Front brauchten. Eine Anzahl von ihnen war bereits mehrere Male verwundet. Das hilft einem über manche Sorge hinweg« (20.6.1943).

Im nächsten Brief vom 24.6.1943 schweiften seine Gedanken wieder in die Heimat und was nach dem Krieg aus alten Kriegern werden wird: »Wie mag es unseren Lieben in der Heimat gehen?« Die Zukunft »wird uns den Sieg bringen, das glauben und wissen wir. Aber da sind so viele Fragen, die gelöst werden müssen. … Wie wird unser persönliches Leben nach dem Kriege weiter verlaufen? … Ich merke es doch an mir selbst, wie leicht man in die Gefahr kommt, geistig zu verludern, zu verkommen; das will heißen, man stumpft ab allen andern Werten des Lebens gegenüber, die mit dem Soldatenhandwerk unmittelbar nicht zu tun haben. Es fällt schwer, ein gutes Buch zu lesen, was einem geistig einige Probleme bietet, und es gehört viel Energie dazu, dagegen anzugehen und seinen Geist zur Arbeit zu zwingen, die auf einem zurzeit nicht alltäglichen Gebiet liegt. Der Staat wird ja später einmal materiell all denen behilflich sein, die sich einen neuen Beruf aufbauen. …. Einen Hauptmann oder Bataillonskommandeur mit deutschem Kreuz in Gold kann ich mir schlecht als Regierungsinspektoranwärter oder als Polizei-Supernummer denken. … Das Problem, nur in etwas anderer Form, besteht auch für die Mehrzahl unserer Männer« (24.6.1943). An Lektüre reicht es höchstenfalls zu kleinen Heftchen, die ihm unsere Schwester Röselie zugeschickt hat: »Liebe kleine Minka, gerade habe ich Deinen langen Brief vom 16.6.1943 erhalten. 1000, 1000 herzlichen Dank, dass Du so oft und lieb an mich denkst. Ebenso freue ich mich immer über Deine kleinen Lesesachen. Sie bilden meine ›Minka-Bücherei‹, so sage ich meinen Kameraden, wenn ich ihnen die gelesenen Hefte gebe« (28.6.1943).

Die Ruhepause am Asowschen Meer war nach harten Winterkämpfen bitter nötig, Kämpfe, die das Regiment hart mitgenommen hatten.

»In den vielen Wochen der Ruhe haben wir uns geistig und körperlich wieder voll erholt. Als ich nun vor etwa zehn Wochen ins Regiment kam, erschrak ich doch etwas vor den Spuren der Winterkämpfe. Ein über 100 km langer Rückzug, der ein Siegeszug ohnegleichen war, lag hinter den Soldaten. Mit eisernem Willen hatten sie gehalten, hatten angegriffen und waren ausgewichen, wenn es befohlen war. Es sind da Dinge vollbracht worden, Taten, die damals in der Masse ihrer Gesamtzahl untergingen, die jedoch später einmal unfassbar sein werden. Auf den Schultern unserer Männer lag wochen- und monatelang die Verantwortung für viele 10 000 anderer Kameraden. Sei es, als die Division in einem Raum von 1500 km Ausdehnung kämpfte, in einem Raum – auf deutsche Verhältnisse übertragen – jedes Brot, jedes Stück Holz für Wesel aus Berlin herangeschafft werden musste, oder sei es, als die Division in tagelangen Kämpfen gegen große Übermacht den Brückenkopf Rostov aufhielt für die Kaukasus-Armee. Das waren die Leistungen, die hinter unseren Männern lagen, als ich zu ihnen stieß. Wohl selten war die Ruhe so verdient, wie die seit dem 15.4.1943. Drei Tage lang traf man in den Quartieren nur Schlafende an« (28.6.1943).

Rückzug wird hier als Sieg deklariert; für mich bedeutet Rückzug dagegen Niederlage. Die Zeit des Vorwärtsstürmens ist vorbei, vor allem seit dem Verlust von Stalingrad Anfang Februar 1943. Der Glaube an einen schnellen Sieg ist verflogen. Wer hatte zu Anfang des Krieges im Osten schon gedacht, im Juli 1943 noch immer in Russland zu sein, wie mein Bruder in einem Brief vom 6.7.1943 vermerkte: »Ich sitze draußen in meinem Vorgärtchen in der Morgensonne, rings von Grün umgeben. … Es ist ein Augenblick des Friedens, nur von Weitem ist der Lärm der Rollbahn zu hören, sodass man sich nicht allzu sehr des Gedankens an den Krieg entwöhnt. Beinahe ein Vierteljahr leben wir nun fern von ihm. Vor zwei Jahren waren wir im siegreichen Vorwärtsstürmen begriffen. … Damals hätten wir nicht geglaubt, im Jahre 43 noch in diesem Russland zu liegen. Es ist ein weiter Weg, den wir seither zurückgelegt haben. Nicht die Kilometerzahl meine ich, sondern den Weg zum inneren Menschentum, zum wesentlichen, zum einfachen Leben. Das ist neben dem Getreide und dem Sonnenblumenöl, das gewonnen ist, das Wertvollste an diesen zwei Jahren des Kampfes im Osten« (6.7.1943).

In einem seiner letzten Briefe meine ich, eine Vorahnung zu spüren von dem, was bald auf ihn zukommen sollte, geschrieben am 14.7.1943, vier Tage vor seinem 24. Geburtstag. Er gedachte darin aller seiner Geburtstage, wusste jedoch nicht, wie der diesjährige verlaufen wird. Eine seltsame Hochstimmung befiel ihn im Gedanken an seinen gewählten Beruf: »Freude macht sie [seine Arbeit] mir immer, nur dass ich in den letzten Tagen so manches Mal eine Hochstimmung der Freude und der Genugtuung in mir verspürte. Es gibt doch nichts Schöneres, als Menschen führen zu können, sie für irgendetwas zu begeistern – vor allem wenn sie jung sind. Es gibt bisweilen Tage, in denen man sich ganz besonders dazu in der Lage fühlt. Und wenn man dann mit seinen Soldaten, jungen und alten, zusammensteht oder -sitzt und merkt, wie sie mit einem gehen, ihr Herz ihrem Offizier zuschlägt, dann fühlt man sich glücklich und weiß: ›Du hast Dir den rechten Beruf erwählt.‹ So wüsste ich auch gar nicht, was ich anfangen sollte, wenn mir mein jetziger Beruf einmal verschlossen würde« (14.7.1943).

Das wäre nach dem verlorenen Krieg, hätte er überlebt, sicherlich der Fall gewesen. Er hatte schon früher über seinen Beruf und seine Freude am Umgang mit seinen Soldaten geschrieben, doch nie mit solcher Intensität. Es klingt mir fast wie ein Testament. Die Welt aber, die er beschrieb, ist und bleibt mir, seinem »kleinen Bruder«, völlig fremd und unverständlich. Dann gedachte er mit großer Dankbarkeit seines Elternhauses und auch hier mit einer Dringlichkeit wie nie zuvor; es klingt fast wie ein Abschied: »Wenn ich dazu im Besitze eines solchen Elternhauses bin wie des Euren, muss ich wirklich so unendlich dankbar sein für mein bisheriges Leben, dankbar Euch und dem, der über uns steht, von dem ich unser aller Wohlergehen, das unseres Führers und unseres Volkes und unseren Sieg erbitte. Es grüßt Euch in tiefem treuen und lieben Gedenken Euer Soldat« (14.7.1943). Wie alle seine Briefe, so ist auch dieser nur ganz schlicht mit »Euer Soldat« unterschrieben, seltener mit »Euer Hans-Günther«, <u>nie</u> mit Heil Hitler.

Verwundung und Tod

Nach diesem längeren Brief folgten noch fünf sehr kurze Briefe. Am 1.8.1943 nur zwei Sätze: »In Eile in alter Frische herzlichen Gruß. Aus der Abwehr geht's wieder vor zum Angriff.« Am 4.8.1943 dann wieder in Eile: »Es geht uns trotz unzähliger Fliegen, vieler Flieger und Panzer der Kanaken, die manchmal lästig werden können, gut.« Und nochmals im letzten seiner Briefe vom 6.8.1943: »Mir persönlich geht es auch noch recht gut trotz großer Hitze und vieler, vieler Fliegen. Aber sie haben uns hoffentlich einen Schritt weiter gebracht zum endgültigen Sieg, den wir alle recht bald erhoffen.« Mit »sie« meinte er wohl nicht die Fliegen, sondern die Angriffe und Kampfhandlungen seines Regiments. Noch am selbigen Tage wurde er durch die Splitter einer explodierenden russischen Granate tödlich verwundet und starb zwei Tage später, am 8. August 1943, in einem Feldlazarett. Er wurde auf dem »Heldenfriedhof« in Amwrossijewka in der Ukraine beerdigt. Dank der unermüdlichen und verdienstvollen Arbeit des Volksbunds Deutsche Kriegsgräberfürsorge e.V. wurde das Grab meines Bruders nach dem Zusammenbruch der Sowjetunion lokalisiert und seine Gebeine in die Deutsche Kriegsgräberstätte Charkow [Kharkiv] in der Ukraine überführt, die am 6.2.1998 eingeweiht wurde und auf der bis Ende 2018 47322 deutsche Kriegstote bestattet wurden.[81]

Ich kann mich noch nach 77 Jahren genau daran erinnern, als die Nachricht von Hans-Günthers Tod bei uns in Voerde eintraf. Es war ein sonniger Tag im August 1943, ich war gerade mal sieben Jahre und neun Monate alt, als ich Herrn Heusing, Leiter der lokalen Ortsgruppe der NSDAP und Nachbar, in seiner SA-Uniform auf unser Haus zukommen sah. Wir kannten ihn eigentlich recht gut und seine Tochter Gerda war meine erste Freundin, als wir sieben oder acht Jahre alt waren. »Papa, da kommt der Herr Heusing«, sagte ich zu meinem Vater, »ich gehe und mache ihm die Tür auf.« Darauf antwortete mein Vater so barsch, wie ich es nicht gewöhnt war: »Nein, Du bleibst hier still im Wohnzimmer!« Und ging, um Heusing ins Haus zu lassen. Mein Vater ahnte, dass Heusing schlechte Nachrichten bringen würde, denn er kam sonst nie in Uniform zu uns. Als Nächstes hörte ich den gellenden Schrei meiner Mutter, der mir bis heute in den Ohren klingt.

Kriegsgäberfriedhof in Kharkiv

Drei Tage schloss sie sich in ihr Zimmer ein und ich fühlte mich so einsam und verlassen wie nie zuvor.

In einem Brief vom 22. Oktober 1943, geschrieben auf einer Schreibmaschine, kämpfend mit den Tasten und der deutschen Sprache, schilderte Ferdi, Hans-Günthers treuer »Bursche« und fast wie ein Sohn unserer Familie, die letzten Stunden meines Bruders, deren Zeuge er war: »Lieber herr schops, ich haabe ire brief bekommen. Ich danke schon. Aumbliklih bin ich in Deutschland bei oberstloitnand stammerjohann in hamburg. 7 august 43 am mius front wir kriegen fol treffer im Regimentstahb das war um 5 ur abends 7 mann werden ferwundate das war oberslo stammerjohann, oberlo schops, ich und noch 4 mann. Obberlo war ferwundet granat splite linke arm durch und magen 3 mal durch die splite kaput gerissen. Ich war dabei bei oberlo krige ich auch 2 splite eine rechte Schulte und andre hinten. Mich weh gebracht als erste und nach kommt oberlo der war gans weis. Ich komme cu im der macht seine augen auf sagt mir Verdi und wider ligt und sagt kein ton mehr. Um 8 uhr uns beide aufkeladen und wek gebracht cum feldlazaret bei diese schlechte wege 35 kml mit oberlo war ganz schlecht. Kommen wir in lazaret um 12 uhr nacht. War alles ruihch. Um 2 uhr mit kalte schwitze am gesicht oberloitnant stormt [stirbt]. Ich war ganzes zeit dabai.«

Ferdi war drei Wochen in Hamburg zur Erholung bei Oberstleutnant Stammerjohann, Hans-Günthers Kommandeur, der sich nach dem Tod meines Bruder um Ferdi kümmerte, wie meine Schwester Inge schrieb. Ferdi schrieb weiterhin: »Etz get mir besser. Ich bin 3 wochen in hamburg. Ich kenn nicht zu inen fahren, ich habe urlaub nur bis erst November und dan wider nach rusland. Fileicht in nekste urlaub komme ich zu inen. Sie schreiben wen ich was brauche sollen ich schreiben aumbliklich ich brauche gar nicht, wen ich was brauche dan schreibe. Ich danke se libe her schöps sie kennen nicht fergesen mich und ich inen. Schön gruus Ferdinand meine adresse Hamburg-ralstedt, roonstrasse 8 soldat Ferdinand Dalgow.« Am 14.11.1943 war Ferdi immer noch in Hamburg und schrieb in fließendem Deutsch, wohl von Stammerjohann korrigiert: »Ich bleibe vorläufig noch in Hamburg, da Herr Oberstleutnant noch nicht abgerufen worden ist. Hier im Hause sind alle krank, sodass ich sehr viel zu tun habe und nicht fortfahren kann. Ich hoffe aber, dass ich im nächsten Urlaub zu Ihnen kommen kann. Ich habe zwar einen neuen Urlaubsschein über 4 Wochen bekommen, aber ich weiß nicht, ob ich fahren kann, da Herr Oberstleutnant jeden Tag abgerufen werden kann. Ich hoffe, es geht Ihnen gut und grüße Sie herzlich. Herr Oberstleutnant lässt herzlich grüßen.«

Am 10.8.1943, zwei Tage nach dem Tod meines Bruders, übermittelte der Chefarzt und behandelnder Arzt, Stabsarzt Dr. Langemann, die offizielle Benachrichtigung von Hans-Günthers Tod:

»Sehr geehrter Herr Schoeps! Hiermit erfülle ich die traurige und schmerzliche Pflicht, Sie vom Heldentod Ihres Sohnes, des Oberleutnants Hans-Günther Schoeps, geboren am 18.7.1919, in Kenntnis setzen zu müssen. Ihr Sohn wurde am 7.8.1943 in schwerverletztem Zustand von einem Hauptverbandsplatz in unser Lazarett eingeliefert. Es handelte sich um einen sehr schweren Granatsplitter-Bauchsteckschuss sowie Granatsplitter-Durchschuss durch den linken Oberarm. Trotz sofortiger Operation mit Blutersatz, die schwerste innere Verletzungen des Magens, der Leber und der Gallenblase aufdeckte, konnten wir, wie ärztlicherseits nicht anders zu erwarten war, bei diesen schweren Verletzungen das Leben nicht erhalten. Am 8.8.1943, 2:25 Uhr ist er infolge Kreislauflähmung still und sanft seinen schweren Verletzungen trotz laufender Stützung des Kreislaufes erlegen. Besondere Wünsche oder Grüße an seine Angehörigen hat er uns nicht geäußert. Wir haben Ihren Sohn heute auf dem Heldenfriedhof in Amwrossijewka, 75 km nördlich von Taganrog, mit militärischen Ehren zur letzten Ruhe gebettet. Die Grabrede hielt ein Feldgeistlicher. ... Die amtliche Todesurkunde erhalten Sie unaufgefordert durch die Wehrmachtsauskunftstelle für Kriegsverluste, Berlin 30. Die Nachlasssachen, die Ihr Sohn bei der Einlieferung in unser Lazarett bei sich hatte, erhalten Sie demnächst durch die Zahlmeisterei meiner Einheit. ... Nehmen Sie zu diesem Verlust meine persönliche von Herzen kommende Anteilnahme. Ein kleiner Trost sei Ihnen in diesen schweren Tagen die Versicherung, dass Ihr Sohn keine wesentlichen Schmerzen erdulden musste. Auch er gab sein Leben für Führer, Volk und Vaterland. Dieses Bewusstsein lasse Sie deshalb Ihre noch so große Trauer in Stolz ertragen. In diesem Sinne reiche ich Ihnen, mit Ihnen mitfühlend und mit Ihnen verbunden, im Geiste still die Hände. Heil Hitler! Dr. Langemann, Stabsarzt und Kompanie-Chef.«

Mein Vater bat Dr. Langemann noch um ein Bild von Hans-Günthers Grab, doch, wie Langemann am 3.9.1943 schrieb, war das nicht mehr möglich, denn die Russen hatten inzwischen den Ort zurückerobert. Dem Arzt hat es sicherlich leidgetan, wieder einen Patienten zu verlieren, doch musste er unbedingt mit einer so leeren Formel von »Heldentod für Führer, Volk und Vaterland« und »Heil Hitler« schließen? Ich weiß nicht, wie meine Eltern das aufgenommen haben, doch begeistert und stolz waren sie bestimmt nicht. Langemann hätte sich ein Beispiel nehmen können an dem Kondolenzbrief von Major Wolff, Kommandeur vom Grenadier-Regiment (motorisiert) 60, dem Regiment meines Bruders:

»Sehr geehrter Herr Schoeps, verehrte gnädige Frau. Mir fällt die Pflicht zu, Ihnen die traurige Mitteilung zu machen, dass Ihr Sohn, der Regiments-Adjutant Oberleutnant Hans-Günther Schoeps, gestern an den Folgen seiner am 7.8.1943 erlittenen schweren Verwundung gestorben ist. Obwohl alle Möglichkeiten ausgenutzt wurden, ihn zu retten, war alle ärztliche Kunst vergebens. – Welchen Verlust Sie erleiden, kann ich voll ermessen. Ich spreche Ihnen, auch im Namen des Offizierskorps des Regiments, mein tief empfundenes Beileid zu dem schweren Verlust aus. – Das Regiment verliert in Ihrem Sohn einen seiner hervorragendsten Offiziere. Er war nicht nur als Soldat allen ein Vorbild in seiner kämpferischen Haltung, er war auch als Mensch bei allen seinen Kameraden, seinen Vorgesetzten und seinen Untergebenen hoch geachtet und ob seiner ruhigen, klaren und idealistischen Denkungsweise beliebt. Er stand allen jederzeit mit Rat und Tat zur Seite und setzte sich für die Belange jedes Einzelnen, der sich in persönlicher Sorge an ihn wandte, mit seiner ganzen Frische und einem nie ermüdenden Eifer ein. – Lassen Sie es sich ein kleiner Trost in Ihrem Schmerz sein, wenn ich Ihnen versichere, dass Ihr Sohn uns unvergessen bleiben wird. – Ihr ergebener Wolff, Major.«[82]

Kein »Heil Hitler«, keine patriotischen Phrasen, doch sicherlich ein Trost für meine Eltern. Ein längerer handgeschriebener Brief von einem Offizierskollegen meines Bruders vom 31.8.1943 erreichte meine Eltern im September 1943. Hier einige Auszüge.

»Sehr geehrte gnädige Frau! Ihnen und Ihrem Gatten mein herzlichstes Beileid zum Tode Ihres Sohnes. Wir verloren in ihm einen unserer besten Kameraden. Mit ihm verband mich ein väterlich-freundschaftliches Verhältnis. Seit der Umstellung des Regiments im Jahre 1940 waren wir zusammen und ich schätzte an ihm sein so stark ausgeprägtes Kameradschaftsgefühl und sein ungeheures Verantwortungsbewusstsein. Seinem Alter war er in seiner Denkungsart weit voraus. Als Mensch und als Soldat besaß er die besten Qualitäten.«

Er wollte schon früher schreiben, aber er kam nicht dazu, »da wir von einem schweren Einsatz in den anderen kamen«. Der Rückzug war in vollem Gang. Dann schilderte er nochmals den Tag der Verwundung: »Am 7.8.1943 um 16:30 Uhr detonierte in unmittelbarer Nähe des Regimentsgefechtsstandes eine schwere Wurfgranate. Es war dies der einzige Schuss und ½ Stunde bevor der Stellungswechsel des Regimentsgefechtsstandes vorgenommen werden sollte. Hierbei wurden durch Granatsplitter verletzt: der Kompanieführer Major Stammerjohann durch Splitter im Rücken, Ihr Sohn durch Splitter im Unterleib, Feldwebel Kötter durch Splitter im rechten Unter- und Oberschenkel und zwei abgestellte Kradmelder, deren Verletzungen aber nur sehr leicht waren.« Von Ferdis Verwundung ist auch in diesem

»Heldenfriedhof« Amwrossijewka in der Ukaine 1943

Brief keine Rede. »Verbunden wurden alle Verletzten sofort von einem Sanitätsdienstgrad des Gefechtsstandes. Ihr Sohn, der Major und der Feldwebel [und Ferdi!] wurden dann sofort in einem Kübelwagen zu dem etwa 5 km zurückliegenden Hauptverbandplatz gebracht. Von hier kamen Ihr Sohn und der Feldwebel sofort in einem Sanitätswagen ins Feldlazarett in Ambrosiewka, der Major nach Markejewka. … Ich selbst, gnädige Frau, habe Ihren Sohn noch gesehen. Leider aber nicht mehr lebend angetroffen. Ich fuhr am 8.8.1943 um 4 Uhr nach vorn zum Regimentsgefechtsstand, wo ich von der ganzen Sache unterrichtet wurde. Daraufhin fuhr ich sofort nach Ambrosiewka zum Feldlazarett zurück und fand Ihren Sohn in der Leichenhalle liegend. Sein Gesichtsausdruck war ganz friedlich. Er war, ohne Besinnung, am 8.8.1943 um 2:25 Uhr seinen schweren Verletzungen erlegen. Beigesetzt ist er auf dem Heldenfriedhof in Ambrosiewka. Es ist ein größerer Ort etwa 80 km östlich von Stalino.[83] Gnädige Frau, seien Sie und Ihr Gatte meines tiefsten Mitempfindens versichert. Ihr ganz ergebener Günter Tschenschler.«[84]

Im Oktober 1943 wurde mein Bruder posthum zum Hauptmann bzw. Rittmeister befördert.

In seinem Tagebuch war mein Bruder offener und direkter, als er es in seinen Briefen sein konnte oder wollte, vor allem mit kritischen Bemerkungen, obwohl der Hauptteil nur aus kurzen und alltäglichen Eintragungen besteht. Es handelt sich um ein kleines Taschennotizbuch mit oft fast unleserlicher Schrift, häufig unter Kampfbedingungen geschrieben, die selbst meine Schwester Inge kaum entziffern konnte. Sie war es auch, die Hans-Günthers Briefe in mühsamer Arbeit handschriftlich von der alten Sütterlinschrift in die moderne Schreibweise übertragen hat, die 1941 eingeführt worden war, als ich eingeschult wurde. Für den 13.5.1943 lesen wir zum Beispiel den Eintrag: »War Stalingrad notwendig??« Heute ist klar, dass es absolut nicht notwendig war. Die Katastrophe von Stalingrad war die schlimmste Niederlage der deutschen Wehrmacht und der Wendepunkt des Krieges in Europa. Hier die offizielle Meldung aus dem Führerhauptquartier vom Untergang der 6. Armee, abgedruckt in der *National-Zeitung*, dem offiziellen Organ der NSDAP, vom Dienstag, den 2. Februar 1943, einen Artikel, den mein Bruder gelesen und aufbewahrt hat, der sich in meinem Besitz befindet:

»Gruppe Paulus von Übermacht überwältigt. Aus dem Führerhauptquartier 1. Februar. Das Oberkommando der Wehrmacht gibt bekannt: In Stalingrad ist die Südgruppe der 6. Armee unter Führung des Generalfeldmarschalls Paulus nach mehr als zwei Monaten heldenhafter Verteidigung von der Übermacht des Feindes im Kampf überwältigt worden. Die Nordgruppe unter Führung des Generals der Infanterie Strecker behauptet sich noch immer. Sie wehrte starke feindliche Angriffe zum Teil im Gegenstoß ab.«

Aber auch hier dauerte es nicht mehr lange bis zur völligen Kapitulation. Ein anderer Artikel im selben Blatt beschreibt weitere Einzelheiten.

»Heldenkampf in Stalingrad. In Stalingrad ist die Südgruppe der 6. Deutschen Armee nach zweimonatigem Ringen gegen die feindliche Übermacht bei bitterer Kälte und nach übermenschlichen Entbehrungen am 31. Januar von den zahllosen schweren Waffen, Panzern und Flugzeugen der Bolschewisten überwältigt worden. Von allen Seiten schwer angegriffen, hatten die Verteidiger Stück um Stück ihre Stellungen aufgeben müssen und waren schließlich auf dem kaum 300 Meter breiten Platz beim GPU-Gebäude zusammengedrängt worden. Aus Mangel an Munition konnten sie weder die konzentrischen Angriffe der Panzer abwehren noch die offen im Trümmerfeld aufgefahrenen Batterien unter Feuer nehmen, die mit ihren Granaten die Reste des GPU-Gebäudes zerschlugen und damit den Widerstand der um den Generalfeldmarschall gescharten Kämpfer zermürbten. Den von allen Seiten heranbrandenden Bolschewisten stellten sich die Grenadiere in dem zerschossenen und gesprengten Gebäude noch mit letzter Kraft entgegen. Mit der Zerstörung aller wichtigen Dokumente, Karten und Schriftstücke setzten sie den Schlussstein auf das Denkmal, das sie sich mit ihren unvergänglichen Taten schufen. – In den zerschlagenen Werkshallen der Traktorenfabrik dagegen setzte die nördliche Kampfgruppe unter Führung des Generals der Infanterie Strecker ihren heldischen Abwehrkampf fort. Sie findet in ihrem unerschütterlichen Kampfeswillen die Kraft zum Widerstand gegen die pausenlosen Angriffe des Feindes. Die Bolschewisten schießen systematisch jede noch stehende Wand der weitläufigen Werksanlagen zusammen und werfen Salven von Handgranaten hinter die Mauerstümpfe, um den Verteidigern jede Deckungsmöglichkeit zu nehmen. Die Montagegruben, Keller und unterirdischen Gänge bieten aber immer noch Schutz. Aus ihnen heraus stürmen die unermüdlichen Kämpfer vor, wenn sich feindliche Stoßgruppen zu weit vorwagen, und schlagen sie zurück. Auf diese zu allem entschlossenen Männer konzentriert nun der Feind seine ganze Übermacht. Sie aber halten immer noch stand.«

Doch nicht mehr lange: Am 2. Februar 1943 war alles vorbei. Rund 100 000 Mann von 21 deutschen und 2 rumänischen Divisionen waren gefallen, 113 000 deutsche und rumänische Soldaten wurden gefangen genommen, nur wenige Tausend überlebten die Gefangenschaft (Kershaw, S. 550). 91 000 deutsche Soldaten, darunter 24 Generäle, gerieten in Gefangenschaft von einer 285 000 Mann starken Armee zwei Monate zuvor (Shirer, S. 1218). Die Nation war schockiert; das alles musste nicht sein, wie mein Bruder erkannte. Doch die Nazis stilisierten Stalingrad zu einem heldischen Mythos: »Während das aufopfernde Heldentum unserer Kämpfer von Stalingrad als unvergänglicher Mythos in die Geschichte eingeht und zugleich als ein Fanal in die ferne Zukunft hineinleuchtet, hält das deutsche Volk einen Augenblick lang den Atem an, um selbst prüfend das unabwendbare harte Gebot der Stunde zu erkennen« (*National-Zeitung* vom 2.2.1943). Worin bestand nun dieses »Gebot«? »Doch lehrt erst die jetzige Winterschlacht im Osten, was auf dem Spiele steht und was das deutsche Volk an äußersten Anstrengungen wagen muss, um nicht unter der Wucht feindlichen Vernichtungswillens von dem Erdboden hinweggefegt zu werden« (*National-Zeitung* vom 2.2.1943). Und das galt nach Ansicht der Nazis nicht nur für Deutschland, sondern es war Deutschlands Aufgabe, Europa und die westliche Welt vor dem Bolschewismus zu schützen: »So seltsam es erscheinen mag: Mit unserem Kampf gegen den jeder menschlichen Veredelung abholden Bolschewismus verteidigen wir sogar die Kultur unserer anderen Gegner, der Engländer und der Amerikaner. … Uns hat nun einmal das Schicksal die Aufgabe zugewiesen, die gewaltige Gefahr aus dem Osten zu bannen« (*National-Zeitung* vom 2.2.1943). So jedenfalls wurde die Niederlage von Stalingrad dem deutschen Volk verkauft; doch es war nur eine weitere Propagandalüge.

Nach Stalingrad hatte selbst mein Bruder einige Zweifel an der Kriegsführung, von denen er niemals in seinen Briefen schrieb. Sein schier unerschütterlicher Glaube an den Endsieg, der in seinen Briefen zum Ausdruck kommt, scheint mir zu diesem Zeitpunkt, 1943, oft nur ein Zweckoptimismus zu sein, mit dem er sich, seine Familie und seine Soldaten zu beruhigen versuchte. Seinem Tagebuch kann er auch anvertrauen, was er in seinen Briefen wegen der Zensur nicht schreiben konnte oder wegen seiner Familie nicht schreiben wollte. Stalingrad warf auch die Frage nach kompetenter Führung auf und da sah mein Bruder einige Mängel auch in seinem Regiment: »Mache mir viel Gedanken über den Kommandeur und mein Regiment« (15.5.1943). Er klagte über »die überfriedensmäßigen Ausbildungsforderungen der Division. … Wie soll die arme Truppe das bewältigen?« (19.5.1943). Er übte scharfe Kritik an seinem Kommandeur: »Ich selbst kann nur abbremsen, denn der Kommandeur mit seiner ablehnenden Haltung der Division gegenüber und seiner Abschließung gegen uns. [Satz unvollständig im Original] Sein Fehler ist der, dass er alles zu sehr von der menschlichen Seite nimmt« (22.5.1943). Wo bleibt da die viel beschworene Kameradschaft? Graf von Schwerin, der Divisionskommandeur, war im Urlaub und für ihn übernahm ein Oberst das Kommando: »Typischer Taktiklehrer. 100 000 Ausbildungsbefehle vom grünen Tisch. Wir sitzen ohne gute Ausbilder und mit 50 % Rekruten da! Es ist manchmal witzig, wenn man die Sachlage überdenkt« (27.5.1943). Aber es kam noch schlimmer: »Wenn der Kommandeur nicht anders wird, muss man ihn dazu zwingen. Wir sind nicht ein Regiment, sondern 3 sehr gute Bataillone mitsamt 3 Regimentseinheiten« (27.5.1943). Und weiter: »Es fehlt die innere Verbindung zwischen den Kommandeuren« (29.5.1943). Eintragung vom 30.5.1943: »Wir beschließen, unseren Oberstleutnant in die Bahn zu zwingen, die das Regiment braucht, oder er muss gehen« (30.5.1943).

Wie schwer die Kämpfe an der Mius-Front wirklich waren, geht aus einem Artikel im *Hamburger Tageblatt* vom Donnerstag, den 26. August 1943, über den Hamburger Regimentskommandeur Major Stammerjohann hervor, dessen Adjutant mein Bruder war, der auch in diesem Artikel erwähnt wird, wenn auch nicht namentlich. Nach einer schweren Verwundung hatte sich Major Stammerjohann, Hans-Günthers Regimentskommandeur, wieder freiwillig an die Front gemeldet. Ein Kriegsreporter des *Hamburger Tageblattes* berichtete von diesem Hamburger Soldaten: »Jetzt führt er ein Regiment Panzer-Grenadiere an der Mius-Front.« Dann folgt eine leicht dramatisierte, doch nicht unrealistische Beschreibung der Kämpfe, in die auch mein Bruder verwickelt war.

»Eigentlich ist heute Sonntag. Der Major weiß nichts davon, keiner im Stab, keiner der Grenadiere. Ununterbrochen greift der Feind an. Mit Massen, wie er sie noch nie an diesem Abschnitt in den Kampf geworfen hat, mit unvorstellbarem Artillerieeinsatz und Hunderten von Flugzeugen. Divisionen brechen alle Tage zum Angriff vor gegen dies eine Regiment Rheinländer und Westfalen. – Hinter seinem Gefechtsstand, einem der wenigen noch verschonten Häuser des Dorfes stehend, beobachtet der Major angestrengt durch das Glas zu der weit ausholenden Höhe hinüber, auf der unter Wolkengebirgen der Feindeinschläge seine Grenadiere liegen, irgendwo in diesem undurchdringlichen grauschwarzen Qualm. Es ist gar nicht weit dort drüben – und viele sind sie auch nicht mehr, die dort oben in den Löchern liegen. … Lange Bartstoppeln im staubumkrusteten Gesicht lassen den Fünfunddreißigjährigen weit älter erscheinen. Das graue Uniformhemd ist schmutzig und durchschwitzt, die zerknitterte Feldmütze sitzt weit im Nacken.« Dann kam ein Anruf von seinem Adjutanten, meinem Bruder. »›Das II. Batillon, Herr Major‹, sagt der Adjutant und übergibt den Hörer. Er hat ein fast knabenhaftes Gesicht von großem Ernst. Der linke Hemdsärmel ist zur Hälfte umgeschlagen. Einmal riss ihm die Feindgranate die Hand, später noch den Unterarm weg. Auch er könnte heute an einem bequemeren Platz sitzen. – Das II. Bataillon meldet Verluste und starkes Andrängen übermächtiger Infanterie mit Panzerschutz. Wenig später kommt auch ein Notruf vom III. Bataillon. ›Jungs, ihr müsst durchhalten‹, sagt der Major. ›Ihr wisst doch, was alles davon abhängt. Schicken kann ich euch nichts. In einer halben Stunde kommen Stukas.‹[85] Der I a ruft an, fragt nach der Gefechtslage. ›Unverändert ernst‹, gibt der Major zurück. ›Reserven? – Ich habe alles eingesetzt. Noch halten wir. – Jawohl, Herr Oberleutnant, wir halten.‹ Die Stimme klingt heiser, aber fest. Die feindliche Artillerie schießt ins Dorf. Tiefflieger machen einen neuen Überfall mit Bomben und Bordwaffen. Dann rauschen eigene Sturzkampfgeschwader heran. Unbeirrt durch das rasende Flakfeuer der Sowjets fliegen sie eng geschlossen an und bringen ihre Bombenlast ins Ziel. Unter gewaltigem Dröhnen quellen auf der Feindseite riesige Rauchpilze auf. – Für kurze Zeit gibt es Luft. Aber dann trommelt der Feind mit vermehrter Wucht auf die Löcher und Kampfstände der Grenadiere. Verwundete kommen zurück. Leichter Verletzte schleppen sich erschöpft durch die staubige Glut der Dorfstraße zum Verbandsplatz. Andere rollen in Volkswagen und Sankas langsam am Gefechtsstand vorüber. Der Major sieht sie alle an, mit gütigem wehen Blick. ›Meine Grenadiere‹, stößt er kaum hörbar hervor. ›Meine Jungs – sie werden immer weniger.‹ Es kommt die Stunde, da die Grenadiere zum ersten Male aus ihren Löchern aufstehen und die Höhe herunterkommen. Sie können nicht mehr, sind am Ende ihrer Menschenkraft. Und doch geschieht das unmöglich Erscheinende: Sie schließen sich zum Gegenstoß zusammen und gewinnen die Stellung im Gegenstoß zurück. … Ein Bataillon Verstärkung wird kommen, hat der General gesagt. Wird das ausreichen? Wird es rechtzeitig heran sein? Hinter der Höhe im Grund warten Sowjetpanzer auf ihre Stunde. – Wieder sucht der Major die Höhe ab. Über allem, was dort geschieht, steht eine undurchsichtige Wand von Staub und Pulverqualm. Da dröhnt von Westen her eine Fahrzeugkolonne die Dorfstraße herauf. Sind das etwa – ja wirklich, deutsche Panzer und Geschütze. Die Division hat mehr als Wort gehalten. Das zugesagte Bataillon trifft gleichfalls soeben in langer Reihe ein. Der Major springt ins nächste Krad, seinen Grenadieren die erlösende Nachricht selbst nach vor zu bringen. – Der bald darauf mit Panzern vorgetragene Feindangriff, der mit der beherrschenden Höhe einen lebenswichtigen Teil der Verteidigungsfront nun endgültig herausbrechen sollte, verblutet im Feuer deutscher

Abwehrwaffen. Am späten Abend ruft noch einmal die Division an. ›Nein, er schläft‹, sagt der Adjutant, ›seit vier Tagen zum ersten Male.‹ Am nächsten Morgen ist die Welt eine andere. Und der Major teilte seinen Grenadieren mit: ›Morgen werdet ihr abgelöst.‹«[86]

Der Artikel stammt von Kriegsberichterstatter Gerhard Pipke. Kriegsberichterstatter waren keine Journalisten zu Hause im Studio, sondern Augenzeugen an der Front. Mein Bruder war als Adjutant des Majors mitten drin in diesem Kriegsgeschehen, doch in seinen Briefen steht davon kein Wort. Als dieser Artikel über einen an der Ostfront kämpfenden Sohn der Stadt Hamburg im *Hamburger Tageblatt* erschien, war mein Bruder bereits an der Mius-Front gefallen. Ich zitiere ausführlich aus diesem Artikel, nicht um das Kriegsgeschehen zu verherrlichen, sondern um zu zeigen, in welche Kämpfe mein Bruder verwickelt wurde, in welcher Gefahr er schwebte und wie anders sein Leben von dem meinigen war. Außerdem zeigt der Artikel, was und auf welche Weise der Krieg dem deutschen Publikum vermittelt wurde.

Am 4.11.1943 erhielt Generalleutnant Gerhard Graf von Schwerin, Hans-Günthers Divisionskommandeur, das Eichenlaub mit Schwertern zum Ritterkreuz des Eisernen Kreuzes für seine Verdienste an der Mius-Front. Dazu hieß es in der *National-Zeitung* vom Sonntag, 7. November 1943:

»Seit dem 15. November 1942 ist er Kommandeur der 16. Panzergrenadierdivision. Er führte die Division in vorbildlicher Weise während der Rückzugskämpfe aus der Kalmückensteppe bis an den Mius und in den Abwehrschlachten am Mius. Seiner Entschlusskraft und Führungskunst ist neben der Tapferkeit seiner Truppen in erster Linie die Vernichtung des durchgebrochenen vierten mechanisierten Gardekorps [der Roten Armee] und die Überwindung einer schweren Krise der Mius-Verteidigung zu danken. Für diese Leistung erhielt er am 17. Mai 1943 das Eichenlaub zum Ritterkreuz des Eisernen Kreuzes als 240. Soldat der deutschen Wehrmacht. – Es folgten die schweren Abwehrkämpfe im Sommer und Herbst 1943. Die Division kämpfte am Mius und Donez und wurde stets dann eingesetzt, wenn sich durch die Angriffe starker feindlicher Übermacht schwierige Lagen ergeben hatten. Jede der ihr übertragenen Aufgaben löste die Division unter der hervorragenden Führung ihres Kommandeurs, meist gegen einen zahlen- und materialmäßig weit überlegenen Feind, in mustergültiger Weise. In der Schlacht am Mius, in der zweiten Abwehrschlacht bei

Isjum, in der Schlacht östlich Pawlograd und in den Kämpfen um den Brückenkopf bei Saporoshje hatten die Division und ihr Kommandeur das Hauptverdienst daran, dass alle Versuche der Sowjets, die deutsche Front zu durchbrechen, scheiterten und die Bolschewisten bei ihren immer wiederholten Angriffen schwerste Verluste erlitten und erheblich an Kampfkraft einbüßten.«[87]

Auch dieser Artikel machte klar, dass die Zeit des Rückzugs in vollem Gange war; fragte jedoch nicht, woher die plötzliche sowjetische Überlegenheit stammte, glaubte man doch Monate vorher, Russland sei bereits geschlagen.

Ein anderer Artikel in der *National-Zeitung* vom 30. Januar 1944 zeichnete den Weg der II. Batterie von Hans-Günthers Regiment nach und damit auch seinen Weg. Der Bericht »Die zweite Batterie. Aus dem Kriegsalltag rheinisch-westfälischer Kannoniere im Osten« stammt aus der Feder des Obergefreiten Albert Longjaloux.

»Die Batterie hat manchen Sturm erlebt. Sie schwamm mit kräftigen Stößen mitten im vorwärtsdrängenden Strom der Ereignisse des Sommers 1941, maschierte in Richtung Saporoshje, ging bei Krementschug über den Dnjepr und gelangte auf dem Wege nach Moskau bis Kursk. Das nächste Frühjahr brachte die Batterie erneut in weit ausholende Bewegung und führte sie über Woronesch, Maikop in die Kalmückensteppe bis nach Elista, ja bis Chalchutta. Dort, in der Steppe, hat sie ihre schönsten, unvergleichlichsten Erlebnisse sammeln können. Aber die Schwungkraft der Vorwärtsbewegung wurde auch für sie abgelöst durch schwere Kämpfe im Rahmen der Absatzbewegungen [d.h. Rückzug!]. Die Batterie hatte fühlbare Verluste an Toten und Verwundeten. Mehrfach brach der Feind in die Feuerstellung ein oder umflutete die vorgeschobenen Beobachter. Viele Eiserne Kreuze und andere Auszeichnungen belegen die Schwere des Einsatzes, aber auch die Tapferkeit ihrer Träger. Einen weiteren Höhepunkt bedeutete die Schlacht am Mius, die neue, ununterbrochene Kämpfe brachte und das Geschehen des Jahres 1943 ebenso gekennzeichnet hat wie die Teilnahme an der zweiten Abwehrschlacht bei Isjum. Die Batterie hat zu ihrem Teil mitgewirkt an der Vernichtung des sowjetischen vierten Garde mechanisierten Korps, wodurch größeres Unheil endgültig abgewendet wurde. Bei den schweren Kämpfen um den Brückenkopf Saporoshje und südwestlich von Krementschug gab sie nochmals das Letzte an Widerstandswillen. Aber auch gute, erholsame Tage kannte die Batterie im Osten. Das war im Fühjahr 1943 am Asowschen Meer im Raume von Mariupol, wo den Männern die lang ersehnte Ablösung und Auffrischung gewährt wurde.«[88]

Doch schlimme Nachrichten aus der Heimat machten den Männern der zweiten Batterie zu schaffen – und nicht nur denen. Verheerende Bombenangriffe in der Heimat hatten eine demoralisierende Wirkung auf sie: »Es liegt in der Zusammensetzung der Batterie begründet,[89] dass eine ganze Reihe ihrer Angehörigen durch den feindlichen Bombenterror einen Teil oder gar ihr ganzes Hab und Gut verloren [nicht zu sprechen von ihrem Leben] und dass viele ihrer Familienmitglieder die Heimatstadt verlassen haben, um anderswo im Reich ein Dach über dem Kopf zu finden. Etwa 25 von hundert der Männer sind bombengeschädigt, ein hoher Prozentsatz. Es hat bei diesen Männern bitteren Kummer und schwere Sorgen gegeben, wenn die Botschaft ihres Unglücks sie erreichte. Das waren für sie Tage der Niedergeschlagenheit, an denen mancher wohl an dem Sinn seines Kampfes hier draußen zweifeln mochte. Aber die gemeinsame Leidensgenossenschaft mit Kameraden der Batterie, der Zusammenhalt mit dem Nebenmann aus der Heimat, den das gleiche Unglück getroffen hat, das Verständnis für den Kumpel, der aus der gleichen Stadt kommt, wirkt Wunder. Langsam gewinnt er wieder festen Boden, gewinnt er den alten Gleichmut zurück.«[90]

Nachwirkung

Die Frage ist, was mein Bruder von den wirklichen Kriegszielen und der Art der Kriegsführung im Osten gewusst hat. War er Augenzeuge von Kriegsverbrechen oder wusste er davon? Wie die Mehrzahl der Deutschen glaubte er der Nazi-Propaganda, dass der Krieg den Deutschen aufgezwungen wurde, obwohl Hitler den Frieden bewahren wollte. Das wurde von den Nazis mehrmals verkündet, so auch in einem Artikel des Reichsministers für Volksaufklärung und Propaganda, Joseph Goebbels, vom 20. Dezember 1942 in der Wochenzeitung *Das Reich*: »Der Krieg, den Mr. Churchill und seine Clique am 1. September 1939 unter heimtückischer Assistenz Mr. Roosevelts und seines jüdischen Gehirntrusts ohne jeden ersichtlichen Grund gegen die Achsenmächte vom Zaune brachen, hat im Verlauf von fast dreieinhalb Jahren nunmehr globale Ausmaße angenommen.« Ein Echo davon findet sich auch in Hans-Günthers Briefen, nichts jedoch von einer jüdischen Verschwörung. Juden werden in über 100 seiner Briefe mit keinem Wort erwähnt. Anders als im Westen war der Krieg im Osten ein Vernichtungskrieg; es war eine ideologische Schlacht gegen den Judäo-Bolschewismus, um Lebensraum für das deutsche Volk zu schaffen und die dort lebenden Menschen zu unterjochen, zu versklaven oder gar umzubringen, vor allem die jüdische Bevölkerung, wie es in den Anweisungen für die Operation »Barbarossa« vom 3. März 1941 hieß: »Die bevorstehende Kampagne ist mehr als ein nur bewaffneter Konflikt, sie ist eine Machtprobe von zwei verschiedenen Ideologien. … Die jüdisch-bolschewistische Intelligenz muss vernichtet werden.«[91]

In einer Hitlerrede vor rund 250 hohen Offizieren aller Waffengattungen am 30. März 1941 heißt es, zitiert nach General Halders Tagebuch:[92] »Unsere Aufgabe gegenüber Russland: Wehrmacht zerschlagen, Staat auflösen. Kampf zweier Weltanschauungen gegeneinander. Vernichtendes Urteil über Bolschewismus, ist gleich soziales Verbrechertum. Kommunismus ungeheure Gefahr für die Zukunft. Wir müssen von dem Standpunkt des soldatischen Kameradentums abrücken. Der Kommunist ist vorher kein Kamerad und nachher kein Kamerad. Es handelt sich um einen Vernichtungskampf. Der Kampf muss geführt werden gegen das Gift der Zersetzung. Das ist keine Frage der Kriegsgerichte. Die Führer der Truppe müssen wissen, worum es geht. Sie müssen in dem Kampf führen. … Der Kampf wird sich sehr unterscheiden vom Kampf im Westen. Im Osten ist Härte mild für die Zukunft. Die Führer müssen von sich das Opfer verlangen, ihre Bedenken zu überwinden.«[93] Nicht nur die Einsatzgruppen und die SS waren an diesen Verbrechen beteiligt, sondern auch Teile der Wehrmacht: »Diese ungeheuren Verbrechen wurden unter williger, ja enthusiastischer Beteiligung der deutschen Wehrmacht, der Polizei und Zivilbehörden durchgeführt. Es gab zwar einige außergewöhnliche Personen, die dagegen protestierten und in einigen Fällen die Lage zu entspannen suchten, aber ihre Zahl war gering und unterstreicht nur die Übereinstimmung von ziviler und militärischer Führung.«[94] Auch die Wehrmachtsausstellung aus dem Jahre 2001 dokumentierte Verbrechen der Wehrmacht.

Ob mein Bruder von all dem gewusst hat? Er war zweifellos ein Teil dieser Mordmaschine, doch ich hoffe, dass er zu den von Weinberg genannten »außergewöhnlichen Personen« zählte; seine Briefe scheinen das jedenfalls zu bestätigen. Aus seinen Briefen geht klar hervor, dass er dem gesteckten Kriegsziel zustimmte, den Bolschewismus zu besiegen, doch die oben zitierte Hitlerrede scheint bei ihm nicht angekommen zu sein. Alles deutet darauf hin, dass mein Bruder glaubte, einen traditionellen Krieg wie im Westen zu führen. Wie sonst hätte er einen Russen als »Burschen« zu sich nehmen können, den er fast wie einen Bruder behandelte? War mein Bruder ein Nazi? Wie alle Angehörigen der Wehrmacht hatte er einen Eid auf den Führer Adolf Hitler geschworen. Seine Briefe zeigen, dass er den Führer bewunderte und glaubte, dass dieser im besten Interesse Deutschlands handelte. Wie eine große Anzahl seiner Altersgenossen war er von Jugend an verblendet und indoktriniert, ja man könnte fast sagen verführt von diesem Führer. Auf der anderen Seite findet sich kein einziges »Heil Hitler« und keine Erwähnung von Juden oder slawischen »Untermenschen« in seinen Briefen. Er unterschrieb seine Briefe an die Familie meist mit »Euer Soldat«, weniger oft nur mir seinem Namen Hans-Günther. Er war kein Parteimensch, sondern mit Leib und Seele Soldat und wollte nie etwas anderes sein; für ihn war das ein ehrenhafter Beruf – niemals dagegen für mich, seinen in anderen Zeiten geborenen und aufgewachsenen kleinen Bruder.

In seinem im Jahre 2006 veröffentlichten Roman *Beim Häuten der Zwiebel* enthüllte Günter Grass nach langem Schweigen, dass er gegen Ende des Krieges noch Mitglied der Waffen-SS-Division »Jörg von Frundsberg« war: »Behauptete Unwissenheit konnte meine Einsicht, einem System eingefügt zu sein, das die Vernichtung von Millionen Menschen geplant, organisiert und vollzogen hatte, nicht verschleiern. Selbst wenn mir tätige Mitschuld auszureden war, blieb ein bis heute nicht abgetragener Rest, der allzu geläufig Mitverantwortung genannt wird. Damit zu leben ist für die restlichen Jahre gewiss.«[95] Mein Bruder hatte leider nie die Gelegenheit, zu dieser Einsicht zu gelangen.

Der Tod meines Bruders erinnert mich auch an Bertolt Brechts »Lied vom Weib des Nazisoldaten«, das die Wirtin Kopecka in seinem Stück *Schweyk im Zweiten Weltkrieg* singt:

Und was bekam des Soldaten Weib
Aus der alten Hauptstadt Prag?
Aus Prag bekam sie die Stöckelschuh.
Einen Gruß und dazu die Stöckelschuh
Das bekam sie aus der Stadt Prag.

…

Und was bekam des Soldaten Weib
Aus Brüssel im belgischen Land?
Aus Brüssel bekam sie die seltenen Spitzen.
Ach, das zu besitzen, so seltene Spitzen!
Die bekam sie aus belgischem Land.

…

Und was bekam des Soldaten Weib
Aus der Lichterstadt Paris?
Aus Paris bekam sie das seidene Kleid.
Zu der Nachbarin Neid, das seidene Kleid
Das bekam sie aus Paris.

…

Und was bekam des Soldaten Weib
Aus dem weiten Russland?
Aus Russland bekam sie den Witwenschleier.
Zu der Totenfeier den Witwenschleier
Das bekam sie aus Russland.[96]

Auch mein Bruder schickte Geschenke aus Paris, oder Sarajewo. Er war zwar nicht verheiratet, aber meine Eltern bekamen statt Geschenken eine Todesnachricht aus Russland.

Im Jahre 1941 oder 1942 richtete Brecht ein Gedicht direkt »An die deutschen Soldaten im Osten«:

Brüder, wenn ich bei euch wäre
Auf den östlichen Schneefeldern einer von Euch wäre
Einer von euch Tausenden zwischen den Eisenkärren
Würde ich euch sagen, wie ihr sagt: Sicher
Muss da ein Weg nach Haus sein.

Aber, Brüder, liebe Brüder
Unter den Stahlhelmen, unter der Hirnschale
Würde ich wissen, was ihr wisst: Da
Ist kein Weg nach Haus mehr.

...

Brüder, wenn ich bei euch wäre
Mit euch trottete über die Eiswüsten
Würde ich fragen, wie ihr fragt: Warum
Bin ich hierher gekommen, von wo
Kein Weg mehr nach Haus führt?

Warum habe ich den Rock des Räubers angezogen?
Warum habe ich das Hemd des Mordbrenners angezogen?
Das war doch nicht aus Hunger
Das war doch aus Mordlust nicht.

Nur weil ich ein Knecht war
Und es mir geheißen wurde
Bin ich ausgezogen zu morden und brennen
Und muss jetzt gejagt werden
Und muss ich erschlagen werden.[97]

Das hätte mein Bruder sich fragen sollen, doch er tat es nicht. Durch eine Gehirnwäsche glaubte er, nicht für einen Mörder, sondern für eine gute Sache zu kämpfen – und zu sterben.

Im Jahre 2003 veröffentlichte Uwe Timm (1940 geb.) ein Buch über seinen Bruder Karl-Heinz unter dem Titel *Am Beispiel meines Bruders*, in dem sich einige Parallelen zu dem Schicksal meines Bruders ergeben. Karl-Heinz Timm war genau 16 Jahre älter als sein Bruder Uwe; genauso viele Jahre war mein Bruder älter als ich. Sein Bruder hieß Karl-Heinz, so wie ich. In seinen Briefen nannte Karl-Heinz Timm seinen Bruder »Bub«, so wie mein Bruder mich nannte. Timms Bruder kämpfte an der Ostfront in der Heeresgruppe Süd, wie mein Bruder. Timms Bruder wurde am 19.9.1943 schwer verwundet und starb am 16.10.1943 im Alter von 19 Jahren und 5 Monaten in einem Feldlazarett in der Ukraine. Mein Bruder wurde etwas über einen Monat früher, am 7.8.1943 schwer verwundet und starb am 8.8.1943 ebenfalls in einem Feldlazarett in der Ukraine im Alter von 24 Jahren. Beide wurden auf einem »Heldenfriedhof« in der Ukraine bestattet.

Timms Buch stützt sich zum Teil auf Briefe seines Bruders an seine Familie; auch mein Bericht basiert auf meines Bruders Briefen; allerdings habe ich anscheinend wesentlich mehr Material als Uwe Timm, der durch die Zerstörung seines Elternhauses in Hamburg viele Unterlagen verloren hat. Timm hat seinen Bruder praktisch nicht gekannt, er war erst drei Jahre alt, als sein Bruder starb. Ich dagegen kann mich noch an meinen Bruder erinnern, wenn auch nur recht vage; als er starb, war ich auf den Tag genau 7 Jahre und 8 Monate alt. Wenn Timm über seinen Bruder schreibt: »Abwesend und doch anwesend hat er mich durch meine Kindheit begleitet, in der Trauer der Mutter, den Zweifeln des Vaters, den Andeutungen der Eltern«,[98] so trifft das auch auf mich zu. Vor allem meine Mutter hat den Tod ihres Erstgeborenen nie ganz überwunden und das hat sicherlich auch zu ihrem frühen Tode im Jahre 1953 beigetragen. Die Geschichte seines Bruders hat Uwe Timm mitgeprägt – und so ist es auch bei mir. Meine Mutter hat uns Kindern immer wieder wiederholt: »Vergesst unseren Hans-Günther nicht.« Und das hat sich mir und meinen Schwestern eingeprägt.

Die Erinnerung an seinen Bruder ließ Uwe Timm etwa 60 Jahre nach dessen Tod zur Feder greifen – sein Buch erschien fast genau 60 Jahre nach dem Tod seines Bruders. Das Leben und Sterben meines Bruders und sein Schicksal sind auch ein Teil meiner Identität und in Erinnerung an ihn versuche auch ich, sein Leben anhand seiner Briefe, Tagebücher und anderer Unterlagen im Kontrast zu meinem Leben nachzuzeichnen – 77 Jahre nach seinem Tod. Timms Bruder diente in der Waffen-SS, während mein Bruder Infanterieoffizier in der Wehrmacht war. Beide kämpften jedoch für ein kriminelles Regime, selbst wenn sie persönlich nicht an Gräueltaten beteiligt waren. Timms Buch ist eigentlich weniger die Nachzeichnung des Lebens seines Bruders, sondern eine Auseinandersetzung mit seinem Vater und dessen Generation, die sich mehr in einer Opferrolle sahen, sich um die eigene Schuld drückten und diskutierten, warum Deutschland den Krieg verloren hatte und welche Fehlentscheidungen dazu führten.

Timm hatte sich ausführlich mit Christopher Brownings Buch *Ganz normale Männer. Das Reserve-Polizeibataillon 101 und die »Endlösung« in Polen*[99] beschäftigt. In seinem Buch verfolgt Browning, wie ganz normale Bürger zu Bestien werden konnten. Timm fragt sich: »Was würde der Bruder, hätte er überlebt, zu diesem Buch *Ganz normale Männer* sagen? Wie würde er sich heute zu seiner Militärzeit stellen? Wäre er Mitglied in einem der Kameradschaftsverbände der SS?«[100] An anderer Stelle fragt Timm: »Wie sah der Bruder sich selbst? Welche Empfindungen hatte er? Erkannte er etwas wie Täterschaft, Schuldigwerden, Unrecht?«[101] So viele Fragen, so wenige Antworten. Seine Furcht, dass sein Bruder »an der Erschießung von Zivilisten, von Juden, von Geiseln beteiligt war«,[102] findet er nicht bestätigt, jedenfalls soweit er herausfinden konnte.

Ähnliche Fragen stelle auch ich an meinen Bruder und kann keine befriedigende Antwort finden. Nur bin ich aufgrund seiner Briefe ziemlich sicher, dass er als Frontoffizier nicht an kriminellen Erschießungen teilgenommen hat. Im Gegenteil: Er hatte Mitleid mit der ukrainischen Bevölkerung, gab Kindern Drops, ließ ukrainische Gefangene laufen und hatte einen Russen als Burschen. Als er jedoch russische Gefangene laufen ließ und diese eine Gefahr für seine Männer wurden, ließ er sie als Partisanen erschießen. So jedenfalls verstehe ich einen seiner Briefe. Im Gegensatz zu Timm geht es mir nicht darum, die Schuld der Väter aufzuarbeiten, sondern dem Leben meines Bruders nachzuspüren und mit meinem zu kontrastieren, um zu zeigen, in welch verschiedenen Welten wir zwei Brüder lebten. Eine Frage, die sich Timm nicht stellt, die aber mich sehr beschäftigt, ist die Frage, wie ich mich verhalten hätte, wäre ich 1921 oder 1922 geboren worden. Wäre ja durchaus möglich gewesen. Wäre ich ein begeisterter Hitlerjunge geworden, so wie mein Bruder oder auch Günter Grass? Oder Wehrmachtsoffizier oder gar SS-Soldat? Für Letzteren war ich ja groß, blond und blauäugig (im wörtlichen Sinne) genug. Schlimmer noch, wäre ich unter dem Einfluss von Nazi-Propaganda zu unsäglichen Verbrechen fähig gewesen? Ich hoffe sehr, dass es nicht dazu gekommen wäre, doch kann ich da ganz sicher sein? Was mich davor bewahrte, war, was der frühere Bundeskanzler Helmut Kohl (1930–2017) einmal als »Die Gnade der späten Geburt« bezeichnet hat, was meiner Meinung nach gründlich missverstanden worden ist. Ich bin sicher, dass Kohl genau dasselbe gemeint hat wie ich. Es schauderte ihn, daran zu denken, was aus ihm geworden wäre, hätte ihn nicht ein späteres Geburtsdatum davor beschützt. Kritiker, darunter Susan Neiman in ihrem sonst ausgezeichneten Buch *Learning from the Germans. Race and the Memory of Evil* (2019), sehen in Kohls Worten eine Zurückweisung jeglicher Schuld für die Verbrechen des Nazi-Regimes, da sie ja aufgrund ihrer späten Geburt nicht daran beteiligt waren: »The suggestion was that he, like anyone born just before or after the Nazis came to power, had no responsibility for their crimes and hence no particular relationship to them.«[103] Nichts könnte falscher sein als das. Ich hatte sehr wohl Beziehungen zu diesen Verbrechen; die Kenntnis davon nach 1945 hat mich mit großen Schuldgefühlen erfüllt – doch davon später mehr.

Timms Bruder war bei der Waffen-SS im Panzerpionier-Bataillon 3, nicht bei der Lager-SS; doch beide trugen die gleiche Uniform; beide waren nicht scharf voneinander getrennt. Doch die Eltern sahen einen Unterschied zwischen beiden: »Der Junge war aber bei der Waffen-SS. *Die SS war eine normale Kampftruppe. Die Verbrecher waren die anderen, der SD. Die Einsatzgruppen. Vor allem die da oben, die Führung. Der Idealismus des Jungen missbraucht.*«[104] Daran ist sicherlich nicht alles falsch, doch kann man die SS mit größerem Recht als verbrecherische Organisation einstufen als die Wehrmacht. Das Internationale Militärtribunal deklarierte die SS im Jahre 1946 als eine kriminelle Organisation. Die Wehrmacht wurde nie als eine solche bezeichnet, obwohl Teile der Wehrmacht durchaus in Verbrechen verstrickt waren, wie vor allem die Wehrmachtsausstellung von Jan Philipp Reemtsma klar nachwies, insbesondere ihre revidierte Fassung aus dem Jahre 2001, die ich selber gesehen habe. Der Mythos von einer »sauberen Wehrmacht«, nach dem Kriege verbreitet vom ehemaligen Chef des Oberkommandos der Wehrmacht General Franz Halder (1884–1972) oder Feldmarschall Erich von Manstein (1887–1973) in seinem Memoirenbuch *Verlorene Siege* (1958), ist eine reine Mär. Ob man jedoch die gesamte Wehrmacht als kriminelle Organisation bezeichnen kann, wie Susan Neiman es tut, sei dahingestellt. Aufgrund der Wehrmachtsausstellung kommt Neiman zu dem Schluss: »The second exhibit proved beyond doubt that the Wehrmacht as a whole was a criminal organization.«[105] Damit wären Millionen Soldaten Kriminelle, auch mein Bruder, ebenso alle Widerstandskämpfer in Uniform gegen Hitler und Zehntausende von Soldaten, die wegen Kriegsdienstverweigerung hingerichtet wurden, oder der österreichische Feldwebel Anton Schmid, der in Litauen zahlreiche Juden versteckte, rettete und dafür am 13.4.1942 in Vilnius hingerichtet wurde.[106] Oder Hans von Herwarth (1904–1999), Diplomat in Moskau 1931–1939, nach dem Krieg Botschafter der Bundesrepublik in London und Rom, der als Teiljude[107] von seiner Wehrmachtseinheit beschützt wurde, wie er mir bei seinem Besuch in Urbana im Jahre 1983 erzählte: »Die Armee hat mich beschützt.«[108] Seine Offizierskollegen in der Wehrmacht haben alle gewusst, dass er Teiljude war, der nach den Nürnberger Gesetzen ins KZ gekommen wäre, doch keiner hat ihn verraten. Ich könnte dazu noch zahlreiche weitere Beispiele nennen. Von der SS dagegen ist mir kein einziger Widerständler bekannt, von der Luftwaffe nur Harro Schulze-Boysen (1909 geb., 22.12.1942 hingerichtet als Mitglied der sogenannten »Roten Kapelle«), von der Marine nur Admiral Canaris, Chef der Abwehr (1887 geb., hingerichtet am 9.4.1945). Dabei sei allerdings nicht vergessen, dass einige der Widerständler anfangs Hitler unterstützten und für ihn Krieg führten, so selbst Oberst Claus von Stauffenberg (1907 geb., hingerichtet am 21.7.1944), der am 20. Juli 1944 versuchte, Hitler mit einer Bombe in die Luft zu sprengen – leider vergeblich; er bezahlte dafür mit seinem Leben. Anlässlich einer Lesereise nach Kiev fuhr Timm nach Kanim am Dnjepr, wo sein Bruder verwundet worden war; es war für ihn »die größtmögliche räumliche Annäherung an das Grab des Bruders«.[109] Auch meine Mutter wäre gerne zum Grab ihres Sohnes gefahren, auch meine Schwester Inge, doch das war zu Zeiten des Kalten Krieges unmöglich und ich bin heute zu alt dazu.

Zweiter Teil: Meine Geschichte

Karl-Heinz Joachim Schoeps-Jensen

War ich ein Nazi?

Glücklicherweise durch eben die »Gnade der späten Geburt« war ich nie in einer Nazi-Organisation weder Pimpf noch Hitlerjunge, noch Arbeitsdienstmann noch Soldat. Als nach dem Krieg im Jahre 1955 gegen den Widerstand der Bevölkerung die westdeutsche Bundeswehr aufgebaut wurde, blieb mein Jahrgang verschont, wohl wissend, dass man mit uns Pazifisten keine Armee aufbauen konnte. Mein Vater hätte auch nie seine Zustimmung gegeben, hätte ich den abstrusen Wunsch gehabt, Soldat zu werden. »Ich unterstütze alles, was Du werden willst, nur nicht Soldat. Ich habe einen Sohn als Soldat verloren und will nicht noch einen zweiten verlieren.« Viele dachten so wie mein Vater und es gab massive Proteste gegen die Wiederbewaffnung. Selbst der zukünftige Verteidigungsminister Franz Josef Strauß verkündete: »Jedem, der eine Waffe in die Hand nimmt, soll der Arm abfaulen!«

In einer Vorlesung über den Zweiten Weltkrieg an meiner Universität, der University of Illinois, in der ich einen Gastvortrag über meine Kindheit im Dritten Reich hielt, fragte mich ein Student, ob ich ein Nazi gewesen sei. Als der Krieg am 8. Mai 1945 beendet war, war ich auf den Tag 9 Jahre und 5 Monate alt. Wie konnte ich da ein Nazi gewesen sein? Dann fielen mir zwei Ereignisse ein, die zeigten, dass auch ich schon leicht, obwohl unbewusst, indoktriniert war. Im März 1945 bedrängte ich meine Mutter, mir ein Braunhemd zu kaufen. Mit 10 Jahren konnte man ins Jungvolk, und auch ich wurde in dem Jahr 10 Jahre alt, wenn auch erst gegen Ende. Dass der Krieg und die Nazizeit bis dahin zu Ende sein würden, war mir nicht klar, wohl jedoch meiner Mutter. Meine älteren Spielkameraden machten so schöne Spiele, doch ich war ausgeschlossen, da ich nicht im Jungvolk war. Außerdem fand ich die Jungvolkuniform ganz schick; sie sah so ähnlich aus wie eine Pfadfinderuniform, nur mit Hakenkreuz. Vielleicht hatte ich deswegen später nie das Bedürfnis, Pfadfinder zu werden. Meiner Mutter war völlig klar, dass der Krieg in den letzten

Zügen lag, und kaufte mir natürlich zu meiner großen Enttäuschung kein Braunhemd. Heute ist Braun die Farbe, für die ich am wenigsten übrighabe; sie erinnert mich zu sehr an die Nazizeit.

Das andere Ereignis folgte etwa drei Monate später Ende Mai, als der Krieg endgültig vorüber war. Um etwas Brauchbares zu finden, durchwühlten meine Mutter und ich an einem regnerischen Tag Mülltonnen in Detmold, wo wir im nahe gelegenen Remmighausen evakuiert waren. Da hörte ich in der Entfernung Singen, das etwas Ähnlichkeit hatte mit der deutschen Nationalhymne »Deutschland, Deutschland über alles«. »Ja wer singt denn das heute noch?«, fragte ich mich. Und dann sah ich die Sänger, eine Gruppe von amerikanischen Soldaten, die hinter sich eine Hakenkreuzfahne herzogen. Der Krieg war vorbei, Deutschland besiegt, sie hatten überlebt und hatten großen Spaß an ihrer Version des Deutschlandliedes. Ich wandte mich an meine Mutter und sagte: »Das können die doch nicht mit unserer Flagge machen, sie so in den Dreck zu ziehen.« Offensichtlich war auch ich schon von diesem Flaggenvirus infiziert. Meine Mutter aber bedeutete mir, den Mund zu halten. Also ließ ich die Truppe schweigend an mir vorüberziehen, dachte dabei über Natur und Bedeutung von Flaggen nach und kam zu dem Schluss, dass diese GIs eigentlich ein gutes Werk vollbrachten. Denn was ist eine Flagge anderes als ein Stück Tuch? Und diese Soldaten säuberten damit die Straße! Sehr gut. Und damit war ich für immer von meinem Flaggenfetisch geheilt und damit von einem wesentlichen Element der Nazi-Ideologie. Seit diesem Erlebnis haben Flaggen für mich überhaupt keine Bedeutung mehr und ich verstehe schon gar nicht, wieso man für ein Stück Tuch sein Leben hingeben kann, so wie mein Bruder es getan hat. Umso erstaunter war ich, als ich 1962 zum ersten Male als Student in die damals noch im Wortsinn Vereinigten Staaten kam und überall Flaggen sah und mich ernsthaft fragte, ob hier alle Nazis seien. Das stimmte natürlich weder damals noch heute, obwohl unter Trump heute ähnliche Typen auftauchen, vor allem bei der Erstürmung des Kapitols am 6. Januar 2021 mit der Ermutigung des Präsidenten Trump. Wie der Hitler-Putsch von 1923 war auch dieser Putschversuch erfolglos, aber er zeigte, wie fragil unsere Demokratie ist. Wie heißt es doch bei Brecht im Epilog von seinem Stück *Der aufhaltsame Aufstieg des Arturo Ui*: »Der Schoß ist fruchtbar noch, aus dem das kroch!«[1] Mehr noch dazu später.

Das Schlüsselerlebnis von Detmold, eines von vielen, machte aus mir einen ganz anderen Menschen, für den – im Gegensatz zu meinem Bruder – Flaggen, Nationalismus oder Patriotismus keine Bedeutung haben. Für mich ist der Weg vom Nationalismus nach Auschwitz nicht sehr lang. Die alliierte Politik, den Deutschen den Militarismus und Nationalismus auszutreiben, hatte und hat bei mir vollen Erfolg gezeitigt. Die Mehrheit der Amerikaner ist aus guten Gründen stolz auf ihr Land; ich dagegen schämte mich jahrelang, Deutscher zu sein. Wie mein Bruder habe auch ich den Krieg am eigenen Leibe gespürt, zwar nicht an der Front wie er, sondern zu Hause am Rande des Ruhrgebiets in Voerde: Bombardierungen, Tieffliegerbeschuss, deutsches Militär in unserer Schule und ein Fremdarbeiterlager vor der Tür.

Bombenkrieg

Das Ruhrgebiet mit seiner Schwer- und Chemieindustrie war das Hauptziel der britischen und amerikanischen Bomberflotten. Die Strategie, zum überwiegenden Teil entworfen von Sir Arthur Harris (»Bomber-Harris«, 1892–1984), Marshal of the Royal Air Force, war nicht nur die Zerstörung der Industrie, sondern auch die Zermürbung der Zivilbevölkerung durch Flächenbombardierungen mit Brand- und Sprengbomben, um möglichst viele Menschen zu töten. Man hoffte, damit die Bevölkerung gegen die Nazis aufbringen zu können, was allerdings fehlschlug – außer bei mir, denn bei jedem Angriff brach ich in Panik aus.

Die intensive Bombardierung des Ruhrgebiets begann 1942 und dauerte bis Kriegsende an, im selben Jahr 1942, in dem die berüchtigte Wannseekonferenz stattfand, um den Holocaust besser zu organisieren. Meiner Meinung nach erleichterten die pausenlosen Bombenangriffe die Deportationen von Juden und anderen. Immer mehr Leute verschwanden, begraben unter den Trümmern ihrer Häuser oder mit unbekanntem Ziel weggezogen. Der nächste Angriff kam mit Sicherheit und die Leute waren zu sehr mit dem eigenen Überleben beschäftigt, als sich um andere zu kümmern. Der erste 1000-Bomber-Angriff am 30. Mai 1942 zerstörte große Teile von Köln, etwa 85 km von Voerde entfernt. Doch dank zahlreicher Bunker und Vorwarnungen beschränkte sich die Zahl der Opfer auf 500, aber das sollte sich bald ändern. Da die Nazis eine Panik unter der Bevölkerung befürchteten, ordneten sie eine Nachrichtensperre an, die offensichtlich wirkte; meine Eltern wussten nichts von diesem Angriff.

Weitere Bombenangriffe folgten in den kommenden Jahren auf weitere Ruhrgebietsstädte wie Essen, Dortmund, Düsseldorf, Duisburg sowie auch auf andere Städte Deutschlands, die schlimmsten davon in Hamburg im Juli 1943 mit rund 47 000 Toten (»Operation Gomorrha«) und Dresden im Februar 1945 (»Operation Thunderclap«) mit Opferzahlen, die zwischen 50 000 und 100 000 schwanken, denn keiner hat sie gezählt. Nach Earl Beck waren die Angriffe auf Hamburg und Dresden vergleichbar mit der Bombardierung von Hiroshima und Nagasaki, die allerdings durch die Atombomben wesentlich mehr Leben kosteten.[2] Diese Technik stand bei den Angriffen auf Hamburg und Dresden noch nicht zur Verfügung. Doch um auch hier die größtmögliche Zerstörung und Opferzahl zu erreichen, wurden zunächst Phosphor- und Napalmbomben abgeworfen. Als die Menschen, soweit sie konnten, ihre Häuser verließen und die Feuerwehr zu löschen begann, kam eine zweite Welle von Flugzeugen mit schweren Sprengstoffbomben. Die strategisch abgeworfenen Brandbomben erzeugten einen Feuersturm, der die Leute, die zu entkommen suchten, in die Feuersbrunst zurücksog. Kellerwände, die zu Nachbarkellern durchbrochen waren, damit die Leute entkommen konnten, wenn die Ausgänge zu ihrem Haus verschüttet waren, förderten nun die weitere Ausbreitung des Feuers. Die Luftangriffe forderten insgesamt zwischen 600 000 und 800 000 Opfer, zumeist Frauen und Kinder, alte Leute, Nazis und Anti-Nazis, Fremdarbeiter und Kriegsgefangene. Die Rüstungsproduktion aber stieg weiter an bis zum Herbst 1944.

Einige der kühnsten Angriffe im Zuge der »Schlacht um die Ruhr« waren die Angriffe auf die Talsperren Eder, Möhne und Sorpe, die das Ruhrgebiet mit Wasser versorgten. Diese Angriffe am 16. und 17. Mai 1943 zählen mit zu den gewagtesten der Royal Air Force überhaupt: »Die Talsperrenoperation gilt als das brillanteste jemals von Luftstreitkräften ausgeführte Unternehmen.«[3] Ziel war, die Wasserversorgung des Ruhrgebiets zu zerstören. Lancaster Bomber im Tiefflug warfen Bomben ab, die bis zur Staumauer auf dem Wasser »hüpften« und dann den Damm zerstörten. 1579 Menschen kamen in den Fluten um, zumeist Fremdarbeiter. Nur der Sorpe-Damm hielt und verhinderte somit eine gewaltige Katastrophe, die auch uns betroffen hätte. Dieser Angriff auf die Talsperren war nicht nur wegen der Geschicklichkeit der Piloten ein Erfolg, sondern auch dadurch, dass die Talsperren nicht so sehr durch die Fliegerabwehr verteidigt wurden wie die Städte. Die Zerstörung der Möhnetalsperre beschreibt Friedrich folgendermaßen: »Im Möhne-Ruhr-Tal werden in der ersten Stunde 9000 Kubikmeter Wasser in der Sekunde frei. Nach 36 Stunden sind 122 von 132 Millionen Kubikmeter abgeflossen. Die Flutwelle im Bereich der mittleren Ruhr erreicht einen Scheitel von zwei bis drei Metern über dem höchsten Hochwasser und begibt sich auf einen 150-Kilometer-Weg zum Rhein. Viel Vieh kommt um, der gesamte Fischbestand ist vernichtet. Acht Kilometer abwärts vom Möhnedamm liegt die Stadt Neheim-Hüsten, welche die volle Wucht der Flut trifft, darin kommen 859 Personen um, zumeist ukrainische Landarbeiterinnen. Insgesamt ertranken in den 210 Millionen Tonnen Wasser etwa 1300 Zivilisten.«[4]

Als es im Ruhrgebiet nicht mehr viel zu zerstören gab, obgleich die Bomber weiterhin kamen, um die Trümmer zu bombardieren, wandte sich das Bomber-Kommando anderen Städten zu, die bisher verschont geblieben waren wie Würzburg und vor allem Dresden. Der Angriff auf Dresden am 13./14. Februar 1945 war vielleicht der schlimmste von allen Bombenangriffen während des gesamten Krieges und übertraf selbst den Feuersturm von Hamburg im Juli 1943. Hier ist die Beschreibung des Angriffs von Earl R. Beck: »Die zwei Angriffe wurden in der Nacht vom 13. zum 14. Februar 1945 ausgeführt. Der erste begann um 22:03 Uhr und dauerte eine halbe Stunde. 772 britische Lancaster Bomber, welche die schwersten Bombenlasten des gesamten Krieges in Europa transportierten, warfen ihre tödliche Ladung auf die am dichtesten besiedelten Gebiete Dresdens ab. Drei Stunden später, um 1:28 Uhr, folgte eine zweite Welle von Lancaster Bombern, die so viel Zerstörung und Feuer vorfanden, dass sie ihre Ladung auf die noch weniger zerstörten Viertel der Stadt abwarfen. Am Aschermittwoch [!], den 14. Februar, traf eine große Flotte amerikanischer Fliegender Festungen [B-17] und Liberators auf eine Stadt, die bereits in Schutt und Asche lag, und warfen weitere 1800 Bomben und 136 800 Brandbomben ab, um die Zerstörung auszuweiten. Am nächsten Tag warf eine zweite Welle von amerikanischen Bombern, teilweise behindert durch dicke Rauchwolken, weitere 3700 Bomben auf die verwüstete Stadt. Offensichtlich diente dieser Angriff, wie viele andere auf Städte im Westen Deutschlands, dazu, größtmöglichen Schaden anzurichten und so viele Menschen der Zivilbevölkerung zu töten wie möglich.«[5]

Zu der Zeit beherbergte Dresden eine Bevölkerung von rund 640 000 Einwohnern. Dazu kamen rund 200 000 Flüchtlinge, die Dresden für relativ sicher hielten. So dachten auch die Stadtväter dieser wunderschönen Barockstadt und ließen die Stadt relativ ungeschützt. Der Angriff auf die Stadt forderte ungefähr 40 000 Opfer, »neben Hamburg der höchste Menschenverlust«,[6] obwohl die genaue Zahl nicht zu ermitteln ist. Der umstrittene britische Historiker David Irving behauptet in seinem Buch *The Destruction of Dresden*, dass die Angriffe bis zu 135 000 Opfer gekostet hätten, doch diese Zahl ist sicherlich übertrieben. Im Februar 1945 waren sich die weitaus meisten Deutschen darüber im Klaren, dass der Krieg bald zu Ende sein würde. Die Angriffe auf Dresden waren völlig sinnlos, denn die Stadt besaß kaum Industrie, dafür aber eine Reihe von kostbaren Bauwerken.

Einer der Augenzeugen der Angriffe auf Dresden war der amerikanische Schriftsteller Kurt Vonnegut (1922–2007). Am 22. Dezember 1944 wurde der 22-jährige Vonnegut im Verlauf der Ardennenschlacht gefangen genommen und als Kriegsgefangener in Dresden in ein Schlachthaus eingesperrt. Von dort aus beobachtete er den Feuersturm, den er in seinem Roman *Slaughterhouse-Five. A Children's Crusade* (1969)[7] ausführlich beschreibt. Der Roman wird oft unter der Rubrik Science Fiction geführt, doch meiner Ansicht nach ist es ein Roman über PTSD, »post traumatic stress disorder« oder »posttraumatische Belastungsstörung«. »Ein Wachposten ging mehrmals nach oben zum Ende der Treppe, um zu sehen, wie es draußen aussieht. Dann kam er wieder runter und flüsterte mit seinen Kollegen. Da draußen gab es einen Feuersturm. Dresden war eine große Flamme. Die Flammen verschlangen alles, was brennbar war. Bis zum Mittag am nächsten Tag war es nicht sicher, aus dem Bunker herauszukommen. Als die Amerikaner und ihre Wachen endlich herauskamen, war der Himmel schwarz vom Rauch. Die Sonne war ein verärgerter kleiner Stecknadelkopf. Dresden glich jetzt dem Mond; nichts außer Mineralien. Die Steine waren heiß. Alle in der Nachbarschaft waren tot.«[8]

Als Billy Pilgrim, der Hauptcharakter des Romans, aus dem Bunker auftauchte, sah er »scheinbar kleine Holzstämme herumliegen, doch das waren Menschen, die vom Feuersturm erwischt worden waren«.[9] Aber das war noch nicht alles.

»Amerikanische Jagdbomber flogen unter den Rauch, um zu sehen, ob sich noch irgendetwas bewegte. Sie sahen Billy und die übrigen sich dort unten bewegen. Die Flugzeuge bedeckten sie mit Maschinengewehrfeuer, doch die Kugeln verfehlten ihr Ziel. Dann sahen sie andere Menschen, die den Fluss entlanggingen, und beschossen sie. Sie trafen einige von ihnen. Das Ziel war, das Ende des Krieges zu beschleunigen.«[10]

Ein anderer Augenzeuge der Bombadierung Dresdens war Victor Klemperer (1881–1960), ein deutsch-jüdischer Professor der Romanistik an der Technischen Universität Dresden und Vetter des berühmten Dirigenten Otto Klemperer, den ich selber noch in Londons Royal Festival Hall die *Symphony fantastique* von Hector Berlioz habe dirigieren sehen. Die Nazis hatten Victor Klemperer, wie früher erwähnt, aus seinem Beruf entlassen und bedrängten seine nichtjüdische Frau, sich von ihm scheiden zu lassen, damit sie ihn deportieren konnten. Doch sie lehnte ab. Am 15. Februar 1945 konnte auch seine Frau ihn nicht mehr vor der Deportation schützen; an dem Tage sollte er sich zum Abtransport melden. Der Angriff auf Dresden jedoch, der Zehntausende das Leben kostete, rettete sein Leben und das seiner Frau; er beschreibt ihn ausführlich in seinem Tagebuch *Ich will Zeugnis ablegen bis zum letzten. Tagebücher 1942–1945*.

»Man hörte sehr bald das immer tiefere und lautere Summen nahender Geschwader, das Licht ging aus, ein Krachen in der Nähe … Pause des Atemholens, man kniete geduckt zwischen den Stühlen, aus einigen Gruppen Wimmern und Weinen … neues Herankommen, neue Beengung der Todesgefahr, neuer Einschlag. Ich weiß nicht, wie oft sich das wiederholte. Plötzlich sprang das dem Eingang gegenüber gelegene Kellerfenster der Rückwand auf, und draußen war es taghell. Jemand rief: ›Brandbombe, wir müssen löschen!‹ Zwei Leute schafften auch die Spritze heran und arbeiteten hörbar. Es kamen neue Einschläge, aber vom Hofe her ereignete sich nichts. Und dann wurde es ruhiger, und dann kam Entwarnung. Zeitgefühl war mir verlorengegangen. Draußen war es taghell. Am Pirnaischen Platz, in der Marschallstraße und irgendwo an oder über der Elbe brannte es lichterloh. Der Boden war mit Scherben bedeckt. Ein furchtbarer Sturmwind blies. Natürlicher oder Flammensturm? Wohl beides.«[11]

Bald aber kam der nächste Angriff und Klemperer und seine Frau stürzten wieder in den Keller.

»Schwere Einschläge. Wieder sprang das Fenster an der Wand gegenüber auf, wieder Taghelle, wieder wurde gespritzt. Dann ein Schlag am Fenster neben mir, etwas schlug heftig und glutheiß an meine rechte Gesichtsseite. Ich griff hin, die Hand war voller Blut, ich tastete das Auge ab, es war noch da. Eine Gruppe Russen – wo kamen sie her? – drängte zur Tür hinaus. Ich sprang zu ihnen. Den Rucksack hatte ich auf dem Rücken, die graue Tasche mit unseren Manuskripten und Evas Schmuck in der Hand, der alte Hut war mir entfallen. Ich stolperte und fiel. Ein Russe hob mich auf. … Die Russen liefen in irgendeiner anderen Richtung weiter, ich folgte ihnen. … Vor mir lag ein unkenntlicher großer freier Platz, mitten in ihm ein ungeheurer Trichter. Krachen. Taghelle, Einschläge. Ich dachte nichts, ich hatte nicht einmal Angst, es war bloß eine ungeheure Spannung in mir, ich glaube, ich erwartete das Ende. Nach einem Augenblick kletterte ich über irgendein Gewölbe oder eine Brüstung oder Stufe ins Freie, stürzte mich in den Trichter, lag ein Weilchen platt an den Boden gedrückt, kletterte dann den Trichter aufwärts, über einen Rand in ein Telefonhäuschen. … Ich sah nur überall Flammen, hörte den Lärm des Feuers und des Sturms.«[12]

Es gelang ihm, sich zur Elbe durchzuschlagen, fand dort seine Frau wieder, die ihm den gelben Stern von seinem Mantel abtrennte. »Hier unten am Fluss, wo sich viele Menschen bewegten oder hingelagert hatten, staken im durchwühlten Boden massenhaft die leeren, eckigen Hülsen der Stabbrandbomben. Aus vielen Häusern der Straße oben schlugen immer noch Flammen. Bisweilen lagen, klein und im Wesentlichen ein Kleiderbündel, Tote auf den Weg gestreut. Einem war der Schädel weggerissen, der Kopf war oben eine runde Schale. Einmal lag ein Arm da mit einer bleichen, nicht unschönen Hand, wie man so ein Stück in Friseurschaufenstern aus Wachs geformt sieht. Metallgerippe vernichteter Wagen, ausgebrannte Schuppen.«[13]

Die Rettungs- und Räumungsmannschaften bestanden nicht nur aus lokalen Kräften, sondern auch aus amerikanischen Kriegsgefangenen und Fremdarbeitern und sogar aus einer SS-Truppe, die ihr Handwerk bei der Leichenverbrennung im KZ Treblinka gelernt hatte: »So schmachvolle Bilder … wie jenes vom Dresdner Altmarkt, … auf dem im Februar 1945 6865 Leichen auf Scheiterhaufen verbrannt wurden von einem SS-Kommando mit Erfahrung in Treblinka.«[14]

Die westlichen Alliierten versuchten, auch in der Schlacht um Berlin Anfang November 1943 die Stadt mit einem Feuersturm zu zerstören, doch Berlin wollte nicht brennen: »Berlin brannte nicht, auch wenn drei Viertel der Schäden dort Brandschäden waren. Doch konnte zu Churchill's und Harris' Missmut die Stadt nicht zu Hitlers Scheiterhaufen gemacht werden. ›Es herrschte ziemliche Betroffenheit in der Royal Air Force‹, schreibt der dort tätige US Feueringenieur McElroy, ›über die Gründe, dass Berlin schlechter brannte als andere deutsche Städte. Der wirkliche Grund war, meiner Meinung nach, dass diese Stadt wie eine Bienenwabe in Brandabschnitte gegliedert war.‹ Ihr fehlte jene Innenstadtstruktur, die in mittelalterlichen Befestigungsmauern gewachsen war. Auch die Mietskaserne enthielt widerstandsfähige, stabile Hinterhöfe.«[15] Ein erfolgreicher Feuersturm in Berlin hätte den Krieg vielleicht beenden können, doch er kam nicht: »Die NSDAP gewärtigte wie Harris einen Zusammenbruch nach grellen Massakern wie Hamburg. Am 1. August [1943] sagte Speer zu Hitler, noch sechs solcher Angriffe und der Krieg sei zu Ende. Feldmarschall Milch, der Generalinspekteur der Luftwaffe, glaubte: ›Wir haben den Krieg verloren! Endgültig verloren.‹ Der Soldat im Feld grabe sein Loch und verschwinde darin, bis der Stahlhagel aufhört. Der Feuersturm kenne kein Loch, ›das, was die Heimat erleidet, das ist nicht mehr zu ertragen‹. Churchills Waffe gelang es aber nicht, sechs Hamburgs zu veranstalten, sondern tausend Gelsenkirchen.«![16]

An dieser Stelle möchte ich absolut klarstellen, dass meiner Meinung nach jeder Versuch, die Bomben-Feuerstürme auf deutsche Zivilisten mit dem Holocaust zu vergleichen, abwegig ist. Obwohl Holocaust als Zerstörung oder Massenmord vor allem durch Feuer oder Atomkrieg definiert wird, ist der Begriff reserviert für den industriellen Massenmord an Juden, Roma, Sinti und anderen, und das nur wegen ihrer Zugehörigkeit zu einer bestimmten Volksgruppe. Dieser Holocaust hatte überhaupt kein militärisches Ziel wie die Bombardierung deutscher Städte.

Im Gegensatz zu Churchill hat Hitler niemals ausgebombte Städte besucht, wohl aber sein Propagandaminister Goebbels; er wurde nicht immer mit Freuden empfangen. Die Nazis waren eifrig bemüht, die Stimmung der Bevölkerung zu erforschen, und ließen durch ihre Sicherheitsorgane sogenannte »Stimmungsberichte« verfassen, denn sie fürchteten, dass die Stimmung der Menschen unter der andauernden Bombardierung sich gegen sie wenden könnte. Das geschah allerdings nur sehr selten. Um die Bevölkerung bei Laune zu halten, stellten die Nazis einen beträchtlichen Teil ihres Budgets für Lebensmittel und Konsumgüter bereit. Theater und Kinos blieben bis zum Ende des Krieges geöffnet, wobei die Vorstellungen oft durch Fliegeralarm unterbrochen wurden. Ich habe das selbst bei einem Bombenangriff auf Mülheim/Ruhr erlebt, als ich im Jahre 1943 den Film *Peterchens Mondfahrt* sehen wollte.

Während die Deutschen die Bombenangriffe fürchteten, wurden sie von zahlreichen Fremdarbeitern und deutschen Antifaschisten begrüßt. Der Vater des Schriftstellers und Journalisten Ian Buruma, beispielsweise, war holländischer Zwangsarbeiter in einer Berliner Fabrik und sah in der Bombardierung Berlins einen Hoffnungsschimmer auf ein baldiges Kriegsende.[17] Ebenso dachte auch Wolf Biermann, dessen jüdischer Vater in einem Konzentrationslager ermordet wurde:

»Und weil ich unter dem gelben Stern
In Deutschland geboren bin
Drum nahmen wir die englischen Bomben
Wie Himmelsgeschenke hin.«[18]

Ich weiß nicht, was die Bomberpiloten dachten, wenn sie die Feuerstürme unter sich sahen. Für einen von ihnen, den amerikanischen Bomberpiloten und Dichter James Dickey (1923–1997), 1966 achtzehnter United States Poet Laureate, waren die Bombenangriffe, die er auf Japan und Korea flog, ein ästhetisches Erlebnis:

Der Feuersturm (1964)

»Wenn diejenigen auf Erden
Sterben, gibt es keinen Laut;
Man sitzt kühl und fasziniert im Cockpit,
Blaugefärbt durch die Macht der Schönheit,
Im bleichen geschätzten Loch von sanftem Licht
Tief in ästhetischer Betrachtung versunken,
Die Teiche brennen sehend
Und sich Ring nach Ring ausbreitend
Über Land: Oh Tod in der Mitte
Von Morgen von fußtiefem Wasser!
…

Es ist diese Distanzierung,
Die verehrte Ästhetik des Bösen.‹[19]

Doch der Dichter und Pilot ist sich im Klaren über die Zerstörung unter ihm: »Alle Familien liegen zusammen, doch einige sind lebend verbrannt. Die anderen versuchen, ihr Mitgefühl für sie zu zeigen. Einigen gelingt es, heißt es.

…

Drossele
Die Motoren, die acht Propellerflügel dürsten
Nach dem Moment wenn Flammen
Die Dächer verbinden und die Stadt in Brand setzen
Mit nur amerikanischem Feuer.«[20]

Hat der Dichter und Bomberpilot Schuldgefühle?

»All das, und ich bin immer noch hungrig,
Zwanzig Jahre übergewichtig, immer noch unfähig
Dort unten zu sehen
Was wirklich geschah.«[21]

Das Gedicht trägt zwei Mottos, das erste, auf Deutsch von Günter Eich, das zweite vom Alten Testament aus dem Buch Hiob.

»Denke daran, dass nach den großen Zerstörungen
Jedermann beweisen wird, dass er unschuldig war.«

»Oder hast Du einen Arm wie Gott?«[22]

Randall Jarrell (1914–1965) war Englisch-Professor, Tennis-Coach, Bomberpilot und Dichter, der an verschiedenen amerikanischen Universitäten unterrichtete, wie Kenyon College, The University of Texas in Austin und, für ein Semester, an der University of Illinois in Urbana-Champaign, also an meiner Universität. Eines seiner bekanntesten Gedichte ist »Der Tod eines Glaskanzelschützen« (»The Death of the Ball Turret Gunner«):

»Aus meiner Mutter Schoß fiel ich in den Staat
Und krümmte mich in seinem Bauch, bis mein nasses Fell fror.
Sechs Meilen über der Erde, losgelöst von ihrem Lebenstraum,
Erwachte ich zu schwarzer Flak und dem Albtraum von Jägern.
Als ich starb, wusch man mich mit einem Gartenschlauch aus der Kanzel.«[23]

In einem anderen Gedicht über den Luftkrieg mit dem Titel »Losses« (»Verluste«) beklagte er die Toten von Opfern und Angreifern:

»In den Bombenfliegern, nach Mädchen genannt, verbrannten wir
Städte, deren Namen wir in der Schule gelernt hatten –
Bis unsere Leben verschlissen waren; unsere Leichen lagen
Unter den Menschen, die wir getötet, doch nie gesehen hatten.
Wenn wir lange genug lebten, gab man uns Orden.
Wenn wir starben, sagten sie: ›Unsere Opfer waren gering.‹«[24]

Der im Exil in Los Angeles lebende Bertolt Brecht fragte sich, wie seine Heimatstadt Augsburg nach seiner Rückkehr wohl aussehen wird:

Rückkehr

»Die Vaterstadt, wie find ich sie doch?
Folgend den Bomberschwärmen
Komm ich nach Haus.
Wo denn liegt sie? Wo die ungeheueren
Gebirge von Rauch stehn.
Das in den Feuern dort
Ist sie.

Die Vaterstadt, wie empfängt sie mich wohl?
Vor mir kommen die Bomber. Tödliche Schwärme
Melden Euch meine Rückkehr. Feuersbrünste
Gehen dem Sohn voraus.«[25]

Wie W. G. Sebald in seinem Buch *Luftkrieg und Literatur* (1999 und 2001, 2003) ausführt, blieb die alliierte Bombardierung Deutschlands nach dem Krieg für längere Zeit ein Tabu, da die Autoren einen Vergleich mit dem Holocaust aus dem Wege gehen wollten nach dem Motto: »Wir Deutsche haben auch gelitten.« Noch wollten sie den Rechten anti-westliches Propagandamaterial liefern. Aber Sebald nennt dann doch einige Autoren, die sich mit dem Bombenkrieg befassten wie Erich Nossack, der in seinem Buch *Der Untergang* von 1948 den Feuersturm auf Hamburg beschreibt, den er selbst miterlebt hat. Oder Stig Dagerman, ein schwedischer Journalist, der 1946 Deutschland bereiste und seine Eindrücke und Erlebnisse 1947 in seinem Buch *Tysk höst* niederschrieb, das 1988 und 2011 auf Englisch unter dem Titel *German Autumn* erschien. Es grenzte daher später an eine kleine Sensation, als Jörg Friedrichs Buch *Der Brand* 2002 über den Bombenkrieg in Deutschland veröffentlicht wurde. Die englische Version, die im Jahre 2006 unter dem Titel *The Fire. The Bombing of Germany 1940–1945* erschien, blieb nicht unumstritten. Ian Burumas Rezension in *The New York Review of Books* vom 21. Oktober 2004 ist im Großen und Ganzen positiv und zustimmend. »Von Juli 1944 bis zum Ende des Krieges wurden jeden Monat 13 500 Zivilisten getötet, und das zu einer Zeit, als die Alliierten sich weigerten, die Bahnlinien nach Auschwitz zu bombardieren, da sie keinen militärischen Vorrang genossen. Warum? Warum musste Würzburg, die Stadt von barocken Kirchen und mittelalterlichen Klöstern, ein Ort ohne jede militärische Bedeutung, am 16. März 1945 in siebzehn Minuten vernichtet werden, weniger als einen Monat vor der deutschen Kapitulation? Und warum mussten ebenso Freiburg oder Pforzheim oder Dresden zerstört werden?« Doch Buruma kritisiert Friedrich auch, da er nicht genügend Abstand zu den Rechten hält und eine »eigenartige Terminologie« benutzt: »Er hat wenig getan, um sich von den falschen Unterstützern abzugrenzen. Vor allem hat er den rechtslastigen Massenmarkt der *Bild*-Zeitung benutzt, um darin sein Buch *Der Brand* als Serie zu veröffentlichen. Es scheint so, als ob er seine Botschaft ganz bewusst an die primitivste Leserschaft gerichtet hat, nicht Neonazi, gewiss, doch relativ uninformiert, meist antiliberal und sensationshungrig. Nicht zu akzeptieren ist jedoch seine eigenartige Terminologie, die in gefährliche Nähe zu den rhetorischen Tricks der rechten *National-Zeitung* gerät. Keller werden als Krematorien beschrieben, RAF Bombengeschwader als Einsatzgruppen, die Zerstörung von Bibliotheken als Bücherverbrennung. Es ist unvorstellbar, zu glauben, dass diese Worte unbedacht gewählt wurden.«[26] Das sind in der Tat ernst zu nehmende Beschuldigungen.

In einem Nachwort zur englischen Ausgabe an seine amerikanischen und britischen Leser antwortete Friedrich auf die Bemerkung »eines seiner sehr geschätzten britischen Kollegen …, dass viele Deutsche ja für Hitler gestimmt hatten. Hat jeder von ihnen deshalb die Todesstrafe verdient? … Und wie konnten die Bomben zwischen Nazis und Anti-Nazis unterscheiden? Und die 70 000 getöteten Kinder, die nicht einmal wussten, was ein Nazi war? Kein Interviewer der britischen Presse vergaß zu fragen, ob es denn nicht Hitler war, der den Krieg und die Bombardierung von Städten begonnen hatte. ›Wer Wind sät, wird Sturm ernten.‹ Wenn das nur stimmte! Ein Kennzeichen des Luftkrieges ist, dass diejenigen, die den Wind säen, nicht den Sturm ernten, und diejenigen, die den Sturm ernten, nicht den Wind gesät haben.«[27] Als Beispiel nennt Friedrich den deutschen Feldmarschall Hugo Sperrle, der als Befehlshaber der dritten deutschen Bomberflotte die Angriffe auf London und Coventry leitete. »Zehntausende von Briten starben unter seiner Hand. 1948 stand er vor dem amerikanischen Militärtribunal in Nürnberg. Sein Ankläger war der große amerikanische Jurist und Brigadegeneral Telford Taylor. Doch Telford klagte ihn nicht wegen dieser Bluttat an – rund 40 000 Opfer waren selbst nach Nürnberger Standards eine Menge. Diese Taten erschienen nicht in der Verhandlung; die Anklage bezog sich nur auf russische Kriegsgefangene, die unter Sperrles Anleitung militärische Anlagen gebaut hatten. Das ist nach der Genfer Konvention verboten. Die Richter sprachen Sperrle wegen Mangel an Beweisen frei. Warum war die dokumentierte Vernichtung von Londoner Schulkindern, Krankenhauspatienten und Kirchgängern kein Verbrechen? Und warum waren die Feuerstürme, die Schulkinder in Hamburg, Dresden und Köln verbrannten, die Antwort auf Sperrles unbestrafte Angriffe?«[28] Sperrle wurde »zum zweiten Male im Juni 1949 von einem Gericht in München freigesprochen. Das Gericht befand, dass Sperrle niemals der Nazi-Partei oder einer ihrer Organisationen angehört hatte. Nach dem Krieg lebte er still und zurückgezogen und starb am 2. April 1953 in München.«[29]

Und warum war ich das Ziel von Bomben und tieffliegenden Jabos (Jagdbombern), als ich sechs bis neun Jahre alt war, nie für Hitler gestimmt hatte und keiner Nazi-Organisation angehörte?

Im Jahre 1946 versuchten die Sowjets, die keine Bombenangriffe auf Deutschland geflogen hatten, die wahllose Flächenbombardierung von Zivilisten als Kriegsverbrechen vor das Nürnberger Strafgericht zu bringen, doch wurde ihr Begehren von den westlichen Alliierten abgelehnt. 1992 ehrte der Bomber-Harris-Trust, der aus RAF-Veteranen bestand, Harris mit einem Denkmal vor der St. Clement Kirche in London trotz der Proteste aus Deutschland und Großbritannien. Harris erhielt den Spitznamen »Schlächter« nicht wegen der zweifelhaften Moral von massiven Bombenangriffen auf wehrlose Zivilisten, sondern weil ihm die hohen Verluste der RAF anscheinend gleichgültig waren.

Was mein Bruder von seinem Standort Wuppertal beobachtete, sah ich von Voerde aus: die schweren Luftangriffe auf die Ruhrgebietsstädte in unserer Nähe wie Duisburg Essen, Düsseldorf und das nur fünf Kilometer entfernte Wesel, das zu 97% zerstört wurde.

Dinslaken, nur wenige Kilometer südöstlich von Wesel, wurde am 23. März 1945 völlig zerstört. Wir wohnten in der Mitte zwischen Dinslaken und Wesel, doch am 23. März waren wir schon in Detmold evakuiert. Was ich mit eigenen Augen von den Angriffen auf das Ruhrgebiet sah, beschreibt Jörg Friedrich auf folgende Weise: »In der sogenannten Zweiten Ruhrschlacht[30] waren Essen, Duisburg, Dortmund, Köln, Bochum im vergangenen Herbst noch einmal durchgepflügt worden. Am 23. und 25. November 1944 hatten zusammen 1800 Maschinen über 8000 Bombentonnen auf Essen abgeworfen, eine Stadt, in der nach Auffassung von Bomber Command bereits nichts Brennbares mehr existierte. Zur Sicherheit warf man allerdings noch einmal über eine Million Stabbrandbomben, 1482 Personen starben, darunter 225 Gefangene und Fremdarbeiter. In der Nacht zum 13. Dezember tötete Bomber Command weitere 463 Einwohner. Ein Treffer zerschlug das Gefängnis, öffnete es aber nicht, das Personal flüchtete, und auf der Männerstation wurden 200 Insassen in ihren Zellen verschüttet und nicht mehr lebend geborgen. Den letzten Großangriff erlitt Essen am 11. März [1945]. … 4660 Tonnen, die doppelte Hamburgladung, wurden abgeworfen, die 897 Menschenopfer rissen.«[31] Weitere Städte folgten: Dortmund, Duisburg, Bochum, Solingen; alle mehr oder weniger in unserer Nähe. »Die Ruhrschlacht von Oktober bis Dezember [1944] verschlang 15 000 Todesopfer.«[32]

Ich kann mich noch gut an die Aluminiumstreifen erinnern, die vor jedem Angriff vom Himmel fielen, um die deutschen Radarschirme zu verwirren, die nicht zwischen Aluminiumstreifen und Flugzeugen unterscheiden konnten. Jörg Friedrich beschreibt die Verwirrung des

Bodenpersonals folgendermaßen: »Am 25. Juli 1943, kurz nach Mitternacht, stockt den Insassen des Gefechtsbunkers Stade der Atem. Die Küstenradarstrecken meldeten einen noch nie erlebten Anflug von 11 000 Maschinen. Die Bildschirme sind mit unzähligen blinkenden Zackenechos bedeckt, wie ebenfalls noch nie gesehen. Der Himmel musste übersät sein mit Bombern von überirdischer Geschwindigkeit, wo, das konnten die ›Würzburgs‹ an den ›Himmelbetten‹ [Radarinstallationen], den Scheinwerferriegeln und an der Flak nicht mehr angeben. Eine Wolke nicht zu identifizierender Radarechos nahm sie aus dem Gefecht. Die Jäger, die Jägerleitoffiziere, die Scheinwerferkompanien, die Flakbatterien wussten nicht mehr, wie reagieren. Mangels ›Würzbug‹-Angaben waren sie geblendet und gelähmt. Den Spuk bewirkten die Stanniolstreifen, von den Crews mit bloßen Händen aus den Bombenschächten geworfen.«[33]

Einfache Staniolstreifen hatten die deutsche Flugabwehr lahmgelegt.

Bei strahlendem Sonnenschein war der Himmel voller Aluminium ein schöner Anblick und wir Kinder versuchten, möglichst viele dieser silbernglänzenden Streifen zu erhaschen – bis mein Vater mich mit strengen Worten in den Luftschutzkeller unter unserem Haus holte, denn er wusste, dass die Bomber den Streifen folgten. Bei Nachtangriffen wurden die zu bombardierenden Gebiete mit Leuchtkugeln abgesteckt, die wir euphemistisch »Christbäume« nannten, die den Himmel so schön erhellten und von uns Kindern bewundert wurden – bis wieder der Vater mich in den Keller befahl. Manchmal blies der Wind diese »Weihnachtsbäume« in ein anderes Gebiet, das dann entsprechend bombardiert wurde. Auch davon kann ich ein garstig Lied singen. Wenn ein Angriff bevorstand, heulten die Sirenen; erst Vorwarnung, dann Vollalarm, dann Entwarnung nach dem Angriff. Ich habe das Geheul noch heute in meinen Ohren und jeder Tornadoalarm hier im Mittleren Westen der USA erinnert mich an den Bombenkrieg in Deutschland. Warnungen kamen auch aus unserem Volksempfänger. Erst ging es »klack, klack, klack«, dann kam eine Stimme: »Achtung, Achtung. Feindliche Verbände im Anflug auf Essen, bitte in Deckung gehen.« Mehr brauchte es nicht, um uns in den Keller zu jagen; Essen oder Duisburg etc. waren zu nahe.

Unser »Volksempfänger« genanntes Radio brachte uns auch die Siegesnachrichten der Wehrmacht, der Luftwaffe und der Marine, immer eingeleitet mit Musik aus Franz Liszts »Les Preludes«, bei deren Erklingen ich immer an diese Nazi-Sondermeldungen erinnert werde. Im Verlaufe des Krieges ertönten »Les Preludes« immer seltener, bis sie völlig versiegten. Witze kursierten im Untergrund, obgleich ihre Weitergabe mit Risiken verbunden war. So auch über Volksempfänger: Was ist der Unterschied zwischen einem Volksempfänger und einem größeren Radio? Im Volksempfänger hört man Deutschland, Deutschland über alles und im größeren Radio alles über Deutschland.

Oft heulten die Sirenen mehrmals mitten in der Nacht und jedes Mal hörte ich die »Quietschlampe« meines Vaters, der die Treppe hoch zu meinem Schlafzimmer kam, um mich aus dem Bett und in den Keller zu holen. Das Quietschen kam dadurch zustande, dass mein Vater den Dynamo pumpen musste, der den Strom der Lampe erzeugte durch Pumpbewegungen eines Hebels, der einen Dynamo in der Lampe bewegte – Batterien für Taschenlampen gab es keine. Ich aber versteckte mich unter der Decke, unter der mich mein Vater dann hervorzerren musste, da ich nicht schon wieder aus dem Schlaf gerissen werden wollte. Dieses Ritual wiederholte sich über Tage, Wochen, Monate und Jahre und führte bei mir zu schweren Schlafstörungen. Das Dröhnen von Hunderten von schweren Bombenflugzeugen, viermotorigen britischen Lancaster oder amerikanischen B-17 oder B-24 liegt mir heute noch in den Ohren. Diese Formationen von Hunderten von Flugzeugen bedeckten den Himmel und verdeckten die Sonne, wenn sie mit ihren tödlichen Ladungen über uns hinwegzogen zu ihren nahe gelegenen Zielen. Bei ihrem Anblick erstarrte ich vor Angst und Schrecken und glaubte, das Ende der Welt sei gekommen (was für viele ja auch stimmte). Zielsichere »smart bombs« gab es damals nicht, also wurden große Flächen bombardiert, gleich ob Industrie- oder Wohngebiete. Voerde am Rande des Ruhrgebiets war nie das direkte Ziel von Bombenangriffen, doch auch nicht unberührt davon. Ich kann mich noch besonders an eine Nacht erinnern, als wir im Luftschutzkeller saßen, unser Haus von Einschlägen erzitterte, Kalk von der Decke herabstaubte und mein Vater auf die Knie ging, um für unsere Errettung zu beten. Ich glaubte damals, mein letztes Stündlein sei gekommen. Doch dieser Kelch ging an uns vorüber; unser Haus erlitt nur ein paar kaputte Scheiben. Als ich jedoch zu meinem kleinen Freund Hermann Schwarz ging, um mit ihm zu spielen, war er nirgendwo zu finden. Sein Haus war von einer Bombe getroffen worden und sein Bett im Schlafzimmer im ersten Stock hing offen über dem Abgrund. Von Familie Schwarz keine Spur. Doch glücklicherweise waren alle heil davongekommen. Mir aber wurde zum ersten Male erschreckend klar, dass meine Eltern, die, so wie ich damals glaubte, alles konnten, nicht mehr in der Lage waren, mich zu beschützen. Das war ein Schlüsselerlebnis für mich; ich sah mich schutzlos unbekannten Mächten ausgeliefert. Es war auch der Anfang des Erwachsenseins für mich; die Zeit einer beschützten Kindheit war vorbei. Das muss 1942 oder 1943 gewesen sein.

Millionen von Deutschen erfuhren ähnliche Ängste, darunter auch Peter Wapnewski am 30. Januar 1944, genau 11 Jahre nach Hitlers Machtübernahme, in einem Berliner Luftschutzkeller: »Die Tortur der Stunden im Luftschutzkeller. Die Angst lag wie ein Mehltau über uns, verdichtete sich zu stickiger Luft, zum Schneiden dick, ich habe erlebt, wie alterprobten Frontsoldaten die Zähne klapperten – nicht als Metapher, sondern als physischer Reflex auf diese grausame Situation einer Bedrohung, der man blind und gelähmt ausgeliefert war, keinen Gegner erfassend, zu keiner Geste der Gegenwehr fähig. Man zählte die Einschläge, schätzte die Entfernung vom eigenen Ort, ›registrierte‹ und benannte fachmännisch das Bombenkaliber, duckte sich zusammenhockend unter den schwersten, die wir ›Luftminen‹ nannten. Kalk blätterte von den Wänden, Wände und Boden zitterten, nicht nur Kinder wimmerten, und leise nur die Worte von einem zum andern.«[34]

Unser Haus ging glücklicherweise nicht in Flammen auf wie das Haus von Wapnewski.

Zu Beginn der massiven Bombardierungen gab es noch eine funktionierende Luftabwehr durch Flak und Jagdflugzeuge und wir Kinder wurden oft Augenzeugen von Luftkämpfen und brennend abstürzenden alliierten Bombenflugzeugen. Die Verluste der alliierten Luftflotten waren hoch; bis zu 10 % der Flugzeuge kehrten nicht zurück. Doch für die Zivilbevölkerung bedeutete das nicht viel, denn wenn von 1000 Flugzeugen 100 abgeschossen wurden, kamen immerhin noch 900 durch, um ihre tödliche Last abzuwerfen. Ich kann mich noch gut an einen Luftkampf direkt über unserem Haus erinnern. Jagdflugzeuge der Luftwaffe griffen unter unserem kindlichen Beifall einen amerikanischen Bomber an. Die Maschine, nicht sehr hoch über unserem Haus, ging in Flammen auf und stürzte brennend auf die Erde zu. Für uns Kinder, auf dem Schulhof hinter unserem Haus stehend, war das ein großes Spektakel; wir waren uns nicht bewusst, welche Gefahr da auf uns zukam, bis mein Vater mich wieder einmal mit energischen Worten in den Keller holte. Wir hatten wiederum Glück, der brennende Bomber stürzte in ein Haus etwa einen Kilometer von uns entfernt. Es gab keine Überlebenden, weder die Bombermannschaft noch die Hausbewohner konnten sich vor dem Flammenmeer retten.

Oft gelang es den Mannschaften der abgeschossenen Bomber jedoch, mit ihren Fallschirmen abzuspringen und geräuschlos zu Boden zu schweben, wo deutsche Bodentruppen sie schon erwarteten und gefangen nahmen. Wir Kinder versuchten öfter, mit unseren Dreirädern zu den Landeplätzen der Fallschirmspringer zu gelangen. Doch wir waren zu langsam und hatten nicht mit dem Wind gerechnet, der die Fallschirme wegtrug. Auch war das deutsche Bodenpersonal mit seinen Fahrzeugen immer schneller als wir – bis auf eine Ausnahme, die für mich unvergesslich bleibt und zu einem Schlüsselerlebnis wurde. Wir trafen zugleich mit dem deutschen Bodenpersonal am Landeplatz mehrerer abgeschossener Flieger ein, dieses Mal Amerikaner. Einen von ihnen sehe ich noch heute vor mir in nur 50 Metern Entfernung. Er hatte sich gerade von seinem Fallschirm befreit und stand aufrecht da in seiner Fliegermontur, an der Steckkontakte herabhingen, wohl zur Beheizung in großer Höhe. Es war mein erster lebender Amerikaner. Bei einer früheren Begegnung mit einem abgeschossenen Amerikaner sah ich nicht viel; er war tot und schon in eine Plane eingewickelt; sein Fallschirm hatte sich nicht geöffnet. Bis dahin hatte ich keine Ahnung, wie Amerikaner aussahen. Der erste Amerikaner, den ich in der Kanzel seines tieffliegenden Jagdbombers sah, hatte ein Gesicht mit Flügeln und schoss auf mich. Wie groß war daher mein Erstaunen, dass dieser Flieger zwei Beine, zwei Arme, ein Gesicht mit Nase, Augen und Ohren hatte – genauso wie ich und mein Bruder. Also ein richtiger Mensch! Und jetzt bin ich selber ein Amerikaner [allerdings unter Beibehaltung der deutschen Staatsbürgerschaft] und immer noch Mensch!

Fast schlimmer als die schweren Bomber waren für uns die »Jabos«, die Jagdbomber der Briten und Amerikaner. Da bei uns am Niederrhein die Landschaft flach ist, flogen sie manchmal in nur 20 Metern Höhe über uns hinweg und schossen auf alles, was sich bewegte: Männer, Frauen, Kinder, Kühe, Pferde, Schafe etc. Zum Schutz gegen diese

Tiefflieger hatte man sogenannte Einmannlöcher in regelmäßigen Abständen neben den Straßen gegraben, in denen man sich verstecken konnte. Oft waren diese Löcher mit Grund- oder Regenwasser angefüllt, doch besser nass als tot. Auch ich und meine Spielkameraden wären beinahe Opfer dieser Tiefflieger geworden. An einem schönen sonnigen Sommertag 1943 spielten wir draußen auf der Straße, als mehrere Jabos im Tiefflug auf uns zukamen, Bomben warfen und mit Maschinengewehren auf uns zu schießen begannen. Neben mir war eine Hecke, doch ich war wie gelähmt vor Angst und war nicht in der Lage, mich zu verstecken (hätte ja wohl auch nichts genützt). Neben mir spritzte Staub auf von Geschossen und ich glaubte wieder mal, dass es jetzt aus wäre mit mir. Ich konnte das Gesicht des Piloten sehen und war sicher, seine Maschine würde den Schornstein des hinter der Hecke liegenden Hauses abreißen. Unter den Flügeln war deutlich der weiße Stern zu erkennen, der amerikanische Flug- und Fahrzeuge kennzeichnete. Doch ich kam mal wieder heil davon, war aber so von Furcht erfüllt, dass ich durch einen Graben langsam in Richtung unseres nicht allzu weit entfernten Hauses kroch. Meine Mutter hatte natürlich eine Riesenangst um mich, und als sie mich in meinem roten Trainingsanzug im Graben liegen sah, dachte sie schon, sie hätte ihren kleinen Sohn verloren. Doch als ich sie sah und ihr zögernd zuwinkte, war ihre Erleichterung groß. Bis heute spüre ich aufgrund dieses Erlebnisses immer noch den Drang, mich zu Boden zu werfen, wenn ein Flugzeug direkt auf mich zukommt. Amerikaner hatten für mich seitdem zwar ein Gesicht, doch keinen Körper, sondern nur Flügel – bis zu meiner vorher beschriebenen Begegnung.

Ein anderes Mal war ich in einem deutschen Militärfahrzeug unterwegs, als wir von Tieffliegern beschossen wurden. Wie kam ich als Kind 1943 oder 1944 in ein Militärfahrzeug? Auf dem Wege zur Westfront waren deutsche Soldaten bei uns in der Schule einquartiert. Die Mannschaften schliefen in den Klassenräumen, die Offiziere bei uns in der Wohnung. Ihre Fahrzeuge waren auf dem Schulhof gut versteckt unter Bäumen geparkt.

Schulunterricht gab es schon seit Monaten nicht mehr. Ich kann mich noch gut an Hauskonzerte erinnern, bei denen Offiziere auf der Violine meinen Vater am Klavier begleiteten oder umgekehrt: mein Vater Violine, ein Offizier Klavier. Einige der Offiziere hielten eine Zeit lang nach ihrer Weiterfahrt noch Kontakt zu uns, bis auch der

Ich im Militärauto 1944 auf unserem Schulhof

versiegte. Entsinnen kann ich mich auch noch an einen österreichischen Feldwebel, der mich aus seinem Kochgeschirr essen ließ, wo ich doch sonst nicht einmal von Tellern anderer Familienmitglieder essen wollte. Er war ein sehr netter und charmanter Mensch, der sich auch für meine Schwester Röselie interessierte – und sie sich für ihn. Diese Soldaten nun nahmen mich zu meinem großen Vergnügen manchmal auf ihren Fahrten mit und dabei wurden wir einmal von Jabos beschossen. Der Wagen kam zu einem abrupten Halt, einer der Soldaten hob mich aus dem Wagen heraus in den Straßengraben und deckte mich mit seinem Körper. Die Flieger schossen, trafen aber glücklicherweise nicht. Wie oft ich noch in Todesgefahr schwebte, weiß ich nicht mehr; es war mir auch oft nicht bewusst.

Doch ein Erlebnis steht mir noch deutlich vor Augen, das mich mein Leben hätte kosten können. Im Sommer 1943 wurde mein Vater dazu delegiert, ein Kinderlandverschickungsheim in Österreich in der Nähe von Kirchberg zu leiten. Diese Lager dienten dazu, Kindern aus dem Ruhrgebiet Ferien vom Bombenkrieg zu ermöglichen. Zu meiner Freude nahm mein Vater mich mit auf die Reise. Als wir mit unserem D-Zug in südlichere Gefilde kamen, hörte ich was von

»Sau-Preußen«, wusste aber gar nicht, was das bedeutete. Dabei waren wir überhaupt keine Preußen, sondern Rheinländer und gehörten zum ehemaligen Herzogtum Jülich-Kleve-Berg, bis es Anfang des 17. Jahrhunderts zu Preußen kam; wir waren also höchstens Beutepreußen. Sau-Preußen hin oder her, ich erfreute mich an der vollen, doch schönen D-Zug-Fahrt (bis heute fahre ich ja gerne Eisenbahn). Doch meine Freude war abrupt zu Ende, als der Zug plötzlich kurz vor Friedrichshafen am Bodensee anhielt und in eine Waldschneise zurücksetzte. Wir mussten alle aussteigen und unter Zurücklassung unseres Gepäcks in die Wälder zu beiden Seiten der Strecke flüchten. Von einer Lichtung im Wald konnte ich so den Luftangriff auf Friedrichshafen aus nächster Nähe verfolgen. Es war ein schaurigschöner Anblick; Aluminiumstreifen und Bomben glitzerten in der Sonne, gefolgt von lauten Explosionen, Rauchwölkchen am Himmel von explodierenden Flakgranaten der deutschen Flugabwehr und abstürzenden Flugzeugen. Friedrichshafen beherbergte wichtige Industrien wie Flugzeugbau (Dornier), Panzermotoren (Maybach), eine Zahnradfabrik und die Zeppelinwerke und war somit ein strategisches Bomberziel. Unser Zug blieb Gott sei Dank verschont und nach der Entwarnung stiegen wir alle wieder ein. Der Zug fuhr allerdings nur einige Kilometer weiter bis an den Rand der Stadt, da der Bahnhof völlig zerstört war. Hätte der Zug nicht etwas Verspätung gehabt – was bei der Reichsbahn höchst selten vorkam –, wären wir während des Angriffs im Bahnhof gewesen und hätten vermutlich nicht überlebt. So wurden wir mit Bussen in den unzerstörten Teil der Stadt gefahren, wohin, weiß ich nicht mehr. Mein Vater und ich saßen in irgendeinem Restaurant und warteten auf Anschluss zur Weiterfahrt. Ich war todmüde und verfiel in meine alte schlechte Angewohnheit, mit meinem Stuhl zu kippeln, bis mein Vater mich energisch ermahnte, das Kippeln zu unterlassen. Das hielt eine Weile an, doch dann begann ich erneut, verlor das Gleichgewicht, versuchte mich am Tischtuch festzuhalten und fiel mit Stuhl, Tischtuch und allem, was auf dem Tische stand, zu Boden. Was danach geschah, weiß ich nicht mehr, doch irgendwie gelangten wir nach Kirchberg und verbrachten einige schöne Wochen dort fern vom Bombenkrieg. Unterbringung und Essen waren gut, und wir Kinder verbrachten die Tage mit Spielen, Singen und Marschieren. Die meisten anderen Kinder waren älter als ich und schon im Jungvolk oder gar in der Hitlerjugend. So sangen wir beim Marschieren gedankenlos dumme Lieder, die sie in der HJ gelernt hatten und mir noch in den Ohren klingen, Lieder wie »Ein junges Volk steht auf, zum Sturm bereit, reißt die Fahnen höher, Kameraden« oder »Wir werden weiter marschieren, wenn alles in Scherben fällt, denn heute gehört uns Deutschland und morgen die ganze Welt« oder »Und mit uns ziiiieht die neue Zeit«, wobei aus »Zeit« »Zeitungsfrau« wurde. Schlimm! Aus dieser Zeit stammt auch meine einzige Erfahrung mit Boxhandschuhen. Mein Partner war kleiner als ich und ich glaubte, ihn mit Leichtigkeit besiegen zu können. Doch er war geschickter und erfahrener als ich. Seither ist mir Boxen verhasst, doch auch noch aus anderen Gründen.

Im Angesicht der pausenlosen Bombardierungen und Tieffliegerangriffe in Deutschland beschlossen meine kleinen Freunde und ich, etwas dagegen zu tun. Also begannen wir damit, im Schulhof unter den Bäumen »Bunker« zu bauen. Wir gruben uns mit unseren beschränkten Mitteln in die relativ weiche Walderde, sogar am Sonntagmorgen nach der Kirche, zu der mein Vater als Organist mich immer mitnahm unter den höhnischen Beschimpfungen der auf dem Schulhof angetretenen Voerder SA. Sonntag war auch der Tag, an dem es ab und zu mal Fleisch zum Mittagessen gab, einschließlich meines geliebten und kostbaren Sauerbratens mit Makkaroni, Kartoffeln und reichlich Soße mit viel Zwiebeln. Als ich aber beim Mittagessen aus dem Fenster schaute und sah, wie verkehrt meine Spielkameraden schaufelten, bat ich meine Eltern, eine Ausnahme zu machen und mir zu erlauben, meinen Teller mit nach draußen zu nehmen, um meinen Freunden zu zeigen, wie man richtig schaufelt. Also stieg ich in die angefangene Grube, um zu demonstrieren, wie man es ordentlich macht. Doch Hochmut kommt vor dem Fall, wie es heißt. Nach meiner Schaufeldemonstration suchte ich nach meinem Sauerbratenteller – vergeblich. Doch der war verschwunden, bis ich ihn endlich unter einem von mir angehäuften Sandberg fand. Ach der so schöne und seltene Braten! Ich befreite den Teller so sorgfältig wie möglich von Sand und Dreck und begann zu essen. Doch es knirschte und knackte zwischen meinen Zähnen, denn Soße, Makkaroni und Kartoffeln waren immer noch mit Sand durchsetzt. Nie wiederholte ich das Experiment. Und was wurde aus unserem »Bunker«? Er wurde nie fertig und die deutschen Soldaten fluchten, wenn ihre Fahrzeuge in dem Loch stecken blieben.

In Erinnerung ist mir allerdings noch eine andere Grabungsaktion. Nachdem die alliierte Invasion am 6. Juni 1944 in Nordfrankreich begonnen hatte, schnappte ich am Sonntagnachmittagskaffeetisch von den Erwachsenen auf, dass Gefahr im Anzug war, was genau, war mir nicht klar. Doch um uns und unser Haus vor drohendem Unheil zu schützen, begann ich, zusammen mit meinen kleinen Freunden nach mittelalterlichem Vorbild einen Graben um unser Haus anzulegen. Wir machten jedoch keine großen Fortschritte, da der Schulhofboden zu hart war. Selbst ein vollendeter Graben hätte wohl auch nicht viel genützt; nur ein Wehrmachtsauto blieb darin kurz stecken, doch keine Alliierten. Dabei wollte ich doch nur uns und Deutschland vor dem Feind bewahren, was mir offensichtlich nicht gelang.

Von den zahlreichen Bombenangriffen ist einer noch in besonderer Erinnerung. Es war an einem Heiligabend, als wir gerade dabei waren, »Stille Nacht, Heilige Nacht« bei Kerzenschein am Weihnachtsbaum zu singen, als die Sirenen losheulten und Vollalarm bliesen. Also pustete mein Vater die Kerzen aus, stieß aber in seiner Hast dabei den Weihnachtsbaum um, der in die Vorhänge fiel, die zu brennen anfingen. Wir rissen sie sofort zu Boden, trampelten auf ihnen herum und beschütteten sie mit dem Eimer Wasser, der bereit stand, um ein mögliches Kerzenfeuer zu löschen. Nach vollendeter Löscharbeit stürzten wir in den Keller, hörten entferntes Rummeln, kehrten nach der Entwarnung wieder ins Weihnachtszimmer zurück, stellten den Baum wieder auf und sangen »Stille Nacht« zu Ende, obwohl die Nacht weder still noch heilig war. Anschließend las mein Vater die Weihnachtsgeschichte vor und sprach ein Gebet. »Friede auf Erden und den Menschen ein Wohlgefallen«. Während der ganzen Zeit starrte ich nur auf das weiße Tuch, das die Geschenke verdeckte, und versuchte zu erraten, was unter den Falten, die das Tuch schlug, verborgen sein könnte. Nach einer schieren Unendlichkeit fand ich endlich heraus, welche Geschenke unter dem Tuch steckten. Danach folgte das traditionelle Grünkohlessen, das keiner außer unserer Mutter mochte. Mein Vater zog sich dann in seinen Sessel zurück und rauchte in seiner Pfeife die Heilkräuter, die seine Schulkinder für den Endsieg gesammelt hatten. Das war wohl nicht ganz legal, vielleicht sogar Sabotage, doch es erhielt meinen Vater gesund und bei guter Laune.

Welche Langzeitauswirkung hatten die Bombenangriffe auf mich? W(infried) G(eorg) Sebald (18. Mai 1944–14. Dezember 2001) war am

Ende des Krieges erst ein Jahr alt. Er wohnte am Alpenrand in der Kleinstadt Wertach und hat die Zerstörungen des Krieges nicht am eigenen Leibe erfahren. »Dennoch ist es mir bis heute, wenn ich die Photographien oder dokumentarische Filme aus dem Krieg sehe, als stamme ich, sozusagen, von ihm ab und als fiele von dorther, von diesen von mir gar nicht erlebten Schrecknissen, ein Schatten auf mich, unter dem ich nie ganz herauskommen werde.«[35] Als der Krieg am 8. Mai 1945 endete, war ich genau neuneinhalb Jahre alt; ich habe diese Schrecknisse noch am eigenen Leibe erlebt und sie verfolgen mich bis zum heutigen Tag. Wenn ich Sirenen höre, die vor einem Tornado warnen, breche ich in Panik aus, ebenso bei Böllerschüssen oder Gewehr- und Pistolenschüssen. Wie ich, so konnte auch Peter Wapnewski, zusammen mit Millionen von Mitbürgern, den Ton der Sirenen nie vergessen: »Und dieses fürchterliche Heulen der Luftschutzsirenen, ihr auf- und abschwellender Hyänengesang, den nie aus den Ohren verliert, der ihn je gehört, dieses Martergetön wurde in den letzten Kriegsmonaten oder -wochen zur oft täglichen, meist nächtlichen Gewohnheitsmelodie.«[36] Wenn ein Flugzeug direkt auf mich zuhält, muss ich mich zwingen, nicht zu Boden zu gehen. Wenn Leute sich über geringe Schmerzen oder Wunden beschweren, kann ich kaum Mitleid aufbringen, da ich Schlimmeres gesehen habe. Zum Verdruss meiner Frau gehe ich im Haus umher und schalte alle Lichter aus, die wir nicht brauchen. Auch kann ich keine Nahrungsmittel wegwerfen. Wenn Leute sich über Schulschließungen oder Fernunterricht im Internet beschweren, kann ich nur darauf verweisen, dass Zehntausende von deutschen Kindern während des Krieges anderthalb Jahre lang überhaupt keinen Schulunterricht hatten, so wie ich; auf lange Sicht hat es mir nicht geschadet. Allerdings waren wir Kinder nicht voneinander isoliert und konnten zusammen spielen oder bombardiert und beschossen werden. Nach meiner Meinung sind Kinder wesentlich widerstandsfähiger, als man glaubt. Ich hatte trotz allem eine schöne Kindheit, abgesehen von Momenten von blanker Panik und Schrecken; ich hatte keine Waffe wie mein Bruder, um mich zu verteidigen. Ich bin mir allerdings nicht sicher, ob sich meine Kriegserinnerungen zu einem Trauma verdichtet haben, die Sabine Bode bei Kriegskindern festgestellt hat.[37]

Ethik und Moral von Bombenangriffen auf die Zivilbevölkerung

Daran, dass die Nazis einen absolut unmoralischen Krieg führten, vor allem im Osten, steht außer Zweifel, doch Ethik und Moral von Luftangriffen auf die Zivilbevölkerung waren und sind bis heute umstritten. Hatten die hohe Zahl der Opfer und die ungeheure Zerstörung einen Einfluss auf den Verlauf des Krieges? Deutschland hatte rund 600 000 Opfer zu beklagen. Das britische Bomberkommando »hatte 55 000 Tote oder Vermisste zu verzeichnen, 9838 Gefangene und 8403 Verwundete in Flugzeugen, die zurückkehrten. Die achte amerikanische Luftflotte hatte 43 742 Tote und Vermisste« zu verzeichnen, die meisten davon durch Angriffe auf die Zivilbevölkerung.[38] Das wirkliche Ausmaß der Bombardierungen wurde dem britischen Publikum vorenthalten: »Noch gegen Ende von 1944 zeigten Umfragen, dass 75 % der Befragten glaubten, dass die Bombardierungen sich ausschließlich auf militärische Ziele konzentrierten.«[39] Gleiches galt für die Bomberbesatzungen, obwohl sie von oben die Zerstörungen sahen, die sie angerichtet hatten. Doch sie waren zu sehr mit dem eigenen Überleben beschäftigt. »Außerdem waren sie fest davon überzeugt, dass das, was sie taten, dazu beitrug, ein unvergleichliches Übel zu vernichten.«[40] Mein Bruder war übrigens ebenso davon überzeugt, gegen die Übel des Bolschewismus zu kämpfen.

In Großbritannien gab es eine Reihe von Leuten, die sich aus moralischen Gründen gegen die wahllose Bombardierung von Zivilisten wandten. »Zu diesen Andersdenkenden gehörten Mitglieder des Parlaments, einige prominente Geistliche, zwei berühmte Militärhistoriker, der Dramatiker Bernard Shaw, der Klassizist Gilbert Murray und eine Reihe von Schriftstellern und Künstlern.«[41] Der bekannteste unter den Geistlichen war George Bell, der Bischof von Chichester, der sich am 11. Februar 1943 im britischen Oberhaus erhob und gegen die wahllose Bombardierung der deutschen Bevölkerung protestierte: »Die Nazimörder in die gleiche Reihe mit dem deutschen Volk zu stellen, an dem sie sich verbrecherisch vergangen haben, heißt, die Barbarei voranzutreiben.«[42] Am 9. Februar 1944 hinterfragte er in einer Rede vor dem Oberhaus wiederum die Strategie vom Bomber Command:

»Ich bin mir bewusst, dass bei Angriffen auf Zentren der Waffenindustrie und des Militärtransports der Tod von Zivilisten etwas Unvermeidliches ist, soweit er aus einer im guten Glauben durchgeführten Militäraktion rührt. Aber es muss eine Verhältnismäßigkeit zwischen den eingesetzten Mitteln und dem erreichten Ziel bestehen. Eine ganze Stadt auszulöschen, nur weil sich in einigen Gegenden militärische und industrielle Einrichtungen befinden, negiert die Verhältnismäßigkeit. Die Alliierten stehen für etwas Größeres als Macht. Die Hauptschrift auf unserem Banner ist ›Recht‹. Es ist von höchster Wichtigkeit, dass wir, die wir mit unseren Verbündeten die Befreier Europas sind, die Macht so nutzen, dass sie unter der Kontrolle des Rechtes steht.«[43]

Im September 1943 schrieb Bell in der *Chichester Diocesan Gazette*: »Unser Ziel ist es, für eine bessere Weltordnung zu kämpfen, für Freiheit, für Gerechtigkeit, für Moral, ja selbst für Möglichkeit einer christlichen Zivilisation. Wir setzen eine solche Zivilisation aufs Spiel, wenn wir, ihre Verteidiger, uns von Rachegefühlen leiten lassen. … Es ist eine Sache, wenn militärische oder industrielle Objekte unser Angriffsziel sind, aber Städte als ausschließliche Ziele anzugreifen und ebenso Zivilisten, ganz gleich ob sie aktiv zum Kriege beitragen oder nicht, ist absolut falsch, ob von Nazis oder von uns.«[44]

Das bedeutet, dass sich die britischen Politiker auf dieselbe Ebene begeben wie die Nazis, wenn sie das Recht nicht beachten. Bells Ansichten wurden nicht von anderen Geistlichen der anglikanischen Kirche geteilt. Der Erzbischof von York, Cyril Garbett, verteidigte den Bombenkrieg, indem er sich auf St. Augustins These vom gerechten Krieg berief: »Oft besteht im Leben keine eindeutige Wahl zwischen dem absolut Richtigen und Falschen. Häufig muss die Wahl getroffen werden zugunsten des Geringeren von zwei Übeln, und es ist ein geringeres Übel, das kriegsliebende Deutschland zu bombardieren, als das Leben unserer Landsleute zu opfern, die es nach Frieden verlangt, und Millionen heute in Sklaverei Gehaltener dem weiter auszusetzen.«[45]

Der britische Luftmarschall Sir Arthur Tedder vertrat eine ähnliche Meinung: »Die Kriegsgeschichte erlaubt wenig Hoffnung, dass Nationen, die um ihr Leben und ihre Überzeugung kämpfen, sich bei der Durchführung ihrer Kämpfe nach moralischen Gesichtspunkten richten.«[46] Harris' Stellvertreter Luftmarschall Sir Robert Sandby, erschüttert durch die Zerstörung Dresdens, fügte hinzu: »Es ist nicht dieses oder jenes Mittel, das den Krieg unmoralisch oder unmenschlich macht. Krieg selbst ist unmoralisch. Wenn einmal ein Krieg voll entbrannt ist, kann er nicht mehr humanisiert oder zivilisiert werden, und wenn eine Seite es versuchen wollte, würde sie mit großer Wahrscheinlichkeit verlieren. Solange wir zu kriegerischen Mitteln greifen, um Konflikte zwischen Nationen auszutragen, so lange werden wir die Schrecken, die Barbarei und die Exzesse, die ein Krieg mit sich bringt, ertragen müssen. Das ist für mich die Lehre von Dresden.«[47]

Schließlich hatte Goebbels in seiner Rede im Berliner Sportpalast am 18. Februar 1943, kurz nach der verlorenen Schlacht um Stalingrad, den totalen Krieg ausgerufen. »Wollt ihr den totalen Krieg«? Und die aufgepeitschte Menge antwortete mit einem donnernden »Ja!«. Und sie bekam ihn.

Bells Standpunkt kostete ihn die Ernennung zum Erzbischof von Canterbury, dem höchsten Amt in der anglikanischen Kirche, die ihm eigentlich zustand. Stattdessen wurde es Geoffrey Fischer, der Bischof von London.[48] Gegen Bell richtete sich ein aufgebrachtes patriotisches Publikum, dem das wahre Ausmaß der Bombardierungen vorenthalten wurde.[49]

Freeman Dyson, ein Physiker beim Forschungszentrum des Bomber Command, war angeekelt von dem, was er wusste. »Ich habe mich krank gefühlt von dem, was ich wusste. Ich habe mich viele Male dazu entschlossen, dass ich die moralische Pflicht hatte, auf die Straße zu rennen, um dem britischen Volk zu sagen, welche Dummheiten in seinem Namen begangen wurden. Aber ich hatte nicht den Mut dazu. Ich saß bis zum Ende im Büro und kalkulierte, wie man auf die wirtschaftlichste Weise weitere 100 000 Leute ermordete.«[50] Wie viele andere Wissenschaftler in Deutschland, Großbritannien und den USA hatte er die technischen und finanziellen Mittel, immer neue und tödlichere Waffen zu erfinden. Doch ich bezweifle, dass Wernher von Braun und sein Team jemals solche Skrupel hegten wie Dyson.

Dr. Alfred Salter, ein Labor-Abgeordneter im britischen Parlament, Pazifist und Quäker, »glaubte, dass es illegitim war, ganz egal aus welchen Gründen, menschliches Leben zu vernichten … doch es war die britische Strategie der wahllosen Bombardierung der deutschen Zivilbevölkerung, die seinen besonderen Zorn erregte«.[51] Richard Stokes, ein weiterer Labor-Abgeordneter von Ipswich, war grundsätzlich nicht gegen stategisches Bombardieren, doch er war absolut gegen die Bombardierung von deutschen Zivilisten. Der bekannte britische Militärhistoriker Captain (Hauptmann) Sir Basil Liddel Hart, ursprünglich ein Befürworter von strategischen Bomberangriffen, hatte offensichtlich ein Damaskuserlebnis, als er nach dem massiven Bombenangriff auf Köln im Jahre 1942 schrieb: »Es ist voller Ironie, wenn die Verteidiger unserer Zivilisation zum barbarischsten und unprofessionellsten Mittel greifen, das die moderne Welt je gesehen hat, um den Krieg zu gewinnen. ... Wir erreichen einen neuen Tiefpunkt, den Sieg zu erringen – wie die wahllose (Nacht-)Bombardierung und wahlloses Aushungern.«[52] Vera Brittain (1893–1970), eine britische Schriftstellerin, Feministin, Sozialistin und Pazifistin, »war eine der prominentesten Stimmen, welche die Kriegsführung ihrer Regierung kritisierte, vor allem die Flächenbombardierung Deutschlands«.[53] Sie war eine Krankenschwester im ersten Weltkrieg und pflegte auch deutsche Kriegsgefangene in Frankreich; sie kannte daher den Feind als Menschen. »Sie wurde verschmäht, da sie sich in ihrem Buch *Massacre by Bombing* (Massaker durch Bombardierung) gegen die massive Bombardierung von deutschen Städten wandte.«[54] Ironischerweise »stand ihr Name 1945 in einer schwarzen Liste der Nazis von Leuten, die nach einer deutschen Invasion von Großbritannien sofort verhaftet werden sollten«.[55]

All diese Proteststimmen waren wie Stimmen in der Wüste und wurden nicht beachtet. Doch sie zeigen, dass Protest in einer freien demokratischen Gesellschaft im Gegensatz zu Nazi-Deutschland möglich war. Ganz abgesehen davon, dass Hitler ohne Rücksicht auf die Zivilbevölkerung Großbritannien in die Steinzeit zurück bombardiert hätte, wenn er die Mittel dazu gehabt hätte. Er hatte es 1940 mit Angriffen auf London und andere Städte versucht und seine siebenmonatige Kampagne von September 1940 bis Mai 1941 kostete 40 000 Menschen das Leben. Doch seine Luftwaffe wurde im Juni 1941 in der Schlacht um Großbritannien besiegt. Außerdem konzentrierte sich Hitler im Juni 1941 nun auf den Überfall auf die Sowjetunion. Einer der deutschen Bomberpiloten, die damals gegen England flogen, war mein Vetter Erich Ackermann.

»Bomber-Harris« bestand bis zum Ende des Krieges und darüber hinaus darauf, dass seine Strategie der Flächenbombardierung von Zivilisten zum Sieg beigetragen hätte. Doch selbst während des Krieges und besonders gegen Ende desselben hatte Harris Kritiker, welche die wahllose Bombardierung hinterfragten und gezielte Bombenangriffe bevorzugten, die nun mit verbesserter Technologie möglich waren, wie die Angriffe auf Peenemünde, Wernher von Brauns Produktionsstätten der Raketen V1 und V2, im August 1943 zeigten. Die Flächenbombardierungen verfehlten auch das ihnen gesteckte Ziel: die Moral der deutschen Bevölkerung zu brechen und die deutsche Waffenproduktion zu behindern, die im Gegenteil bis zum Herbst 1944 weiter anstieg: »Es gab verschiedene Beweise von geheimdienstlichen Quellen, vor allem später im Krieg, dass die Luftangriffe wenig Einfluss hatten auf die Moral der Deutschen und noch weniger auf die deutsche Waffenproduktion. Zur selben Zeit gab es zahlreiche Beweise, dass konzentrierte Angriffe auf deutsches Öl, zusammen mit Angriffen auf Ziele wie Flugzeugfabriken und das deutsche Transportsystem, entscheidend sein können.«[56] Doch »Harris fuhr unbeirrt fort und ihm wurde erlaubt, weiterzumachen, eine Stadt nach der anderen dem Erdboden gleichzumachen in einer Orgie sinnloser Zerstörung«.[57] Die Flächenbombardierungen hatten sich als militärisch unwirksam erwiesen: »Sie waren im Grunde sinnlose Unternehmen ohne jede militärische Analyse, ganz abgesehen von einem moralischen Gespür für die leidende Zivilbevölkerung.«[58] Vor allem wenn man bedenkt, dass 80 % aller Bomben in den letzten zehn Monaten des Krieges fielen, als der Krieg praktisch gewonnen war und die wahllose Bombardierung strategisch sinnlos war: »Es ist daher fast unfassbar, dass Bomber Command seine Angriffe auf deutsche Zivilisten in den letzten Kriegsmonaten fortsetzte und ihm erlaubt wurde, sie fortzusetzen.«[59] Warum machen sie dennoch weiter? Garrett vermutet drei Hauptgründe: 1. Trägheit: Die Briten besaßen die Ausrüstung, Tausende von Bombenflugzeugen und Zehntausende an Personal, 2. Die heimische Moral aufrechtzuerhalten. 3. Die Furcht vor der überwältigenden Übermacht der amerikanischen Luftwaffe, die der RAF den Glanz stehlen könnte.

Die Harris-Strategie der Bombardierung von Zivilisten starb nicht mit seinem Tod. General William Westmoreland, der Kommandeur der amerikanischen Truppen in Vietnam, verfolgte eine ähnliche Strategie. »Ein Grundprinzip des Vietnamkriegs war anscheinend, dass die Menschen ein legitimes Ziel waren, da sie die Basis der feindlichen Armee bildeten.«[60] Als der amerikanische Journalist Neil Sheehan Westmoreland fragte, ob er Bedenken habe wegen ziviler Opfer, antwortete dieser: »Ja, Neil, das ist ein Problem, doch es entzieht dem Feind die Bevölkerung, nicht wahr?«[61]

Es ist fast unbegreiflich, dass es im Jahre 2022 mit dem Überfall Putins auf die Ukraine wieder zu Massenbombardierungen von Zivilisten gekommen ist, um die Zivilbevölkerung zu traumatisieren, zu demoralisieren und in die Kapitulation zu treiben. Das hat im Zweiten Weltkrieg nicht funktioniert und wird es vermutlich auch nicht in der Ukraine. Putin hatte die gezielte Bombardierung von unschuldigen Zivilisten bereits im Irak und in Syrien geprobt, die er nun in der Ukraine anwendet. Dabei glaubten wir bereits, dass solche Verbrechen in Europa nicht mehr möglich seien.

Sowohl Longmate wie auch Garrett wählten ein Zitat des französischen Adeligen Bouley de la Meurthe als Kapitelüberschrift, in dem dieser die Hinrichtung des Duc d'Enghien durch Napoleon kommentiert: »Es war schlimmer als ein Verbrechen, es ist eine Dummheit.«[62] Daraus zieht Longmate den Schluss: »Das muss schließlich das Urteil der Geschichte über die Bombenoffensive sein, selbst wenn man den Mut der Männer, die daran teilgenommen haben, anerkennt und die Allwissenheit im Nachhinein berücksichtigt.«[63]

Ich muss jedoch an dieser Stelle nochmals betonen, dass die Leiden der deutschen Zivilbevölkerung, so schlimm sie auch waren, in keinster Weise mit den Leiden von Juden, Roma und Sinti, Homosexuellen, sowjetischen Kriegsgefangenen und anderen, die zu Millionen ermordet wurden, vergleichbar ist. Zahlreiche Deutsche vermuteten sogar, dass die Bombardierung von deutschen Städten eine Rache für die Verfolgung und Ermordung von Juden war, dass »die Alliierten Deutschland straften oder dass Deutschland in gewisser Weise bestraft wurde in Form einer göttlichen Abrechnung für die Verfolgung der Juden«.[64]

Ostarbeiter

»Im August 1944 waren im Gebiet des ›Großdeutschen Reiches‹ 7615970 ausländische Arbeitskräfte als beschäftigt gemeldet; davon 1,9 Millionen Kriegsgefangene und 5,7 Millionen zivile Arbeitskräfte; darunter 250000 Belgier, 1,3 Millionen Franzosen, 590000 Italiener, 1,7 Millionen Polen, 2,8 Millionen Sowjets. Mehr als die Hälfte der polnischen und sowjetischen Zivilarbeiter waren Frauen, ihr Durchschnittsalter lag bei etwa 20 Jahren. Fast die Hälfte aller in der deutschen Landwirtschaft Beschäftigten waren Ausländer, im Metall-, Chemie-, Bau- und Bergbausektor etwa ein Drittel, in reinen Rüstungsbetrieben bis zu 50 %.«[65]

Die »Fremdarbeiter« kamen aus verschiedenen europäischen Ländern; das größte Kontingent allerdings kam aus osteuropäischen Ländern wie Polen und der Sowjetunion als »Ostarbeiter«. Während die »Fremdarbeiter« aus westeuropäischen Ländern oft privat untergebracht waren sowie besser bezahlt und behandelt wurden, steckte man die Osteuropäer zumeist in geschlossene Lager zu oft miserablen Bedingungen. Ein solches Lager für »Ostarbeiter« war direkt vor unserem Haus in Voerde.

Unsere »Waldschule«, wie mein Bruder in seinen Briefen sie sehnsuchtsvoll nannte, lag tatsächlich an einem Wald. Große Fichten standen auf einem Teil des Schulhofs und gegenüber auf der anderen Seite der damals noch unbefestigten Alexanderstraße lag ein wundervolles Wäldchen, in dem ich mit meiner Familie, meinem Bruder, wenn er denn zu Hause war, und Rolf, unserem treuen Schäferhund, oft spazieren ging.[66] Doch eines Tages im Jahre 1942 kamen Männer mit Sägen und Maschinen, um den schönen Wald abzuholzen. Auf meine Proteste hörten sie leider nicht. Als alle Bäume geschlagen waren, rückten Baukolonnen an und errichteten ein Lager für »Fremd- oder Zwangsarbeiter« aus dem Osten, meist Polen, Ukrainer und Russen; Männer, Frauen und Kinder, die aus ihrer Heimat verschleppt worden waren, um in Deutschland Sklavenarbeit zu verrichten. Jeden Morgen wurden Hunderte von ihnen an unserem Haus vorbei zum nahe gelegenen Bahnhof Voerde getrieben, in Viehwagen gepfercht und nach Essen zu den Krupp-Werken gefahren, um in der Rüstungsindustrie zu arbeiten. Am Abend kehrten sie dann erschöpft von Essen zurück und füllten wiederum die Straße vom Bahnhof bis zum Lager, vorbei an unserem Haus. Der Anblick dieser geknechteten Menschenmassen erfüllte mich immer mit Angst und Schrecken, warum und wovor war mir nicht klar. Wir Kinder, dass muss ich zu meiner Schande gestehen, bewarfen die russischen Kinder oft mit Steinen, die diese dann auf uns zurückwarfen. Einmal mussten wir sogar von deutschen Wachmannschaften gerettet werden, da wir von russischen Kindern eingekesselt waren. Wie diese Menschen im Lager be- oder misshandelt wurden, wusste ich nicht. Doch neben dem Lager an der Nordostecke gab es einen kleinen Friedhof, der nach dem Krieg noch ergänzt wurde, als amerikanische Militärpolizisten versuchten, mit Gewalt wieder einigermaßen Ordnung in das Chaos zu bringen. Die nun freigelassenen »Ostarbeiter« nahmen verständlicherweise Rache an der deutschen Bevölkerung, auch an unserem Haus, und verwüsteten, was französische Truppen in der US-Army noch übrig gelassen hatten. Wir waren Gott sei Dank evakuiert, sonst hätten wir wohl nicht überlebt, zumal in unserer Schule auch das Büro der lokalen Nazi-Partei über den Klassenräumen war. An der Außenwand der Schule hing ein großes Schild mit Hakenkreuz, das auf dieses Büro hinwies, mit dem wir aber nichts zu tun hatten. Doch das konnten die »Ostarbeiter« ja nicht wissen. Ich kann mich aber noch gut an einen von ihnen erinnern, den wir zum Holzhauen und zur Gartenarbeit angestellt hatten. Er war ein sehr netter Mensch, so um die 40 Jahre alt und sehr kinderlieb. Ich brachte ihm immer Essen zu dem Holzschuppen, in dem er arbeitete. Als ich meinen Eltern vorschlug, ihn doch an unseren Mittagstisch zu bitten, stieß ich auf keine Gegenliebe, denn Fraternisieren war strengstens verboten und mein Vater als pflichtbewusster deutscher Beamter wagte es nicht, trotz aller Sympathie, dagegen anzugehen.

Nach dem Krieg blieben diese »Ostarbeiter« noch etwa ein Jahr in ihrem Lager, bis sie von GIs mit Gewalt auf amerikanische Lastwagen geprügelt und abtransportiert wurden. Wir wohnten damals ganz in der Nähe bei Anna Neuland, da wir nicht zurück in unser verwüstetes Haus konnten, und ich wurde Zeuge dieser brutalen Aktion. Die Menschen wollten nicht gehen, wehrten sich und mussten von den GIs mit Gewehrkolben auf die Lastwagen getrieben werden. Die meisten von ihnen befürchteten wohl zu Recht, in Stalin'schen Gulags zu enden. Ehe sie abtransportiert wurden, konnten sie sich frei bewegen und ich kann mich noch heute gut erinnern, wie einige von ihnen auf unseren Treppenstufen saßen und ihre wunderbaren russischen Lieder sangen; sie klingen mir heute noch in den Ohren. Nach dem Abzug der »Ostarbeiter« lebten deutsche Flüchtlinge, die aus den ehemals deutschen Ostgebieten vertrieben worden waren, in diesem Lager. Später wurden die meisten Baracken abgerissen, andere renoviert und in Apartmentwohnungen verwandelt. Auf dem restlichen Gebiet entstanden Einfamilienhäuser, wie ich bei einem Besuch in Voerde im Jahre 2007 feststellte. Ob die neuen Bewohner von der

Geschichte ihres Wohngebiets wissen? Anlässlich meines Besuchs in Voerde war ich auch in unserer alten Schule, hatte schon den Finger auf der Klingel zu unserer ehemaligen Wohnung, in der ich meine Kindheit verbrachte, ließ aber davon ab, zu klingeln, um meine Kindheitserinnerungen nicht zu zerstören. Voerde war in der Zwischenzeit Stadt geworden und hatte sich so verändert, dass ich mich gar nicht mehr zurechtfand.

Die »Ostarbeiter« im Lager vor unserer Haustür waren Teil einer großen Gruppe von Zivilisten, etwa 3 bis 5,5 Millionen, die zusätzlich zu russischen Kriegsgefangenen zur Arbeit in deutschen Rüstungsbetrieben gezwungen wurden, um deutsche kriegsdienstverpflichtete Arbeiter zu ersetzen. Die »Fremd- oder Ostarbeiter« im Voerder Lager arbeiteten, wie erwähnt, bei Krupp in Essen, etwa 42 km entfernt. Alfried Krupp von Bohlen und Halbach (1907–1967), Chef der Krupp-Werke, seit 1931 SS-Mitglied und seit 1938 Parteigenosse, pflegte gute Beziehungen zur Nazi-Regierung und beschäftigte Tausende von »Fremdarbeitern« unter harten Bedingungen in seinen Betrieben. Er unterhielt eine 2000 Männer starke Sicherheitstruppe, welche die Arbeiter oft misshandelte: »Die 2000 Mann starke Sicherheitstruppe schlug mit Gummiknüppeln im Keller des Hauptverwaltungsgebäudes brutal auf solche Fremdarbeiter ein, die Unruhe stifteten. Ein sowjetischer Gefangener, der ein Brot gestohlen hatte, wurde von einem Sicherheitswachmann erschossen, der ungestraft blieb. Viele wurden nur geschlagen, weil sie Ostarbeiter waren und die Sicherheitskräfte die Macht über sie hatten.«[67] Krupp arbeitete auch eng mit der SS zusammen, um Sklavenarbeiter aus Konzentrationslagern für seine Werke zu bekommen. Nach dem Krieg wurde Krupp zu 12 Jahren Haft wegen Verbrechen gegen die Menschlichkeit verurteilt, kam jedoch nach 3 Jahren wieder frei und erhielt seinen Besitz zurück.[68] Bei Shirer lesen wir über die »Fremdarbeiter«: »Gegen Ende 1944 plagten sich siebeneinhalb Millionen Fremdarbeiter für das Deutsche Reich. Fast alle von ihnen wurden gewaltsam zusammengetrieben, in Viehwagen verfrachtet und nach Deutschland deportiert, meist ohne Nahrung, Wasser oder sanitäre Einrichtungen, um in Fabriken, Feldern oder Bergwerken zu arbeiten. Dabei wurden sie entwürdigt, geschlagen, ausgehungert und dem Tod preisgegeben durch Mangel an Nahrungsmitteln, Kleidung und Unterbringung. Dazu kamen 2 Millionen Kriegsgefangene, von denen eine halbe Million gezwungen wurde, Festungsanlagen zu bauen, Munition zur Front zu schleppen und selbst Flakgeschütze zu bedienen.«[69] Das traf vor allem auf die »Ostarbeiter« zu, deren Situation Herbert folgendermaßen zusammenfasste: »Die Lage der Arbeiter aus dem Osten und seit dem Sommer 1943 auch der Italiener war gekennzeichnet durch schlechte Ernährung, Bezahlung, Unterbringung und Kleidung, oft überlange Arbeitszeiten, mangelnde ärztliche Versorgung, Übervorteilung durch deutsche Vorgesetzte, Diffamierungen und Mißhandlungen sowie durch hohe Todesraten. Zwar gab es auch hier bedeutende regionale und betriebliche Unterschiede, insgesamt kamen die Lebensbedingungen vor allem der Ostarbeiter zu dieser Zeit dem Diktum des Nürnberger Tribunals von der ›Sklavenarbeit‹ aber sehr nahe.«[70]

Alliierter Rheinübergang

An einem sonnigen Tag im Oktober 1944 radelte mein Vater mit mir auf dem Rücksitz nach Brünen bei Wesel, um seinen Vorgänger als Lehrer in Voerde, Fritz Vorgang (der hieß wirklich so), zu besuchen. Auf dem Wege von Wesel nach Brünen sah ich in den Wiesen zahlreiche Segelflieger liegen. Ich fragte meinen Vater, wie und warum die dahin gekommen waren, doch er hatte keine Ahnung. Erst sehr viel später, Ende der Siebzigerjahre, bekam ich die Antwort auf meine Frage durch den Film *A Bridge Too Far* (1977).[71] Was ich damals sah, waren die Überreste von der »Operation Market Garden«, geplant vom britischen Feldmarschall Sir Bernard Montgomery und durchgeführt vom 17. bis zum 25. September 1944 im Gebiet von Eindhoven – Nijmegen – Arnhem. Ziel dieser Operation war, einen Brückenkopf auf der rechten Rheinseite zu schaffen, um der Invasion der Alliierten nach Norddeutschland den Weg frei zu machen. Zu diesem Zweck wollte man Truppen hinter die deutschen Linien bringen, die mit Fallschirmen und von Flugzeugen gezogenen Segelfliegern abgesetzt werden sollten. Doch dieser Plan ging unter hohen Verlusten der Alliierten gründlich schief. Das also waren die Segelflieger, die ich damals in den Wiesen liegen sah.[72]

Der nächste Versuch der Alliierten, den Rhein am Niederrhein zu überqueren, gelang dagegen sehr viel besser – nur lagen wir in Voerde in der Schusslinie. Ende Februar/Anfang März 1945 hörten wir schon das Wummern der Artillerie, das immer näher zu kommen schien. Meine Eltern beschlossen daher, mit dem letzten Evakuierungstransport Voerde zu verlassen. Sie taten gut daran, denn Voerde, nur wenige Kilometer von Wesel entfernt, lag direkt im Angriffsziel von »Operation Plunder«, dem Rheinübergang vom 23. bis 27. März 1945. Die 21. Armeegruppe unter Montgomery überquerte den Rhein bei Rees und Wesel, die zweite britische Armee unter Generalleutnant Sir Miles Dempsey zusammen mit der neunten US-Armee unter Generalleutnant William H Simpson südlich der Lippe. Unter den Amerikanern befand sich auch Robert W. Johannsen (1925–2011), ein Professor der Geschichte an der University of Illinois. Wir trafen uns damals nicht als «Feinde«, sondern sehr viel später als Kollegen und Freunde.

Hier folgt Jörg Friedrichs Beschreibung der Bombardierung und des Artilleriebeschusses im Februar und März 1945, die der alliierten Rheinüberquerung bei Wesel und Dinslaken vorausgingen; Voerde, mein Heimatort, liegt genau in der Mitte zwischen diesen beiden Städten: »An einem sonnigen Vorfrühlingstag erschienen hundert Lancaster über der 24 000-Seelen-Gemeinde [Wesel], am Nachmittag kehrten sie wieder. Am Abend hüllte schwarzer Qualm den Ort. Es war dunkel, die aus den soliden Kellergewölben emporgestiegenen Einwohner konnten kaum die Trümmer sehen, auf denen sie ungläubig herumkletterten und versehentlich auf Leiber traten, die mit den Gespannen toter Pferde das Pflaster deckten. Am 18. Februar startete mit 160 Maschinen der zweite Angriff, der Großteil der Bevölkerung hatte die Stadt jetzt verlassen, kehrte aber danach zurück, in dem Glauben, dass der Feind an einer erstorbenen Stadt kein Interesse mehr habe. Inmitten der Rettung von Hab und Gut gerieten sie in den dritten Angriff. Danach verdunkelte ein Meer von Asche und Staub die Sonne. Es war der schwerste Angriff, er erreichte aber hauptsächlich das Gestein und fand die wenigsten Menschen. Die bisher 562 Toten lagen draußen aufgereiht, und man beschloss, sie jetzt nicht länger den Bomben auszusetzen und nächstens zum Friedhof zu schaffen. … Angesichts eines Zerstörungsgrades von siebenundneunzig Prozent zögerten die Bewohner eine Zeitlang, ob Wesel aufzugeben oder wiederzuerrichten sei.«[73]

Diese Angriffe habe ich noch aus nächster Nähe mit- und überlebt, ehe wir evakuiert wurden. Soviel zu Wesel. Und nun zu Dinslaken, der Stadt, in der ich geboren und zum Gymnasium gegangen bin, nur wenige Kilometer von Voerde entfernt: »Die höchste Anzahl an Todesopfern des alliierten Rheinübertritts musste am 23. März … das wenig stromabwärts gelegene Dinslaken hinnehmen.[74] Die Bomber hatten, um die Flanke des größten Luftlandeunternehmens aller Zeiten abzuschirmen, das ungewarnte, vollbewohnte Städtchen mit Phosphor- und Sprengbomber überschüttet. Die erste Bombenserie fiel um 9:00 Uhr morgens in von Käuferschlangen angefüllten Straßen und raffte siebenhundert Personen dahin, fast ausschließlich Frauen und Kinder. Jagdbomber verfolgten und beschossen die ostwärts in die Wälder flüchtenden Bürger. Um 17:00 Uhr nachmittags feuerten fünfundsechzig Artilleriebataillone aus 3300 Geschützen auf Wesel und Umgebung angeblich zwei Millionen Granaten unterschiedlichen Kalibers. Am Abend, wieder unter einer Glocke schwersten Feuers begann auf Sturmbooten und Amphibienpanzern das Landungsunternehmen, nach etwa zwei Stunden war der Widerstand niedergerungen. Am Morgen des 25. erfolgte die Luftlandung. Churchill und Eisenhower beobachteten miteinander vom Turm der Gindericher Kirche, was Übermacht vermag. Am Mittag kletterte Churchill auf die vom Widersacher gesprengte Rheinbabenbrücke und blickte hinüber nach Wesel, zu der geschleiften Wacht am Rhein.«[75]

Glücklicherweise hatten wir Voerde zu diesem Zeitpunkt, 23. März 1945, bereits verlassen. Später, nach unserer Rückkehr, habe ich in einem von diesen Amphibienpanzern, die beschädigt zurückgelassen worden waren, gespielt, nur nicht mit den noch vorhandenen Granaten, da sie mir zu schwer waren.

Evakuierung und Kriegsende

Meine Eltern packten zusammen, was meine Mutter und ich, meine Tante Ami, Schwester meiner Mutter, sowie meine Schwester Inge mit dem kleinen Ulli mitnehmen konnten. Mein Vater musste zurückbleiben, da er zusammen mit meinem Schwager Heinz als Volkssturmmann den Rheinübergang der Alliierten verhindern sollte (was ihm allerdings nicht gelang). Mit unserem Gepäck machten wir uns also Anfang März 1945 auf zum nahe gelegenen Bahnhof Voerde, stiegen in die gedeckten Güterwagen und fuhren einem unbekannten

Ziel entgegen. Unser Haus, unseren Besitz, Möbel, Bücher, Wäsche, Memorabilia, Bilder usw. würden wir nie wiedersehen, doch das war uns damals nicht klar. Der Zug hielt mehrmals an wegen Fliegeralarm, wir mussten ihn verlassen und in Deckung gehen. In Dortmund hieß es wieder »Alle aussteigen«, um im Bunker neben dem Bahnhof Schutz zu suchen. Im Bunker hörten wir dann den dumpfen Lärm von Explosionen, verursacht durch einen schweren Luftangriff auf die Stadt. Ich war sicher, dass von unserem Zug nichts mehr zu finden sein würde. Doch als wir nach der Entwarnung den Bunker verließen, brannte zwar Dortmund, doch unser Zug stand noch unbeschädigt da. Auch die Strecke war nicht blockiert. Und weiter ging die Fahrt. Sie endete für uns in Remmighausen, einem kleinen Ort bei Detmold, heute Ortsteil dieser Stadt. Meine Mutter, Tante und ich wurden bei Sprengers einquartiert, Inge und Ulli bei Latwesens in der oberen Wohnung desselben Hauses. Weder Sprengers noch Latwesens wollten uns haben, doch sie wurden dazu gezwungen; entsprechend frostig war auch die Atmosphäre im Haus.

Herr Sprenger war sehr leidend, und deswegen musste ich immer sehr ruhig sein, um ihn nicht zu stören – was mir nicht immer leichtfiel. Sobald jedoch der Krieg zu Ende war, sprang Herr Sprenger munter aus seinem Sessel und war mit einem Schlag kerngesund. Heute muss ich gestehen, dass ich volles Verständnis für Herrn Sprenger habe, dass er nicht zum Militärdienst eingezogen werden wollte.

Im April 1945 kamen die Kampfhandlungen immer näher; im Luftschutzkeller unter dem Sprenger/Latwesen-Haus hörten wir Schießen und das Rummeln von Panzern. Plötzlich ging die Kellertür auf und wir glaubten schon, das seien die Amerikaner. Doch es war ein verwundeter, blutender deutscher Soldat, der die Nase voll hatte vom Krieg und nur noch in sein wenige Kilometer entferntes Zuhause wollte. Sein Gewehr hatte er in den Garten geworfen und bat um Zivilkleidung, um nicht als Soldat gefangen oder als Deserteur erschossen zu werden. Doch Herr Latwesen packte ihn am Kragen, warf ihn die Kellertür hinaus in den Garten und verschloss die Tür hinter ihm. Ich war völlig schockiert ob dieser grausamen Handlung und bin es immer noch. Keine Ahnung, was aus diesem Soldaten geworden ist; ich hoffe nur, dass er trotz seiner Verwundung unbeschadet sein Haus erreicht hat. Latwesen hatte wohl Angst, dass Amerikaner eine deutsche Uniform bei ihm finden und ihn verhaften würden.

Draußen wurde es nach einiger Zeit still und ich wagte mich aus dem Keller. Unten auf der Hauptstraße sah ich schier endlose Kolonnen fliehender deutscher Truppen. Mehrere Lastwagen, die kein Benzin mehr hatten, wurden von Zugmaschinen gezogen; daneben und dahinter trotteten zerlumpte Soldaten. Ein trauriger Anblick einer einst so stolzen, nun aber geschlagenen Armee. Was wohl mein Bruder gedacht hätte, wenn er das erlebt hätte. Es folgten wieder einige ruhige Tage. Und dann, so fürchtete ich, käme der Weltuntergang. Der aber kam nicht, sondern lange Kolonnen von Panzern, Lastwagen und Jeeps, alle mit weißem Stern auf Türen und Kühlern – Amerikaner. Alle Fahrzeuge konnten selber fahren; offensichtlich kein Benzinmangel. An uns waren die Amerikaner nicht interessiert, wir Kinder jedoch an ihnen. Sie hatten nämlich unten an der Hauptstraße in einer Wirtschaft ein Quartier eingerichtet, in der ein Teil der Truppe blieb. Sie hatten auch, was wir nicht hatten – genügend Essen. Doch gegenüber der Wirtschaft hatten sie eine Grube ausgehoben, in die sie zu unserem Horror unverbrauchte Lebensmittel hineinwarfen, mit Benzin übergossen und verbrannten, während wir hungernd zusahen. »Keine Fraternisierung«, war das Motto. Doch nachrückende schwarze Einheiten kümmerten sich nicht darum und gaben uns Kindern etwas zu essen. Sie wussten wohl aus ihrer Heimat, was es bedeutet, hungrig zu sein. Wenn ich heute hier im reichen weißen Amerika sagen höre »Ich habe Hunger«, so muss ich immer denken, dass sie nicht wissen, wovon sie reden. Die schwarzen Amerikaner wussten es jedoch sofort. Außerdem wunderte ich mich schon damals, wieso die nach Rassen getrennte US-Army gegen den Rassismus der Nazis antrat – erst 1948 wurde die Rassentrennung in der US Army von Präsident Truman aufgehoben.

Um Lebensmittel für uns zu beschaffen, liefen meine Mutter und Schwester Inge die rund fünf Kilometer nach Detmold, um sich an der Plünderung von deutschen Armeevorräten zu beteiligen, nachdem die Wachen weggelaufen waren. Amerikanische Militärpolizisten hielten sie nicht davon ab. Als ein deutscher Soldat mit erhobenen Händen aus dem Hintergrund auftauchte, um gefangen genommen zu werden, deuteten sie ihm nur an, er solle verschwinden. Mutter und Schwester kamen zurück mit Trockenkartoffeln, Trockenzwiebeln und anderen guten Dingen, so viel sie tragen konnten.

Aus irgendeinem Anlass hatte meine Mutter beschlossen, einen Kuchen zu backen, zu der Zeit etwas ganz Besonderes. Sie hatte irgendwo eine Springform geliehen und Zutaten aufgetrieben und füllte die Form mit Teig. Da wir keinen Backofen hatten und den sprengerschen nicht benutzen durften, wurde ich beauftragt, den Kuchen vorsichtig zum Bäcker zu tragen. Also machte ich mich mit der kostbaren Last auf den etwas abschüssigen und unbefestigten Weg zum Bäcker. Doch oh Graus, ich rutschte auf den Kieselsteinen aus, konnte trotz aller verzweifelten Versuche den Kuchen nicht mehr retten, die Springform tat, was Springformen tun, sie sprang auf und ergoss den Teig auf die Kieselsteine. Ja, was nun? Es war ein Desaster. Was tun? Ich hob die Springform auf, säuberte sie, so gut ich konnte, und »sprang« sie wieder zusammen, sammelte den Teig hinein, entfernte so weit ich konnte die Kieselsteine und trug den Kuchen zum Bäcker. Nach einigen Stunden holte ich den nun fertig gebackenen Kuchen vom Bäcker ab und brachte ihn nach Hause, wo meine Mutter den ebenfalls raren Bohnenkaffee gekocht und den Kaffeetisch gedeckt hatte. Jeder von uns bekam ein Stück und Mutter und Tante bissen genussvoll hinein. Weil ich mich schämte, hatte ich natürlich nichts von meinem Unfall erzählt. Dann biss, wie zu erwarten, meine Tante auf etwas Hartes. »Ella, was hast Du denn in den Kuchen getan? Das sind wohl keine Rosinen.« »Wieso? Nichts, nichts, schon gar keine Rosinen, die gibt es sowieso nicht.« Und dann biss auch meine Mutter auf etwas Hartes. Beide starrten mich an, ahnten, was geschehen war, und ich musste gestehen. Danach wurde jedes Stückchen auseinandergepflückt, Steinchen entfernt und dann doch mit Genuss verspeist. Selbst mir reuigem Sünder schmeckte es, vor allem da die zwei Frauen mir vergeben hatten. Mahlzeiten bestanden oft aus einer Kartoffel und jungem Löwenzahn, den wir auf den Wiesen gesammelt hatten, als Gemüse.

Doch Mangel an Lebensmitteln, vor allem nach Kriegsende, war nicht das einzige Problem. Überall lagen weggeworfene Waffen und Munition herum, an manchen Stellen standen sogar verlassene Fahrzeuge und Flakgeschütze. Neben dem Bahnhof Remmighausen, ganz in der Nähe von uns, stand ein Vierlingsflakgeschütz, das, da drehbar, uns als Karussell diente. Die Granaten daneben ließen wir liegen, da sie für uns Kinder zu schwer waren, nicht jedoch die herumliegenden Patronen. Wir schraubten deren Köpfe ab, schütteten das Pulver auf einen Haufen und steckten es mit einem Brennglas an, sodass das Pulver mit einer Stichflamme in die Höhe schoss. Dabei versengte ich mir einige Male die Augenbrauen. Anderen Kindern erging es schlimmer; sie wurden durch explodierende Granaten leicht oder schwer verletzt oder gar getötet. Mit herumliegenden Gewehren, Pistolen oder Maschinengewehren wussten wir kleineren Kinder nicht viel anzufangen, wohl aber die älteren. Auch dabei kam es zu manchen tragischen Unfällen.

Rückkehr

Ende Mai oder Anfang Juni 1945 konnten wir endlich zurück nach Voerde. Mein Vater und mein Schwager Heinz hatten einen Holzvergaser aufgetrieben, mit dem sie uns abholten. Holzvergaser waren Lastwagen, die aus Benzinmangel auch in der Wehrmacht benutzt wurden. Sie hatten hinter dem Führerhaus einen Zylinder, der wie ein Badeofen aussah, in dem Holz verbrannt wurde, das Gas erzeugte, das wiederum den Motor antrieb. Wir verstauten das Wenige, das wir besaßen, auf dem Lastwagen und ich saß oben auf der Ladefläche. Wir fuhren zunächst bis Mülheim an der Ruhr zur Wohnung meiner Schwester und meines Schwagers am Hingberg 107, die auf unerklärliche Weise nicht zerstört worden war – im Gegensatz zu Häusern oberhalb und unterhalb der Hingbergstraße. Wir konnten nicht sofort nach Voerde, da unser Haus unbewohnbar war und dann von der britischen Besatzungsmacht besetzt wurde. Bald fand jedoch mein Vater ein Unterkommen für uns bei Anna Neuland in der Rönskenstraße, die dort mit ihrem Onkel Walter lebte. Sie überließ uns zwei Zimmer im ersten Stock und die Teilbenutzung eines Wohnzimmers unten. Küche und Badezimmer gab es nicht, auch kein fließendes Wasser; zur Toilette mussten wir außen ums Haus in den Stall gehen und uns eine Toilette mit Neulands teilen. Alles recht primitiv, doch wir hatten eine Bleibe. Ich erhielt sogar eine mit einem alten Büroschrank abgeteilte Ecke auf dem Flur zum Treppenhaus mit eigenem Bett. Welch ein Luxus!

Ich war natürlich neugierig, wie es unserem früheren Haus erging und wer sich da eingenistet hatte. Auf dem Schulhof standen wieder Militärfahrzeuge, doch dieses Mal mit britischen Hoheitszeichen, ein blau-weiß-roter Kreis. Dann erspähte ich bei einem Stall in der Nähe des Hauses eine britische Uniform, die dort zum Trocknen hing. Da die Briten meiner Meinung nach mein Haus zu Unrecht in Besitz genommen hatten, fühlte ich mich durchaus berechtigt, mir die Uniform anzueignen – mit anderen Worten zu stehlen. Also spannte ich meinen kleinen Freund Erich Mielke (er hieß wirklich so wie der ehemalige Stasi-Chef) ein, mir zu helfen. Er musste Wache stehen, bis ich die Uniform von der Leine befreit hatte. Wir losten, wer kriegt Jacke, wer kriegt Hose. Ich bekam die Jacke. Als ich damit nach Hause kam, wäre meine Mutter beinahe in Ohnmacht gefallen, hatte doch ihr Sohn eine britische Uniformjacke mit allen Insignien gestohlen. Zurückbringen kam nicht infrage. Also trennte meine Mutter alle Abzeichen ab und reduzierte die Jacke auf meine Größe. Von nun an hatte ich zwei Jacken: eine abgeänderte und eingefärbte deutsche Uniformjacke und eine britische.

Gegenüber von unserer Wohnung bei Anna Neuland, die ich Tante Anna nannte, war der Neuland-Bauernhof. Die zwei Söhne Willy und Hermann waren in meinem Alter; wir spielten zusammen oder arbeiteten zusammen auf den Feldern oder auf dem Hof. Die Neulands luden mich oft zum Essen ein und ich genoss die gute und herzhafte Bauernkost. Mir gefiel die Arbeit auf den Feldern und mit den Tieren so gut, dass ich eine Zeit lang erwog, Bauer zu werden. Aber leider hatte ich keinen Hof und eine Erbin war nicht in Sicht. Also gab ich diesen Gedanken wieder auf. Nicht weit von Neulands Hof war ein britisches Militärlager. Ab und zu ging ich aus Neugier dahin, um zu sehen, was da vor sich ging. Natürlich konnte ich nicht hinein, doch was ich von außen sah, war eigentlich nicht viel anders als das, was ich bei der deutschen Wehrmacht gesehen hatte: antreten, marschieren, Kommandos herumbrüllen etc.; Armeen sind wohl überall ähnlich und ich bin froh, nie etwas mit dieser Zeitverschwendung zu tun gehabt zu haben – dank meiner amerikanisch inspirierten antimilitärischen Erziehung.

Eines Abends näherten sich uns auf dem Bauernhof zwei Lichter, die sich auf Schleichwegen durch die Felder auf uns zu bewegten. Uns wurde etwas mulmig zumute, da wir nicht wussten, was da auf uns zukam. Schließlich tauchte hinter den Lichtern ein Jeep auf, in dem zwei englische Soldaten saßen. Wir befürchteten schon das Schlimmste, doch die zwei jungen Burschen waren sehr nett und wollten nur Zigaretten gegen Eier und Speck tauschen, damit sie endlich mal wieder ein richtiges englisches Frühstück genießen konnten. Da hatte es die amerikanische Armee in ihrer Besatzungszone wesentlich besser; sie hatten einfach alles, während es den Engländern nicht viel besser ging als uns Deutschen. Zigaretten waren bei uns sehr begehrt, nicht zum Rauchen, sondern als inoffizielle Währung, denn die Reichsmark war praktisch nichts mehr wert. Ich weiß nicht mehr, was ich für eine Quelle hatte, doch selbst ich betrieb eine Weile einen schwunghaften Kleinhandel mit Camel Zigaretten und Wrigleys Kaugummi.

Das Schlimmste nach unserer Rückkehr nach Voerde war nicht nur der Verlust unseres Hauses mit allem, was darin war, sondern der fast unerträgliche Gestank. Unmittelbar nach Kriegsende waren überall in den Straßengräben, Wiesen, Feldern und Wäldern flache Gräber von Soldaten und Zivilisten, die nun ausgegraben und umgebettet wurden. Die Überreste wurden auf Karren geladen, zu Friedhöfen gefahren oder zu anderen Orten überführt. Die Karren hatten zwar Planen, sodass man nichts sehen konnte, nur riechen. Diese Operation dauerte einige Zeit, vielleicht Wochen, doch genau weiß ich das nicht mehr. Das Straßenbild bei uns und mehr noch in den Städten war geprägt von zahlreichen Kriegsversehrten, die sich an Krücken oder auf Brettern mit Rädern fortbewegten, wenn sie beide Beine verloren hatten.

Bei uns in Voerde gab es nur wenig zerstörte Gebäude. Bei meiner Schwester in Mülheim/Ruhr dagegen lagen ganze Straßenzüge in Schutt und Asche. Bei meinen Besuchen in Mülheim spielte ich oft in ausgebombten Häusern, in denen schon die Natur den Schutt mit Pflanzen und Bäumchen zu übernehmen drohte. Manchmal fand ich noch etwas Brauchbares in den Trümmern und nahm es mit nach Hause. Begehrt waren auch Bleirohre, die ich abmontierte, um aus dem gewonnenen Blei meine Bleisoldaten zu gießen, die ich später als Antimilitarist natürlich alle vernichtete. Nahrungsmittel waren schon im Krieg knapp; es gab nur bestimmte Zuteilungen auf Lebensmittelkarten. Nach dem Krieg wurde es eher schlechter auch mit solchen Karten. Die Leute fuhren mit Fahrrädern, wenn sie denn solche besaßen, oder immer noch mit der Reichsbahn zu Bauern aufs Land, um zu hamstern. Bezahlt wurde mit Zigaretten, Pelzmänteln, Uhren und anderen Waren. Auch mein findiger Schwager Heinz beteiligte sich daran; er war ein wahrhaftes Organisationsgenie. Er hatte gute Verbindungen zu einem Bauern van Ackeren in Birten bei Xanten. Also bestieg er sein Fahrrad und radelte zu dem Bauern und kam schwer beladen mit Eiern, Schinken, Kartoffeln und Gemüse zurück.

Während des Krieges waren seine Hamsterfahrten recht abenteuerlich und nicht ganz ungefährlich, oft behindert durch Fliegeralarm und zerstörte Rheinbrücken. Dann heuerte er einen Fährmann mit wackeligem Kahn an und setzte bei Dunkelheit, erhellt nur durch Scheinwerfer der Abwehr, explodierende Geschosse oder Leuchtkugeln, über den Rhein. Nach dem Krieg war das nicht mehr nötig, denn er konnte die Montgomery-Brücke über den Rhein bei Wesel benutzen.

Wir bekamen außerdem Care-Pakete aus den USA und Pakete von Mr. Bolten, einem Freund meines Vaters aus Krefeld, der in die USA ausgewandert war. Die Zigaretten in den Paketen waren willkommen als Währung, mit der wir einkaufen konnten. So erstanden wir im Tausch gegen Schallplatten und Zigaretten ein gebrauchtes Radio, das meine Mutter irgendwie in Duisburg-Hamborn aufgetrieben hatte. Ich hatte zu der Zeit Schwimmunterricht dort, da ich schwimmen lernen sollte. Mir war jedoch der ganze Schwimmunterricht zuwider, da man mich an eine Angel hängte und zu Wasser ließ, was äußerst unbequem war. Also fuhren meine Mutter und ich mit dem Zug bis Dinslaken und mit der Sraßenbahn nach Hamborn. Wir fanden die Adresse, tauschten Zigaretten und Schallplatten gegen das Radio und machten uns auf den Heimweg. Wir waren nicht weit gekommen, als wir in eine Razzia gerieten und verhaftet wurden. Die Polizei hatte einen ganzen Straßenblock umstellt und jeden verhaftet, der sich darin aufhielt. Der Grund dafür war, den Schwarzhandel zu bekämpfen, da er den Aufbau einer regulären Wirtschaft zu unterminieren drohte. Auf der Polizeiwache konnte meine Mutter nachweisen, dass unser Tauschgeschäft nichts mit dem organisierten Schwarzhandel zu tun hatte. Also ließen sie uns nach mehreren Stunden wieder laufen. Nach diesen negativen Erfahrungen mit Schwimmunterricht und Schwarzmarkt entwickelte ich eine Abneigung gegen Hamborn und wollte nie wieder dorthin.

Unser Radio jedoch versorgte uns mit Nachrichten, Musik und Hörspielen, bis es eines Tages aufhörte zu spielen. Was war geschehen? Eine Mäusefamilie hatte sich gemütlich hinter den warmen Radioröhren eingenistet und ein Kabel durchgebissen. Doch nach Umsiedelung der Mäuse und Reparatur des Kabels spielte das Radio noch viele Jahre – ich kann mich noch deutlich an die vielen Schulfunksendungen erinnern, die immer mit einer Melodie aus Mozarts Zauberflöte eingeleitet wurden, oder an Hörspiele wie »Der letzte Wagen« oder die Kriminalserie »Gestatten, mein Name ist Cox«. Meine Schwester Röselie hatte wieder einen neuen Freund, einen Polizisten, was mir sehr recht war, hoffte ich doch, künftige Strafzettel zu vermeiden. Mein Vater derweil kochte Tabakblätter in einem Topf, beschwert mit Gewichten, auf dem Küchenherd in unserer Wohnküche unter ziemlichem Gestank, der meine Mutter sehr irritierte. Mein Vater, ein starker Pfeifenraucher, hatte Bauer Neuland gefragt, ob er am Rand der Felder einige Tabakpflanzen anbauen dürfe. Das erlaubte Neuland auch und ich musste meinem Vater helfen, die Tabakblätter zu pflücken und auf dem Dachboden über unseren Zimmern zum Trocknen aufzuhängen. Doch die ganze Prozedur war mir so zuwider, dass ich später nie mehr Tabak anrührte, obwohl mein Vater es mir nicht verbot.

Eine wichtige Nahrungsquelle war für mich die Schulspeisung. Ausgestattet mit einem alten Wehrmachtskochgeschirr empfing ich täglich Schul- oder Quäkerspeise von der Essensausgabe auf dem Schulhof am Gymnasium Dinslaken. Erinnern kann ich mich noch an sämige Erbsensuppe, von der ich die Hälfte aß und die andere Hälfte mit nach Hause nahm. Wir Voerder Fahrschüler versuchten oft, noch vor Halt des Zuges vom fahrenden Zug abzuspringen, bei Dampflokomotiven kein großes Problem, es sei denn, man sprang nicht in Fahrtrichtung des Zuges ab. Genau aber das tat mein Schulfreund Hänschen Sprenger, und zwar mit einem Kochgeschirr voller Erbsensuppe. Wie zu erwarten fiel er auf die Nase und die Erbsensuppe ergoss sich über ihn. Als er wieder auf seinen Beinen stand, sah er aus wie ein grünes Männchen vom Mars.

Deutschland 1946

1946 war ein besonders schlimmes Jahr, nicht nur für uns, sondern auch für die meisten Deutschen. Lebensmittel waren knapp, Häuser zerbombt und Flüchtlinge aus dem Osten suchten nach Unterkünften, die es nicht mehr gab. Rückkehrende Soldaten suchten nach ihrer Heimat und ihren Angehörigen. Plündernde Fremdarbeiter und Überlebende aus Konzentrationslagern zogen ziellos im Land umher auf der Suche nach Nahrung und einer Bleibe. Einiges davon habe ich mit eigenen Augen gesehen; weit mehr wird ausführlich beschrieben in den Kapiteln »In Trümmern« und »Das große Wandern« in Harald Jähners Buch *Wolfszeit: Deutschland und die Deutschen 1945–1955* (2019). »Der Krieg hatte in Deutschland etwa 500 Millionen Kubikmeter Trümmer hinterlassen. … Wer damals in den stadtteilweise vollständig zerstörten Städten wie Dresden, Berlin, Hamburg, Kiel, Duisburg oder Frankfurt stand [wie ich in Mülheim/Ruhr, Essen und Duisburg], konnte sich nicht vorstellen, wie deren Überreste jemals beseitigt, geschweige denn wiederaufgebaut werden sollten.«[76]

»Im Sommer 1945 lebten in den vier Besatzungszonen ungefähr 75 Millionen Menschen. Von ihnen waren weit mehr als die Hälfte nicht dort, wo sie hingehörten oder hinwollten [auch ich und meine Familie nicht]. Der Krieg hatte als gewaltige Mobilisierungs-, Vertreibungs- und Verschleppungsmaschine gewirkt. Wer überlebt hatte, den hatte sie irgendwo ausgespien, weit weg von dem, was einmal ein Zuhause war. Zu dieser gigantischen Zahl von vierzig Millionen entwurzelter Menschen gehörte der größte Teil der mehr als zehn Millionen deutscher Soldaten, die in Kriegsgefangenschaft geraten waren.«[77]

Im Herbst 1946 schickte die schwedische Zeitung *Expressen* Stig Dagerman (1923–1954), einen jungen und vielversprechenden schwedischen Schriftsteller, nach Deutschland mit dem Auftrag, zu berichten, was er vorfand. Seine Artikel wurden im Jahre 1947 unter dem Titel *Tysk höst* in Buchform veröffentlicht, auf Englisch als *German Autumn* (Deutscher Herbst) 1988 und 2011. Soweit mir bekannt, gibt es keine deutsche Übersetzung. Neben Victor Gollancz (1893–1967), ein jüdisch-britischer Verleger, war Dagerman einer der wenigen Ausländer, der Sympathie für die Deutschen hegte, die er in deutschen Städten, vor allem in Hamburg, getroffen hatte, trotz der ungeheuren Verbrechen, die von Deutschen begangen worden waren. Von Deutschen wurde erwartet, dass sie aus ihrer selbst zugefügten Katastrophe lernen würden, doch nach Dagerman sind Hunger und Krieg schlechte Lehrer.[78] Er glaubte, dass »verdientes Leiden ebenso schlimm zu ertragen sei wie unverdientes Leiden«.[79] Er hatte Victor Gollancz' Buch *Our Threatened Values* (1946; Unsere bedrohten Werte) gelesen und stimmte mit ihm überein, dass die westlichen Werte in Gefahr seien, »Werte wie Respekt für das Individuum, selbst wenn dieses Individuum unsere Sympathie und unser Mitleid verwirkt hat, das heißt, auf Leiden einzugehen, ganz gleich ob dieses Leiden verdient oder unverdient ist«.[80]

Beim Gang durch die Ruinen von Essen bemerkte Dagerman: »Essen ist eine furchtbare Traumlandschaft von entblößtem kalten Eisen und verwüsteten Fabrikwänden.«[81] Ich selbst habe die Ruinen von Essen gesehen und in den Ruinen der Nachbarstadt Mülheim/Ruhr gespielt. Mit einer Begleiterin durchwanderte Dagerman die Straßen von Hamburg: »Wir gingen eine Weile auf zerstörten Straßen und suchten nach einem Haus, aber konnten es nicht finden. Wir mussten verbogene Reste umgehen, die sich als ausgebrannte Autos entpuppten, die im Schutt auf dem Rücken lagen. Wir sahen durch Löcher in zerborstene Häuser, in denen die Stahlträger wie Schlangen von Stockwerk zu Stockwerk reichten. Wir stolperten über zusammengerollte Wasserleitungen. Wir standen vor Häusern, von denen die Außenwände weggerissen waren, die uns an Theaterstücke erinnerten, in denen das Publikum das Leben auf mehreren Ebenen sehen kann.«[82]

Aber es gab darin keine Lebenszeichen mehr. Ähnliche Szenen sah ich, als ich 1946 durch die Straßen von Essen, Mülheim/Ruhr, Dortmund oder Duisburg ging.

Dagermans Begleiterin in Hamburg war eine Halbjüdin, welche die Nazizeit im Untergrund überlebt hatte, und es war ihr Haus, nach dem sie suchten. Doch als Dagerman ihr sein Beileid aussprach für den Verlust ihres Hauses, antwortete sie: »All das begann in Coventry. Sie war eine der wenigen, die das offen sagten.«[83]

In München besuchte Dagerman eine »Spruchkammersitzung«, die Nazis von Nicht-Nazis unterscheiden und Nazis nach Schuldkategorien einordnen sollte. Für Dagerman waren die Anhörungen ein interessanter Einblick in die neueste deutsche Geschichte, doch ein Fehlschlag als Entnazifizierung. Für ihn hatten die Sitzungen »eine Atmosphäre von Traum und Realität« und waren »ein Beispiel von angewandtem Existenzialismus«, der ihn an Kafkas Roman *Das Urteil* erinnerte.[84]

»Doch für einen Fremden … sind … diese kurzen Verfahren von besonderem Interesse, da sie mit einer seltenen Klarheit einen Einblick in die Hitler-Jahre geben, von den Beweggründen jener, die Nazis wurden, und dem Mut jener, die es nicht wurden. Von der Befragung der Zeugen spüren wir einen kalten Zug aus der Zeit des Terrors; ein Bruchteil von Geschichte, bisher unsichtbar, kann für einen kurzen und emotionsgeladenen Augenblick ins Leben aufflackern und die Luft im Gerichtssaal zum Zittern bringen. Für jeden, der nicht persönlich von jenen verzweifelten Jahren betroffen war, haben diese Verfahren eine Furcht erregende dokumentarische Faszination, doch als Mittel zur Entnazifizierung sind sie völlig nutzlos. ... Die ehemaligen Nazis reden herausfordernd über eine barbarische und kollektive Bestrafung. Andere wiederum glauben, dass eine Buße von einigen Hundert Mark kaum eine abgrundtiefe Barbarei sei, behaupten jedoch, dass es eine reine Zeitverschwendung ist, diesen ungeheuren Aufwand nur für einige kleine Parteigenossen zu unterhalten, während die großen davonkommen.«[85]

Mein Vater war einer von diesen kleinen Parteigenossen und wurde dafür mit zwei Jahren Haft und Amtsverlust streng bestraft, während Leute wie Globke, der die Kommentare zu den Nürnberger Rassegesetzen verfasst hatte, in der westdeutschen Adenauer-Regierung wieder zu Amt und Würden gelangen konnte. Parteigenosse Kurt Georg Kiesinger war sogar von 1966 bis 1969 Bundeskanzler.

Wie Dagerman so stand auch Victor Gollancz (1893–1967) dem Entnazifizierungsprozess mit seinen 133 Fragen kritisch gegenüber, Fragen, die oft völlig irrelevant waren wie »Haben Sie als Kind mit Spielzeugsoldaten gespielt? Wenn ja, in welchem Regiment?« Er schloss daraus: »Warum beenden wir nicht sofort im Namen unserer liberalen Tradition, auf die wir einst so stolz waren, solchen entwürdigenden Unsinn?«[86] Gollancz war ein bekannter britischer Verleger, Humanist, Sozialist, Internationalist und eine moralische Kraft, der vom 1. Oktober bis zum 15. November die britische Besatzungszone in Deutschland bereiste, vor allem die Städte im Ruhrgebiet wie Dortmund, Duisburg, Düsseldorf und Oberhausen – alle in unserer Nähe – sowie Hamburg, dieselben Städte, die etwa zur gleichen Zeit auch Dagerman besuchte. Gollancz veröffentlichte im Jahre 1947 seine Eindrücke und Erfahrungen in seinem Buch *In Darkest Germany* (Im dunkelsten Deutschland), mit 144 Bildern in Scharz-Weiß von Menschen und Orten. Es ist eines der besten und schockierendsten Dokumente von den damaligen Zuständen in Deutschland, die ich je gelesen habe. Sein Buch, das zuerst in einzelnen Artikeln in der britischen Presse erschienen war, löste in mir lang verschüttete Erinnerungen aus, da ich mich in einigen seiner Berichte wiedererkannte. Darin schildert er die Leiden der deutschen Bevölkerung, vor allem der Kinder, die unter unmenschlichen Bedingungen in Bunkern oder in den Trümmern ihrer Häuser lebten, fast ohne Lebensmittel, ohne Strom, ohne Heizung, ohne fließendes Wasser und ohne Toiletten. Auch medizinische Mittel waren knapp. »In Hamburg, zum Beispiel, waren 80 000 Männer zu diesem Zeitpunkt [15. Oktober 1945] ohne künstliche Beine, auf die manche bereits drei oder vier Jahre warteten.«[87] In Hamburg begleitete ihn die Heilsarmee zu einem dieser Elendsquartiere: »Der Ort war ein Keller unter Trümmern in einer riesigen zerstörten Gegend. Für Licht und Luft (während des Tages) gab es ein kleines Fenster. Auf dem Tisch stand eine Art Lampe mit offener Flamme, so etwas Kerosinartiges. Es gab ein Bett ungefähr in der Größe meines Bettes zu Hause, in dem der Mann und seine Ehefrau schliefen; auf einer Art Couch war der im Krieg verkrüppelte Sohn, so um Mitte zwanzig vermute ich, und auf dem Boden, auf einer unsagbar schmutzigen Matratze, die an mehreren Stellen aufgeplatzt war und Sägemehl verstreute, lag die Tochter. Sie sah aus wie eine Fünfzigjährige, doch ich vermute, sie war erst fünfundzwanzig. … Sie schien auch verkrüppelt zu sein und ihre Hand zitterte stark, ich nehme an vom Hunger. Es gab absolut keine freie Stelle in diesem Keller – und doch lebten, aßen und schliefen sie hier. … Die Luft war so stickig, dass ich kaum meine Brille vom Beschlagen befreien konnte, um etwas zu sehen. Die Frau weinte, als die Leute von der Heilsarmee ihr etwas Geld gaben – und wir alle entleerten unsere Zigarettenschachteln mit einer Art persönlicher Scham über dem jungen Mann. … Wir verließen dieses Höllenloch und bahnten uns unseren Weg mithilfe einer Taschenlampe durch die Trümmer; auf allen drei Seiten konnte man ab und zu einen Flecken Licht auf dem Boden sehen, ein Zeichen, dass einige der Kellerbewohner noch wach waren.«[88]

Mir ging es nicht ganz so schlecht; meine Eltern hatten zwei Zimmer für vier Personen ohne Küche oder Bad. Ich war unterernährt und hungrig, mit Arthritis in beiden Handgelenken, mein Körper war mit Geschwüren und Karbunkeln übersät. Ich hatte nur ein paar Holzschuhe (»Klumpen«) und zwei geänderte Uniformjacken, eine deutsche und eine englische.

Gollancz obiges Zitat stammt aus einem Brief an seine Frau mit der Bitte, eine Kopie davon an John Strachey, den Ernährungsminister, und Clement Attlee, den Premierminister, zu schicken: »Oh meine Liebe, lasse Kopien von diesem Brief machen und schicke sie an John Strachey und Clement Attlee. Sie sind beide ehrliche und gutherzige Männer; wenn sie nur sehen könnten, was ich gesehen habe, würden sie uns erlauben, Pakete an diese armen und lieben Leute zu schicken – ich nenne sie liebe Leute, denn ihr Leiden und ihre Tapferkeit lässt einen sie lieben. Oder ist sie zu lieben der einzige Weg, seinen Selbstrespekt als Mensch zu bewahren?«[89]

Gollancz war voller Mitleid für die Leiden der Leute, obwohl sie Deutsche waren. Wenn er gefragt wurde, wie er als Jude Mitleid mit diesen Leuten haben kann und ihnen zu helfen versuche, antwortete er, dass er es tat, gerade weil er Jude war: »Wie die meisten Leute wissen, falls sie überhaupt von mir wissen, bin ich Jude. Manchmal werde ich gefragt, warum ich als Jude mich um Leute kümmere, in deren Namen Verbrechen gegen meine Rasse begangen wurden, die, wie ich befürchte, niemals aus dem Gedächtnis schwinden werden – obgleich ich wünschte, es wäre anders. Manchmal werde ich nach diesen Dingen – und ich bedaure, es sagen zu müssen – von anderen Juden gefragt, die wohl die Lehren unserer Propheten vergessen haben, falls sie sie je kannten. … Es ist eine Tatsache, dass ich mich berufen fühle, diesen leidenden Deutschen zu helfen, gerade weil ich Jude bin. … Es handelt sich ganz einfach um common sense, unberührt von jeder Sentimentalität, die von einem klaren Urteil ablenkt und den Kopf von so vielen Menschen verdirbt. Für mich sind drei Grundsätze offensichtlich. Erstens: Nichts kann die Welt retten als ein allgemeiner Akt der Reue anstelle von selbstgerechtem Verharren auf der Verdorbenheit anderer; denn wir alle haben gesündigt und wir versündigen uns weiterhin in ungeheurem Maße. Das Zweite ist, dass gutes Verhalten und nicht schlechtes Verhalten die Menschen gut macht. Und das Dritte ist, dass es nirgendwo hinführt, es sei denn, man behandelt den Menschen gut, der dich schlecht behandelt hat. … Unsere Mission ist gerecht und besonders bereit zur Versöhnung, gerade weil wir 1900 Jahre lang oder mehr besonders beleidigt und verfolgt wurden.«[90]

Was für ein MENSCH!

Doch trotz allen Leids und aller Zerstörung, die er mit eigenen Augen gesehen hatte, vor allem die Nachwirkungen des Feuersturms auf Hamburg – »die drei Nächte von massiven Angriffen müssen schlimmer als die Hölle gewesen sein«[91] –, hatte er nie die Verbrechen aus den Augen verloren, welche die Nazis in den Konzentrationslagern begangen hatten: »Ich erinnerte mich wiederum daran, dass Belsen und Auschwitz bei Weitem schlimmer waren.«[92] Am Freitag, den 25. Oktober, schrieb er aus Hamburg an seine Frau: »Wie du weißt, war ich am Dienstag in Belsen, und ich hatte dir geschrieben, was ich fühlte; nicht für einen Augenblick vergesse ich die andere Seite des Bildes. Doch diese Leute machen eine Agonie des Leidens durch.«[93]

Gollancz stand auch der britischen Besatzungspolitik kritisch gegenüber sowie dem Versuch, Deutsche in Demokraten zu verwandeln, derweil die Briten mit »unserer Herrenvolkmentalität«[94] die noch verbliebene Industrie demontierten [das erhaltene Walzwerk in Dinslaken wurde demontiert] und die Menschen so arbeitslos machten, oder mit Zensur und Unterdrückung der freien Meinung: »Was ist das für eine Art Umerziehung mit unserer Manie von Zerstörung? Ist das der Weg, Menschen zu Demokraten zu machen? … Wir verhalten uns so, als ob man Menschen zu Demokraten machen kann, indem man sie für ihre Ansichten bestraft und die freie Meinungsäußerung verhindert. … Mit anderen Worten, wir versuchen, eine Pro-forma-Demokratie mit totalitären Mitteln einzuführen. Das kann man einfach nicht machen. Man kann eine Demokratie nur errichten, indem man die Bedingungen für eine Demokratie schafft. Damit Menschen die Gelegenheit haben, Demokraten zu werden, müssen sie die Luft von persönlicher Freiheit und intellektueller Verantwortung atmen. Es gibt schlicht keinen anderen Weg.«[95]

Die Lage war nicht viel besser in der amerikanischen Besatzungszone. Hans-Werner Richter, der Begründer der Gruppe 47, welche die deutsche Literatur nach dem Krieg erneuern wollte, war Kriegsgefangener in Illinois, von wo er in ein Umerziehungslager in Fort Kearney in Rhode Island gebracht wurde, wo ausgewählte deutsche Kriegsgefangene zu Demokraten erzogen werden sollten, damit sie nach ihrer Entlassung die Vorhut für die Demokratisierung Deutschlands bilden. In Fort Kearney brachte man ihnen die Grundprinzipien einer Demokratie bei wie Pressefreiheit und freie Meinungsäußerung. Doch als Richter nach Deutschland in die amerikanische Besatzungszone zurückkehrte und seine freie Meinung in seiner Zeitschrift *Der Ruf* äußern wollte, wurde er von denselben Amerikanern zensiert, die seine Zeitschrift verboten.[96]

Richter wandte sich auch gegen die These von Kollektivschuld aller Deutschen, die von den Alliierten propagiert wurde. Die hätte auch mich betroffen, obwohl ich nur ein Kind war. Damit wäre ich genauso verantwortlich für die von den Nazis begangenen Verbrechen wie echte Nazis, beispielsweise Rudolf Höß, der Kommandant von

Auschwitz, und andere. Richard von Weizsäcker, Bundespräsident von 1984 bis 1994, ersetzte daher in seiner viel beachteten Rede zum 40. Gedenktag an das Ende des Krieges am 8. Mai 1945 die These von Kollektivschuld durch die These von gemeinsamer Verantwortung, zu der ich mich auch bekenne, um sicherzustellen, dass die Verbrechen nicht vergessen werden und sich niemals wiederholen: »Schuld oder Unschuld eines ganzen Volkes gibt es nicht. Schuld ist, wie Unschuld, nicht kollektiv, sondern persönlich. … Der ganz überwiegende Teil unserer heutigen Bevölkerung war zur damaligen Zeit entweder im Kindesalter oder noch gar nicht geboren. Sie können nicht eine eigene Schuld bekennen für Taten, die sie gar nicht begangen haben. Kein fühlender Mensch erwartet von ihnen, ein Büßerhemd zu tragen, nur weil sie Deutsche sind. Aber die Vorfahren haben ihnen eine schwere Erbschaft hinterlassen. Wir alle, ob schuldig oder nicht, ob alt oder jung, müssen die Vergangenheit annehmen. Wir sind alle von ihren Folgen betroffen und für sie in Haftung genommen.«[97]

Nichtsdestotrotz war ich als Deutscher erfüllt von Schuldgefühlen ob der von Deutschen begangenen Gräueltaten – bis zu meiner Absolution 1958 in London. Doch davon später.

Zu seinen Kritikern, die sagten, dass die Deutschen selbst an ihrem Unglück schuld seien, antwortete Gollancz: »Auch die Babys?«[98] Einer der schärfsten Kritiker Deutschlands war Sir Robert Vansittart (1881–1957), Diplomat und Berater der britischen Regierung und führender Deutschenhasser, der in seinem Land eine große Gefolgschaft hatte, während Leute wie Gollancz in der Minderheit waren. 1943 schrieb Vansittart über die Deutschen: »Meiner Meinung nach ist es eine Illusion, zwischen der deutschen Rechten, Mitte oder Linken zu unterscheiden oder zwischen Katholiken und Protestanten, oder zwischen deutschen Arbeitern und Kapitalisten. Sie sind alle gleich, und die einzige Hoffnung für ein friedliches Europa ist eine vernichtende und gewaltsame militärische Niederlage, gefolgt von einigen Generationen der Umerziehung unter der Aufsicht der Vereinten Nationen.«[99] Vansittarts Hass auf Deutsche und Deutschland veranlasste Gollancz, mit seinem Buch *Shall Children Live or Die? A Reply to Lord Vansittart on the German Problem*[100], erschienen im Jahre 1942, zu antworten. Gollancz fasst zunächst Vansittarts Hauptthesen zusammen: »Vansittarts Hauptargumente sind bekannt. Im Rückgriff auf entfernte Geschichte erzählt uns Vansittart, dass es vor allem die

Deutschen waren, die der Fluch der Welt gewesen sind. Mit der Ausnahme einer kleinen und unbedeutenden Minorität sind die Deutschen im Allgemeinen immer die Schlächter gewesen oder wenigsten Schlächterei billigend. … Irgendeine Differenzierung zwischen der deutschen Regierung und dem deutschen Volk ist daher verhängnisvoll. … Die Probleme der Welt sind in dem angeborenen Bösen des deutschen Charakters – des Charakters des gesamten deutschen Volkes – zu suchen.«[101] Gollancz bestreitet diese Theorie mit einer einfachen Frage: »Ist daher das deutsche Volk besonders aggressiv? … Wir sprechen von der großen Masse einfacher Menschen: die Mutter mit ihrem Baby, der kleine Angestellte, der Arbeiter an der Werkbank. Wir alle haben Aggressionsgefühle in uns: Aber glauben Sie wirklich, dass der Durchschnittsbürger Herr Schmidt in Hamburg eher dazu bereit ist, seine Aggressionen mit Aushungern, Mord und Folter zu befriedigen als der Durchschnittsbürger Mr. Smith in Clapham, vorausgesetzt, dass sie ein erträgliches Leben haben, kein Appell an Ruhm oder Furcht existiert, vorausgesetzt, dass ihre Umgebung das Beste statt das Schlechteste hervorbringt, vorausgesetzt, dass sie die Möglichkeit besitzen, ihre Aggressionen durch glückliche und konstruktive Arbeit und Unterhaltung loszuwerden? Ich kann mir nicht vorstellen, dass Sie mit Ja antworten, wenn Sie sich ernsthaft diese Frage stellen.«[102]

Wie Gollancz in seinem Buch *Our Threatened Values*[103] ausführt, sah er unsere westlichen Werte bedroht durch Hass, Intoleranz, Selbstsucht und Nationalismus: »Wir sehen uns mit einer moralischen Krise konfrontiert, die fast schlimmer ist als Krieg. Es gibt zwei Wege für die Menschheit und sie muss zwischen beiden wählen. Der eine Weg, ein Weg von Habsucht, Hass und Selbstsucht, wird uns, mit oder ohne Atombombe, in Unmenschen verwandeln. Der andere Weg mag uns und unsere Kinder zu Höhen von Großartigkeit für Körper und Seele führen, von dem wir heute nur zu träumen vermögen. Können wir nicht die Menschen umgehend zu dem besseren der zwei Wege führen? Es wäre nicht unenglisch, das zu tun.«[104] Das war Gollancz Antwort auf die Vansittarts und Hitlers dieser Welt. Er beschließt sein Buch mit einem Zitat aus *Hellas* des englischen Dichters Percy Bysshe Shelley, einem Versdrama, das Shelley 1822 zur Unterstützung des griechischen Freiheitskampfes gegen das Osmanische Reich geschrieben hatte:

»Oh, halt ein! Muss Hass und Tod wiederkehren?
Halt ein! Müssen Menschen töten und sterben?
Halt ein! Leere nicht auf den Grund die Urne
Bitterer Prophezeiung.
Die Welt ist der Vergangenheit müde,
Oh, mag sie sterben und endlich ruhen!«[105]

Ich habe ausführlich aus Gollancz' Büchern zitiert, da ich glaube, dass er als Humanist uns Heutigen viel zu sagen hat, vor allem da Hass, Intoleranz, ja selbst Faschismus ihr übles Haupt wieder aufrichten; hier in den USA, aber auch in Europa. Sowohl Dagerman als auch Gollancz beschreiben die unmittelbare Nachkriegszeit in Deutschland, in der ich aufgewachsen bin. Beide behandeln moralische und ethische Fragen, die mich seit dem Krieg beschäftigen. Ich fürchte, dass ihre Bücher heute nahezu vergessen sind, und ich meine, dass sie wieder aufgelegt werden sollten wegen ihrer tiefen Menschlichkeit und ihrer Bedeutung für uns heute.

Schule

1942 kam ich in die Volksschule in Voerde, in der mein Vater Rektor und Lehrer war. In einer Ecke stand die Hakenkreuzfahne, darüber das Bild des Führers. Im zweiten Schuljahr war der Vater mein Lehrer; ich hatte nie einen strengeren Lehrer. Er musste so streng mit mir sein, um ja keinen Verdacht aufkommen zu lassen, dass er mich bevorzugte. Ab 1944 gab es keinen Unterricht mehr, da die Bomben- und Jaboangriffe zunahmen und die Schulräume für Soldaten der Wehrmacht auf dem Weg zur Front benutzt wurden. Nach zwei weiteren Jahren Volksschule nach dem Krieg in der Steinstraße bei Lehrer Seuthe kam ich 1947 nach bestandener Aufnahmeprüfung in die Sexta des naturwissenschaftlichen Städtischen Gymnasiums Dinslaken. Durch den Krieg hatte ich – wie wir alle – ein ganzes Schuljahr versäumt, doch auf lange Sicht spielte das keine Rolle. Der Unterricht fand in Baracken statt, da das Schulgebäude zerstört war. Jede der drei Baracken hatte vier Klassenräume, die im Winter mit einem Kohleofen mitten im Raum beheizt wurden. So wurde der Unterricht oft unterbrochen,

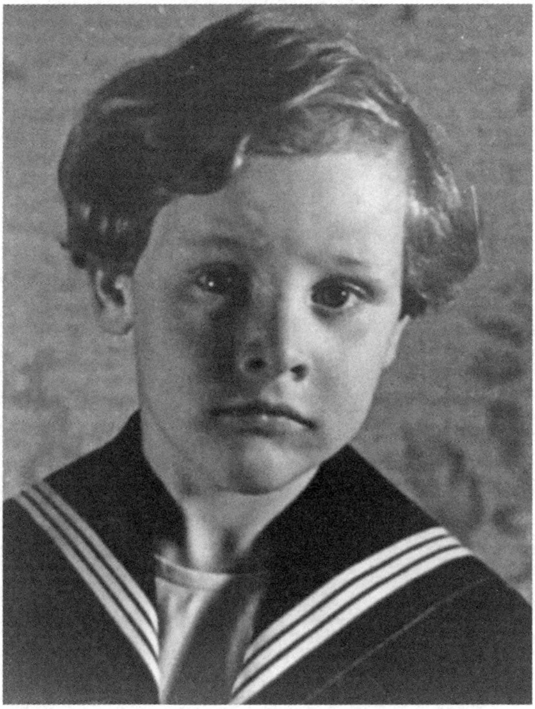

Matrose am Wannsee 1942

wenn der Hausmeister mit einem Eimer voller Kohle eintrat und den Ofen nachfüllte. Unterbrechungen des Unterrichts kamen auch auf andere Weise zustande, wenn einige Schüler auf das Barackendach kletterten und den Schornstein abdeckten. Dann füllte sich das Klassenzimmer mit Rauch und der Unterricht musste zu unserer Freude abgebrochen werden. Die Schuldigen, wenn sie denn ermittelt werden konnten, wurden ihrer gerechten Strafe zugeführt. Da das Lyzeum, das Gymnasium für Mädchen, auch zerstört war, hatten wir Schichtunterricht in denselben Baracken: eine Woche wir Jungens Unterricht am Vormittag, die Mädchen am Nachmittag und umgekehrt in der folgenden Woche. Als wir etwas älter waren und wussten, was Mädchen waren, versteckten wir Jungens geheime Nachrichten für die Mädchen in den Bänken und die Mädchen für uns. So entwickelte sich ein reger Zettelverkehr. Das Schulgebäude wurde erst fertig, als wir schon in der Oberprima waren, im Jahre 1955. Von meiner Gymnasialzeit hat sich eigentlich nur sehr wenig in meinem Gedächtnis erhalten.

Viele Lehrer kamen in abgeänderten Militäruniformen in die Schule, so unser Englischlehrer »Bobby« Melzer in einer abgewetzten Wehrmachtsuniform, unser Mathematik- und Biologielehrer Buchmann in einer abgetragenen Luftwaffenuniform. Latein und Deutsch hatten wir bei Dr. Paula Zillich, einer sehr gebildeten und kenntnisreichen Frau, die wir jedoch leider erst in den letzten Jahren richtig zu schätzen wussten. Erst später erfuhr ich zu meiner Enttäuschung, dass sie begeisterte Nationalsozialistin gewesen sein soll. Einige Male konnte sie uns unsere Klassenarbeiten nicht zurückgeben, da es in ihrer Wohnung durchgeregnet und die Hefte unleserlich gemacht hatte. Ihr Bruder Winfrid Zillich war Komponist und Schoenberg-Schüler, der dessen Oratorium *Die Jakobsleiter* zu Ende komponiert hatte. Als das Oratorium im Radio übertragen wurde, hörten wir zu Hause zu, wenn auch nur teilweise, da wir mit der Zwölftonmusik nicht viel anfangen konnten. Ein Motiv fürs Zuhören war, dass wir für die folgende Deutschstunde keine Hausaufgaben machen mussten, da die Stunde mit Diskussion über das Oratorium ausgefüllt war.

Da wir in Voerde etwa fünf Kilometer entfernt von Dinslaken wohnten, musste ich täglich den Zug von Voerde nach Dinslaken nehmen, um zum Gymnasium zu kommen. Der Voerder Bahnhof war ungefähr einen Kilometer von unserer Wohnung in der Frankfurter Straße entfernt und ich machte mir einen Spaß daraus, so spät wie möglich von zu Hause wegzugehen und doch noch den Zug zu erreichen. Manchmal erwischte ich nur noch das letzte Abteil im letzten Wagen, doch die Dampflokomotiven hatten einen langsamen Start und erleichterten das Aufspringen auf den anfahrenden Zug. Außerdem verbesserten sich dadurch meine Zeiten als Mittelstreckenläufer. Anfangs bestand der Zug nur aus geschlossenen Viehwagen, in denen es nach Schließung der Türen dunkel wurde. Zum Ärger der anderen Passagiere versuchten wir trotzdem, darin Fußball zu spielen. Manchmal waren die Züge so überfüllt, dass ich keinen Platz mehr bekam und mir außerhalb zwischen zwei Wagen einen Platz suchen musste. Das war vor allem im Winter recht unangenehm. Ich war einmal so durchgefroren, dass ich in Versuchung war, mich einfach fallen zu lassen, doch meine Hand war am Griff festgefroren. Bei Ankunft in Dinslaken musste ich noch rund einen Kilometer durch leere Flächen oder Trümmer bis zum Gymnasium laufen. In meiner Erinnerung war der Bahnhof Dinslaken etwas außerhalb der Stadt, doch als ich 2007 zum ersten Male wieder in Dinslaken war, stellte sich heraus, dass dem nicht so war; die leeren Flächen, auf denen einst Häuser gestanden hatten, waren wieder bebaut.

Der lange Schatten von Krieg und Drittem Reich folgte mir mein Leben lang, ob in Deutschland, in der Schweiz, in England, in Malta oder in den USA. Dazu gehören auch meine Erfahrungen in und mit der DDR, denn das geteilte Deutschland war bekanntlich eine Folge der Nazizeit und die DDR eine andere Art von Diktatur.

Schweiz

Die Mutter meines Vaters, meine Großmutter, die ich, wie alle meine Großeltern, nie gekannt habe – es gibt nur ein Foto, wo meine Großmutter mich als Baby auf ihrem Schoß hält –, war Schweizerin; daher meine Schweizer Verwandtschaft. Im Jahre 1947 luden Onkel Ernst und Tante Anny mich zu sich in die Schweiz ein. Bis Basel gelangte ich mit einem Rot-Kreuz-Transport, versehen mit einem Visum für die britische, die amerikanische und die französische Besatzungszone, die wir mit dem Zug durchquerten. Auf meiner Brust hing ein großes Schild mit einem roten Kreuz und meinen biografischen Angaben. In Basel wurden alle deutschen Kinder entlaust, desinfiziert und auf verschiedene Züge in verschiedene Richtungen verteilt. So gelangte ich nach Zürich, wo Onkel Ernst und Tante Anny mich mit einer Banane erwarteten. Ich hatte so ein gelbes Ding bis dahin nie gesehen und biss herzhaft hinein, ohne zu wissen, dass man sie vorher pellen muss. Sie schmeckte mir somit erst gar nicht, doch ich lernte schnell. In Frauenfeld im Almendweg 34 angekommen, bezog ich mein Zimmer im ersten Stock, öffnete den Schrank, um meine Sachen einzuräumen, und erschrak zu Tode. In dem Schrank hingen eine Uniform in Feldgrau, ein Stahlhelm und ein Gewehr. Ich lief voller Aufregung nach unten und verkündete: »Da oben verbirgt sich ein deutscher Soldat«, denn die Uniform ähnelte einer Wehrmachtsuniform. Doch alle lachten nur, denn Uniform, Stahlhelm und Gewehr gehörten meinem Onkel, der damit zu Auffrischungskursen der Schweizer Armee ging.

Während des Krieges war er, wie zahlreiche Schweizer Männer, an der Grenze nach Deutschland eingesetzt, um sein Land vor den Deutschen zu schützen. Das Haus am Almendweg hatte bis 1945 Deutschen gehört, die nach dem Krieg ausgewiesen wurden, da sie mit den Nazis sympathisiert hatten; von ihnen hatten meine Verwandten das Haus gekauft. Eigentlich war Onkel Ernst nicht gut auf die Deutschen zu sprechen, doch bei mir und meiner Familie machte er eine Ausnahme. Gegenüber vom Züllig'schen Haus war die Schreinerei Roost; von ihren vier Kindern war Ernst in meinem Alter. Wir spielten zusammen, teilten unsere Begeisterung für Eisenbahnen und wurden lebenslange Freunde. Ernst machte schließlich sein Interesse an Eisenbahnen zu seinem Beruf, indem er bis zu seiner Pensionierung Beamter der Schweizer Eisenbahnen SBB wurde.

Zweimal Deutschland

Im Juni 1948 wurde in den drei Westzonen (»Trizonesien«), der amerikanischen, britischen und französischen Zone, die deutsche Mark eingeführt, um die wertlose Reichsmark abzulösen. Am Sonntag, den 20. Juni 1948, erhielt die Bevölkerung pro Kopf 40 DM. Damit waren einen Tag lang alle gleich, aber viele waren gleicher, da sie mehr Besitz hatten. Plötzlich gab es auch in den Geschäften wieder Dinge zu kaufen, von denen man bis dahin nur träumen konnte. Die Folge der westlichen Währungsaktion war, dass die Sowjets alle Zugangswege zu Land und zu Wasser nach Berlin blockierten. Daraufhin errichteten die westlichen Alliierten eine Luftbrücke nach Berlin, um die 2,2-Millionenstadt Westberlin aus der Luft zu versorgen. Flugzeuge, die noch vor wenigen Jahren Berlin bombardiert hatten, flogen nun alles, was die Einwohner der Stadt brauchten, mit ihren Maschinen ein. Kinder winkten den Flugzeugen, und beherzte Piloten warfen ihnen Bombons zu, sogenannte »Rosinenbomber«. Die Luftbrücke dauerte vom 24. Juni 1948 bis zum 12. Mai 1949 und forderte eine Anzahl von Opfern unter den Flugzeugbesatzungen.

Ungefähr ein Jahr später, am 23. Mai 1949, wurde aus den drei westlichen Zonen die Bundesrepublik Deutschland (BRD) mit der Hauptstadt Bonn und Kanzler Konrad Adenauer. Im Oktober des gleichen Jahres verwandelte sich die sowjetische Besatzungszone in die Deutsche Demokratische Republik (DDR). Damit war das Restdeutschland gespalten; die früheren Ostgebiete standen bereits unter polnischer und russischer Verwaltung und wurden schließlich Teil von Russland[106] und Polen. Die aus dem Osten vertriebene deutsche Bevölkerung kam zumeist in die BRD und mit ihnen die ersten Katholiken in unser Dorf. Wir evangelischen Kinder spielten daraufhin gegen die katholischen Kinder Fußball. Am 16. und 17. Juni 1953 kam es zu Aufständen in der DDR, vor allem in Berlin, die von sowjetischen Panzern brutal unterdrückt wurden; der 17. Juni galt bis zur Wiedervereinigung Deutschlands im Jahre 1990 in Westdeutschland als Feiertag, als »Tag der deutschen Einheit« im Gedenken an den fehlgeschlagenen Aufstand von 1953. Die meisten Westdeutschen jedoch gedachten nicht des Aufstandes, sondern fuhren mit ihren Autos ins Grüne. Als immer mehr Ostdeutsche in den Westen flohen, riegelte die DDR am 13. August 1961 die Grenzen zum Westen mit dem Mauerbau in Berlin und verstärkten Grenzbefestigungen entlang der gesamten früheren Zonengrenze ab, obwohl Staatschef Ulbricht zwei Monate vorher noch erklärt hatte: »Niemand hat die Absicht, eine Mauer zu bauen!«

Ich kann mich noch genau erinnern, wo ich mich an diesem Tag aufhielt, nämlich auf einem Abstellgleis in Belgien auf dem Rückweg von London, als der Schaffner mich von den Ereignissen in Berlin unterrichtete. Warum Abstellgleis? Unser Zug von Oostende nach Köln musste einem Militärzug Vorfahrt lassen. Kurz nach dem Mauerbau war ich dann in Berlin. Im Westen sprach ich mit GIs, die zwar in Alarmbereitschaft waren, doch keine Einsatzbefehle hatten. Nach Überquerung der Mauer am schwer bewachten Übergang Bahnhof Friedrichstraße traf ich einen DDR-Volksarmisten, der vor der sowjetischen Botschaft Wache schob. Er war ein netter junger Bauernbursche aus Mecklenburg, der seinen Wehrdienst ableistete. Er erzählte mir, dass er in der Nacht zum 13. August 1961 mit anderen Volksarmisten an die Berliner Sektorengrenze gekarrt wurde, Stacheldraht ausrollte und anrückende Maurer bewachen sollte. Er glaubte, dass in jedem Moment die Amerikaner anrücken würden, um dem Spuk ein Ende zu bereiten. Doch niemand kam, die Maurer mauerten weiter und errichteten die berüchtigte Mauer, die bis zu ihrem Fall am 9. November 1989 über Jahre hinweg ausgebaut und verstärkt wurde. Nach Angaben dieses Volksarmisten war ihre Munition versiegelt; sie hätten also nicht schießen können. Doch bisher habe ich für diese Angaben keine Bestätigung gefunden.

Der 9. November ist übrigens ein besonderes Datum in der deutschen Geschichte. Am 9. November 1918 rief Philipp Scheidemann, ein führender Politiker der SPD, die Republik aus von einem Reichstagsfenster. Am 9. November 1923 versuchte der Österreicher Adolf Hitler die bayerische Regierung in München zu stürzen, doch ohne Erfolg. Am 9. November 1938 plünderte ein Nazi-Mob in der sogenannten Kristallnacht jüdische Geschäfte, ermordete zahlreiche Juden und zündete Synagogen an. Am 9. November 1989 fiel die Berliner Mauer und machte den Weg frei für die deutsch-deutsche Vereinigung. Manche Leute meinten daher, dass der 9. November ein offizieller Feiertag werden sollte, doch es wurde der 3. Oktober, der Tag der Deutschen Einheit.

Bis gegen Ende der DDR waren Grenze und Mauer oft Gefahrenherde, die zu internationalen Konflikten führen konnten. Rund drei Jahre vor dem Mauerbau, im November 1958, hatte der sowjetische Premier Nikita Chruschtschow den Westmächten ein Ultimatum gestellt, Berlin binnen sechs Monaten zu verlassen und zu einer entmilitarisierten Stadt zu machen. Doch die westlichen Alliierten gingen nicht darauf ein. Daraus hätte sich eine schlimme Krise entwickeln können, doch sie mündete im Mauerbau von 1961. Im Oktober 1961 war ich Zeuge am Checkpoint Charlie, dem Grenzübergang für alliiertes Personal, als sich amerikanische M48-Panzer russischen T-55-Panzern fast Rohr an Rohr gegenüberstanden. Der Anblick flößte mir einen kalten Schauer ein; bitte nicht schon wieder einen Krieg! Ein anderes Mal, ich weiß nicht mehr, in welchem Jahr, es kam öfter vor, sperrte die DDR wieder einmal die Zugangswege nach Berlin, angeblich wegen »Bauarbeiten«. Doch die Amerikaner ließen sich nicht einschüchtern und schickten eine bewaffnete Kolonne über die von der DDR kontrollierte Autobahn nach Berlin. Ähnlich wie bei der Kuba-Krise vom Oktober 1962, als die Sowjets Raketen auf Kuba stationieren wollten und amerikanische und russische Kriegsschiffe sich gefährlich nahe kamen, warteten wir mit Hochspannung, wie die DDR und die Sowjets reagieren würden. Kommt es zu einer Konfrontation? Wird daraus der Anfang eines neuen Weltkriegs? Der Anlass dazu war gegeben. Doch unter besonnener Führung gingen beide Krisen glimpflich aus; wir waren noch einmal davongekommen und haarscharf an einem Krieg vorbei gesteuert.

Die Währungsreform von 1948 erlaubte uns auch, aus dem recht beengten Quartier bei Anna Neuland in eine größere und komfortablere Wohnung im Hause von Frau Lauer in der Voerder Frankfurter Straße umzuziehen. Für uns war sie fast wie ein Paradies mit Hof und Garten, doch heutigen Ansprüchen würde sie nicht genügen, denn sie hatte kein Badezimmer, nur eine eingebaute Badewanne in der Küche und eine Toilette im Flur. Ich aber hatte endlich mein eigenes Zimmer im zweiten Stock unter dem Dach. Unter uns wohnte der Zahnarzt und Junggeselle Dr. Burck, der in einem Anbau seine Praxis hatte. Er besaß auch ein Motorrad, mit dem Dieter und ich in seiner Abwesenheit Spritztouren unternahmen. Wer war Dieter? Dieter Kurschat war einige Jahre unser Pflegesohn. Seine Mutter kam aus der DDR nach Voerde, um nach ihrem Mann zu suchen, der in den letzten Kriegsmonaten von den Amerikanern gefangen genommen worden war und mit Hunderten von anderen Gefangenen im März 1945 auf nassem Feld ohne Schutz auf der uns gegenüberliegenden Rheinseite den Elementen ausgesetzt war. Sie hoffte, dass unser Pfarrer Petri mehr Informationen hätte, doch ihr Mann, auch Pfarrer, war wie so viele andere Gefangene auf den schlammigen Feldern erkrankt und gestorben. Frau Kurschat musste sich nun mit ihren vier oder fünf Kindern alleine in der DDR durchschlagen. Um ihr Los zu erleichtern und mir einen Spielkameraden zu geben, luden meine Eltern den ungefähr gleichaltrigen Dieter zu uns ein. Doch unser Verhältnis war nie ganz ungetrübt und ich habe Dieter völlig aus den Augen verloren.

Die 1950er-Jahre waren weder Jahre der Rückbesinnung noch der Vergangenheitsbewältigung, sondern mehr Jahre der Verdrängung, des Wiederaufbaus und des »Wirtschaftswunders« mit seiner von Adenauers Wirtschaftsminister Ludwig Erhard (1897–1977) eingeführten Politik der Sozialen Marktwirtschaft. Es war auch eine Zeit des Eskapismus mit Heimatfilmen wie *Schwarzwaldmädel* (1950) oder *Grün ist die Heide* (1951) mit Sonja Ziemann (1926–2020) und Rudolf Prack (1905–1981). Einer meiner Lieblingsfilme aus meiner romantischen Jugendzeit war die sentimentale schwedische Liebesgeschichte *Sie tanzte nur einen Sommer* (1951) mit der schwedischen Filmschauspielerin Ulla Jacobsson (1929–1982). Neben klassischer Musik gefielen mir auch solche Schlagerschnulzen wie »Das machen nur die Beine der Dolores« oder »Ich wär so gern mit Dir in Oklahoma«. Der Komponist war sicherlich nie in Oklahoma und ich erst sehr viel später. Er kannte wohl auch nicht Kafkas Romanfragment *Amerika*, das im »Naturtheater von Oklahoma« endete. Meines Vaters Kommentar zu diesen Schlagern: »Stell das Gedudel ab!« Mein Bruder dagegen liebte neben klassischer Musik preußische Märsche, für die ich wiederum nichts übrig hatte. In diese Zeit fiel jedoch auch meine Entdeckung der Musik von Gustav Mahler (1860–1911), die ja im Dritten Reich verboten war, von der ich überwältigt war und immer noch bin.

Politisch war es die Zeit der Kanzlerschaft Konrad Adenauers, Bundeskanzler von 1949 bis 1963, in der auch frühere Nazis wieder in hohe Ämter gelangen konnten; der kalte Krieg mit der Sowjetunion war offensichtlich wichtiger als die Bekämpfung alter Nazis. Die DDR war da wesentlich gründlicher in der Entfernung von Nazis aus dem öffentlichen Leben, von denen viele nach Westdeutschland geflüchtet und untergetaucht waren. Die Nürnberger Prozesse gegen Hauptkriegsverbrecher und führende Repräsentanten des Dritten Reiches in den Jahren 1945–1949 wurden zu Unrecht von vielen als Siegerjustiz abgelehnt. Phillipp Fehl, Kunsthistoriker und einer meiner späteren Kollegen an der University of Illinois, österreichischer Jude und Emigrant (1920–2000), war Dolmetscher und Verhörer bei diesen Prozessen. Bei mir sind die Prozesse damals nie angekommen, ich war zu der Zeit noch wenig politisch interessiert und zu sehr mit mir selbst und der Situation meiner Familie beschäftigt, obwohl die Untaten der Nazis mich persönlich mit Schuldgefühlen erfüllten. Wenn ich im Ausland war, Holland oder Schweiz, hatte ich immer das Gefühl, dass die Leute mit dem Finger auf mich zeigten: »Da geht ein Deutscher!« Einer der Nazis, die in der Bundesrepublik wieder Karriere machten, war Hans Globke, der die Kommentare zu den antisemitischen Nürnberger Gesetzen von 1935 verfasst hatte und nun Chef des Kanzleramts unter Adenauer wurde. Adenauer selbst war kein Nazi, im Gegenteil, doch wenn er gefragt wurde, warum er ausgerechnet einen schlimmen Nazi zu seinem Kanzleichef gemacht hatte, war seine Antwort in seinem rheinischen Akzent nur: »Der Mann is jut.« Es war in der Tat schwierig, einen neuen Staat aufzubauen und entsprechende Experten zu finden, die nicht in der Nazi-Partei waren, doch musste es unbedingt ein so prominenter Nazi sein? Oder ein Bundeskanzler Kiesinger, der Mitglied der NSDAP war? Auf dem Parteitag der CDU im Jahre 1968 wurde er dafür auf öffentlicher Bühne von Beate Klarsfeld geohrfeigt, die dabei rief: »Kiesinger! Nazi! Abtreten!« Klarsfeld und ihr französischer Mann Serge hatten es sich zur Aufgabe gemacht, Nazi-Verbrecher aufzuspüren wie Kurt Lischka oder Klaus Barbie, den »Schlächter von Lyon«. Als ich Student in Bonn war, gab es einen Vertriebenenminister Oberländer, der gehen musste, als die DDR kompromittierende Dokumente aus dem Dritten Reich gegen ihn lieferte. Er wurde ersetzt durch einen Minister Krüger, der prompt auch wieder aus den gleichen Gründen seinen Hut nehmen musste.

In die 1950er-Jahre fiel auch der Wiederaufbau des Elternhauses meines Schwagers Heinz an der Heißener Straße in Mülheim/Ruhr, das durch Bomben zerstört wurde, während ihre Wohnung am Hingberg 107 unversehrt geblieben war. An diese Wohnung kann ich mich auch noch gut erinnern; ich verbrachte viele glückliche Stunden dort, zumal meine 14 Jahre ältere Schwester Inge nach dem Tod meiner Mutter eine Art Ersatzmutter für mich wurde. Vor dem Tod meiner Mutter fuhren wir häufig von Voerde per Bahn nach Mülheim, oft mit dreckiger Wäsche, da wir in der Rönskenstraße keine Waschgelegenheit hatten. Da Inge noch keine Waschmaschine besaß, wuschen meine Mutter und Inge alles in mühsamer Arbeit mit der Hand. Die Abendfahrten von und nach Mülheim waren immer ein besonderes Erlebnis, da wir an glühenden Schlackenhalden vorbeifuhren, die den Abend erhellten. Nur die Fahrt im Krieg durch das brennende Oberhausen war weniger angenehm. In der Heißener Straße ging es nun ans Steineklopfen, um die Ziegelsteine zur Wiederverwendung von altem Mörtel zu befreien. Wochenlang waren wir, Inge, Heinz, Dieter Kurschat und ich, mit dieser mühseligen Arbeit beschäftigt. Wir taten im Kleinen, was die berühmten Berliner Trümmerfrauen im großen Stil machten. Das Haus wurde jedoch nicht mehr im alten Stil als Einfamilienhaus, sondern aufgrund von Auflagen des staatlich finanzierten Programms vom sozialen Wohnungsbau, der Kredite zur Verfügung stellte, als dreigeschossiges Mehrfamilienhaus aufgebaut, um sich der Nachbarschaft anzupassen. Der große Garten hinter dem Haus blieb davon allerdings unberührt. Nach Fertigstellung des Hauses zogen Kolkmanns von der Hingbergstraße in eine schöne geräumige Wohnung im Parterre des neu erstandenen Hauses.

Die 1950er-Jahre waren auch die Zeit, in der Deutsche wieder begannen, Autos zu kaufen. Volkswagen produzierte endlich Autos für das Volk, wie es bereits in den Dreißigerjahren geplant war, doch wegen des Krieges nicht zur Ausführung kam. So erstand mein Schwager Heinz einen dunkelblauen VW mit Schiebedach, Kennzeichen MH – P 176, mit dem wir anschließend viele gemeinsame Reisen unternahmen, oft mit mir am Steuer, vor allem anfangs, da weder Heinz noch Inge einen Führerschein besaßen, den ich bereits mit 18 ohne Aussicht auf ein Auto erworben hatte. Unser erster gemeinsamer Ausflug führte uns im Sommer 1956 nach Jugoslawien, wo Heinz in seiner Soldatenzeit war und wo auch mein Bruder vor seinem Einsatz in Russland gekämpft hatte. Während er dort als feindlicher Soldat war, kam sein kleiner Bruder nun als freundlicher Tourist. Jugoslawien war damals noch nahezu unberührt vom Massentourismus und die Straßen waren zum Teil noch unbefestigt, so auch die Küstenstraße gleich südlich von Rijeka. In Split konnten wir nicht einmal ein Hotel finden und bekamen Unterkunft bei sehr gastfreundlichen Privatleuten. In der touristenfreien Stadt konnten wir ungestört die in den Palast des aus Dalmatien stammenden römischen Kaisers Diokletian (284–305) gebaute Altstadt bewundern. Allein in Dubrovnik und Mostar trafen wir einige Touristen, doch nicht die Massen, die sich später aus riesigen Kreuzfahrtschiffen in die Gassen von Dubrovnik ergossen. Auch Sarajewo, die Stadt, in der mein Bruder 1941 den Sieg über Jugoslawien gefeiert hatte, war relativ touristenfrei. Die ganze Reise war für uns alle ein großes Abenteuer und Erlebnis. Im Jahre 2018 war ich nochmals im ehemaligen Jugoslawien, meist entlang der Küste mit Landausflügen, doch dieses Mal mit meiner zweiten Frau Rachel auf einem kleinen Kreuzfahrtschiff mit nur 50 Passagieren. In Split und Dubrovnik drängten sich allerdings Riesenmengen von Touristen durch die Gassen. In Dubrovnik war es nur auf der alten Stadtmauer einigermaßen erträglich oder nach etwa 16 Uhr, wenn die Massen wieder auf ihre Riesenschiffe verschwanden.

Beginn meines Studiums in Freiburg

Im Spätsommer 1956 nach dem im Frühjahr bestandenen Abitur packte ich meinen Koffer, schnallte ihn auf meine Lambretta und fuhr zum Studium gen Freiburg. Warum Freiburg? Eine schöne Stadt und weit genug weg von Zuhause. In Freiburg angekommen, suchte ich mir ein Zimmer und fand eines bei Frau Merkel in der Flaunserstraße zwischen Dreisam (»einsam, zweisam an der Dreisam«) und der Schwarzwaldstraße. Es war eine geräumige Bude, sogar mit Loggia innerhalb der Wohnung von der Witwe Merkel. Was ich eigentlich studieren wollte, war mir noch nicht klar. Da ich auf Vermittlung meines Schwagers Heinz ein Praktikum im Chemielabor von Phoenix-Rheinrohr in Mülheim gemacht hatte, fühlte ich mich verpflichtet, in die Chemie hineinzuschauen. Doch ich erkannte schnell, dass das nicht das Richtige für mich war. Eine Studienberatung gab es kaum und weder vorgeschriebene Pflichtkurse für alle Studenten noch einen Numerus clausus; man konnte studieren, was man wollte und wofür man sich besonders interessierte. Man verließ sich auf die Selbstmotivierung und gute Vorbereitung der Studenten und nicht auf schulmäßige Vorschriften; es gab weder Bachelor- noch Magister-Studiengänge. All das war vor der Reformierung der Studiengänge nach angelsächsischem Vorbild. Nachdem das deutsche Humboldt'sche Studiensystem einst Vorbild für die amerikanische Graduate School war, kamen jetzt die Vorbilder für die Neuausrichtung des Studiums vor allem aus Amerika. Schließlich wählte ich das Lehrfach am Gymnasium zu meinem Berufsziel mit den Fächern Deutsch, Englisch, Geografie und Sport. Da ich jedoch meine Abiturarbeit in Deutsch zu meinem großen Leidwesen vergeigt hatte, konzentrierte ich mich zunächst auf die anderen Fächer. Daneben besuchte ich auch Vorlesungen in anderen Gebieten, so über Freuds Traumanalyse oder deutsche Geschichte. Studienkollegen rieten mir außerdem, in die Vorlesung von Martin Heidegger zu gehen, der nach mehreren Verbotsjahren wegen seiner Nähe zum Nationalsozialismus wieder lesen durfte. Wie sehr er in den Nationalsozialismus verstrickt war, wurde erst viel später klar, vor allem nach Veröffentlichung seiner Tagebücher, der sogenannten »Schwarzen Hefte«.[107] Hannah Arendt war seine berühmteste Schülerin, die, da Jüdin, aus Deutschland fliehen musste. Ich habe nie verstanden, wieso sie meines Wissens ihren Lehrer nicht verurteilt hat. Im Jahre 1966 besuchte der Dichter Paul Celan anlässlich seines Vortrags an der Universität Freiburg den Philosophen in seiner Hütte am Todtnauberg – in der Hoffnung, dass Heidegger sich über sein Verhältnis zum Nationalsozialismus äußern würde. Doch er wurde bitter enttäuscht und schrieb sein Gedicht »Todtnauberg« über dieses Zusammentreffen. Auch in dem Theaterstück »Totenauberg« – in deutlicher Anspielung auf Todtnauberg – aus dem Jahre 1992, verfasst von der österreichischen Nobelpreisträgerin Elfriede Jelinek, geht es um Heidegger, seine Philosophie und Nazismus.

Von all dem wusste ich natürlich nichts, als ich Heidegger hörte. Die Begegnung mit Heidegger hätte beinahe meine gerade begonnene akademische Laufbahn wieder beendet. Nach dem Abitur glaubte ich, auf alles vorbereitet zu sein, doch nicht auf Heidegger. Vom Inhalt seiner Vorlesungen verstand ich praktisch nichts. »Ja, wenn das Universität bedeutet, bin ich ungeeignet und muss diese noble Institution wieder verlassen«, dachte ich. Doch dann hörte ich andere, verständliche Vorlesungen und beschloss zu bleiben.

Aufenthalt in England

Als Student der Anglistik musste ich natürlich unbedingt nach England, denn auch nach sieben Jahren Englisch am Gymnasium war mein *English* verbesserungsbedürftig. Aber wie komme ich nach England ohne viel Geld? Also wandte ich mich an den AStA, den Allgemeinen Studentenausschuss. Die vermittelten mir einen Aufenthalt in einem »Agricultural Holiday Camp« in Beardsley bei Stratford-upon-Avon, der Shakespeare-Stadt, mit anschließendem Aufenthalt bei einer englischen Familie, von dem ich mir besonders viel versprach. Im Sommer 1957 reiste ich also nach England zu meinem Camp. In diesem Lager waren die Teilnehmer in Baracken untergebracht, die früher der Royal Airforce dienten und danach deutsche Kriegsgefangene beherbergten. Die »Campers« kamen aus verschiedenen europäischen Ländern, sogar aus Polen, damals noch hinter dem »Eisernen Vorhang«. Dazu kamen eine Reihe von jungen englischen Frauen, zumeist aus London, die gehört hatten, dass es in dem Lager viele junge Männer vom europäischen Kontinent gab. Unterkunft und Verpflegung waren recht preiswert. Wer arbeiten wollte, konnte Geld verdienen und damit seinen Unterhalt bestreiten. Die englischen Frauen wollten das natürlich nicht, doch ich wollte und musste Geld verdienen.

Jeden Morgen kamen Farmer und andere, um Arbeitswillige zu holen. Wir versammelten uns vor der Hauptbaracke und Mr. Visey, der Lagerleiter, verteilte uns auf verschiedene Arbeitgeber. »Fünf Leute zum Kartoffelauflesen.« »Zwei Leute zum Rasenlegen« etc. Ich meldete mich zum Rasenlegen. Wir waren zu dritt mit einem Fahrer und einem Lastwagen, auf dem die Rasenstücke gelagert waren. So fuhren wir die Umgebung von Stratford ab und legten in verschiedenen Grundstücken Rasen an, nachdem der Besitzer der Firma uns gezeigt hatte, wie man das macht. Als angehender Anglist und Shakespeare-Bewunderer war ich besonders gerührt davon, als wir den Rasen an Anne Hathaways Cottage, Shakespeares Frau, die er 1582 geheiratet hatte, legen mussten. Während ich vor Ehrfurcht fast erstarrte, wusste der Besitzer der Rasenfirma nicht einmal, wer sie war.

Ein anderes Mal meldete ich mich zur Kartoffelernte. Eine von Pferden gezogene Maschine grub die Kartoffeln aus und warf sie hinter sich, die wir dann aufsammeln und in bereitstehende Körbe legen mussten. Manche der Kartoffeln waren nur teilweise enterdet. An einem besonders heißen Tag am Ende der Schicht war ich zu müde und verärgert, die noch in der Erde steckenden Kartoffeln auszugraben, und stieß sie mit einem energischen Stoß ins Erdreich zurück. Da hörte ich hinter mir die Stimme des Farmers, der mich ermahnte, das zu unterlassen. Im Gefühl, dass der Farmer sicher kein Deutsch verstehen würde – welcher Engländer konnte das schon – antwortete ich auf Deutsch: »Ach halt die Klappe!« Zu meiner großen Bestürzung jedoch hallte es auf gut Deutsch zurück: »Da würde ich aber etwas vorsichtiger sein.« Und das sogar in meinem eigenen Ruhrgebietsakzent! Ich weiß nicht mehr, was ich in meiner Verlegenheit stammelte, doch der Farmer lachte nur und erklärte mir, dass er als deutscher Kriegsgefangener in meinem Lager eingesessen hatte, auf den Feldern arbeiten musste, schließlich eine Farmerstochter heiratete und nach des englischen Farmers Tod die Farm übernommen hatte. Er stammte ursprünglich aus Essen, daher sein Akzent.

Nach dem Ende der Zeit im Arbeitsferienlager kam dann der lang erwartete Augenblick, in dem man einer Familie zugeteilt wurde, in der großen, doch ungewissen Hoffnung, Glück zu haben und in eine passende Familie zu kommen. Ich erhielt Post von einer Frau Ridgers aus Sevenoaks, Kent, dass sie und ihre Familie mich gerne willkommen hießen. Es war ja auch ein Risiko für sie, denn sie wussten ja nicht, wer da kommen würde. Sie wussten nur, dass sie einen Deutschen wollten, denn sie hatten mit einem deutschen Kindermädchen (»Au Pair«) gute Erfahrungen gemacht.

Zuerst wollte ich jedoch noch etwas von Großbritannien sehen und kam per Anhalter über den Lake Distrikt bis nach Edinburgh in Schottland. Einer meiner Fahrer war ein Arzt in einem schicken, doch unbequemen MG Sportwagen, der mir erklärte, dass er, von einzelnen abgesehen, die Deutschen als Volk nicht mochte. Was sollte ich dazu schon sagen; Hauptsache er nahm mich mit und brachte mich eine Strecke weiter an mein Ziel. Auf der Rückfahrt von Edinburgh hatte ich einen Lastwagenfahrer, der recht flott fuhr, doch andauernd Teepausen einlegte. Ich lebte die ganze Zeit meist von »fish and chips«, da ich nicht immer als Ausländer, vor allem als Deutscher, auffallen wollte.

Endlich bei Ridgers in Sevenoaks angekommen, wurde ich freudig von der Familie empfangen; ich hatte großes Glück, eine so nette Familie zu finden. Engländer waren Feinde meines Bruders; Engländer hatten meinen Vater zwei Jahre lang inhaftiert, mein Vetter Erich Ackermann hatte London bombardiert; die Familie Ridgers und ich dagegen wurden lebenslange Freunde. Tempora mutantur et nos mutamur in illis. (Die Zeiten ändern sich und wir ändern uns in ihnen.) Sie bewohnten ein schönes großes Landhaus, genannt »Watlynge« (benannt nach einer alten englischen Handelsstraße), etwas außerhalb von Sevenoaks, mit großem Garten und zwei Tennisplätzen, einem Rasenplatz und einem Hartplatz. Mr. Ridgers war »underwriter« oder Versicherungsagent in der maritimen Abteilung von Lloyds of London, keine Versicherungsgesellschaft im traditionellen Sinne, sondern bei der jeder Agent auf eigenes Risiko arbeitet, nachdem er eine beträchtliche Summe in einen gemeinsamen Topf eingezahlt hat, aus dem eventuelle Verluste gedeckt werden. Lloyds of London ist eine der ältesten und renommiertesten Versicherungen der Welt, gegründet von Edward Lloyd circa 1686. Als ich zum Beispiel in der Zeitung las, dass vor der chilenischen Küste ein Frachter mit Salpeter gesunken war, fragte ich Mr. Ridgers, der einen Teil des Frachters versichert hatte, ob er nun viel Geld verloren hätte. Nein, das hatte er nicht, denn er war wiederum gegen Totalverlust versichert. In seiner Freizeit las er oder spielte mit seinen Kindern, setzte sich ans Klavier oder ging auf den Tennisplatz. Er war es auch, der mir das Tennisspielen beibrachte, dem ich bis heute mit Begeisterung nachgehe. An manchen Sonntagen gab es Tennispartys mit Freunden, Nachbarn – und »petit fours«, kleine süße Häppchen, mit – was sonst – Tee. Die Ridgers hat-

Bei den Ridgers in Sevenoaks

»Watlynge«

ten fünf Töchter. Jo, die jüngste, war damals 1957 10 oder 12 Jahre alt, Nikki etwa 15, Sara etwa 18, Anne etwa 19 und Elisabeth in meinem Alter. Alle sind heute verheiratet und haben ihre eigenen Kinder; Jo, zum Beispiel, lebt mit ihrer Familie in Neuseeland in der Nähe von Aukland und vor Jahren habe ich sie dort einmal besucht. Sie brachte mich mit einem ehemaligen Oberst der britischen Armee zusammen, der mit mir nur über den Krieg sprechen wollte. Im Laufe der Zeit wurde ich von den Ridgers fast wie ein Sohn betrachtet; ich war bis zu meiner Heirat und zum Umzug in die USA häufig bei ihnen, vor allem während meiner Zeit am King's College London (davon mehr später). Die Eltern Ridgers sind vor Jahren gestorben, doch mit Sara, die heute in Tonbridge, Kent, lebt, bin ich immer noch in Kontakt. Die Begegnung mit der Familie Ridgers war ein weiteres Schlüsselerlebnis in meinem Leben.

Im Oktober 1958 war ich wieder einmal in London und wurde Zeuge vom ersten offiziellen Besuch eines deutschen Staatsoberhauptes nach dem Krieg in Großbritannien. Ich stand mit vielen anderen Leuten, vor allem Studenten vom nahe gelegenen King's College, am Alwych, um die Durchfahrt von Königin Elizabeth und Theodor Heuss zu erleben. Die Straßen waren lange vorher abgesperrt, doch als ein Wagen der Londoner Müllabfuhr auftauchte, wurde er mit lauten Sieg-Heil-Rufen begrüßt. Etwas mehr als 13 Jahre nach Kriegsende waren die Erinnerungen daran noch sehr lebendig, vor allem in London, das durch deutsche Bombardierungen sehr gelitten hatte. Als die Königin und Heuss vorbeifuhren, herrschte dagegen eisiges Schweigen. Zu der Zeit wusste ich nicht, dass ich ein knappes Jahr später selber Student am King's College sein würde.

Bonn

Von der Universität Freiburg kam ich nach einem Semester an der Universität Innsbruck nach Bonn, der damaligen Bundeshauptstadt, in der die Mieten durch Bundesangestellte in die Höhe getrieben waren. Doch als Englischlehrer in Erhards Wirtschaftsministerium konnte ich mir etwas Geld dazuverdienen. Mein Freund Rudolf war inzwischen Assistent des Rektors der Universität Bonn geworden für das eine Jahr, in dem sein Doktorvater dieses hohe Amt als akademischer Vertreter der Universität bekleidete. Seine erste Aufgabe bestand darin, alle Bücher des Rektors über Bodenkunde, die im Dritten Reich erschienen waren, aufzuspüren und das Vorwort zu entfernen, in dem zu viel von Blut und Boden die Rede war. Die Nazi-Vergangenheit war noch überall gegenwärtig. Es gab Gerüchte, dass einige von unseren Professoren eine Nazi-Vergangenheit hatten, doch wir verfolgten die Gerüchte nicht weiter; das blieb der nächsten Generation, der sogenannten 68er-Generation, vorbehalten. Wir waren skeptisch, doch lauschten wir andächtig ihren Vorlesungen und machten eifrig Notizen.

King's College London

Auf einer meiner Lambretta-Fahrten nach England zu Ridgers lernte ich auf der Fähre von Oostende nach Dover einen jungen Pakistani kennen, der ebenfalls mit einer Lambretta unterwegs war. Er war nach der Teilung Indiens in die Staaten Indien und Pakistan im Jahre 1947 mit seinen Eltern nach Kenia geflohen und dort aufgewachsen und studierte jetzt am King's College der University of London. Als ich ihm erzählte, dass ich Anglist sei, ermunterte er mich, doch für ein Jahr an sein College zu kommen. Also bewarb ich mich dort, wurde angenommen und beantragte zusätzliche Gelder für ein Auslandsstudium von »BAföG«, damals noch »Honnef« genannt, die ebenfalls genehmigt wurden.[108] Also bat ich um Urlaub von der Universität Bonn und verbrachte das akademische Jahr 1959–1960 in London. Damals war es noch wesentlich leichter, Studienorte zu wechseln, da die Universitäten noch nicht so verschult waren mit Bakkalaureat- und Magisterstudium. Dann packte ich meine Sachen zusammen, lud sie auf meine Lambretta und fuhr gen England. Kish, der Pakistani – ich kannte nie seinen vollen Namen, obwohl wir gute Freunde wurden –, hatte mir ein Zimmer bei Bohannons in der Chigwell Road in South Woodford, einem Vorort von London, besorgt, bei denen auch er wohnte.

Am King's College, das zwischen »Strand« und Themse neben dem Somerset House in der Nähe von Aldwych in Zentrallondon liegt, stellte ich mich Dean Landers vor und besprach mit ihm meinen Stundenplan. So schrieb ich mich ein für einen Kurs über Shakespeares

Kish und ich in Bohannons Garten in London 1959

Dramen und ein Tutorial über Bernard Shaw bei Professor Bullock. Tutorials waren mir ganz neu, in denen man ganz allein mit einem Professor zusammenarbeitet, etwas, das in Deutschland völlig unbekannt war. Neu und ungewohnt war für mich auch, dass die Professoren in Vorlesungen Fragen stellten. So war ich überrascht und unvorbereitet, als mich der Professor im Shakespeare-Kurs aufrief und ich nur verlegen etwas stottern oder gar nichts sagen konnte. Äußerst an- und aufregend war dagegen eine Vorlesung über den Zweiten Weltkrieg, den ich zwar als Kind erlebt hatte, doch sonst nicht viel darüber wusste, denn mein gymnasialer Geschichtsunterricht endete irgendwie beim Ersten Weltkrieg. Bald hatte der englische Professor drei oder vier Deutsche in seiner Vorlesung, und nach der Vorlesung diskutierten wir noch öfter mit ihm. Als die Sprache auf Dünkirchen kam, wo die britische Armee in schier aussichtsloser Lage von deutschen Truppen umzingelt war, fragten wir ihn, warum Britannien nach dieser Katastrophe nicht kapituliert hätte. Seine Antwort war: »Because we are British!« Mir ist heute noch nicht klar, warum die deutsche Wehrmacht 1940 über 300 000 eingekesselte britische, französische und holländische Soldaten unter Zurücklassung ihrer Waffen entkommen ließ. Selbst der Film *Dunkirk* von 2017 lieferte mir dafür keine Erklärung.

Was für meinen Bruder 1938–1939 Berlin bedeutete, war für mich 1959–1960 London mit seinem reichhaltigen kulturellen Angebot an Theaterstücken, Konzerten und Opern, vor allem Covent Garden. Dort sah ich auf billigen Plätzen in der Galerie unvergessliche Opernaufführungen wie *Der Rosenkavalier* mit Elisabeth Schwarzkopf, Sena Jurinac und Kurt Böhme sowie Jussi Björling in *La Boheme*. Covent Garden eröffnete mir auch die Welt des Balletts mit Darbietungen der legendären Margot Fonteyn und ihrem Partner Michael Somes in *Giselle* oder *Swan Lake*. In besonderer Erinnerung ist mir auch ein Konzert in der Royal Festival Hall mit Otto Klemperer, der die »Symphonie fantastique« von Hector Berlioz dirigierte, die mir noch heute in den Ohren klingt, vor allem die schwermütigen Klänge der Solo-Oboe. Von den zahlreichen Theaterstücken sind mir noch einige in deutlicher Erinnerung: Ionescos *Rhinoceros*, John Osbornes *Look Back in Anger* und Terence Rattigans *Ross*, ein Stück über T. E. Lawrences Zeit in der Royal Airforce (der als »Lawrence of Arabia« bekannt wurde).

Ein besonderes Theatererlebnis für mich war Shakespeares *King Lear* mit Charles Laughton, allerdings nicht in London, sondern in Stratford-upon-Avon. An einem regnerischen Tag fuhr ich mit meiner Lambretta dorthin und wieder zurück in meine Bude in der Chigwell Road in South Woodford. Als mich am anderen Morgen meine Wirtin Mrs. Bohannon mit einer Tasse Tee weckte, erschrak sie über meine geschwollene Nase. Und in der Tat, als ich im Badezimmer in den Spiegel schaute, prangte mitten in meinem Gesicht ein »riesiger Erker«. Mrs. Bohannon schickte mich zum nahe gelegenen Wanstead Hospital, wo man mich sofort dabehielt, um meine geschwollene Nase zu operieren. Auf meine Beteuerungen, ich hätte ja nicht einmal eine Zahnbürste bei mir, wurde mir gesagt, sie hätten alles, was ich brauchte. Die Operation war dringend notwendig, da die Vereiterung in die Stirnhöhle zu ziehen drohte.

Wie war es überhaupt zu dieser Schwellung gekommen? Am Tag vor meiner Fahrt nach Stratford war ich zum Schwimmen in dem großen Hallenbad der University of London Union. Da wir nur drei

Schwimmer waren, haben wir uns gegenseitig nicht beachtet – bis ich mit einem anderen Schwimmer zusammenprallte. Unbeabsichtigt schlug er mir mit der Faust auf die Nase und schickte mich bis auf den Grund des Beckens. Als ich wieder auftauchte, entschuldigte er sich mit »Oh, I am so sorry«. Der Schlag auf die Nase und die anschließende Regenfahrt nach Stratford hatten eine Entzündung der Nase verursacht. Als ich nach der Operation kurz aus der Narkose erwachte und noch sehr umnebelt war, stand neben meinem Bett ein kleiner Mann im weißen Kittel und wiederholte immerzu: »Auf Wiedersehen! Auf Wiedersehen!« Als ich ihn später danach fragte, erzählte er mir, ich hätte in der Narkose etwas gemurmelt, das er für Deutsch hielt, und »Auf Wiedersehen« sei das einzige deutsche Wort, das er noch vom Ersten Weltkrieg her kannte. Bei der Operation hatte man mir ein Stück Knorpel aus der Nase entfernen müssen, sodass ich aussah wie ein Boxer mit einer Vertiefung in der Nasenmitte. Als meine Schwester Inge mich in den Weihnachtsferien in Mülheim mit meiner verunstalteten Nase sah, war sie entsetzt und drängte mich, die Nase nach meiner Rückkehr nach London sofort reparieren zu lassen.

Wieder zurück in London machte ich mich also auf den Weg zum »Royal National Throat, Nose and Ear Hospital« in der Grays Inn Road zur Konsultation. Der behandelnde Arzt eröffnete mir, dass zur völligen Wiederherstellung der Nase zwei Operationen notwendig seien; eine, um die Nasenpassagen zu erweitern, und eine andere, um der Nase ihre ursprüngliche Form zurückzugeben. Die erste Operation würde von National Health bezahlt, die zweite jedoch nicht, da eine Schönheitsoperation. »Aber«, fügte er hinzu, »da ich sehe, dass Sie ein ›Kingsman‹ sind«: – ich trug den Blazer meines Colleges – »das kriegen wir schon hin« – auch er war ein »Kingsman«. »Die Frage ist nur, ob beide Operationen gleichzeitig gemacht werden sollen oder erste eine und dann die andere etwas später. Ich schlage Letzteres vor, da die erste Operation eine dreckige, die zweite eine saubere ist; das dauert allerdings etwas länger. Was für eine Nase wollen Sie denn? Griechisch-römisch?« »Nein, nur eine gerade bitte.« Also verbrachte ich anschließend 14 Tage in einer Ward, einem Krankensaal des Royal National Throat, Nose and Ear Hospitals, und wurde mit einer englischen Nase entlassen, also mit einem Stück Plastik in der Nasenmitte.

Der Krankenhausaufenthalt in London war eine einmalige Erfahrung, in deren »Genuss« nicht jeder Deutsche kommt. Mich hat die ganze Prozedur nicht einen Pfennig gekostet, da ich in einem Krankensaal mit rund 20 anderen Patienten untergebracht war; ein Einzelzimmer dagegen hätte ich bezahlen müssen. Das war und ist der Vorteil einer allgemeinen staatlichen Gesundheitsversorgung, »National Health«, die viele Amerikaner aus mir unverständlichen Gründen immer noch ablehnen, da »sozialistisch«. Deutschland hat seit rund 130 Jahren eine allgemeine Gesundheitsversicherung, eingeführt von Kaiser Wilhelm II., der beileibe kein Sozialist war, eine Gesundheitsversicherung, die es in den USA immer noch nicht gibt; »Obamacare«, von Republikanern mit allen Mitteln bekämpft, ist nur ein schwacher Ansatz dazu.

Die Zeit im Krankenhaus war für mein Studium verlorene Zeit, doch die Erfahrung, in einer britischen Ward zu liegen, möchte ich im Rückblick nicht missen, denn sie war eine Erweiterung meiner Lebenserfahrung, da ich Bereiche des Lebens kennenlernte, die mir vorher verschlossen waren. Die einzelnen Betten waren mit Vorhängen umgeben, die, wenn nötig, zugezogen werden konnten. Doch meist waren sie offen und jeder Patient konnte jeden anderen sehen. Neben mir lag ein älterer Herr, der oft in der Nacht anfing, wie eine Sirene zu heulen. Sofort kam die Nachtschwester, um ihn mit einer Tasse »Bovril«, einer Art Fleischbrühe, zu beruhigen. Als ich ihn am nächsten Tag daraufhin ansprach, erzählte er mir, dass er im Zweiten Weltkrieg mit seinem Bombenflugzeug über Deutschland abgeschossen worden war und seitdem unter Albträumen leide. Ich sagte ihm nicht, dass ich beinahe Opfer »seiner Bomben« geworden wäre. So war der vergangene Krieg immer noch gegenwärtig für mich und viele andere. Ein anderes Mal wurde die Stille unterbrochen, als ein junger Mann in einer anderen Ecke des Saales anfing zu singen: »If I say I love you, do you mind?« (Wenn ich dir sage, ich liebe dich, hast du etwas dagegen?) Aus einer anderen Ecke tönte es zurück: »Yes, I do mind! Just shut up!« (Ja, ich habe etwas dagegen. Jetzt halt die Klappe!) Eines anderen Tages kam ein junger Italiener nach einer Operation zurück in sein Bett und wollte unbedingt aufstehen. Doch eine Krankenschwester versuchte, ihn im Bett festzuhalten, was ihr nur mit Mühe gelang. Auf sein italienisches Gemurmel hin stieß sie hervor: »Now what do you want?« Daraufhin verklärte sich sein Gesicht und er antwortete nach einer Pause in perfektem Englisch: »I want you!!« Soweit also mein Nasen- und Krankenhauserlebnis in einem fremden Land; eine interessante Erfahrung, doch nicht unbedingt ein Schlüsselerlebnis.

Ein solches folgte jedoch im Herbst 1959, und zwar ein einschneidendes. Ich war von Elizabeth Ridgers zu einer Party in Kensington in Zentrallondon eingeladen und hielt auf der Oxford Street meine Lambretta an, um auf der Karte nach dem Weg zu meiner Adresse zu suchen. Da hielt ein »Humber«, ein großer englischer Mittelklassewagen, neben mir an. Der Fahrer, ein Mann mit Bowler Hut und auch sonst typisch englisch, alleine im Fahrzeug, fragte mich, wohin ich wollte. »Nach Kensington.« Ich gab ihm die Adresse. »Da muss ich auch hin, bitte folgen Sie mir.« Ich tat wie geheißen, doch fragte ich mich: »War das etwa auf Deutsch, was er da sagte? Nein, kann nicht sein, typischer Engländer mit Bowler Hut und englischem Auto. Da habe ich mich sicherlich geirrt.« Am Ziel angekommen, winkte er mich an sein Autofenster und sagte in tadellosem Deutsch: »Da, gleich links um die Ecke ist Ihre Adresse.« Nicht nur in perfektem Deutsch, sondern sogar mit meinem Ruhrgebiet-Akzent. Wie konnte er wissen, dass ich Deutscher bin? Ich trug einen englischen Sturzhelm und hatte ein englisches Nummernschild an meiner Lambretta. Es war also tatsächlich auf Deutsch, als er mich angesprochen hatte, ohne dass ich ein Wort gesagt hatte. Als ich mein Erstaunen über sein fließendes Deutsch ausdrückte, antwortete er: »Ja, ich bin deutscher Jude aus Essen und bin mit einem Kindertransport nach England gekommen. Ich habe als Einziger überlebt; meine ganze Familie ist von den Nazis ermordet worden.« Ich hatte bis dahin noch nie einen Juden getroffen und war völlig verwirrt und betroffen. »Und da helfen Sie einem Deutschen?« »Sie haben nichts damit zu tun; Sie waren viel zu jung. Doch ich bin nach dem Krieg als britischer Geheimdienstler (›Secret Service‹) nach Essen gekommen, um die Schuldigen aufzuspüren und vor Gericht zu bringen. Ich habe jeden Einzelnen gefunden und sichergestellt, dass sie ihrer gerechten Strafe zugeführt wurden.« Noch heute höre ich seine Worte; die ganze Szene steht mir noch lebhaft vor Augen, als ob es gestern gewesen wäre. Was für ein Mensch! Im wahrsten Sinne des Wortes. Eine große Last fiel von meinen Schultern, denn bis dahin plagten mich Schuldgefühle ob der Verbrechen, die von Deutschen begangen worden waren – und ich bin ein Deutscher. Wenn ich bis dahin im Ausland war, glaubte ich immer schuldbewusst, dass die Leute mit dem Finger auf mich zeigten: »Da geht ein Deutscher!« Und jetzt die ungeheure Erleichterung, die Absolution. Unvergesslich. Ein wirkliches Schlüsselerlebnis. Spätfolgen eines Krieges, den ich nicht vergessen kann.

Malta

Da ich als angehender Englischlehrer an einem Gymnasium auch unbedingt die USA kennenlernen wollte, bewarb ich mich beim Auslandsamt der Uni Bonn um ein Fulbright-Austauschprogramm mit der University of Kansas. Doch wo ist Kansas? Das sollte ich bald herausfinden. Um die Reisekosten zu bestreiten, bewarb ich mich mit Erfolg um ein Fulbright-Reisestipendium. Damit waren alle Voraussetzungen für ein Amerikajahr erfüllt und im August 1962 sollte es losgehen mit einer dreitägigen Orientierung für alle Fulbrighter in Bremen, geleitet von Theo Sommer, dem späteren Herausgeber von der *ZEIT*.

Doch zuvor verbrachte ich den Sommer 1962 als Reiseleiter auf Malta. Also studierte ich eifrig Informationsmaterial über diese Insel, von der ich bis dahin recht wenig wusste. Malta hatte damals noch einen britischen Gouverneur, war aber bereits auf dem Weg zur Unabhängigkeit und wollte seinen Tourismus ankurbeln.

Eines Tages wurde ich zum Polizeichef für die nördliche Region Maltas nach Mdina bestellt, obwohl ich mir keiner Schuld bewusst war. Er war ein sehr netter und freundlicher Mann, der mir nur nahelegen wollte, dass ich die Frauen in meiner Gruppe daran erinnern solle, am Strand keine Bikinis zu tragen. Das war damals in allen katholischen Ländern verboten. Außerdem hingen seine Polizisten am Strand herum, statt in der Stadt und auf dem Land für Ordnung zu sorgen. Nach diesem »Dienstgespräch« zeigte er mir seine wunderschöne alte Villa in der faszinierenden mittelalterlichen Stadt Mdina, die im 8. Jahrhundert v. Chr. als Maleth gegründet worden war und seit dem 11. Jahrhundert den heutigen Namen trägt. In seinem Schlafzimmer entdeckte ich zu meinem Erstaunen ein Bild von General Rommel auf dem Nachttisch. »Sie waren im Zweiten Weltkrieg Oberst in der britischen Armee und Rommel war doch Ihr Feind!« »Ja, doch, aber er war auch ein hervorragender Offizier, Stratege und fairer Gegner.« Für die Italiener dagegen hatte er wenig Respekt. »Wenn die mit ihren Flugzeugen kamen und wir begannen, sie zu beschießen, drehten sie sofort ab und verschwanden.« »Sehr klug von den Italienern«, dachte ich, sagte aber kein Wort. Er zeigte mir nicht nur sein Haus, sondern lud die ganze Reisegruppe, etwa 20 Leute, zu einer Party in sein Haus ein. Und ganz nebenbei erwähnte er einige Dürer-Stiche, die er auf seinem Dachboden gefunden hatte – wohl hinterlassen von Söhnen reicher Eltern, die sie nach Malta zum Johanniterorden geschickt hatten, der seit dem 16. Jahrhundert auf Malta ansässig ist und daher auch Malteserorden genannt wird.

Atlantiküberquerung

Der Norddeutsche Lloyd hatte damals nur zwei Passagierschiffe, die »Berlin« und die »Bremen«. Eine größere Gruppe kam auf die modernere und schnellere »Bremen«, ich dagegen mit einer kleineren Gruppe auf die alte und langsame »Berlin«, erbaut 1926 als Passagierschiff, dann Truppentransporter im Krieg, dann »Gripsholm« unter schwedischer Flagge und jetzt wieder unter deutscher Registrierung. Ich kam in eine Viererkabine mit Bullauge, in der ich zu meiner Überraschung einen ehemaligen Kommilitonen aus Freiburg wiedertraf. Die »Berlin« brauchte zehn Tage für die Überfahrt von Bremerhaven nach New York City, doch diese graduelle Annäherung an die neue Welt kam mir nicht ungelegen, da man auf diese Weise nicht so plötzlich in eine neue und unbekannte Umgebung geworfen wird und sich langsam darauf ein- und umstellen kann. Wie Peter Wapnewski so trefflich anmerkte, eine solche Seereise »schenkt [einem] das uralte Menschheitserlebnis des Ausgeliefertseins an Wind und Wogen wieder, an Sturm und Seewildheit und die Illusion der schützenden Geborgenheit auf dem einsamen Schiff. Auch hilft bei solcher Art der Fortbewegung die allmähliche Umstellung der Uhr dem Zeitgefühl, sich organisch anzupassen. Und kaum ein Gefühl geht über das Wohlbefinden im Regressiven, das des leisen Gewiegtseins in der einhüllenden Kajüte über dem rhythmischen Stampfen der vibrierenden Maschinen.«[109] Es sei denn, man ist seekrank, so wie ich an einem Morgen.

Für Unterhaltung sorgten Filme wie *Annie Get Your Gun* oder am Abend ein Sänger mit rauchiger Stimme in der Alligator Bar auf dem Achterdeck. Dieser trug unter anderem so zweideutige Lieder vor wie »In Hamburg liegt ein Segelschiff im Hafen, die schöne schlanke Dorothee; heut Nacht da muss die Mannschaft auf ihr schlafen, die schöne schlanke Dorothee« usw. *Annie Get Your Gun* war, so glaubte ich damals, der dümmste Film, den ich je gesehen hatte. Erst später erfuhr ich, dass es eine musikalische und fiktive Nacherzählung des Lebens von Annie Oakley ist, einer Scharfschützin in einer männlichen Welt, die in Buffalo Bills Wildwestschau auftrat und die Männer mit ihrer Schießkunst beschämte. Das Essen auf dem Schiff war reichlich und gut, vor allem weil die Kellner meist um unseren Tisch herum standen, da einer der Fulbrighter von Bremerhaven bis New York beim Essen ununterbrochen Witze erzählte. Die Überfahrt verlief ziemlich glatt, bis auf einigen Wellengang in der Biskaya, der mir den Appetit vertrieb und mich an die frische Luft auf dem Oberdeck zwang. Es war schön, den Bug des Schiffes in die Wellen ein- und wieder auftauchen zu sehen und die Gischt, die bis zu mir heraufspritzte, im Gesicht zu spüren.

Kansas

In Lawrence kam ich mir anfangs fremd und verloren vor. Das wirkliche Amerika entsprach nicht ganz dem, was die amerikanische Propaganda uns Deutschen versprochen hatte. Traugott Schulz, ein deutscher Mitstudent, der sich immer über seinen Vornamen beklagte, ein Engländer und ich trafen uns regelmäßig in der Student Union und lästerten über die Oberflächlichkeit vieler »undergraduates«, die »fraternities« und »sororities« (Bruder- und Schwesternschaften), Diskriminierung, amerikanischen Fußball, nationales Gehabe und den Flaggenfetisch der Amerikaner. Doch das änderte sich etwas, als der Unterricht begann, der ähnlich verschult war, wie ich ihn am King's College erlebt hatte. Ein Kurs, der mir noch in besonderer Erinnerung ist, war die ganz hervorragende Einführung von Professor Grier in amerikanische Dichtung mit Autoren der Moderne wie Marianne Moore, Emily Dickinson oder Archibald MacLeish.

Zum Zeitvertreib und aus sportlichen Gründen besuchte ich so manches »Fußballspiel«, das jedoch fast nie mit dem Fuß gespielt wird. Der Ball ist auch nicht rund, sondern eiförmig und muss für einen »Touchdown« mit 6 Punkten über die gegnerische Linie befördert werden. Dabei stoßen die martialisch mit Helmen und Schulterpolstern verkleideten Spieler häufig mit den Köpfen zusammen oder liegen auf dem Schlachtfeld in Haufen und unter ihnen das »Ei«. Es dauert dann einige Zeit, bis alle wieder auf den Beinen stehen und ihre Gliedmaßen sortiert haben. Während des Spiels gibt es zahlreiche Unterbrechungen (»time outs«) zu taktischen Besprechungen mit dem Trainer und für die Reklame im Fernsehen; Football, ein perfektes kapitalistisches Spiel. Verletzungen gibt es wesentlich mehr als beim »Soccer«, dem richtigen Fußball, und zahlreiche Spieler leiden an Gehirnerschütterungen und späterer Demenz. Warum eine Universität eine so ungesunde und schädliche Sportart unterstützt, ist mir schleierhaft, doch es geht um viel Geld und lokalen Stolz. Der Star der »Jayhawk«-Mannschaft – Jayhawk, ein mysthischer Vogel, ist das Maskottchen von der KU (University of Kansas) – war Gale Sayers, mit dem ich in einer Klasse zusammen war. Wir saßen beide in der hinteren Reihe und hatten etwas gemeinsam, wir waren beide Außenseiter, ich als Ausländer und er als Afro-Amerikaner, trotz seiner Starrolle im Football. Gale war später ein Football-Star bei den Chicago Bears; er starb an Demenz im September 2020. Jedes Mal, wenn Männer über Football reden, muss ich immer schweigen, da ich von dem Spiel keine Ahnung habe. Doch wenn ich dann Gale Sayers erwähne, glauben alle, dass ich schwieg, weil ich viel mehr weiß. Doch dann lasse ich sie in ihrem Glauben. Meinem militaristischen Bruder hätte dieses martialische amerikanische Football-Spiel als eine Art von Kampfsport vielleicht sogar gefallen; mir dagegen überhaupt nicht.

Zum Thanksgiving im November 1962 hatten die Einwohner von Burns, einem kleinen Ort in der Nähe von Lawrence, Kansas, eine Reihe von ausländischen Studenten eingeladen. Nach dem gemeinsamen Gottesdienst wurden wir einzelnen Familien zum Festmahl zugeteilt. Auch in meiner Familie gab es das traditionelle Truthahnessen mit Maiskolben, Süßkartoffeln, Stampfkartoffeln, Preiselbeeren, Gemüse und »dressing«, bestehend aus Maisbrotkrümeln, Zwiebeln, Knoblauch, Sellerie und Eiern. Alles sehr schön, doch – so dachte ich damals – wenn es schon Mais sein muss, konnte man nicht wenigstens die Körner von dem Kolben befreien? Und süße Kartoffeln? So etwas gab es bei uns zu Hause höchstens nach dem Krieg, wenn die Kartoffeln gefroren waren, die schmecken dann nämlich süß. Mais als eine Art Gemüse kannte ich überhaupt nicht, nur Brot, das unser Bäcker aus Mangel an Weizenmehl mit Maismehl backte, jedoch nach dem gleichen Rezept – mit dem Ergebnis, dass sich innerhalb des Brotlaibs große Löcher auftaten (»da muss wohl der Bäcker durchgekrochen sein«). Durch einen Übersetzungsfehler erhielten die Bäcker damals Maismehl statt Getreidemehl (von Weizen oder Roggen), da »corn« im britischen Englisch Getreide bedeutet, im amerikanischen jedoch Mais. Die amerikanischen Maisbauern waren daher nur allzu gerne bereit, Unmengen von Mais nach Deutschland zu exportieren, dazu noch Futtermais für Tiere, nicht Süßmais für Menschen. Daher meine Abneigung gegen Mais und süße Kartoffeln. Doch was für ein kolossales kulturelles Missverständnis meinerseits! Heute ist auch für mich ein frischer und erhitzter Süßmaiskolben mit Butter, Salz und Pfeffer eine Delikatesse. Trotz aller Missverständnisse war ich jedoch der Gastfamilie sehr dankbar für die Einladung; ich glaube nicht, dass man in Deutschland so schnell etwas Ähnliches findet.

Das Auslandsamt der University of Kansas, das diese Thanksgivingeinladung organisiert hatte, arrangierte für uns ausländische Studenten noch weitere Ausflüge. Einer führte uns nach Fort Leavenworth, einem der ältesten Stützpunkte der US Army, gegründet 1827, der als intellektuelles Zentrum der Army und zur Ausbreitung und Eroberung der USA gen Westen diente. Heute ist Leavenworth bekannt als Ausbildungsort für militärische Führung, einschließlich ausländischer Offiziere, und als militärisches Hochsicherheitsgefängnis. Nach der Besichtigung einiger Anlagen gab es ein gemeinsames Essen mit Offizieren verschiedener Nationen, die dort zur Aus- und Weiterbildung waren. Wir Deutschen saßen zusammen mit Offizieren der Bundeswehr, meine bisher engste und einzige nähere Berührung mit der deutschen Nachkriegsarmee. Das reichte mir dann auch.

Ein anderer, für mich wesentlich interessanterer Ausflug führte uns nach Independence, Missouri, zu Bibliothek und Museum von Harry S. Truman, Präsident der USA von 1945 bis 1953. Nach der Besichtigung kam es sogar zu einer persönlichen Begegnung mit dem Ex-Präsidenten. Er hielt eine kurze Rede, sprach dann mit jedem von uns und schenkte jedem eine kleine Erinnerung, mir eine von ihm persönlich unterzeichnete Kopie der deutschen Kapitulationsurkunde von 1945. Truman war bisher der einzige US-Präsident, den ich persönlich getroffen habe. Er war damals bereits ein alter Mann und ganz normaler Mensch und nicht der Gigant, den ich mir als Sieger vorgestellt hatte. Auch Obama habe ich mal kurz getroffen, aber da war er noch nicht Präsident, sondern auf Wahlkampagne für den Sitz als US-Senator von Illinois, den er dann auch gewann.

Ein weiterer, doch dieses Mal privater Ausflug mit amerikanischen Freunden ist mir noch in guter Erinnerung. Aus irgendwelchen Gründen meinten unsere Freunde, Siegfried, ein deutscher Student aus Tübingen, und ich, wir würden uns für ein amerikanisches Beerdigungsinstitut interessieren. Und in der Tat, solche Beerdigungsriten hatten wir in unserem ganzen Leben noch nicht gesehen, sondern nur in Büchern gelesen wie *The Loved One: An Anglo-American Tragedy* (1948; Der Geliebte: Eine anglo-amerikanische Tragödie) von Evelyn Waugh oder *The American Way of Death* (1963 und 1998; Die amerikanische Art zu sterben) von Jessica Mitford. Der stolze Besitzer zeigte uns, wie die lieben Verstorbenen sorgfältig einbalsamiert werden, damit sie im Tode besser aussehen als im Leben, und festlich eingekleidet in üppig gepolsterte, teure Särge gelegt werden. Einer von den ausgestellten Särgen hatte sogar eine verstellbare Matratze, damit der oder die liebe Angehörige in der im Leben gewohnten Lage in ewiger Ruhe schlummern konnte. Zum Entsetzen des Besitzers probierten Siegfried und ich einige der Särge aus und ließen uns auf der verstellbaren Matratze mal nach links, mal nach rechts drehen. Die Sargdeckel ließen wir bei unseren Anproben allerdings offen. Für uns war das Ganze ein leicht erheiterndes Erlebnis, weniger jedoch für den Besitzer des Instituts. Diese Riten werden bis heute in den USA gepflegt und sind ein gutes Geschäft, denn den Leuten wird eingeredet, dass sie doch wohl nicht geizen wollten bei der Bestattung ihrer Lieben. Es gibt jedoch mehr und mehr Menschen, die andere und billigere Bestattungsmethoden bevorzugen, um sich dem kommerziellen Druck zu entziehen.

Mit denselben Freunden besuchte ich auch ein Museum in Oklahoma für die Kultur der Ureinwohner der USA, der Indianer, in dem ich zu meinem Erstaunen erfuhr, dass es auch bei ihnen Hakenkreuze gibt. So bedeutet dieses Symbol bei den Navajos viel Glück. Auch andere Religionen kennen bekanntlich Hakenkreuze in verschiede-

»Pokie« Sturdivant, mein Schwiegervater als GI (combat engineer)

nen Variationen, so Hinduismus, Buddhismus oder Jansenismus als Zeichen von Göttlichkeit und Spiritualität. Für meinen Bruder war es allerdings nichts dergleichen, sondern es stand für die Erneuerung Deutschlands und nationalen Stolz, für die es sich zu kämpfen und zu opfern lohnte. Für mich und Millionen anderer dagegen bedeutet es nur Tod und Vernichtung.

In Kansas lernte ich auch meine spätere Frau Dottie kennen, obwohl mir meine Schwester von amerikanischen Frauen abgeraten hatte, da diese ja nicht kochen könnten. Mit Hans-Peter, einem Stuttgarter, hatte ich einen alten Ford gekauft, mit dem Dottie und ich auch ihre Eltern besuchten, die damals in Warrensburg, Missouri, wohnten, nur einige Stunden von Lawrence entfernt. Ihr Vater war Ingenieur bei dem US Corps of Engineers und im Zweiten Weltkrieg US-Soldat in Deutschland.

Als »combat engineer« oder Pionier baute er Pontonbrücken über Flüsse, deren Brücken von den Deutschen zerstört worden waren, so auch bei Mainz über den Rhein, wobei sie von Deutschen beschossen wurden. Feuer kam auch von einer Scheune und er beschloss, seine Leute in zwei Gruppen zu teilen. Eine Gruppe hielt die Scheune unter Feuer, während die andere, zu der er gehörte, sich von hinten an die Scheune heranschlich. Was sie dort fanden, waren ein Hitlerjunge und seine Freundin mit einem Maschinengewehr. Dotties Vater ergriff den Jungen von hinten, verpasste ihm einige Backpfeifen und schickte ihn mit seiner Freundin nach Hause: »Go home to Mama.« Wann immer er und ich zusammen waren, kam die Sprache auf den Krieg, den wir beide erlebt hatten, wenn auch aus ganz verschiedenen Perspektiven. Scherzhaft sagte ich zu ihm, dass er den Krieg ja nur gewonnen habe, da er einen Panzer hatte, ich dagegen nur ein Dreirad. Verrückte Welt. Was wohl mein Bruder zur »Fraternisierung mit dem Feind« gesagt hätte? Für meinen Bruder wäre es unvorstellbar gewesen, dass sein kleiner Bruder einmal eine Amerikanerin heiraten würde, deren Vater Powhatan »Pokie« Sturdivant als Pionier (»combat engineer«) an vorderster Front gegen Deutschland gekämpft hatte. Doch ihm und Hunderttausenden von anderen GIs verdanke ich, in Freiheit in einem demokratischen Staat leben zu können. Dafür sei ihm an dieser Stelle nochmals herzlich gedankt.

Amerikareisen

Die erste Reise mit unserem alten Ford führten mich und die Mitstudenten in Kansas, Siegfried und Hans-Peter, nach Florida bis nach Key West, nur 90 Meilen von Kuba entfernt. Der Wagen war wirklich recht klapprig; der Beifahrersitz hatte die Tendenz, überraschend nach hinten abzukippen, und die Beifahrertür in dem zweitürigen Wagen ließ sich nicht öffnen, man musste durchs Fenster ein- und aussteigen. Da machte es auch nichts aus, dass der Wagen vorne rechts eine ziemliche Beule hatte. Doch der Wagen war billig und lief und lief ohne Probleme. In Florida schafften wir es bis nach Key West, ganz am Ende der Florida Keys und zeitweilige Heimat von Ernest Hemingway. Auf dem Rückweg suchten wir eine geeignete

Campingstelle bei Miami und fanden sie in einem kleinen Wäldchen. Siegfried und Hans-Peter machten es sich in Schlafsäcken auf dem weichen Nadelboden bequem, während ich auf dem Rücksitz zu schlafen versuchte. Mitten in der Nacht wurden wir plötzlich durch laute Stimmen und gleißendes Licht geweckt. Wir rappelten uns auf, rieben uns den Schlaf aus den Augen und sahen uns von bewaffneten Männern umgeben, die uns darauf hinwiesen, dass wir auf einem privaten Grundstück lagerten. Als sie merkten, dass wir harmlose ausländische Studenten aus Deutschland waren, wurden sie etwas freundlicher – bis einer von ihnen im Rückfenster unseres Autos etwas entdeckte, das er für ein Gewehr hielt. Doch es war nur mein Regenschirm; er entspannte sich etwas und ließ seine Maschinenpistole sinken. Die ganze Sache war auch deswegen etwas angespannt, da es die Zeit der Kubakrise war. Die Sowjets hatten versucht, Interkontinentalraketen auf Kuba zu stationieren, die Ziele in den USA erreichen konnten. Doch durch die weise Politik von Präsident Kennedy und Nikita Chruschtschow wurde eine Konfrontation und damit ein dritter Weltkrieg vermieden. Obwohl die Krise vom Oktober 1962 inzwischen vorbei war, war die Lage immer noch angespannt und die Nerven lagen blank. Wir hätten ja auch kubanische Terroristen sein können. Wir aber mussten unsere schöne Schlafstelle räumen und uns etwas anderes suchen – leider vergebens. So verbrachten wir die Nacht zu dritt im Auto.

Anfang Sommer 1963, begannen wir, Siegfried, ich und Edda, eine Mitstudentin aus Salzburg, unsere große Amerikafahrt in unserem alten Ford, von der wir alle geträumt hatten, die uns über Colorado, New Mexiko, Arizona, Kalifornien, Oregon, Washington State und zurück über Kanada bis nach Boston führte. Nach Arizona war unser nächstes Ziel Los Angeles (LA). Wo und wie aber sollten wir unterkommen? Siegfried hatte Verwandte, doch Edda und ich mussten etwas Preiswertes finden. Dabei sollte uns die Organisation »People to People« behilflich sein. Als ich deren Büro in LA betrat, erhob sich ein großer, stattlicher Afro-Amerikaner von seinem Schreibtisch, um mich zu begrüßen und sich vorzustellen. Es war Rafer Johnson, der Gewinner der Goldmedaille im Zehnkampf bei den Olympischen Spielen 1960 in Rom und mein Sportidol, denn Zehnkampf steht für mich an der Spitze aller olympischen Sportarten. Vor Erstaunen und Bewunderung brachte ich zuerst kein Wort hervor. Er vermittelte Edda und mir eine

Bleibe bei einem pensionierten Missionarsehepaar in Santa Monica, einem Vorort von LA direkt am Pazifik. Hinter ihrem Haus gehörte ihnen noch ein zweites Haus, in dem wir wohnen konnten, natürlich in getrennten Schlafzimmern. Die Wohnung war recht preiswert, zumal ich ihnen dabei half, ihre Zeitschrift *Asia Calling* (Asien ruft) auf einer Rotationsmaschine zu vervielfältigen. Da unsere Finanzen nun endgültig erschöpft waren, mussten wir einen Job suchen und fanden ihn bei Zucky's, einem Restaurant an der Ecke von 5th Street und Wilshire Boulevard in Santa Monica; Siegfried und ich als »bus boys«, um die Tische zu säubern, und Edda als Hostess. Im Restaurant hörten wir viel Deutsch, und auch wir bedienten uns natürlich unserer Muttersprache. Die Besitzer jedoch, zwei Brüder namens Fred und Hi, wünschten, dass wir in ihrem Lokal bitte nicht Deutsch sprechen. Auf unseren Einwand, dass in ihrem Restaurant ja viele Deutsch sprächen, antworteten sie, ja, aber das sei etwas anderes, denn sie alle seien deutsche Juden, Flüchtlinge aus Nazi-Deutschland, die nicht durch andere Deutsch-Sprechende daran erinnert werden wollten. Um ganz sicher zu sein, verteilten sie uns auf verschiedene Schichten.

In meiner Schicht arbeitete ich mit zwei anderen bus boys zusammen: Rojas, ein Mexikaner und nicht der Intelligenteste, und Virgil, ein netter 19-jähriger hochintelligenter Afro-Amerikaner mit großen Zukunftsplänen, die er hoffentlich hat umsetzen können. Das Restaurant war recht populär, doch für Bedienstete anstrengend und unter starkem Druck wie in einem Schnellkochtopf. Kellnerinnen steckten mir manchmal einen Quarter (25 cent) zu, damit ich ihren Tisch zuerst säuberte, damit sie mehr Gäste bedienen und mehr Trinkgeld einnehmen konnten. Manches Mal, wenn die Tellerwäscher frei hatten, musste ich in die Küche, um Speisereste von den Tellern zu entfernen, sie dann in die Spülmaschine räumen und eventuell nachwaschen. Der Koch hatte Mitleid mit mir und machte ab und zu einen Sauerbraten für mich, den er als Koch bei der US Army in Deutschland kennengelernt hatte. Mit einer Kellnerin, einer Tschechin, war ich zur Mittagspause zuweilen am Strand. Sie war nach LA gekommen, um in der Filmindustrie Fuß zu fassen, wie so viele andere. Ob ihr das gelungen ist, weiß ich nicht, doch in der Zwischenzeit musste sie ja irgendwie Geld verdienen. Manchmal tauchte sogar ein Filmschauspieler im Restaurant auf, so Karl Malden, den ich am Abend vorher gerade in *How the West Was Won* (1962) gesehen hatte.

Virgil und ich als »bus boys« bei Zucky's in Santa Monica 1963

Nach vier Wochen war ich »head bus boy«, doch Gott sei Dank war meine »bus boy-Zeit« nach sechs Wochen zu Ende. Viel länger hätte ich auch den Druck nicht ausgehalten. Ich fragte mich, wie Leute das ertragen, die jahrelang unter solchen Bedingungen arbeiten müssen. Diese Arbeit jedoch, zusammen mit meiner Arbeit in den Semesterferien in Deutschland, hat mir wertvolle Einblicke in die Welt der Arbeiter verschafft, die ich nicht vermissen möchte, da sie mir ein besseres Verständnis für eine Welt vermittelt hat, die ich sonst nie kennengelernt hätte. Zum Abschied fragte mich Hi, einer der Restaurantbesitzer, wie es sich für einen Deutschen denn anfühle, für amerikanische Juden zu arbeiten. Meine Antwort: »Der Dollar ist überall grün.« Siegfried und ich hatten nun genug Geld für unsere Weiterfahrt ohne Edda verdient; sie flog von LA zurück nach Österreich. Ich habe sie später noch einmal in Wien zum Austausch von Erinnerungen besucht.

Von LA ging die Fahrt quer durch Amerika bis nach Toronto in Kanada, um meine Cousine Inge Ackermann und ihren Mann Erich zu besuchen; Erich, der ehemalige Luftwaffenpilot, war dorthin ausgewandert und nun Maurer; für Inge ein sozialer Abstieg. Beim ersten Anblick von ihm war ich leicht schockiert, denn die zwei Gesichtshälften passten nicht zusammen, fast wie in einem Picasso-Gemälde.

Beim letzten Flug war ihm eine Gesichtshälfte weggeschossen und in den Kriegswirren nie wieder exakt gerichtet worden. Doch ich gewöhnte mich schnell daran und bemerkte es später kaum noch. Inge hat sich nie recht wohl gefühlt in Kanada, nie richtig Englisch gelernt und vermisste Deutschland, wie auch ihre Tochter Gudrun. Ihr Sohn Uwe dagegen wurde waschechter Kanadier, da er seine Zukunft in Kanada sah. Er heiratete eine Kanadierin, die kein Deutsch konnte, und machte Karriere als Arzt und Professor für Medizin in Oxford, England. In Toronto hatten die Ackermanns eine schöne, gemütliche Wohnung und später ein nettes Häuschen am Lake Simcoe, etwa 90 Kilometer nördlich von Toronto. Bis zum Tod von Erich und Inge habe ich sie in den folgenden Jahren noch mehrmals besucht.

Wieder in Kansas

In Lawrence an der University of Kansas unterrichtete ich noch ein Semester als Lehrassistent (»Teaching Assistant«) in der Deutschabteilung, ehe ich nach Deutschland zurückkehrte. Die Kurse und der Unterricht von amerikanischen Studenten sowie das informelle Campusleben – ganz im Gegensatz zu der Steifheit an der Universität Bonn – machten mir zusehends Freude, sodass ich mich nach der Möglichkeit für ein Doktorstudium in den USA erkundigte. Die Professoren Max Bäumer, Sidney Johnson und Ian Loram ermunterten mich dazu und sagten mir, ich solle sie nur anschreiben, wenn es so weit käme. Bleiben an der KU wollte und konnte ich nicht, da man nach Fulbright-Regeln nach Ende des Stipendiums nach Deutschland zurückkehren musste und ich sowieso schon eine Ausnahmegenehmigung hatte. Außerdem wollte ich meine Ausbildung zum Gymnasiallehrer in Deutschland mit der Referendarzeit abschließen. Zu allem kam natürlich auch, dass meine Beziehung zu Dottie immer enger wurde und sie im Falle einer Heirat nicht nach Deutschland ziehen wollte.

Das herausragende Ereignis im Herbst 1963 war kein akademisches, sondern ein politisches: die Ermordung von Präsident John F. Kennedy am 22. November 1963 durch Lee Harvey Oswald, der kurz darauf selber erschossen wurde. Wir alle waren fassungslos, denn Kennedy stand für die Hoffnung auf eine bessere Zukunft. Sein Vizepräsident Lyndon B. Johnson aus Texas, mit dem der Mann aus Massachusetts nie recht warm wurde, ein für mich bis dahin unbeschriebenes Blatt, übernahm die Präsidentschaft, führte das Land tiefer in den Vietnamkrieg bis zum bitteren Ende. Er brachte jedoch auch seine »Great Society«-Gesetze erfolgreich durch den Kongress, welche die Bürgerrechte vor allem für Afro-Amerikaner und Medicare/Medicaid (Gesundheitsversorgung) erheblich verbesserten. Vor diesem schicksalsschweren Mord verblassten praktisch alle anderen Geschehnisse des Semesters. Das Semester ging Ende Januar 1964 zu Ende und nach einem tränenreichen, aber auch hoffnungsvollen Abschied von Dottie kehrte ich nach Deutschland zurück; dieses Mal nicht mit dem Schiff, sondern mit dem Flugzeug, denn ich musste sofort meine Referendarstelle antreten. Die Zeit an der KU in Lawrence war für mich ein weiteres Schlüsselerlebnis und brachte eine große Wende in mein Leben, persönlich und auch beruflich. Ich war nun entschlossen, Dottie zu heiraten, obwohl meine Schwester Inge mir von einer Amerikanerin abgeraten hatte, und meine akademische Karriere in den USA fortzusetzen, jedoch erst nach abgeschlossener Berufsausbildung zum Gymnasiallehrer in Deutschland.

Studienreferendar und Studienassessor in Deutschland

Zurück in Deutschland wohnte ich bei meinem Vater und Erna in Radevormwald und begann Anfang Februar 1964 das erste Jahr meiner Referendarzeit am Gymnasium in Wipperfürth. Dr. Pees, der Direktor der Schule, fragte mich besorgt, ob ich auch britisches Englisch und nicht das für ihn schlechtere amerikanische Englisch unterrichten könne. Doch ich konnte ihn beruhigen, indem ich auf mein Jahr am King's College in London hinwies. Dr. Pees war ein Pädagoge alter Schule, doch wir drei Referendare respektierten ihn sehr, da er vorlebte, was er predigte. Meine Mitreferendare, Kurt Helfrich, Günter Schürholz und ich kamen sehr gut miteinander zurecht. Kurt habe ich aus den Augen verloren, doch mit Günter und seiner Frau Margret verbindet mich heute eine enge Freundschaft. Günter war Anglist wie ich und wir kannten uns flüchtig vom Englischen Seminar in Bonn, doch nun lernten wir uns richtig gut kennen. Er war (und ist) auch Historiker und somit teilte (und teile) ich mit ihm mein großes Interesse an Geschichte. Unsere Mentoren in Wipperfürth waren durchweg sehr professionell und hilfsbereit, vor allem die Studienräte Dr. Hellwig und Lorenz im Englischen. Herr Lorenz war ein ganz ausgezeichneter Pädagoge, obwohl sein Englisch nicht so gut war wie meines. Doch er nutzte seine Machtstellung mir gegenüber nicht aus; im Gegenteil. Er erklärte mir, dass er in seiner Ausbildung nie die Gelegenheit zum Studium in einem Englisch sprechenden Land hatte. Nach Soldatenzeit im Krieg und Gefangenschaft musste er sein Studium möglichst schnell beenden, zumal er auch eine Familie hatte. Ich habe ihn sehr respektiert und viel von ihm gelernt. Als ich im Sportunterricht die Klasse in einer Reihe antreten ließ, fuhr mein Mentor dazwischen und bestand auf der Formierung eines Kreises; er hatte beim Militär zu viele gerade Linien gesehen. Für ihn, wie für den österreichischen Maler Hundertwasser, war die gerade Linie ein Verbrechen.

Im Sommer 1964 kam Dottie für einige Wochen nach Deutschland, um meine Familie kennenzulernen – und umgekehrt. Sogar meine Schwester Inge war nun damit zufrieden, dass ich eine Amerikanerin gewählt hatte. Da unsere Wohnung in Radevormwald zu klein war, hatte ich Dottie ein Zimmer im Ort gemietet. Sie hatte sogar einen Job als Übersetzerin in einer Firma gefunden, die sich im Prozess der Übernahme durch den amerikanischen Konzern Exxon befand, obwohl sie kaum Deutsch konnte. Doch der Chef war ein Bekannter meines Vaters und im Krieg Kriegsgefangener in den USA, wo es ihm sehr gut ging.

Der sächsische Akzent meines alten Chemielehrers Döblin hatte noch politische Spätfolgen für mich. Im Sommer 1964 fuhren meine Schwester Inge, mein Schwager Heinz, Dottie und ich mit Kolkmanns Volkswagen nach Berlin, um meinen Vetter Heinz Oeberg und seine Frau Sibylle zu besuchen. Als an der Grenzkontrolle Helmstedt-Marienborn der DDR-Grenzer nach unseren Pässen fragte (»Zeischen Se mal Ihren Bass«), musste ich im Gedenken an meinen alten Chemielehrer laut lachen. Doch der Grenzer verstand keinen Spaß und glaubte, ich wolle ihn und seinen Staat verhöhnen, ließ uns alle aussteigen und durchsuchte unseren ganzen Wagen, sogar mit Spiegel unter dem Auto. Nach einigen Stunden ließ er uns dann endlich das Stück DDR-Autobahn nach Westberlin fahren, wo wir von Oebergs

Verlobung mit Dottie 1964 in Berlin

herzlich begrüßt wurden. Dem Grenzer aber konnte ich nicht erklären, warum ich lachte, er hätte es nie verstanden. So konnte ein Akzent zu einem Politikum werden. Berlin war dann übrigens der Ort, wo ich Dottie einen Verlobungsring kaufte, was dann mit Kolkmanns und Oebergs im Hiltonhotel gründlich gefeiert wurde – auf Kosten meines großzügigen Schwagers. Ihm sei heute noch Dank dafür.

Bei unserem Besuch von Ostberlin musste Dottie als Ausländerin über den Checkpoint Charlie einreisen, während wir als Bundesdeutsche die Grenze an der Heinrich-Heine-Straße überquerten. Wir hatten verabredet, dass wir uns auf der Ostberliner Seite vom Checkpoint Charlie treffen sollten; für Dottie nur ein kurzer Weg. Doch als wir am Treffpunkt eintrafen, war von Dottie keine Spur zu sehen. Ich fragte einen DDR-Grenzer, ob er eine junge hübsche Amerikanerin durch den Checkpoint habe kommen sehen, doch er verneinte. Endlich kam sie vergnügt angeschlendert; sie hatte die Zeit mit amerikanischen Militärpolizisten in deren Wachhäuschen verbracht, die ihr erklärt hatten, dass wir noch lange nicht am Treffpunkt ankommen würden. Vermutlich hatten die Polizisten Langeweile und wollten Dottie nur eine Weile bei sich behalten.

Im folgenden Sommer, im August 1965, haben Dottie und ich in Lawrence auf dem Campus der University of Kansas in der episkopalischen Kirche geheiratet. Dotties Eltern wohnten in der Zeit auf einem Militärstützpunkt in Grand Forks, North Dakota, wo Dotties Vater den Bau von Silos für die Minuteman 2 Interkontinentalraketen überwachte. Da ich Ausländer war, gab es einige Schwierigkeiten, mich auf den Stützpunkt zu lassen. Doch sie waren bald ausgeräumt, und ich wohnte eine Woche vor der Hochzeit in dem geräumigen Wohnwagen (Trailer) von Dotties Eltern. Jedes Mal, wenn Dottie und ich in des Vaters Wagen von einer Fahrt zum Kino oder Schwimmbad auf den Stützpunkt zurückkamen, salutierte die Wache am Eingang in der Annahme aufgrund eines Abzeichens am Wagen, da käme ein hoher Offizier. So grüßte ich ganz lässig zurück, wie es nur hohe Offiziere oder Unwissende (wie ich) tun. Nach der Hochzeit gab es zwei Flittertage im Hilton Hotel in Kansas City, ehe wir von dort nach New York City und weiter mit Sabena nach Brüssel flogen.

Ich hatte inzwischen eine schöne große, doch kaum möblierte Wohnung in der Heinrich-Heine-Straße in Wuppertal-Vohwinkel gefunden, da ich dem Studienseminar Wuppertal und dem Städtischen Gymnasium Wuppertal-Oberbarmen zugeteilt worden war. Nun wohnte also auch der kleine Bruder Hans-Günthers in Wuppertal, dem letzten Standort meines Bruders vor seinem letzten Einsatz in Russland. Dr. Joachim Schwalbe, der Studienleiter für Englisch am Studienseminar, war ein Amerika-Fan und deswegen mir sehr zugetan, da ich ja gerade drei Semester dort verbracht hatte.

Im Spätsommer 1965 besuchte ich mit Dottie Paris, wo mein Bruder 1940–1941 deutscher Besatzungsoffizier war. Dort schlossen wir uns einer Menschenansammlung vor dem Hotel de Ville an, von dessen Balkon der französische Präsident Charles de Gaulle eine patriotische Rede zum 20. Jahrestag der Befreiung von den Deutschen hielt. Er endete wie üblich mit »Vive la France«, das ihm aus tausend Kehlen zurückschallte. Dann folgte der gemeinsame Gesang der »Marseillaise«, doch nach gewaltigem Erklingen der ersten Zeile verstummte der Platz, nur eine Französin schrie, de Gaulle solle ihr ihren Sohn wiedergeben, den sie im Algerienkrieg verloren habe. Doch warum die Stille nach der ersten Zeile? Der Platz war voll von deutschen Touristen, die wie ich nur die erste Zeile kannten. Die meisten Franzosen waren noch im Sommerurlaub.

Als Klassenlehrer einer Quinta am Städtischen Gymnasium Wuppertal-Oberbarmen

Andere große Reisen konnten Dottie und ich zu ihrer Enttäuschung kaum machen, da ich durch die Referendar- und Studienseminarzeit und die Vorbereitung auf das zweite Staatsexamen recht eingespannt war. Außerdem hatte ich noch einen Job als Englischlehrer an der Volkshochschule Wuppertal, um mehr Geld für unsere Rückreise nach Amerika zu verdienen. Im Frühjahr 1966 machten wir jedoch noch eine Fahrt in unserem gebrauchten VW nach Tübingen. Als Dottie auf dem Weg die aufbrechenden Baumblüten sah, entfuhr ihr ein erster »deutscher« Satz: »Look, the trees are finging an to blumen (oder bloomen).« Sie hatte zwar versucht, an der KU Deutsch zu lernen, doch der Anfängerkurs war ihr viel zu langweilig. Nun lernte sie in Deutschland durch Zuhören und Lektüre von Zeitschriften wie *Brigitte* oder *Schöner Wohnen*. Nach einem Jahr sprach sie schon recht gut deutsch mit fast perfekter Aussprache, doch bei der Grammatik haperte es etwas. In den Sommerferien 1966 konnten wir eine längere Fahrt nach Spanien machen mit einigen Tagen in Barcelona und einem kleinen Ort Peniscola, etwas südlich von der Stadt. Auf der Rückfahrt kamen wir durch Andorra nach Carcassonne mit seiner mittelalterlichen Zitadelle. Von da aus fuhren wir dann auf dem schnellsten Wege zurück nach Wuppertal, da uns das Geld auszugehen drohte.

Ich hatte inzwischen mein zweites Staatsexamen mit einer Arbeit und Unterrichtsreihe über die amerikanische Bürgerrechtsbewegung bestanden. Bei der Vorbereitung war das Amerika-Haus in Köln sehr behilflich, nicht nur mit Literatur, sondern auch mit Vorträgen wie dem von dem bekannten afro-amerikanischen Schriftsteller James Baldwin, den ich auch kurz sprechen konnte. Nach bestandener Prüfung war ich knapp zwei Jahre Studienassessor am Städtischen Gymnasium Wuppertal-Oberbarmen und Klassenlehrer einer Quinta (6. Schuljahr). Der Unterricht machte mir richtig Freude; ich hätte auch sehr gut in Deutschland bleiben können, zumal Direktor Tonn, ein sehr netter Mann, meine Beförderung zum Studienrat beim Kultusministerium in Düsseldorf eingereicht hatte. Doch die Weichen für eine Rückkehr nach Amerika zu einem Doktorstudium waren bereits gestellt. Die Professoren Baeumer und Loram waren inzwischen an die Universität Wisconsin in Madison abgewandert, Johnson an die Indiana University in Bloomington. Von Madison hatte ich schon gehört und schrieb daher an Professor Loram, den Leiter der dortigen Deutschabteilung, dieser bot mir eine Stelle als Teaching Assistant an. So gab ich also eine sichere Stelle mit guter Bezahlung, ordentlicher Gesundheitsversicherung und Pension auf und stürzte mich ins Ungewisse, doch in der Hoffnung, nach dem Doktor eine Stelle an einer amerikanischen Uni oder einem College zu finden.

Zurück nach Amerika – Überfahrt und Madison

Mein Freund Rudolf Stöhr war in dieser Zeit Prokurist bei der Firma Töpfer in Hamburg, die auch eine Reederei betrieb. Er verschaffte uns eine Buchung auf dem Frachter »Christopher Oldendorf«, der von Nordenham/Weser, Heimatort meines Freundes Hans-Otto Thieme, nach Newport News in Virginia auslaufen sollte. Also packten wir unsere Sachen, schickten Kisten voraus, beluden unseren VW, jetzt mit Zoll- statt mit Wuppertaler Kennzeichen, verabschiedeten uns von meinem Vater und Erna (was beiden etwas schwerfiel) und lenkten im August 1967 unseren Wagen nach Nordenham. Dort angekommen, verstauten wir unser Gepäck in einer geräumigen Kabine des Frachters, derweil ein Kran unser Auto auf das Oberdeck des Schiffes hievte. Dort stand es in einem Unterstand, der nur vorne offen war. Als der zweite Schiffsoffizier, ein Witzbold, mich fragte, ob ich den Wagen auch eingeschmiert hätte, glaubte ich zunächst, er wolle mich foppen. Doch es war sein Ernst und er riet mir dringend, das nachzuholen, wenn ich nicht wegen der stark salzhaltigen Luft mit einem rostigen Wagen in Virginia ankommen wolle. Also was tun? Dottie hatte ein großes Glas mit Vaseline, mit der ich das ganze Auto einrieb. Und in der Tat, als wir in Newport News anlegten, war eine Stelle, die ich übersehen hatte, angerostet. Die zehntägige Überfahrt verlief ohne große Stürme und wir vertrieben uns die Zeit im Schwimmbad auf dem Achterdeck, mit Spaziergängen bis zum Bug des Massengutfrachters oder abends in Gesellschaft mit den Schiffsoffizieren und anderen der insgesamt 14 Passagiere. Der einzige Zwischenfall geschah eines Abends, als der Koch ins Schwimmbad sprang, in dem leider kein Wasser war. In Newport warteten Dotties Eltern mit einem U-Haul-Anhänger für unsere Sachen, um uns nach Madison, Wisconsin, zu begleiten. Da unser Frachter einen Auftrag für neun Fahrten mit amerikanischer Kohle zwischen Newport und IJmuiden in Holland hatte, dockte er am Kohlepier an. Der Schiffskran hob unser Auto vom Schiff und ließ es nicht ganz sanft auf den Kohlepier nieder. Auf stieg der Kohlenstaub und senkte sich auf unseren mit Vaseline eingeschmierten VW, dessen Farbe sich von Beige in Schwarz verwandelte.

Berlin und Brecht-Archiv

Zur Forschungsarbeit für meine Dissertation an der University of Wisconsin in Madison war ich mehrere Wochen im Brecht-Archiv in Ostberlin, das damals in Brechts Wohnung an der Chausseestraße eingerichtet war, nur drei Plätze hatte, doch einen guten Blick auf den Dorotheenstädtischen Friedhof, auf dem Brecht und seine Frau Helene Weigel bestattet sind neben anderen berühmten Deutschen wie Georg Friedrich Hegel, Dietrich Bonhoeffer, Heinrich Mann, Heiner Müller, Christa Wolf und andere. Das Archiv hatte nur zwei

Angestellte, Herrn Glaser und Frau Hertha Ramthun (1907–1988), mit der ich enger zusammenarbeitete, da sie einer der wenigen Menschen war, die Brechts Handschrift lesen konnte. Auf meinem Weg vom Bahnhof Friedrichstraße zum Archiv kam ich täglich an Wolf Biermanns Wohnung an der Chausseestraße 125 vorbei, der dort unter Hausarrest lebte. Da ich in Westberlin wohnte, musste ich täglich über den schwer bewachten Grenzübergang Bahnhof Friedrichstraße nach Ostberlin einreisen und im Zwangsumtausch eins zu eins 20 Westmark gegen Ostmark wechseln. Um das zu vermeiden, ging ich, bewaffnet mit einem Brief von Helene Weigel, Schauspielerin, Brechts Frau und Leiterin des BE nach Brechts Tod, zum Hauptquartier der Volkspolizei am Alexanderplatz und sprach mit einem höheren Offizier in der Hoffnung, dass er mich von diesem täglichen Umtausch befreien könne. Er versuchte, mir den Sinn dieses Zwangsumtausches damit zu erklären, dass jeder illegale Umtausch 5 zu 1 oder mehr die Wirtschaft der DDR zu untergraben drohte. Dabei hatte ich während der ganzen Zeit illegale DDR-Mark in meinen Socken versteckt. Der Mann war eigentlich recht freundlich und verständnisvoll, konnte mir jedoch nicht helfen und man schickte mich zum Magistrat der Stadt Ostberlin. Dort wiederum konnte mir auch niemand helfen und man schickte mich zurück zur Volkspolizei. Also gab ich auf und zahlte weiterhin meinen »Eintritt« in Ostberlin. Außer Essen, Büchern und Schallplatten gab es jedoch für die Ostmark nicht viel zu kaufen und im Westen war sie wertlos. Ausführen durfte man sie nicht; man musste jede Mark im Osten ausgeben.

Am 1. Mai 1970 wollte ich mir in Ostberlin die Militärparade und den Vorbeimarsch der Bevölkerung an der Haupttribüne mit Willi Stoph ansehen. Am Grenzübergang fragte ich den DDR-Grenzer, wo denn die Militärparade sei. »Ja, die ist längst vorbei, da müssen Sie früher aufstehen.« Also gut, und wo ist die andere Parade? Er wies mir den Weg zur Haupttribüne. Dabei kamen mir Massen von Menschen entgegen; ich schwamm also gegen den Strom, bis ich von einem Volkspolizisten aufgehalten wurde, der mich fragte, wohin ich denn wollte. »Zur Haupttribüne auf dem Marx-Engels-Platz.« »Ja können Sie denn nicht sehen, dass wir hier alle in einer Richtung marschieren? Da müssen Sie hinten herumgehen.« Mit der einen Richtung hatte er wohl mehr recht, als er meinte; der ganze Staat marschierte ja sozusagen in einer Richtung. Als ich endlich die Haupttribüne erreicht hatte, mischte ich mich mitten unter die Mitglieder des Berliner Ensembles und defilierte mit ihnen an Stoph, Honecker etc. vorbei, die uns milde zuwinkten. Ein anders Mal machte ich einen Ausflug nach Buckow, wo Brecht ein Ferienhaus am Schermützelsee besaß, jetzt ein Museum. Auf der Bahnfahrt kam ich an einer großen Wiese vorbei, auf der ein großes Schild mit der Aufschrift stand: »Betreten verboten! Volkseigentum!« Wer durfte dann überhaupt die Wiese betreten, wenn nicht das Volk? Oder sollte die Regierung nicht doch ein anderes Volk wählen, wie Brecht ironisch anmerkte in Erwiderung an den DDR-Barden Kuba (Kurt Bartels), der nach dem Aufstand vom 17. Juni 1953 das Volk beschuldigt hatte, das Vertrauen der Regierung verloren zu haben. (»Wäre es da nicht doch einfacher, die Regierung löste das Volk auf und wählte ein anders?« – Bertolt Brecht, »Die Lösung«)

Zurück in Madison

Die University of Wisconsin war während meiner Zeit dort, 1967 bis 1971, ein Zentrum der Anti-Vietnamkrieg-Proteste. Ich bekam gleich nach meiner ersten Unterrichtsstunde als TA in North Hall auf dem Weg zurück in mein Büro in Van Hise Hall einen Vorgeschmack davon. Vor dem Commerce Building, dem Gebäude für Wirtschaftswissenschaften, hatte sich eine große Menschenmenge versammelt, um gegen Dow Chemical (für die mein Zimmergenosse in Kansas, Corwin, arbeitete) zu protestieren, da Dow Chemical Napalm für den Vietnamkrieg produzierte. Napalm-Brandbomben wurden zuerst mit vernichtendem »Erfolg« im Zweiten Weltkrieg gegen Deutschland und Japan eingesetzt, im Koreakrieg und nun in Vietnam. Inmitten dieser Menge befand sich eine Gruppe von Madisoner Stadtpolizisten, die das Gebäude absichern sollten und sich bedroht fühlten, Tränengas sprühten und begannen, wild um sich zu schlagen. Die vorderen Reihen der protestierenden Studenten konnten nicht zurückweichen und wurden Opfer dieser Schlägerei – es war eine schreckliche Szene, deren Augenzeuge ich wurde. In den hinteren Reihen bekam ich jedoch nur Tränengas ab.

Die Proteste gegen diesen sinnlosen Krieg nahmen ein solches Ausmaß an, dass Warren Knowles, der Gouverneur von Wisconsin, die Nationalgarde zu Hilfe rief, da die Madisoner Polizei nicht mehr Herr der Lage war. Jost Hermand widmet den Studentenunruhen in Madison ein ganzes Kapitel in seinem Buch *Zuhause und anderswo*, in dem wir unter anderem lesen: »Weil sich die städtische Polizei als zu schwach erwies, weitere ›Ausschreitungen‹ von seiten der Studenten zu verhindern, setzte die Regierung schließlich ab Februar 1969 über 2000 Soldaten der Nationalgarde ein, um die Situation wieder in den Griff zu bekommen. Und diese Trupps zögerten nicht, gegen die Demonstranten – wie in Berkeley und New York – mit Tränengas vorzugehen oder sie durch aufgepflanzte Bajonette und tieffliegende Hubschrauber unter Druck zu setzen.«[110]

Doch die Proteste dauerten an. Sogar einige liberale Professoren schlossen sich ihnen an, bis die Behörden eingriffen: »Die meisten der liberalen Professoren schlossen sich diesen Protesten an, ja nahmen sogar führende Positionen darin ein. Anfänglich wurde das von den Behörden durchaus geduldet. Problematisch wurde es für diese Professorengruppe erst, als die Studenten eine Art Generalstreik ausriefen, den der konservative, auf ›Law and Order‹ bedachte Gouverneur mit allen Mitteln zu brechen versuchte. Alle Professoren erhielten demzufolge ein ›Memo‹, in dem es hieß, dass es ihre Pflicht sei, weiter zu unterrichten und die streikenden Studenten in keiner Weise zu unterstützen. Um diese Anordnung sogar noch zu verschärfen, wurden die Türen zu den Vorlesungs- und Seminarräumen vorübergehend von der Nationalgarde bewacht, um die streikenden Studenten daran zu hindern, sie mit Stühlen oder Tischen zu verbarrikadieren.«[111]

Die Proteste endeten mit einem Donnerschlag, mit einer Riesenexplosion auf dem Campus in den frühen Morgenstunden am 24. August 1970, die uns aus dem Bett riss. Vier radikalisierte Studenten hatten einen Ford-Ecoline-Lieferwagen, vollgepackt mit Dynamit, vor der Sterling Hall zur Explosion gebracht, um das mathematische Forschungszentrum der US Army in die Luft zu sprengen. Doch das wurde nur leicht beschädigt, während ein Physiklabor im unteren Geschoss völlig verwüstet und ein Physiker getötet wurde. Mein Segelpartner Wolfgang Stutius, ebenfalls ein Physiker, hatte das Labor glücklicherweise nur wenige Stunden vorher verlassen. Drei der Attentäter wurden gefasst, der vierte steht immer noch auf der FBI-Fahndungsliste. Zwei der Bomber, die Brüder Armstrong aus Madison, hatten bereits vor dieser Explosion vor der Sterling Hall einen primitiven Angriff mit selbst gebastelten Bomben in einem gestohlenen Privatflugzeug auf eine Munitionsfabrik bei Baraboo, Wisconsin, geflogen, doch die »Bomben« gruben sich in den Winterschnee und explodierten nicht. Manche der Proteste gegen den Vietnamkrieg verliefen friedlich, andere weniger. Auf der State Street zwischen dem Campus und dem Capitol, dem Regierungssitz des Staates Wisconsin, kam es zu Zerstörungen von Geschäften und zu weiteren Polizeieinsätzen, vor allem auch in »Mifland«, einem Stadtteil von Madison um die Miflin-Straße herum, zumeist bewohnt von Studenten. Unter den Protestierenden befand sich auch ein gewisser Paul Soglin, der zu Recht meinte, dass Protestieren alleine nicht genüge und dass man den »Marsch durch die Institutionen« machen müsse, um etwas zu verändern – vergleichbar mit den sogenannten 68er-Demonstranten in Deutschland. Also stellte er sich zur Wahl für den Stadtrat von Madison und gewann nicht nur die Wahl, sondern auch das Vertrauen der anderen Stadträte sowie der Bevölkerung von Madison, die ihn dreimal zum Bürgermeister wählte (1973–1979, 1989–1996 und 2011–2018).

In Madison wurde mir erstmals klar, dass meine »Ohne mich«-Haltung nicht länger tragbar war, falls sie es überhaupt jemals war. Meine Generation sah, wie es den Älteren erging, die sich politisch engagiert hatten, und wir wollten nicht in dieselbe Falle tappen. Doch eine Demokratie kann mit einer »Ohne mich«-Haltung nicht funktionieren. Eine Demokratie ist eine recht fragile Konstruktion, wie die deutsche Geschichte, aber auch die gegenwärtige Lage in den USA zeigt, denn sie kann leicht durch korrupte und unverantwortliche Politiker und Demagogen zerstört werden. Wie Fritz Stern schrieb: »Wir halten die Zukunft in einer freien Gesellschaft, wie auch immer eingeengt durch vorgegebene Bedingungen, für offen, und wenn dem so ist, ist ein gesellschaftliches Engagement dringend notwendig.«[112] Daher war ich damals gegen die Vietnampolitik von Präsident Johnson und bin es heute gegen Trump und den Trumpismus. Mit Putins Krieg gegen die Ukraine im Jahre 2022, inzwischen ein Kampf zweier politischer Systeme, Demokratie und Diktatur, sehe ich mich auch gezwungen, meine pazifistische Haltung zu überdenken. Es wird mir schwer werden; darin unterscheide ich mich nicht von zahlreichen anderen Deutschen.

In Madison kam es auch zu einer persönlichen Begegnung mit dem berühmten Bonner Germanisten Benno von Wiese und Kaiserswaldau (1903–1987), den ich in Bonn als einer unter Hunderten von

Mitstudenten im Hörsaal Eins erlebt hatte. Er war ein Semester als Gastprofessor an der University of Minnesota und hielt in Madison einen Gastvortrag. Beim anschließenden Empfang stellte ich mich als einer seiner früheren Hörer an der Universität Bonn vor. Da wurde der große von Wiese ganz klein und gestand, dass er Angst vor seiner Rückkehr nach Bonn habe: »Die haben da etwas gegen mich ausgegraben.« Es war die Zeit der Studentenunruhen in Deutschland, als die Studenten gegen die autoritären Strukturen der Universitäten, gegen den Vietnamkrieg und die Nazi-Vergangenheit ihrer Eltern, Großeltern und Lehrer protestierten. Wir Bonner Studenten wussten damals von alledem nicht viel. Es gab zwar Gerüchte von Spannungen zwischen von Wiese und seinem Kollegen Richard Alewyn, doch wir Studenten lauschten andächtig von Wieses gewählten Worten über Immermann, einen heute nahezu vergessenen Schriftsteller.

Im Dritten Reich war von Wiese Mitglied der NSDAP, veröffentlichte in Goebbels' Zeitschrift *Das Reich*, diente als Lektor in Alfred Rosenbergs Schrifttumskommission im Hauptlektorat Deutsche Literaturgeschichte und »verfasste apologetische Stellungnahmen zur Germanistik im Nationalsozialismus«.[113] Nach 1945 konnte er unbeschadet sein Amt weiter ausüben. Richard Alewyn (1902–1979) dagegen wurde 1933 aufgrund des »Gesetzes zur Wiederherstellung des Berufsbeamtentums« aus seinem Amt als Professor entlassen, da er eine jüdische Großmutter hatte, also Vierteljude war. Er floh nach Frankreich, Österreich, in die Schweiz und schließlich 1939 in die USA, deren Staatsbürger er wurde. Nach dem Krieg wurde er wieder deutscher Staatsbürger und Professor für neuere deutsche Literatur in Köln, anschließend in Berlin und von 1959 bis zu seiner Emeritierung 1967 in Bonn.

Kein Wunder also, dass die beiden nicht gut miteinander auskamen.

Madison spielt auch eine Rolle in der Geschichte der Nazizeit. Im Jahre 1926 kam ein junger Deutscher mit einem Rockefeller-Stipendium nach Madison an die University of Wisconsin, 41 Jahre vor mir. Sein Name war Arvid Harnack, er wurde 1901 in Darmstadt geboren. Auf dem Campus lernte er eine junge amerikanische Studentin namens Mildred Fish aus Milwaukee, geboren 1902, kennen. Sie hatte ähnliche Ansichten und linke politische Neigungen wie Arvid, sie verliebten sich und heirateten am 7. August 1926 »auf der Farm ihres Bruders in Brooklyn, Wisconsin«.[114] In Madison waren sie auch mit Greta Lorke, einer weiteren deutschen Studentin, befreundet, die später den linken Schriftsteller Adam Kuckhoff (1887–1943) heiratete. Zu ihren Freunden zählten auch Rudolf Heberle, ein anderer Rockefeller-Stipendiat aus Deutschland, und seine Frau Franziska. 1935 wurde Mildred Patentante von Heberles Tochter Antje, die später den Politologen Edward Kolodziej heiratete; beide wurden meine Freunde an der University of Illinois. Die Heberles kehrten nach Deutschland zurück, wanderten dann aber wieder in die USA aus, als Rudolf 1938 ein Angebot von der Soziologie-Abteilung der Louisiana State University annahm, das ihm höchtwahrscheinlich das Leben gerettet hat. Arvid Harnack war daraufhin recht verärgert, da er gehofft hatte, dass Rudolf ihn im Kampf gegen die Nazis unterstützen würde.[115] In Deutschland schlossen sich Mildred, Arvid, Greta und Adam Kuckhoff der Widerstandsgruppe »Rote Kapelle« an. Die Organisation wurde 1942 von der Gestapo entdeckt; ihre Hauptmitglieder, darunter Adam Kuckhoff und Arvid Harnack, wurden in Plötzensee gehenkt. Mildred Harnack wurde zu einer sechsjährigen Haftstrafe verurteilt, doch auf Hitlers Anordnung im Februar 1943 durch Enthauptung hingerichtet. Damit war sie die einzige Amerikanerin, die auf direkten Befehl Hitlers hingerichtet wurde. Ihre letzten Worte waren: »Und ich habe Deutschland doch so geliebt«. Ihre Leiche wurde auf dem Friedhof in Berlin-Zehlendorf beerdigt; die Asche der anderen in alle Winde zerstreut. Madison erinnerte sich erst recht spät an die Harnacks; zu meiner Madison-Zeit gab es keine Spur von ihnen. Doch seit 1994 gibt es eine Menschenrechts- und Demokratievorlesung zum Andenken an Mildred Fish. 2019 errichtete die Stadt Madison eine Statue für Mildred Fish-Harnack im Marshall-Park. Die Schulen in Wisconsin begehen einen Mildred Fish-Harnack-Tag und in Milwaukee und Berlin sind Schulen nach ihr benannt.[116]

University of Illinois und Urbana

Im August 1971 trat ich meine Stelle als Assistenzprofessor an der University of Illinois in Urbana-Champaign an. Auch hier holten mich Krieg und Nazizeit wieder ein.

Als einer unserer ersten Gäste in Urbana kam Professor Hans Henning in unser »neues« Haus an der Orchard Street, das eigentlich schon 70 Jahre alt war. Professor Henning, der damalige Leiter der Anna Amalia Bibliothek der »Nationalen Forschungs- und Gedenkstätten der klassischen deutschen Literatur«, kurz VEB Goethe, in Weimar, DDR, war für ein Semester Gastprofessor in der Deutschabteilung unserer University of Illinois. Seine Frau durfte nicht mitkommen; sie blieb sozusagen als »Geisel« zurück in der DDR, um sicherzustellen, dass ihr Mann in die DDR zurückkehren würde. Als Goethe-Forscher gab es nirgendwo eine bessere Stelle für ihn. Außerdem hatte er ein schönes Haus an der Helmholtzstraße in Weimar, eine Familie und einen Lada-Wagen. Wir waren bis zu seinem Tod vor einigen Jahren gute Freunde. Seine Rückreise von Urbana nach Weimar im Dezember 1974 nach Semesterende war dann noch recht dramatisch. Er durfte das Gebiet der BRD nicht betreten und hatte einen Flug von Urbana nach Chicago gebucht, von dort weiter mit KLM nach Amsterdam und weiter mit Interflug, der DDR-Fluglinie, nach Ostberlin-Schönefeld. Doch ein Schneesturm vereitelte seinen Abflug aus Urbana. Mein Freund und Kollege Herbert Knust und ich brachten ihn zum Bahnhof in der Hoffnung, mit Amtrak nach Chicago zu kommen. Das wollten jedoch auch Hunderte von Studenten. Als der Schalterbeamte ihm, Henning, erklärte, es gäbe keine Fahrkarten mehr, verlangte er eine Fahrkarte erster Klasse. Darauf der Beamte zu Henning, dem DDR-Bürger: »Sir, wir haben hier nur eine Klasse.« Also eine Art klassenlose Gesellschaft. Doch Henning war zu aufgeregt und noch krank dazu, um die Ironie zu begreifen. Inzwischen hatte Herbert noch einen Platz in einem Taxi ergattert, mit dem Henning schließlich nach Chicago gelangte, wenn auch unter größter Anstrengung des Fahrers, und seinen KLM-Flug doch noch erreichte.

Die Ergebnisse meiner Forschung zu Brecht fanden ihren Niederschlag nicht nur in meiner Dissertation, sondern auch in einigen Büchern und Artikeln. Angeregt von meinem Kollegen und Freund Herbert Knust arbeitete ich mich auch in die Literatur im Dritten Reich ein, was in einem Buch gipfelte, einer deutschen und einer englischen Fassung. Die Frage war zunächst, wie ich an die benötigten Materialien herankäme. Doch zu meiner großen Freude und Erleichterung fand ich einen großen Teil in unserer Bibliothek, einer der besten in den USA. Wie aber kamen die Nazi-Literatur und andere Literatur aus dem Dritten Reich dorthin? Mitten in der Prärie? Als die US-Armee in Deutschland einmarschierte, hatte sie nicht nur Kunsthistoriker bei sich, sondern auch Bibliothekare, die deutsche Bibliotheken, vor allem NS-Schulen, durchkämmten, Bücher aussortierten und nach Washington zur Library of Congress schickten. Der dortige Bibliothekar fragte bei verschiedenen Universitäten und Bibliotheken an, ob sie an diesem Material interessiert seien. Unser Bibliothekar an der University of Illinois war weitsichtig genug und bekundete Interesse, weniger aus literarischen als aus historischen Motiven. Somit fand ich nun fast alles, was ich für mein Projekt benötigte, hier in unserer Bibliothek. Dazu noch eine Fußnote. Als mein Freund und Kollege Herbert Knust über den Regisseur Erwin Piscator forschte und persönlich in Berlin bei der Akademie der Künste vorsprach, bedeutete man ihm, dazu müsse er nach Illinois, allerdings nicht zur University of Illinois in Urbana, sondern zur Southern Illinois University in Carbondale. Er verschwieg schamhaft, dass er gerade aus Illinois gekommen war.

Ein anderes Gebiet, in das ich mich einarbeitete, war die Literatur der DDR, bis dahin terra incognita für mich. Auch dabei hatte unsere Bibliothek viel zu bieten. Ich entwickelte einen Kurs für Graduate Studenten zur DDR-Literatur, einen der ersten in den USA. Meine Forschungsergebnisse zur DDR-Literatur veröffentlichte ich ebenfalls in mehreren Artikeln und einer Anthologie, zusammen mit meinem Kollegen Richard Zipser, der dabei federführend war. Da ich bis dahin nie in der DDR war – mit Ausnahme von Ostberlin –, nahm ich an einem Ferienkurs der Universität Jena für ausländische Germanisten teil, der in Weimar stattfand. Die Teilnehmer kamen aus verschiedenen Ländern in Ost und West wie Australien, Frankreich, Ungarn oder der Sowjetunion, nur niemand aus der BRD; ich gehörte mit zum amerikanischen Kontingent. Es gab Vorträge und Diskussionen von unterschiedlicher Qualität zu verschiedenen Aspekten der DDR. Als ein Ökonom, der über die Wirtschaft der DDR sprechen sollte, nur Propaganda gegen die BRD machte, unterbrach ihn ein australischer Germanist: »Was Sie uns da bieten, ist eine Unverschämtheit. Ich bin hier, um etwas über die Ökonomie der DDR zu erfahren.« Der Professor bekam einen hochroten Kopf, machte eine Pause und sprach dann ganz sachlich über die DDR-Wirtschaft. Solche Einwände hatte er offensichtlich bis dahin noch nie gehört, auch nicht die anwesenden studentischen Hilfskräfte der Universität Jena, die ihren Ohren nicht trauten ob solchen Widerspruchs.

Interessanter und eleganter war dagegen ein Vortrag von Klaus Höpke (1933 geb.), dem stellvertretenden Kulturminister der DDR; er hatte sogar Sinn für Humor, war jedoch hart in der Sache. Ab und zu zitierte er sogar aus dem *Spiegel*, den er jedoch in ein Exemplar der SED-Zeitung *Neues Deutschland* eingewickelt hatte. Wolf Biermann, dem DDR-Protestsänger, war kurz vorher – 1976 – nach einem Konzert in Köln die Rückreise in die DDR trotz aller Versprechungen verweigert worden, doch Höpke verteidigte die Ausbürgerung Biermanns mit Vehemenz. In einem Gespräch nach seinem Vortrag fragte ich ihn, warum Jurek Beckers Roman *Schlaflose Tage* nicht in der DDR erscheinen konnte. Ich hatte im Frühjahr 1977 Becker persönlich danach gefragt, als ich ihn am Oberlin College, Ohio, traf, wo er ein Gastsemester verbrachte. »Das fragen Sie am besten Klaus Höpke.« Damals hatte ich keine Ahnung, dass sich dazu so schnell eine Gelegenheit ergeben würde. In diesem Roman geht es unter anderem um Republikflucht. Höpke hatte in langen Gesprächen mit Becker versucht, ihn dazu zu bringen, entsprechende Stellen im Buch zu streichen oder abzuschwächen, denn Republikflucht sei noch ein Tabuthema in der DDR. Aber, so Höpke, Becker blieb hartnäckig und wollte nicht eine Zeile in seinem Roman ändern. Daher konnte das Buch nicht in der DDR erscheinen, wohl aber 1978 in der BRD, in die Becker daraufhin umgesiedelt war, allerdings mit einem DDR-Visum für mehrmalige Ein- und Ausreise. Das war recht ungewöhnlich, hing aber sicher auch damit zusammen, dass Becker Jude war, geboren 1937 in Lodz, Polen, und aufgewachsen unter Nazi-Herrschaft im Ghetto von Lodz. Seine ganze Familie wurde im Holocaust ermordet außer ihm und seinem Vater, mit dem zusammen er nach Berlin kam und so gut Deutsch lernte, dass er ein deutscher Schriftsteller wurde; er starb zu früh 1997 mit 59 Jahren. Für mich ist sein bestes Buch immer noch *Jakob der Lügner* (1969), 1975 ausgezeichnet verfilmt von Frank Beyer in der DDR. Auch die DDR fühlte wohl als deutscher Staat einige Verantwortung für die von Deutschen begangenen Verbrechen an den Juden, obwohl sie den Hauptanteil der Vergangenheitsbewältigung der BRD überließ, zum Beispiel eine Entschädigung für die von Nazi-Deutschland begangenen Verbrechen.

Zum Abschluss des Seminars gab es noch eine Party. Eine Kapelle spielte für uns Amerikaner die Melodie von »We shall overcome«; im Gegensatz zu mir kannten sie den gesamten Text – ein Signal an die DDR-Politiker. Als ich nach dem Ende der Party um rund 1 Uhr nachts eine der Lektorinnen aus Sicherheitsgründen (und keinen anderen) nach Hause begleiten wollte, sagte sie mir mit leicht ironischem Unterton: »Ich dachte, Sie kämen aus einem freien Land!« Und ging alleine durch die dunklen Straßen Weimars zu ihrer Wohnung.

Den Fall der Berliner Mauer am 9. November 1989 habe ich nur aus der Entfernung am Fernsehen erlebt. Bei meinem Besuch in Berlin kurz danach war ich überwältigt von den massiven Veränderungen; der Bahnhof Berlin Friedrichstraße, über den ich während meiner Forschung im Brecht-Archiv im damaligen Ostberlin einreisen musste, war wieder ein ganz normaler Bahnhof ohne DDR-Grenzer mit Kalaschnikows. Auch die Kanzlerschaft Willy Brandts von 1969 bis 1974 erlebte ich nur aus dem fernen Amerika. Wir dort lebenden deutschen Staatsbürger hatten versucht, ihn über das Konsulat der BRD in Chicago zu wählen, doch das ging leider nicht, da wir keinen Wohnsitz in Deutschland hatten. Andere im Ausland lebende Bürger anderer Staaten können in ihrem Heimatland wählen; nur wir mit deutschem Pass nicht (ich besitze neben einem deutschen auch einen amerikanischen Pass). Ich habe deswegen mal an Kanzlerin Merkel geschrieben, dass ich sie ja wählen würde, wenn ich könnte, doch sie hat nie geantwortet.

Prominente Gäste

In meiner Eigenschaft als Fakultätsmitglied hatte ich eine Anzahl von prominenten Gästen, so die DDR-Autoren Wolfgang Kohlhaase, Karl-Heinz Jakobs und Joachim Walther.

Kohlhaase (1931–2022) ist vor allem bekannt für seine Drehbücher für Filme des renommierten DDR-Filmemachers Konrad Wolf, so z.B. dessen Film *Ich war Neunzehn* (1968), eine autobiografische Darstellung eines jungen Deutschen – Konrad Wolf –, der 1945 als sowjetischer Soldat in Deutschland einmarschierte. Konrad Wolfs Bruder war Markus Wolf, Nummer zwei in der Stasi, der Vater Friedrich Wolf ein bekannter Schriftsteller, der mit seiner Familie in die Sowjetunion emigriert war. Kohlhaase schrieb auch andere Drehbücher, setzte seine Karriere nahtlos nach dem Ende der DDR in der BRD fort und erhielt 2010 sogar einen Goldenen Ehrenbär bei den Internationalen Berliner Filmfestspielen.

Nach seinem Protest gegen die Ausbürgerung von Wolf Biermann 1977 konnte Jakobs (1929–2015) nicht mehr in der DDR veröffentlichen und kam 1981 in die BRD. Vor seinem Abschied aus der DDR hatte er noch ein längeres Gespräch mit Kurt Hager, dem Chefideologen der DDR, der ihm bedeutete: »Karl-Heinz, der lange Arm der Stasi wird dich auch im Westen erreichen.« Als ich meinte, das sei doch unmöglich, erzählte er mir, dass er zu einer Konferenz über die DDR in den USA fest eingeladen war, doch nach seinem Gespräch mit Hager prompt wieder ausgeladen wurde. Die Schlussfolgerung überließ er mir.

Joachim Walther (1943–2020) erging es ähnlich. Nach einem Vortrag an einer britischen Universität wurde er nach seiner Rückkehr zur Stasi zitiert und erhielt zwei Jahre Reiseverbot. Eine britische Germanistin hatte nichts Besseres zu tun, als der Stasi von Walthers Vortrag zu berichten. Neben Essays und Romanen veröffentlichte Walther im Jahre 1996 sein Standardwerk über die Stasi, *Sicherungsbereich Literatur*.

Ein weiterer prominenter DDR-Bürger, den ich bei einer Filmkonferenz in Chicago kennenlernte, war Lothar Bisky (1941–2013), zu der Zeit Direktor der Hochschule für Film und Fernsehen in Potsdam-Babelsberg (von 1986 bis 1990), später nach der Wende Bundesvorsitzender der PDS, der Nachfolgepartei der SED, von 1993 bis 2000 und 2003 bis 2005 Mitvorsitzender von Die Linke (2007) und Herausgeber der SED-Zeitung *Neues Deutschland*. Bei der Filmkonferenz in Chicago war es meine Aufgabe, ihn einzuführen, und hatte deshalb vorher ein kurzes Gespräch mit ihm.

Zum Teil durch Vermittlung des Goethe-Instituts und dessen Kulturreferentin Angela Greiner habe ich auch eine Reihe von anderen Autoren an unsere Uni eingeladen, so Gerd Hoffmann und Georg Klein. Monika Maron kam und las aus ihrem Buch *Die Überläuferin*, allerdings nicht über das Goethe-Institut, sondern auf Empfehlung von Eva Grünstein, die mit Maron befreundet und mit ihr zusammen in Berlin-Pankow, im »Prominentenghetto« der DDR, aufgewachsen war. Marons Stiefvater war Innenminister der DDR und damit Chef der Volkspolizei, Evas Vater, Herbert Grünstein, sein Stellvertreter. Herbert Grünstein war Kommunist und kämpfte aufseiten der Republikaner gegen Franco und seine Faschisten im Spanischen Bürgerkrieg (1936–1939), wurde in Frankreich und Algerien interniert und gelangte 1943 auf abenteuerliche Weise in die Sowjetunion, wo Eva

1946 geboren wurde. Ihre Eltern hatten ihr lange verschwiegen, dass sie jüdisch war, bis sie Ende der Achtzigerjahre davon erfuhr, als der Rabbiner Isaak Neuman aus Champaign, Illinois, zum Oberrabbiner der DDR an die Ostberliner Synagoge berufen wurde. Die einzige Bedingung war, dass er Deutsch können musste, und das hatte er als polnischer Jude in deutschen KZs gelernt, darunter auch Auschwitz.[117] Eva und Rabbi Neuman heirateten und kamen zusammen zurück nach Champaign-Urbana, wo ich beide kennenlernte und Eva bei der Eingewöhnung in eine für sie fremde Welt behilflich war, zumal sie nur Deutsch und Russisch sprach und kaum Englisch. Eva und ich wurden gute Freunde; sie hatte ein Doktorat von der Humboldt Universität und vertrat mich sogar während meines Sabbatical-Urlaubs (Forschungsurlaub) in meinem DDR-Kurs. Nach Rabbi Neumans Tod mit 91 im Jahre 2014 kehrte sie nach Berlin zurück und lebt dort in einem Seniorenheim. Die Verbindung habe ich leider verloren.

Hans von Herwarth (1904–1999) war ein deutscher Diplomat und als junger Attaché in der deutschen Botschaft in Moskau von 1931 bis 1939 tätig. Er informierte befreundete westliche Diplomaten in Moskau über die deutschen Angriffspläne auf die Sowjetunion, diente als Offizier in der deutschen Wehrmacht, obwohl er jüdische Vorfahren hatte, und förderte den militärischen Widerstand gegen Hitler. Nach dem Krieg war er Botschafter der BRD in Rom und London sowie Präsident des Goethe-Instituts. In seinem Vortrag sprach er über die zwei Übel, die er erlebt hatte: Hitler und Stalin. Das ist auch der Titel seines Buches *Against Two Evils* (1981), zu Deutsch *Zwischen Hitler und Stalin. Erlebte Zeitgeschichte 1931–1945* (1982).

Ekkehard Schall (1930–2005) war Star-Schauspieler am Berliner Ensemble und Schwiegersohn von Bertolt Brecht – seine Frau Barbara Brecht-Schall (1930–2015) war Brechts Tochter mit Helene Weigel –, den ich öfter im Theater am Schiffbauer Damm in Berlin bewundert habe. Am 20.3.1985 gab er zusammen mit Karl-Heinz Nehring, dem Pianisten des Berliner Ensembles, eine Vorstellung mit Gedichten und Songs von Brecht vor 800 Zuschauern in der Smith Music Hall auf dem Campus unserer Universität. Obwohl ein Star, war er sehr umgänglich; in den zwei Tagen, als er und Barbara meine Gäste waren, lernte ich sie recht gut kennen. Barbara war stolz auf ihr gutes amerikanisches Englisch, das sie mit ihren Eltern im Exil in Kalifornien gelernt hatte. Sie konnte sehr charmant sein, aber auch recht

Besuch in Urbana von Hans Herwarth im Jahre 1983

herrisch, wenn ihr als Managerin ihres Mannes etwas nicht passte, so bei ihrer Meinung nach ungenügender Beleuchtung oder als sie erfuhr, dass ich als Veranstalter keine Eintrittsgebühren verlangte. Sie beruhigte sich etwas, als ich ihr erklärte, dass auch ärmere Studenten Zutritt zu diesem kulturellen Ereignis haben sollten. Das sollte sie als Kommunistin ja eigentlich verstanden haben. Ekkehard, oder »Ekke«, gab wieder einmal sein Bestes, sodass der Abend ein voller Erfolg wurde. Am Rande eines Empfangs für Ekke und Barbara gab es noch eine kleine deutsch-deutsche Kontroverse. Zu Ekkes Aufführung hatte ich auch Herrn Breuer, den Leiter des Goethe Instituts Chicago, und seine Kulturreferentin Angela Greiner eingeladen, mit denen ich oft zusammengearbeitet hatte. Als ich sie Barbara vorstellen wollte, sagte sie zu ihnen: »Sie vom Goethe-Institut müssen sich aber auch überall einmischen!« Für mich jedoch war der Auftritt von Schall hier in Urbana einer der Höhepunkte meiner aktiven Zeit an der Uni.

Ein anderer bemerkenswerter Besucher unserer Uni, eingeladen dieses Mal von unserem Jewish Studies Program, war Salomon Perel oder auch Shlomo Perel oder Sally Perel, geboren 1925 in Peine von deutsch-jüdischen Eltern, gestorben am 2. Februar 2023. Nachdem der Schuhladen seiner Eltern 1935 von den Nazis geplündert und Salomon von der Schule verwiesen worden war, floh die Familie nach Lodz in Polen. Als die Wehrmacht 1939 in Polen einfiel, floh Salomon in die Sowjetunion, wurde dort von nachrückenden deutschen Truppen gefangen, gab sich als Volksdeutscher aus, diente als Dolmetscher, konnte aber als Jugendlicher nicht bei der Truppe bleiben und kam auf eine Hitlerjugendschule in Braunschweig. Es gelang ihm auch dort, sein Judentum zu verheimlichen, was ihm nicht immer leichtfiel, da er im Gegensatz zu nichtjüdischen deutschen Jungen beschnitten war. Sein Bruder und er überlebten den Krieg, doch seine Eltern und Schwester kamen im Holocaust um. Salomon wanderte nach Israel aus, wo er lange seine Mitgliedschaft in der Hitlerjugend verschwieg. Erst in den Neunzigerjahren veröffentlichte er seine Geschichte in seinem Buch *Ich war Hitlerjunge Salomon* (1993). Seine Geschichte wurde von der polnischen Filmemacherin Agnieska Holland unter dem Titel *Europa, Europa* verfilmt. In Urbana aß ich mit ihm und dolmetschte seinen Vortrag vor Hunderten von Zuhörern vom Deutschen ins Englische, da Perel seinen Vortrag unbedingt auf Deutsch halten wollte, obwohl er neben Hebräisch auch Englisch sprach. Als ich ihn fragte, ob er auch Tantiemen vom Film bekommen hätte, der über fünf Millionen Dollar eingespielt hatte, verneinte er, denn er hatte auf alle Rechte verzichtet in der Annahme, dass sich nur wenige für sein Schicksal interessieren würden.

Andere Gäste aus dem In- und Ausland kamen als Vortragende zu einem Kurs »German-American Cross Currents«, über Deutsche, die zur amerikanischen Kultur, Politik und Technik beigetragen haben, den mein Freund und Kollege Herbert Knust und ich entworfen hatten. Der Kurs wurde begleitet von einer Gemäldeausstellung deutsch-amerikanischer Maler aus dem 19. Jahrhundert, so z.B. von Albert Bierstadt (1830–1902) von der Düsseldorfer Malerschule. Leider waren es nur Kopien, die uns vom Goethe-Institut Chicago geliehen worden waren. Wir hatten auch einen deutschen Raketenspezialisten eingeladen, der mit Wernher von Braun in die USA gekommen war, um amerikanische Raketen zu verbessern und zu entwickeln, so die Redstone Rakete, die eine verbesserte V2 war. Doch wir bekamen Schwierigkeiten mit der Einladung, da einige jüdische Kollegen sich dagegen ausgesprochen hatten und »diese Nazis« nicht auf dem Campus haben wollten. Aus diesem Grunde mussten wir den Herrn wieder ausladen, der allerdings an solche Situationen schon gewöhnt war; das war ihm bereits öfter passiert. Wir hätten auf dem Prinzip der Redefreiheit bestehen können, doch gerade als Deutschabteilung wollten wir keinen Ärger. Dabei planten wir gerade, die problematischen Anfänge der amerikanischen Raketen- und Raumfahrtforschung und deren Anfänge mit belasteten deutschen Experten zu diskutieren.

Der Leiter dieser Expertengruppe war Wernher von Braun, der eine amerikanische Berühmtheit wurde, vor allem in Huntsville, Alabama, wo im Raketenmuseum von von Brauns Verstrickung mit den Nazis mit keinem Wort die Rede ist, obwohl er unter anderem im Konzentrationslager Dora-Mittelbau Sklavenarbeiter aus dem KZ für den Bau seiner V1- und V2-Raketen unter unmenschlichen Bedingungen beschäftigt hatte. Um ihn zu ehren, gibt es in Huntsville sogar eine Von-Braun-Highschool. 1975 wurde von Braun mit der »National Medal of Science« geehrt. Als von Brauun nach den Opfern seiner Raketen gefragt wurde, war seine Antwort: »Ich habe tiefes Mitleid mit den Opfern der V2-Raketen, doch es gab Opfer auf beiden Seiten. Krieg ist Krieg, und wenn mein Land im Krieg steht, ist es meine Pflicht, ihm zum Sieg zu verhelfen.«[118] Dotties Vater war übrigens eine Zeit lang auf dem Militärstützpunkt in Huntsville beschäftigt; und Dotties beste Freundin war die Tochter eines deutschen Raketenbauers, der mit von Braun und anderen unter dem Decknamen »Operation Paperclip« nach Amerika gekommen war; die Tochter wollte allerdings nichts mehr mit ihrem deutschen Erbe zu tun haben.

Hubertus Strughold (1898–1986) war ein weiteres prominentes Mitglied des von Braun-Teams. Er ist weniger bekannt als von Braun, doch seine Arbeit war gleichbedeutend mit derjenigen von von Braun; er war sozusagen der Vater der amerikanischen Raumfahrtmedizin mit bahnbrechender Erforschung der psychischen und physischen Auswirkungen auf männliche Raumfahrer. Er hatte seine Erfahrungen mit Experimenten an Häftlingen des KZs Dachau gewonnen, »bei denen die Häftlinge tiefen Temperaturen ausgesetzt und in Unterdruckkammern platziert wurden, wobei einige ihr Leben verloren«.[119] 1943 führte sein Luftfahrtinstitut auch Experimente zum Sauerstoffentzug durch mit Kindern aus dem Euthanasiezentrum in Brandenburg. Strughold stellte auch die Frage nach Leben auf dem Mars mit seinen Marsgefäßen, später aufgegriffen und popularisiert von Carl Sagan. Dazu füllte er ein Glas mit Lava und Flechten, um zu sehen, ob Flechten unter den Bedingungen existieren können. Obwohl amerikanische Wissenschaftler von Strugholds Experimenten wussten und seine Forschungsergebnisse übernahmen, wollten sie nichts mit ihm zu tun haben und versuchten, »sein Werk zu ignorieren oder zumindest herunterzuspielen«.[120] Es war ihnen offensichtlich zu unangenehm, mit ihm in einem Boot zu sitzen. Nach dem Krieg wurde Strughold als Kriegsverbrecher gesucht, doch 1958 durch das amerikanische Justizministerium voll entlastet.[121]

Unter den rund 700 Wissenschaftlern, die mit der Operation Paperclip in die USA kamen, befand sich auch Arthur Rudolf (1906–1996), von Brauns »leitender Direktor in Nordhausen, wo 20000 Sklavenarbeiter beim Bau der V2-Raketen starben«. In den USA »leitete er das Team, das die Saturn V Rakete entwickelte«, die 1969 Appollo 11 zur ersten Mondlandung ins All transportierte.[122] Er erhielt besondere Auszeichnungen von der NASA, so die »Exceptional Service Medal« und »Distinguished Service Medal«. 1984 wurde jedoch gegen ihn wegen Kriegsverbrechen ermittelt. Er entging einer Anklage durch Aufgabe der amerikanischen Staatsbürgerschaft und Rückkehr nach Deutschland. Kurt Debus (1908–1983) war der erste Direktor von Raketenabschussrampen der NASA auf Cape Kennedy. Ich sah ihn oft im Fernsehen im CBS Nachrichtenprogramm mit Walter Cronkite. Auch er gehörte zu von Brauns Team; auch er war Mitglied der Nazi-Partei und der SS.

Eine Reihe von amerikanischen Waffen gehen auf Nazi-Erfindungen und -Entwicklungen zurück: Die Marschflugkörper (cruise missiles) sind eine Weiterentwicklung der V1-Rakete und der Tarnkappenjäger ist eine Weiterentwicklung des deutschen Jagdflugzeugs Horton Ho 22 der deutschen Luftwaffe von 1944. »Operation Paperclip war zweifellos ein großer Erfolg, doch manche Leute erinnern sich lieber an die Tausenden, die starben, um einen Menschen in den Weltraum zu schicken.«[123]

Obwohl Präsident Truman »ausdrücklich angeordnet hatte, ›dass ein jeder, der Mitglied der Nazi-Partei und an Verbrechen beteiligt war oder ein aktiver Unterstützer des deutschen Militarismus war, ausgeschlossen sei‹, … wurde all diesen Männern gestattet, für die USA zu arbeiten. Ihre Verbrechen wurden verschwiegen und ihr Lebenslauf vom Militär korrigiert, dem der Sieg im Kalten Krieg wichtiger war als die Aufrechterhaltung von Recht und Gerechtigkeit.«[124] Es ist in der Tat peinlich für die Weltraumwissenschaftler, solch eine beschämende Geschichte zu haben; man kann kaum ignorieren, dass ihre Wissenschaft auf den Leichen von Tausenden unschuldiger Opfer gründet.

Und genau das wollten wir diskutieren, doch es kam nicht dazu.

Die Nachwirkungen des Krieges tauchen in meinem Leben eben immer wieder auf. Das war auch der Fall, als ich im Jahre 2002 Gutachter in einem Ausweisungsverfahren war. Ein Einwanderer aus Litauen in die USA hatte in seinen Papieren nicht angegeben, dass er während der Nazizeit in Litauen Mitglied der litauischen Polizei war, die den Nazis bei der Judenverfolgung behilflich war. Das reichte, um ihm die amerikanische Staatsbürgerschaft abzuerkennen. Doch nun sollte er nach etwa 45 Jahren ausgewiesen werden. Er lebte inzwischen in Florida nach seiner Pensionierung als Autoarbeiter in Detroit, Michigan. Als Beweismittel dazu diente der sogenannte Stahlecker-Bericht, in dem die Kollaboration der litauischen Polizei mit den Nazis nachgewiesen ist. Franz Walter Stahlecker (1900–1942) war Führer der Einsatzgruppe A in Osteuropa einschließlich Litauen und verantwortlich für unzählige Judenmorde. In seinem Ausweisungsverfahren hatte der deutsche Anwalt des Litauers behauptet, der Stahlecker-Bericht sei eine sowjetische Fälschung. Das Gericht brauchte nun zwei Gutachter, die diese Behauptung widerlegen konnten; einen Historiker und einen Linguisten. Der Historiker war Christopher Browning, der Linguist war ich. Ich las also den Bericht und zahlreiche weitere, die Stahlecker an das Reichssicherungshauptamt (RSHA) geschickt hatte; Chef vom RSHA war Reinhard Heydrich. Für mich und den Historiker war es nicht schwer, die Behauptung des deutschen Rechtsanwalts zurückzuweisen.[125]

Konferenzen

Von den zahlreichen Konferenzen, die ich in meiner akademischen Laufbahn besuchte, möchte ich hier nur zwei erwähnen.

Im Jahre 2001 traf ich mich mit einer Anzahl von britischen Germanisten an der University of Liverpool zu einer Konferenz über Stasi und Literatur, bei der ich einen Vortrag über Hans-Joachim Schädlichs Roman *Tallhover* hielt. Auch mein Beitrag wurde später in einem Essayband veröffentlicht. Zuvor war ich einige Tage in London, um mein altes King's College und mehrere Theaterstücke und Museen zu besuchen sowie eine Oper in Covent Garden. Auf der Bühne erlebte ich dabei fast hautnah den bekannten Schauspieler Derek Jacobi, den ich bis dahin nur aus Fernsehdramen kannte. Anschließend an die Tage in Liverpool fuhr ich per Bahn nach Sevenoaks, Kent, um Frau Ridgers zu besuchen, die inzwischen nach dem Tod ihres Mannes ihr Haus »Watlynge« verkauft hatte und in eine schöne geräumige Wohnung in der Stadt gezogen war. Auch sie ist inzwischen verstorben.

Nach dem Ende des Apartheit-Regimes in Südafrika konnte man auch ohne schlechtes Gewissen in dieses schöne, doch von Problemen (u. a. hohe Kriminalität) geplagte Land reisen, dessen Präsident Nelson Mandela Anlass zu großen Hoffnungen für eine bessere Zukunft gab; er lebte von 1918 bis 2013 und war Präsident von 1994 bis 1999. Vom 9. bis 11. April 1997 nahm ich an einer internationalen Tagung des »Germanistenverbandes im Südlichen Afrika« mit einem Vortrag über »Erich Loest und die Wende: Erlöst von der DDR« teil, die in Bloemfontein an der University of the Orange Free State oder Universiteit van die Oranje-Vrystaat stattfand. Professor van Delft, der Organisator der Konferenz, machte mit uns eine Stadtführung durch Bloemfontein, bei der wir an Resten eines Konzentrationslagers vorbeikamen, das die Engländer während des Burenkrieges um 1900 errichtet hatten. Bekanntlich hat Hitler die Idee für solche Lager von den Briten übernommen; Konzentrationslager ist kein deutsches Wort.

An der University of Illinois hatte ich auch eine Reihe von jüdischen Kollegen – eine Rarität an deutschen Universitäten zu meiner Zeit –, die mir halfen, meine anfänglichen schuldbewussten Berührungsängste zu überwinden; einer von ihnen wurde gar einer meiner besten Freunde. Unter ihnen befanden sich auch Emigranten aus Deutschland, Österreich und Osteuropa. Manch einer von ihnen war dem Nazi-Terror nur mit knapper Not entkommen, doch keiner von ihnen begegnete mir mit auch nur den geringsten Vorbehalten.

Schicksalsjahr 2017: Dotties Tod, Wiederheirat und Trump

2017 war ein Schicksalsjahr, das große Veränderungen in mein persönliches und politisches Leben brachte, den Tod meiner ersten Frau Dottie, meine Heirat mit Rachel und den Amtsantritt von Donald Trump als 45. Präsident der USA.

In der Nacht vom 1. zum 2. Januar starb Dottie nach 51 Ehejahren. Sie hatte sehr lange an einer Lungenkrankheit (»usual interstitial pneumonitis«) gelitten, bei der die Lunge sich selbst angreift. Als diese Krankheit diagnostiziert wurde, hatte Dottie bereits 50 % ihrer Lungenkapazität verloren und musste umgehend rund um die Uhr mit künstlichem Sauerstoff versorgt werden. Ihr sehr kompetenter Lungenarzt Dr. Topolosky hatte ihr gesagt, dass die meisten seiner Patienten mit ihrer Krankheit nicht länger als fünf Jahre lebten, doch sie schaffte rund 25 Jahre. Flugreisen waren nicht mehr möglich, wohl aber Opern- und Theaterbesuche in Chicago, Konzerte und andere kulturelle Veranstaltungen in Urbana, Besuche bei Freunden und sogar Campingtrips nach Door County, Wisconsin, in unseren geliebten Peninsula State Park an der Green Bay mit unserem VW-Campingbus und später mit Wohnwagen, doch alles nur mit Sauerstofftank. Noch vor ihrer Krankheit führte uns die größte Reise mit dem VW-Camper bis nach Vancouver in Kanada und den Glacier National Park. Auf dem Trans-Kanada-Highway fand ich mich plötzlich mitten in einer Bundeswehrkolonne, sodass ich dachte, ich spinne und müsste zu fahren aufhören. Doch es war keine Fata Morgana; die Soldaten waren wohl auf dem Weg zu einem Nato-Manöver. In Dotties letzten Jahren ging allerdings nichts mehr. In den ersten Monaten nach ihrem Tod verlor ich jegliche Orientierung; ich dachte sogar kurz daran, nach Deutschland zurückzukehren, auch wegen Trump. Doch hier in Urbana habe ich mein Haus, meine Freunde, meine Pension und meine Gesundheitsversorgung. Ich komme gerne nach Deutschland, um meine Angehörigen und Freunde zu besuchen. Aber dort zu leben ist eine andere Frage. Im Jahre 2007 war ich in Maastricht, wohin ein früherer Klassenkamerad zum 50. Abiturjubiläum eingeladen hatte. Doch ich musste feststellen, dass ich mit den wenigen Klassenkameraden von damals, die noch lebten, nichts mehr gemeinsam hatte. In Wesel

Schulhaus in Voerde 2007

mietete ich ein Auto und fuhr nach Voerde und Dinslaken, doch alles hatte sich so verändert, dass ich fast nichts mehr wiedererkannte. Das Schulhaus, in dem ich aufgewachsen war, stand noch, doch umgeben von anderen Gebäuden. Und der schöne Wald auf dem Schulhof war zum großen Teil abgeholzt. Ich hatte schon meinen Finger auf der Haustürklingel, um das Wohnhaus nochmals von innen zu sehen, doch ich ließ davon ab, um meine Erinnerungen nicht zu zerstören. Auf der Zugfahrt durch Wuppertal, meinem letzten Wohnort in Deutschland, wurde mir klar, dass ich dort nicht mehr wohnen und leben kann. Heimat ist, wo ich bin, meine Freunde und Angehörigen, eine gute Bibliothek und anregendes kulturelles Leben habe.

Doch eines wurde mir immer klarer: Ich wollte nicht den Rest meines Lebens alleine verbringen. Wo und wie jedoch sollte ich eine neue Lebenspartnerin finden? Meine Wahl fiel auf Rachel Jensen, eine Pianistin, die ich durch ihre Konzerte mit John Wustman kennengelernt hatte. Außerdem war sie eine gute Freundin von mir und Dottie. Rachel war Star-Studentin von Wustman, einem Mitglied der Piano-Fakultät an unserer Universität, der als Begleitpianist mit so berühmten Sängern und Sängerinnen wie Luciano Pavarotti, Birgit Nilsson und Elisabeth Schwarzkopf die Welt bereist hatte. Hier in Urbana betreute er Meisterklassen, vor allem mit deutschen Liedern von Franz Schubert oder Hugo Wolf, bei denen ich ihn traf und wir Freunde wurden. Ich fasste Mut und lud Rachel zu einem Kaffee ein, ohne zu wissen, ob sie noch verheiratet war oder überhaupt Interesse hatte. Doch sie kam, zeigte sich im August 2017 für eine engere Beziehung aufgeschlossen und am 29. September 2018 haben wir geheiratet. Wo und wie aber sollten wir zusammen wohnen? In ihrem oder in meinem Haus? Oder beide Häuser verkaufen und ein neues Haus erwerben? Schließlich kamen wir überein, mein Haus zu verkaufen und mit dem Erlös an ihr Haus anzubauen. Seit über zwei Jahren wohne ich nun in ihrem/unserem Haus, das ich eigentlich schon vor 45 Jahren mit Dottie kaufen wollte, doch damals wurde unser Angebot abgewiesen.

Mit Trump kam ein Präsident an die Macht, wie es noch keinen vor ihm gegeben hat und hoffentlich keinen nach ihm geben wird. Von Kennedy bis zu Busch und Obama habe ich alle US-Präsidenten in den USA erlebt, die letzten gar als Staatsbürger der USA (unter Beibehaltung der deutschen Staatsbürgerschaft). Doch so etwas an Inkompetenz, Gefühllosigkeit, Gemeinheit und Egoismus wie bei Trump habe ich noch nicht erlebt, dabei glaubten wir schon, Richard Nixon mit seinen Lügen und Verfassungsbrüchen sei schlimm gewesen. Trump jedoch übertrifft ihn bei Weitem; ich bin sicher, dass er als der schlechteste Präsident, den die USA je hatten, in die Geschichte eingehen wird. Die Parallelen zu Deutschland in den Dreißigerjahren sind unübersehbar. Das bedeutet aber nicht, dass er schon ein Hitler ist; eher ein Mussolini light; für einen richtigen Diktator ist er nicht brutal genug. Er missachtet die Verfassung, korrumpiert die Justiz, beschimpft die freie Presse als Lügenpresse – wie einst Hitler in Deutschland; nur hatte der kein Twitter, um seine Lügen zu verbreiten. Trump hat ein gestörtes Verhältnis zur Wahrheit und leugnet die beiden größten Katastrophen unserer Zeit, das Corona-Virus und den Klimawandel. Seine Unfähigkeit hatte bereits Zehntausenden das Leben gekostet. Trump will Amerika wieder groß machen (»make America great again«); so ähnlich klang auch Hitler, doch stattdessen führte der das Land fast in den Ruin. Trumps Slogan »America first« diente 1940 übrigens amerikanischen Sympathisanten von Hitler dazu, die USA aus dem Krieg gegen Deutschland herauszuhalten. Trump benutzt den Slogan für seine isolationistische und Anti-Einwanderungspolitik. Er ist auf dem besten Wege, das Land zu ruinieren, indem er die demokratischen Regeln missachtet und unterminiert – unter dem Jubel seiner Anhänger, darunter viele sich »Christen« nennende Evangelikale und white supremacists (weiße Rassisten). Trump, der Rassist, hat auch seine Sturmtruppen, bewaffnete weiße Rassisten, die friedliche Demonstranten einschüchtern und tätlich angreifen. In Michigan stürmten sie gar das Parlament und wollten die Gouverneurin Gretchen Whitmer entführen und ermorden. Am 6. Januar 2021 stürmten diese Typen sogar das Capitol, diesen Hort der Demokratie und Sitz des Kongresses, aufgehetzt von ihrem Führer. Die extreme Rechte hat auch ihre eigene Webseite, »Daily Stormer«, mit antisemitischer Hetze, vergleichbar mit der Nazi-Wochenzeitung *Der Stürmer*. Verantwortlich für diese von 1923 bis 1945 erscheinende Zeitung war Julius Streicher (1885–1946), einer der schlimmsten Antisemiten, der 1946 gehängt wurde. Andrew Anglin, der Gründer und Betreiber vom »Daily Stormer«, ist dagegen immer noch auf freiem Fuß, beschützt vom First Amendment der amerikanischen Verfassung und seinem Führer Donald Trump; er wurde allerdings 2020 auf Grund einer Anzeige vom Southern Poverty Law Center zu einer Geldstrafe von 14 Millionen Dollar verurteilt. Den Trumpisten geht es wie den Nazis um nichts anderes als den Machterhalt der weißen »arischen« Rasse. Die Nazis sahen ihre Macht von den Juden bedroht, die Trumpisten von den Schwarzen, Latinos und Asiaten. Trump ist leider keine Ausnahme in der westlichen Welt; rechte Ideologen und Ideologien finden sich in mehreren Ländern, so Matteo Salvini in Italien, Geert Wilders in den Niederlanden, Viktor Orban in Ungarn, Marine Le Pen in Frankreich und in Deutschland bei Teilen der AfD; jeder in seiner eigenen nationalen Ausprägung. Bertolt Brecht hatte leider recht, wenn er sein Stück *Der aufhaltsame Aufstieg des Arturo Ui*, in dem er den Aufstieg Hitlers im Gangstermilieu von Chicago nachzeichnet, geschrieben 1941 in Finnland, mit den Worten enden lässt: »Der Schoß ist fruchtbar noch, aus dem das kroch.«

Wie Hitler bricht Trump internationale Verträge nach Belieben, wenn es seinen Zwecken dient. Wie Hitler duldet er keinen Widerspruch und umgibt sich mit Hofschranzen und Schmeichlern. Die traditionelle Republikanische Partei ist völlig auf seine Linie eingeschwenkt und zur Trumpisten-Partei geworden, die alle seine Machenschaften unterstützt, auch die unsinnigsten. In Deutschland nannte man das in den Dreißigerjahren »Gleichschaltung«. US-Präsidenten, ob Demokraten oder Republikaner, waren in der Vergangenheit Präsidenten aller Amerikaner, gleich welcher Hautfarbe, oder versuchten es jedenfalls. Trump dagegen ist ganz bewusst ein Spalter der Nation und nur auf seinen eigenen Vorteil bedacht. Er kann offensichtlich machen, was er will; Frauen belästigen, jemanden auf der 5th Avenue in New York erschießen (wie er selber einmal gesagt hat), die Verfassung missachten, doch seine Anhänger jubeln ihm zu, selbst Frauen.

Der Sturm auf das Capitol am 6. Januar 2021 erinnert mich an den Hitler-Putsch vom 9. November 1923, als Hitler und seine Sturmtruppen versuchten, die bayerische Regierung zu übernehmen. Der Versuch schlug fehl, Hitler wurde verhaftet, und die Münchener Polizei erschoss einige seiner Anhänger, die dann zu Märtyrern der nationalsozialistischen Bewegung wurden. Auch der Putsch vom 6. Januar 2021 war glücklicherweise nicht erfolgreich. Sein Anführer Trump versprach seinen Truppen, sie zum Capitol zu führen, verdrückte sich dann jedoch ins Weiße Haus, um den von ihm angezettelten Sturm aufs Capitol am Fernsehen zu verfolgen. Hitler wurde gefangen und vor Gericht gebracht, während Trump von seinen Gefolgsleuten im Senat freigesprochen wurde.

Sowohl Hitler als auch Trump bedienten sich einer großen Lüge (Big Lie), um ihre Anhänger aufzustacheln und politisches Kapital daraus zu schlagen. Die große Lüge, deren Hitler sich bediente, war die sogenannte Dolchstoßlegende, nach der die Armee im Ersten Weltkrieg im Felde unbesiegt blieb, jedoch von Juden und Sozialisten an der Heimatfront verraten wurde. Trumps große Lüge, die von vielen Millionen seiner Wähler geglaubt wurde und immer noch geglaubt wird, war und ist, dass ihm die Wahl gestohlen wurde, die er doch eigentlich gewonnen hatte (»Stop the Steal«). Dass ein amerikanischer Präsident die amerikanische Demokratie zu unterminieren versuchte, ist einmalig in der amerikanischen Geschichte und bleibt es hoffentlich.

Durch meine Kindheit in Nazi-Deutschland und meine Erziehung im Nachkriegsdeutschland bin ich besonders empfindlich geworden gegen alle Arten von Demagogen, wirklichen und Möchte-gern-Diktatoren. Doch ich bin bei Weitem nicht alleine mit meiner Einschätzung von Trump. In Ruth Ben-Ghiats Buch *Strongmen: Mussolini to the Present* stellt sie Trump in eine Reihe von Diktatoren von Mussolini über Peron, Pinochet, Gaddafi bis Putin.

»Alle von Ben-Ghiats Hauptpersonen benutzen Nationalismus als Glaubensbekenntnis und Mittel, ihre Anhänger aufzuputschen, indem sie schwören, ihr Land wieder zu neuer Größe zu führen. … Sie bedienen sich auch geschickter Propaganda und platter Lügen, um ihre Gegner zu vernichten und ihre eigene Größe hervorzuheben. Wenn uns dieses Verhalten bekannt vorkommt, so ist das kein Zufall, denn es ist eine Vorwegnahme von Donald Trumps Textbuch. Das Spektrum des 45. Präsidenten schwebt über den größten Teilen von *Strongmen*. Und in der Tat, Ben-Ghias Parade der Größenwahnsinnigen wäre in ihrer gegenwärtigen Form ohne Trumps alarmierendem und korrodierendem Aufstieg nicht möglich gewesen.«[126]

Als Adolf Hitler 1933 mithilfe der Konservativen deutscher Kanzler wurde, glaubten viele, er würde sich im Amt mäßigen, und Konservative hofften, ihn kontrollieren zu können, doch das Gegenteil geschah; weder mäßigte er sich noch gelang es den Konservativen, ihn unter Kontrolle zu bringen; im Gegenteil, er kontrollierte sie. Auch hier ergibt sich wiederum eine Parallele zu Trump. Viele Amerikaner glaubten, dass Trump sich der Würde seines Amtes bewusst sein würde, doch sie wurden bitter enttäuscht. »Wie Italiener und Deutsche in den Zwanziger- und Dreißigerjahren und einige Chilenen nach dem Staatsstreich von 1973 [durch Pinochet], so glaubten viele Amerikaner, dass der Mann, der Lügen verbreitete und extremistische Politik verfolgte, sich im Amt mäßigen und demokratische Normen und Institutionen respektieren würde. Der ehemalige *New York Times*-Journalist Clyde Haberman wurde noch deutlicher als die meisten, als er im März 2020 tweetete: ›Heute morgen dachte ich über meine Naivität im November 2016 nach. Wir alle wussten, dass Trump ein abscheulicher Typ war, doch ich glaubte, die Präsidentschaft würde ihn verändern, dass das Amt ihn erheben würde. Doch ich lag total falsch.‹«[127]

Auch echte Republikaner, von denen es leider immer weniger gibt, wie David Frum, vertreten eine ähnliche Meinung. Frum, ein lebenslanger Bona-fide-Republikaner, Redenschreiber für den republikanischen Präsidenten George W. Bush und einer der Autoren der renommierten Zeitschrift *The Atlantic* schreibt: »Es gibt ein Wort dafür, wohin der Trumpismus sich entwickelt«, das Wort ist Faschismus, ein Begriff, den er lange zu vermeiden suchte, wie in seinem Buch *Trumpocalypse* von 2020. Darin spricht er noch von Trump als »faschistoid«: »Trump und seine Anhänger sind faschistoid – nahe am

Faschismus, doch nicht ganz dasselbe, Versager selbst als Faschisten.«[128] Nach Frums Ansicht ist der europäische Faschismus durch zwei Eigenschaften gekennzeichnet: »Verachtung für Gesetzmäßigkeit und Kult von Gewalt.«[129] Diese Züge wurden immer deutlicher, seit ein Trump-Mob am 6. Januar 2021 das Kapitol stürmte und Trump diese verbrecherische Aktion verteidigte, indem er die Aufständischen als »großartige Leute« und »Patrioten« feierte. Ja, er äußerte seine besondere Bewunderung für Ashli Babbit, eine der Aufständischen, die von der Polizei erschossen wurde: »Eine unschuldige, wunderbare und unglaubliche Frau.« Er und seine Jünger stilisierten sie gar zu »einer Märtyrerin, einer Art von amerikanischem Horst Wessel«, so Frum. Für Frum ist Trump kein Hitler, eher ein Peron, der argentinische Diktator, der wie Trump seinen Hass ausdrückte »auf alle, die ihm im Wege standen, die ihn kritisierten oder diejenigen, die für sich selber dachten«. Trump rechtfertigte den Sturm auf das Kapitol mit der großen Lüge, »dass die Wahl von 2020 ein Betrug war und dass diejenigen, die verloren haben, berechtigt sind, sie zu verwerfen« (Frum). Auch Frum vergleicht Trumps Verteidigung seiner großen Lüge mit Hitlers Verteidigung seiner großen Lüge von der Dolchstoßlegende von 1918. Frum zitiert dazu Hitlers Verteidigung seines Putsches von 1923: »Ich erkläre mich nicht für schuldig. Ich gebe zu, dass alle Punkte der Anklage stimmen. Aber ich kann mich nicht des Hochverrats für schuldig erklären, denn es kann kein Hochverrat sein im Vergleich mit dem Hochverrat von 1918.« Frum kommt zu dem Schluss: »Trump ist offensichtlich kein Hitler. Doch sie teilen eine ähnliche Denkweise. Vergangenheit wiederholt sich nicht. Doch sie enthält Warnungen. Es ist Zeit, wieder das F-Wort zu benutzen – nicht zur Herabwürdigung, sondern als Diagnose.«

Selbst General Mark Milley, der Oberkommandierende der amerikanischen Streitkräfte, verglich Trump mit Hitler und dem Aufstieg der Nationalsozialisten in Deutschland. Philip Rucker und Carol Leoning schreiben dazu in ihrem Buch *I Alone Can Fix It* (2021; Nur Ich allein kann es richten; ein wörtliches Trump-Zitat): »Als Kenner der Geschichte sah Milley Trump als einen klassischen autoritären Führer, der nichts zu verlieren hat. Er beschrieb seinen Untergebenen, wie sich sein Magen umdrehte, als er Verbindungen zwischen dem beunruhigenden frühen Stadium des Faschismus in Deutschland im 20. Jahrhundert und dem 21. Jahrhundert in Amerika erkannte. Er sah

Parallelen zwischen Trumps Reden vom Wahlbetrug und Hitlers Behauptung auf den Nürnberger Parteitagen, dass er Opfer und Retter zugleich sei. ›Das ist ein Reichstagaugenblick‹, sagte Milley zu seinen Adjutanten, ›Das Evangelium des Führers‹.«[130] Milley befürchtete gar, dass der »Millionen MAGA Marsch« von Trump-Anhängern am 14. November 2020 »das amerikanische Gegenstück zu den Braunhemden in den Straßen sein könnte«.[131]

Milley war bei Weitem nicht der Einzige in der Trump-Regierung, der so dachte, wie Leoning und Rucker schrieben: »Ein hoher Regierungsvertreter, der eng mit dem Präsidenten zusammenarbeitete, zog einen Vergleich zwischen Trumps Behandlung des Black Lives Matter Protests von 2020 und Hitlers Aufstieg zur Macht in Deutschland. ›Menschen alleine oder in der Menge sind an ihrem Überleben, an Sicherheit und Stabilität interessiert‹, sagte dieser Beamte. ›Wenn sie Verwirrung und Chaos um sich herum erfahren, die ihnen sinnlos erscheinen, werden sie verunsichert – die Wirtschaft, die Pandemie, Verlust der Arbeitsstelle und Immigranten, die über die Grenzen strömen – und dann kommt ein Mann daher, der Öl ins Feuer gießt und sie noch mehr verängstigt und sagt: ›Ich werde euch beschützen.‹ Genau das tat Hitler 1933, um seine Macht zu festigen.«[132]

Anfang Februar 2022 erklärte das Republican National Committee (RNC), das führende Organ der Republikanischen Partei, dass der Sturm auf das Capitol »legitimate political discourse« sei, also legitimer politischer Diskurs. Damit werden der Angriff auf den Hort der amerikanischen Demokratie, auf die demokratische Verfassung der USA sowie die Ermordung von Polizisten oder politischen Gegnern legitimiert. Das ist in der Tat reinster Faschismus und ein Echo aus dem Deutschland zu Beginn der Dreißigerjahre. Nur wenige echte Republikaner haben dagegen protestiert, während Trump, wie zu erwarten, zustimmt.

Faschismus funktioniert allerdings nur mit Anhängern und davon gibt es mehr als genug in den USA, die Trump blindlings folgen und alles gutheißen, was er tut und sagt, auch wenn es der größte Unsinn ist. Diese Leute sind einfach unfähig, die Wahrheit zu erkennen und selbst zu denken – und damit ideale Beute für Totalitarismus, wie Hannah Arendt in ihrem Buch *The Origins of Totalitarianism* (Die Ursprünge von Totalitarismus) schreibt: »Der ideale Bürger für eine totalitäre Herrschaft ist nicht der überzeugte Nazi oder der überzeugte Kommunist, sondern Leute, für die der Unterschied zwischen Tatsache und Fiktion (d.h. die Wirklichkeit der Erfahrung) und der Unterschied zwischen Wahrheit und Lüge (d.h. die Normen des Denkens) nicht länger existieren.«[133]

Nach Timothy Snyder »stirbt die Wahrheit auf vier Arten und Weisen. Die erste Art und Weise ist offene Feindschaft gegen verifizierbare Wirklichkeit, die Erfindungen und Lügen darstellt, als ob sie Tatsachen wären. … Die zweite Art und Weise sind schamanenhafte Beschwörungen. Wie Klemperer anmerkte, beruht der faschistische Stil auf ›endlosen Wiederholungen‹, die dazu dienen, Fiktion glaubhaft und Verbrechen wünschenswert zu machen. … Die nächste Art und Weise ist magisches Denken oder die offene Hinnahme von Gegensätzen. … Die Bekämpfung von Korruption bedeutet, die Präsidentschaft für Gefälligkeiten zu verkaufen. Eine Krankheit, die Hunderttausende dahinrafft, wird verschwinden. Wahlen sind immer manipuliert, doch sollt ihr mich trotzdem wählen [und man könnte hinzufügen: den Sumpf auszutrocknen bedeutet, einen neuen zu schaffen]. Die vierte Art und Weise ist unangebrachtes Vertrauen. Das bedeutet eine Art Selbstvergötterung, die der Präsident beanspruchte, als er sagte: ›Ich alleine kann die Lösung bringen‹ oder ›Ich bin eure Stimme.‹«[134]

Eigentlich wäre Trump ein gutes Thema für ein Theaterstück. Hier ist ein rücksichtsloser Geschäftsmann, der buchstäblich über Leichen geht (siehe die Anzahl der Corona-Toten). Doch sein Geschäft droht zu scheitern. Also was tun? Dann werde ich halt mal Präsident. Politische Erfahrung? Keine. Nicht nötig. War ja Moderator einer drittklassigen Fernsehschau. Kaum jemand nahm ihn ernst, als er als Präsidentschaftskandidat antrat; man betrachtete ihn mehr als eine Art unterhaltsamen Clown. Doch siehe da, er gewann die Wahl und wurde Präsident der USA, der mächtigste Mann der Welt mit Kommando über eine Riesenarmee und Finger am Atomknopf. Klingt wie ein Fantasiegespinst, ist aber leider wahr. Die Wahrheit ist oft seltsamer als Fiktion. Doch es gibt einen Hoffnungsschimmer, nachdem er die Wahl am 3.11.2020 gegen Biden verloren hat, obwohl er seine Niederlage nicht anerkennen will und alles unternimmt, eine legitime und faire Wahl zu unterminieren, und das mit Unterstützung seiner Anhänger, von denen es noch erschreckend viele gibt, wie wir am 6.1.2021 sehen mussten. Über 71 Millionen haben trotz allem für ihn gestimmt.

Wollen die wirklich die Abschaffung der Demokratie und eine faschistische Diktatur? Im Jahre 1935 veröffentlichte der amerikanische Schriftsteller und erste amerikanische Nobelpreisgewinner (1930) Sinclair Lewis (1885–1951) seinen dystopischen Roman *It Can't Happen Here* über den Aufstieg eines Diktators. Die Ereignisse der letzten Jahre haben uns jedoch gezeigt, dass es auch hier passieren kann. Doch bisher haben sich die Gerichte und einige mutige Republikaner dagegen gestemmt; die Demokratie kam ins Wanken, scheint sich aber wieder zu erholen. Doch die Gefahr ist noch längst nicht beseitigt. Es war bisher der schwerste Test der amerikanischen Demokratie seit dem Bürgerkrieg im 19. Jahrhundert. Vielleicht sehe ich zu schwarz, doch ich habe eine Diktatur und deren Folgen in meinem eigenen Leben erfahren, bin daher sehr allergisch gegen Diktatoren und möchte keine Wiederholung – in welcher Gestalt auch immer.

Wie leicht eine Demokratie in eine Diktatur umschlagen kann, zeigt beispielhaft das Ende der Weimarer Republik. Ähnliches droht auch der Demokratie in den USA, wenn es den Trumpisten gelingt, die nächsten Wahlen zu manipulieren und unter Anwendung von Gewalt an die Macht zu kommen. Dazu schrieb Barton Gellman am 6. Dezember 2021 in *The Atlantic*: »Der 6. Januar war nur ein Vorspiel. Donald Trumps GOP [Republikaner] sind in einer viel besseren Lage, die nächste Wahl zu untergraben. Der Versuch, die nächste Wahl zu manipulieren, mag nicht als Coup zählen. Er wird mehr auf Unterwanderung als auf Gewalt beruhen, obwohl beide ihren Platz haben werden. Wenn der Anschlag gelingt, werden im Jahre 2024 nicht die Wahlzettel der amerikanischen Wähler die Präsidentschaft entscheiden. Tausende oder gar Millionen von Wahlzetteln werden weggeworfen werden, um das erwünschte Ergebnis zu erzielen. Der Gewinner wird zum Verlierer und der Verlierer wird zum gewählten Präsidenten erklärt. … Die Aussicht auf einen Zusammenbruch der Demokratie ist keineswegs weit hergeholt.«[135]

Schon einige Jahre vor dem Sturm auf das Kapitol am 6. Januar 2021 sahen Steven Levitsky und Daniel Ziblatt eine Gefahr für die amerikanische Demokratie voraus: »Es erfordert politischen Mut, populäre Extremisten zu isolieren. Doch wenn Furcht, Opportunismus und Fehlkalkulationen dazu führen, dass etablierte Parteien dazu beitragen, dass Extremisten in die Mitte der Gesellschaft vordringen, dann ist die Demokratie in Gefahr.«[136]

Am 16. Juni 2022 sagte der erzkonservative, hoch geachtete republikanische Richter J. Michael Luttig in einer öffentlichen Anhörung vor dem United States House Select Committee on January 6 [2021] Attack, die ich am Fernseher verfolgte: »Donald Trump und seine Anhänger sind eine klare und umnmittelbare Gefahr für die amerikanische Demokratie. Sie würden versuchen, die Wahl im Jahre 2024 in gleicher Weise umzustürzen wie im Jahre 2020. Nur werden sie 2024 Erfolg haben, wo sie 2020 scheiterten.« Im Original: »Donald Trump and his allies and supporters are a clear and present danger to American democracy. They would attempt to overturn that 2024 election in the same way that they attempted to overturn the 2020 election, but succeed in 2024 where they failed in 2020.« Sein Zitat ist auch im Wikipedia-Eintrag zu J. Michael Luttig nachzulesen.

Schon Alexis de Tocqueville sah diese Gefahr voraus in seinem bahnbrechenden Buch *Democracy in America* von 1835: »Ich glaube, dass es leichter ist, eine absolute und despotische Regierung zu schaffen unter Menschen, die unter gleichen Bedingungen leben, als unter vielen anderen; und ich glaube, dass eine Regierung einst unter solchen Menschen errichtet wurde, nicht nur, um die Menschen zu unterdrücken, sondern sie schließlich aller Menschlichkeit zu berauben. Despotismus scheint mir daher besonders in einem demokratischen Zeitalter aufzutreten. … Es ist vergeblich, solche Menschen, die so von einer zentralen Macht abhängen, von Zeit zu Zeit dazu zu bewegen, die Vertreter dieser Macht nicht zu wählen. Diese seltene und kurze Ausübung ihrer freien Wahl, wie wichtig sie auch immer ist, wird sie nicht daran hindern, schrittweise ihre Fähigkeiten, selbst zu denken, zu fühlen und zu handeln, zu verlieren und damit unter den Stand der Menschlichkeit zu sinken.«[137]

Reisen

Reisen bildet, so heißt es. Und es ist etwas Wahres an diesem Klischee. Im Gegensatz zu meinem Bruder konnte ich Reisen machen, von denen er nur träumen konnte, geschweige denn von Weltreisen. Reisen haben meine Persönlichkeit mit geprägt und mir die Augen geöffnet für die Schönheiten der Welt und wie wichtig es ist, sie zu erhalten.

Auf meinen Reisen traf ich Menschen aller Schattierungen aus verschiedenen Gegenden der Welt und lernte mehr über andere Völker, so z.B. über die Mapuche in Südamerika, die ein ähnliches Schicksal erleiden mussten wie die Indianer in den USA, indem sie von den Weißen be- und verdrängt wurden.

Schon immer wollte ich mal nach Südamerika reisen, doch erst im Oktober 2017 ergab sich eine Gelegenheit. Auch auf dieser Reise stieß ich auf Spuren der Nazizeit.

Die nächste Station nach Buenos Aires war Bariloche mit dem Seendistrikt und einem ersten Blick auf die Anden. Abends gab es Vorträge über die Mapuche von einer Angehörigen dieser Volksgruppe der Ureinwohner Patagoniens und über Nazis in Argentinien von einem deutschstämmigen Argentinier der dritten Generation, der einige von ihnen persönlich kannte und mir einen langen Brief von einem SS-Mann zeigte, der nach Italien ausgeliefert worden war. Dieser SS-Mann Erich Priebke (1913–2013) war ein angesehener Bürger von Bariloche und Mitglied der Schulaufsichtsbehörde, der ganz offen unter seinem Namen in Bariloche lebte, bis er 1994 von dem amerikanischen ABC-Journalisten Sam Donaldson entdeckt und interviewt wurde. 1996 wurde Priebke nach Italien ausgeliefert wegen dort begangener Kriegsverbrechen und von einem Gericht zunächst freigesprochen, da er ja nur Befehle befolgt habe. In einem Nachfolgeverfahren wurde er jedoch wegen seines Alters – er war 84 – zu Hausarrest verurteilt. Am 24. März 1944 hatte Priebke an der Exekution von 335 italienischen Zivilisten in den Ardeatinischen Höhlen bei Rom teilgenommen, als Vergeltungsmaßnahme für 33 SS-Soldaten, die von italienischen Partisanen erschossen worden waren. Der Vortragende zeigte mir einen langen handgeschriebenen Brief von Priebke an ihn, in dem Priebke sich über die Haftbedingungen in der komfortablen Villa in Rom beschwerte.

Philippe Sands beschreibt in seinem ausgezeichneten Buch *The Ratline* (wörtlich Die Rattenlinie), 2020, Donaldsons Treffen mit Priebke folgendermaßen: »Donaldson fand Priebke in einer Stadt names Bariloche und sprach ihn an, als er gerade in sein Auto steigen wollte. ›Warum haben Sie sie erschossen, sie hatten doch nichts getan?‹, fragte der Journalist. Die Frage betraf die Vergeltungsmorde von italienischen Zivilisten in den Ardeatinischen Höhlen. ›Das war ein Befehl, im Krieg passieren halt solche Dinge‹, antwortete Priebke, als die Kamera das Treffen filmte. ›Sie haben also nur Befehle befolgt?‹ ›Ja, natürlich, aber ich habe niemand erschossen.‹ Donaldson stellte weitere Fragen, doch Priebke wurde zusehends nervöser. ›Sie haben Zivilisten in den Höhlen ermordet?‹ ›Nein, ich war dort, aber es war vom Kommandeur angeordnet.‹ ›Doch Befehle sind keine Entschuldigung.‹ ›Zu jener Zeit war ein Befehl ein Befehl.‹ ›Und Sie haben ihn ausgeführt?‹ ›Ich musste ihn ausführen.‹ ›Und Zivilisten starben?‹ ›Ja, Zivilisten starben, ja … doch wir haben kein Verbrechen begangen, wir haben es auf Befehl getan.‹«[138] In Sands Buch geht es in erster Linie aber nicht um Priebke, sondern um Otto Wächter (1901–1949), in der Nazizeit Gouverneur von Krakow und Lemberg (heute Lviv) unter Hans Frank (1900–1946), dem Generalgouverneur von Polen, der 1946 in Nürnberg zum Tode verurteilt and am 16. Oktober 1946 gehängt wurde. Otto Wächter wurde nie gefangen und starb 1949 in Rom. Sands spürte Wächters Leben nach und führte eine Reihe von Interviews mit Otto Wächters Sohn Horst. Im Gegensatz zu Franks Sohn Niklas konnte Horst nie akzeptieren, dass sein Vater ein Kriegsverbrecher war, während Niklas Frank in seinem Buch *Der Vater: Eine Abrechnung* (1987) mit seinem Vater gründlichst abrechnete. Im Jahre 2015 machte Sands auch einen ergreifenden Film mit dem Titel *What Our Fathers Did: A Nazi Legacy* (Was unsere Väter taten: Eine Nazi-Hinterlassenschaft) über Horst Wächter und Niklas Frank, in dem er sie an die Orte der Verbrechen ihrer Väter führte und mit ihnen eine Podiumsdiskussion veranstaltete.

Priebke war nur einer von vielen Nazi-Verbrechern, die nach dem Krieg nach Argentinien flohen, wo sie Präsident Peron willkommen waren. Sands beschreibt in seinem Buch *The Ratline* ausführlich, wie sie dorthin gekommen waren. »Ratline« war der Name für die Operation, in der Nazis aus Europa nach Südamerika entkommen konnten mithilfe des Counter Intelligence Corps der US-Armee (CIC) und von Geistlichen im Vatikan wie dem kroatischen Bischof Daganovic und dem österreichischen Bischof Hudal. Der CIC spielte eine wichtige Rolle in der Verfolgung von Nazis, doch im Kalten Krieg gegen die Sowjetunion waren sie ihnen wichtiger als Informanten denn als Verbrecher, weil viele von ihnen Informationen über und Erfahrung mit der Sowjetunion besaßen. Zum Dank verhalfen die Amerikaner ihnen dann zur Flucht. Andere Nazis in Argentinien außer Priebke waren unter anderen Adolf Eichmann und Josef Mengele.

Schlussbemerkung

Mit Trump bin ich fast wieder am Anfang meines Lebens in Deutschland unter einem faschistischen Regime, in das ich hineingeboren wurde und zu dem ich unter der Trump-Regierung der »Unvereinigten Staaten« von Amerika einige Parallelen erkennen muss, wie beschrieben. Auch mein Bruder erlebte als junger Mensch die Zeit des Nationalsozialismus, aber er durchschaute das System nicht. Dazu war er zu indoktriniert, ja geradezu begeistert von Hitler und seiner Politik. Wie viele seiner Generation gehörte er zu den vom Führer Verführten. Ich war zu jung, um den wahren Charakter der Nazi-Herrschaft zu erkennen. Das kam erst nach dem Krieg und formte meine Weltanschauung bis heute. Dadurch wurde ich zu einem ganz anderen Menschen als mein Bruder, obwohl wir die gleiche Erziehung von unseren Eltern genossen haben. Wir beide haben den Krieg aus nächster Nähe erlebt; er als »Täter« und Soldat an der Front, ich in der Heimat als »Opfer« von Bomben und Tieffliegern. Während ich von Amerikanern beschossen und bombardiert wurde, beschoss und bombardierte mein Bruder Franzosen, Jugoslawen und Russen.

Mein Bruder wuchs in einer engen und geschlossenen Welt auf; mir dagegen stand später die Welt offen. Mein Bruder sah fremde Länder nur als feindlicher Soldat, ich dagegen als aufgeschlossener Tourist, Student und Professor; ja, ich wurde sogar Staatsbürger eines »fremden« Landes, etwas Undenkbares für meinen Bruder. In seinen Briefen sprach er öfter davon, wie gerne er reisen würde, und hoffte auf eine friedliche Zeit nach dem gewonnenen Krieg, die es ermöglichen würde. Er hoffte sogar, sich ein Auto kaufen zu können (möglicherweise einen Volkswagen?). Doch dazu kam es nie. Ich dagegen war und bin in der glücklichen Lage, viele Reisen zu unternehmen, Reisen, von denen mein Bruder nicht einmal träumen konnte, und das nicht nur in Deutschland und Europa, sondern in der ganzen Welt. Und ein

Auto zu besitzen ist heute eine Selbstverständlichkeit. Mein Bruder starb mit 24 Jahren, ich bin inzwischen 87 Jahre alt und hoffe, noch einige Jährchen anzuhängen. Gemeinsam teilen wir jedoch, dass unsere Leben weit entfernt von unserer Heimat enden, das meines Bruders in den Weiten der Ostukraine und meines mit Sicherheit in den Weiten des amerikanischen Mittleren Westens, Landschaften, die vieles gemeinsam haben (flach und fruchtbar). Mein Bruder wurde in Feindesland begraben, mein Leben wird dagegen in meiner Wahlheimat enden, in die ich meinen Wohnsitz verlegt habe (ich betrachte mich nicht als Auswanderer), und hoffentlich nicht durch Gewalt wie das Leben meines Bruders. Er wuchs in einer ethnisch weitgehend homogenen Gesellschaft auf. Ich dagegen fühle mich wohl in einem multikulturellen Umfeld. Immer wieder durfte ich die vielen Sprachen und die verschiedenen Menschen aus aller Herren Länder bewundern, die ich in unserem Fremdsprachengebäude der Uni antraf. Mein Bruder war durch eine Ideologie verformt; ich dagegen lehne jegliche Ideologie ab, ob religiös, politisch oder gesellschaftlich, rechts oder links. Mein Bruder war begeisterter Hitlerjunge, Arbeitsdienstmann und Soldat. Ich dagegen vermeide es, mich politischen oder religiösen Organisationen anzuschließen, unterstütze jedoch Bemühungen, unsere Umwelt zu schützen.

Mein Bruder und ich sind in grundverschiedenen Welten aufgewachsen und ich frage mich oft, wie und ob er sich in meiner Welt und mit mir zurechtgefunden hätte. Er selbst hat sich in seinen Briefen oft gefragt, wie er sich nach dem Krieg in eine Zivilgesellschaft integrieren könne, immer in der Annahme, dass Deutschland den Krieg gewinnt. Wie aber wäre er mit der Niederlage Deutschlands und einem weltoffenen demokratischen Staat zurechtgekommen sowie mit der Aufdeckung der Nazi-Verbrechen, an denen er als Wehrmachtssoldat und Hitler-Bewunderer indirekt mitschuldig war? Mir dagegen hat die Niederlage Deutschlands eine neue und bessere Welt eröffnet (abgesehen von Trump). So bin ich zum Beispiel meinem früheren Schwiegervater, Dotties Vater, dankbar, dass er als amerikanischer Soldat im Zweiten Weltkrieg sein Leben eingesetzt und mit dazu beigetragen hat, Nazi-Deutschland zu besiegen, sodass ich jetzt als freier Bürger in einer freien Welt leben kann. Der Gedanke schaudert mich, falls es anders gekommen wäre. Mein Bruder kämpfte gegen den vermeintlichen »Erbfeind« Frankreich – wie schon unser Vater vor ihm – für ein seiner Meinung nach besseres Deutschland. Ich dagegen halte die Aussöhnung mit Frankreich und anderen Nationen sowie ein vereintes und friedliches Europa für eine historische Errungenschaft. Gemeinsam haben mein Bruder und ich, dass wir Risiken eingegangen sind, allerdings auf völlig unterschiedliche Weise. Mein Bruder war sich durchaus im Klaren darüber, dass er im Kampf für sein Vaterland sein Leben verlieren könnte. Ich dagegen habe nicht mein Leben riskiert, sondern meine berufliche Karriere, indem ich einen sicheren Beruf mit guter Bezahlung und garantiertem Pensionsanspruch als Gymnasiallehrer aufgegeben, mich ins Ungewisse in einem fremden Land gestürzt und mit rund 32 Jahren eine neue Karriere begonnen habe. Es hätte auch schiefgehen können, doch im Gegensatz zu manchen anderen Mitstudenten und Kollegen hatte ich Glück und bin in meinem Beruf als Professor der Germanistik recht erfolgreich gewesen. In Deutschland wäre ich sicherlich auch zufrieden gewesen, wie mein Freund Günter Schürholz, der als Gymnasiallehrer in Deutschland sozusagen mein »Alter Ego« ist. Er war, was ich in Deutschland geworden wäre. Doch mich reizten neue akademische Möglichkeiten, die sich mir in den USA zu bieten schienen, und neue Herausforderungen, um zu sehen, ob ich das auch noch erreichen würde (Doktor und Professor). Manchmal denke ich darüber nach, wie mein Leben in Deutschland verlaufen wäre, doch ohne Reue: Es war »the road not taken«, wie Robert Frost einst formulierte, der Weg, den ich nicht genommen habe. An solche Möglichkeiten hätte mein Bruder nie gedacht; sie wären ihm auch verschlossen geblieben.

Von Frauen ist in Hans-Günthers Briefen kaum die Rede und ich bin nicht einmal sicher, ob er jemals eine Freundin hatte, nicht einmal im Gymnasium. Nur in einem Brief schrieb er darüber, wie er sich seine zukünftige Frau vorstellte. Doch das war alles graue Theorie, denn seine militärische Karriere ging ihm über alles. Ich dagegen hatte eine Reihe von Freundinnen, denen ich vielleicht nicht immer gegeben habe, was sie wollten. Es war die Zeit vor der Pille und ich wollte meine Berufsziele nicht aufs Spiel setzen – wie einer meiner Freunde in Bonn. Mein Bruder hat nie erlebt, wie es ist, mit einer Partnerin in einer Ehe verbunden zu sein. Ich dagegen bin jetzt nach dem Tod Dotties, meiner ersten Frau, glücklich in zweiter Ehe mit Rachel Jensen verheiratet. Mein Bruder kannte nur militärische Kameradschaft mit Männern als enge menschliche Bindung. Rückblickend muss ich zugeben, dass er, wie gesagt, als Wehrmachtssoldat und Hitler-Anhänger mitschuldig war an den Verbrechen der Nazis. Aber er sah in Slawen nie »Untermenschen« wie die Nazis; ja, er ließ ukrainische Gefangene laufen und hatte gar einen russischen Burschen, Ferdi, den er wie einen jüngeren Bruder oder väterlichen Freund behandelte. Persönlich trifft ihn wohl keine Schuld, doch er bereitete den Nazis als Militär den Weg. Und dennoch kann ich ihn nicht verurteilen, denn mich hat nur meine »späte Geburt« vor einem ähnlichen Schicksal bewahrt. Wer kann schon mit Gewissheit von sich sagen, er hätte bestimmt dem Sog des Nationalsozialismus widerstanden und hätte sich der Opposition angeschlossen wie einige mutige Männer und Frauen, die dafür mit ihrem Leben bezahlt haben. Wir Nachgeborenen aber müssen dafür sorgen, dass uns die Demokratie erhalten bleibt, solche Verbrechen gegen die Menschlichkeit sich nicht wiederholen, und jeglichen Anzeichen von Intoleranz und Rassismus entgegentreten.

Danksagung

Folgenden Personen bin ich zu Dank verpflichtet:

Meiner Nichte Irmela Beyer in Deutschland, meiner langjährigen Kollegin Marianne Kalinke von der University of Illinois, Konrad H. Jarausch von der University of North Carolina und meinen guten Freunden Günter Schürholz in Deutschland und Leon Waldoff in den USA. Sie alle haben mich ermutigt und mir mit Vorschlägen und Korrekturlesen geholfen. Ihnen allen gilt mein herzlicher Dank.

Anmerkungen

Einführung

1 Bertolt Brecht, »Fragen eines lesenden Arbeiters«, in *Gesammelte Werke 9*, Gedichte 2, S. 656.
2 Konrad H. Jarausch, *Broken Lives*, S. 13.
3 Ebd., S. 8.
4 Brecht, *Gesammelte Werke 9*, Gedichte 2, S. 656.
5 Sabine Bode, *Die vergessene Generation*, S. 297. In diesem Buch spürt Bode den Erlebnissen und Traumata der Generation der zwischen 1930 und 1940 geborenen Kriegskinder nach.
6 Jarausch, *Broken Lives*, S. 1 und 8.
7 Ebd., S. 11.
8 Memories of a Lost Generation: German War Letters 1939–1945, Germanwarletters.com mit Originalbriefen, englische Übersetzung, Einleitung und 11 Kapitel mit Briefen an Familien.
9 James Q. Whitman, *Hitler's American Model*.
10 Brecht, *Gesammelte Werke 9, Gedichte 2*, S. 640 f. Julius Streicher, 1885 – gehängt 1946, war Gauleiter in Franken und Herausgeber der antisemitischen Zeitschrift *Der Stürmer*.
11 Voerde ist abgeleitet von »Furt«, wie Frankfurt.
12 Die Information stammt von meiner Nichte Ricarda Kolkmann, Heinz Kolkmanns Tochter.
13 Peter Fritzsche, *Life and Death in the Third Reich*, S. 44.
14 Ebd., S. 78.
15 Der Brief ist in meinem Besitz.
16 Brief meines Vaters an meine Mutter am 28.4.1945; so auch die folgenden Zitate.
17 Sie waren Teil einer internationalen Division, die von den Amerikanern am Niederrhein eingesetzt war.
18 Von Erzählungen weiß ich noch, dass die Franzosen Einmachgläser aufgemacht, den Inhalt ausgeschüttet, dann hineingeschissen und die Gläser wieder auf die Regale gestellt haben.
19 Vor unserem Haus war ein Lager mit »Fremdarbeitern«, die nun frei waren – mehr davon später.

20 *Die Bibel* nach Martin Luthers Übersetzung. Lutherbibel, revidiert 2017, S. 617.
21 Salomon war zum Beispiel am Mord von Walther Rathenau beteiligt.
22 Das Gedicht stammt von Willi Hennenhofer aus Hattingen.
23 Vgl. ihr Buch *The Reluctant Nazi: Searching for my Grandfather* (2012).
24 Das ist übrigens kein deutsches Wort; die Nazis haben es von den Engländern übernommen, die solche Lager im Burenkrieg (1899–1902), für die Burenbevölkerung in Südafrika errichtet hatten; 26 370 Frauen und Kinder starben in solchen Lagern – ich selbst habe noch Reste eines Lagers in Bloemfontein gesehen, als ich dort 1997 zu einer Konferenz war.
25 Geschrieben 1939, veröffentlicht 1946.
26 *Dinslaken in der Nazi-Zeit*, S. 93.
27 Ebd., S. 90.
28 Ebd., S. 94.
29 Ebd., S. 96.
30 Ebd., S. 96.
31 Ebd., S. 110.
32 Fritzsche, *Life and Death in the Third Reich*, S. 230.
33 Peter Longerich, *»Davon haben wir nichts gewusst«*, S. 238.
34 Ebd., S. 225.
35 Ebd., S. 240.
36 Ebd., S. 224.
37 Ebd., S. 231.
38 Victor Klemperer, *Ich will Zeugnis ablegen*, Band 2, S. 247.
39 Ebd., 13.1.1942, S. 9.
40 Ebd., 19.4.1942, S. 68.
41 Ebd., 16.3.1942, S. 47.
42 Ebd., 16.3.1942, S. 47.
43 Ebd., 24.10.1944, S. 606.
44 Ebd., 16.3.1942, S. 47.
45 Longerich, S. 233; zitiert aus Ursula von Kardorff, *Berliner Aufzeichnungen*, neu hg. und komm. von Peter Hartl, München, 1992.
46 Ebd., S. 219.
47 Longerich, S. 220; zitiert nach einem Bericht der SD-Außenstelle Detmold aus Lemgo.
48 Ebd., S. 320.
49 Ebd., S. 224.
50 Ebd., S. 263.
51 Fritzsche, S. 252.
52 Longerich, S. 315.
53 William L. Shirer, *The Rise and Fall of the Third Reich*, S. 332.

Erster Teil:
Hans-Günther

1 Angeregt vielleicht von Köhlers *Flottenkalender*, den auch ich noch als Kind verschlungen habe.
2 Zeitzeichen. 31.07.1978. Todestag des Kabarettisten Werner Finck. Jana Fischer. Wikipedia.
3 Wikipedia.
4 Wikipedia.
5 Jana Fischer, Wikipidia.
6 Autounion, gegründet 1932, entstand aus dem Zusammenschluss von vier Automobilbauern und war gekennzeichnet durch vier Ringe, heute noch sichtbar an Kühlern von Fabrikaten von Audi.
7 Von diesem Hotel ist heute noch ein kleiner Teil im Sony-Center in Berlin erhalten.
8 Weiteres zu Max Grühl findet sich bei Steffen Seischab, *Das Leben des Kirchheimer Lehrers, Völkerkundlers und Expeditionsreisenden Max Grühl* oder Steffen Seischab, *Land um Teck und Neuffen – Zwischen Nazis und Kommunisten*. Die Information verdanke ich meinem Neffen Ulrich Kolkmann.
9 Vgl. Shirer, *The Rise and Fall of the Third Reich*, S. 569.
10 Beumelburg war Anti-Demokrat, Nationalist und Militarist.
11 Kolbenheyer war ein ungarisch-österreichisch-deutscher Autor, völkisch-nationalistisch. Kolbenheyers *Meister Pausewang* (1910) handelt von dem deutschen Mystiker Jakob Böhme (1575–1624). Das Buch wurde im Jahre 2019 neu auf Deutsch von der Wentworth Press herausgegeben.
12 Jelusich war ein österreichischer Autor von meist historischen Romanen; begrüßte den Anschluss Österreichs an das Deutsche Reich. Jelusichs *Cromwell* (Roman 1933, Theaterstück 1934) verherrlicht einen starken Führer.
13 Karl-Heinz Joachim Schoeps, *Literatur im Dritten Reich* (1933–1945), S. 95 f.
14 Ein Soldat mit mindestens 12 Jahren Dienstzeit.
15 Dritter Generalstabsoffizier
16 Cebotari war eine rumänisch-österreichische Sopranistin und Schauspielerin in den 1930er- und 1940er-Jahren und Deutschlands größter Star. Für den italienischen Tenor Benjamino Gigli (1890–1957) war sie die bedeutendste Frauenstimme, die er jemals gehört hatte – Wikipedia.
17 Mengelberg (1871–1951) war ein berühmter höllandischer Dirigent, Chefdirigent des Amsterdamer Concertgebouw Orchesters von 1922 bis 1945 und Musikdirektor der New Yorker Philharmoniker von 1922 bis 1928.
18 Ein Korps besteht aus mehreren Divisionen.
19 Schoeps, *Literatur im Dritten Reich (1933–1945)*, S. 30.
20 Ebd., S. 29.
21 Reichsarbeitsdienst-Lager.
22 Zeitungsausschnitt ohne Datum in Hans-Günthers Briefen.

23 KdF war eine staatliche Freizeitorganisation und Teil der Deutschen Arbeitsfront mit Ferienlagern, Kreuzfahrtschiffen (e.g. die »Wilhelm Gustloff«) und geplanten KdF-Autos (Volkswagen), die jedoch erst nach dem Krieg vom Band liefen.

24 Schmidt-Isserstedt (1900–1973) war von 1935 bis 1943 Dirigent der Hamburger Staatsoper, nach 1945 Gründer und Dirigent des Norddeutschen Rundfunkorchesters von 1945 bis 1971, von 1945 bis 1964 Chefdirigent der Königlichen Philharmonie in Stockholm und zuletzt Generalmusikdirektor der Deutschen Oper Berlin.

25 Bei uns in Deutschland hieß solcher Ersatzkaffee nur Muckefuck (nicht englisch aussprechen); ich kann mir nicht vorstellen, dass der besser war als der französische Kaffee.

26 Shirer, *The Rise and Fall of the Third Reich*, S. 1083.

27 Siehe auch Ian Kershaw, *Hitler. 1936–45 Nemesis,* S. 360 ff. und Gerhard L. Weinberg, *A World at War*, S. 219 ff.

28 Siehe Kershaw *Hitler. 1936–45 Nemesis,* S. 368.

29 Lexikon der Wehrmacht, Kommandant von Münster, 16. Infanteriedivision, Wikipedia.

30 Kraft durch Freude; Nazi-Ferienorganisation.

31 Michael Epkenhans, *»Besetzt, geplündert, zerstört, ermordet«*, S. 9.

32 Gebaut 1913 zum Andenken an die siegreiche Schlacht 1813 gegen Napoleon durch eine Koalition von Russland, Preußen, Österreich und Schweden.

33 Shirer, S. 1115.

34 Litauen war vom 16. Februar 1918 bis zum 15. Juni 1940 ein unabhängiger Staat, ehe er von der Sowjetunion besetzt und Teil der Sowjetunion wurde.

35 Lettland war ebenfalls vom 18. November 1918 bis zum 5. August 1940 ein unabhängiger Staat, ehe er zur Sowjetischen Sozialistischen Republik und Teil der Sowjetunion wurde.

36 Weinberg, S. 265.

37 Kershaw, *Hitler. 1936–45 Nemesis,* S. 393.

38 Weinberg, S. 264.

39 Kershaw, *Hitler. 1936–45 Nemesis,* S. 393.

40 Shirer, *The Rise and Fall of the Third Reich*, S. 1117.

41 Kershaw, *Hitler. 1936–45 Nemesis,* S. 399.

42 Ebd., S. 399.

43 Wikipedia.

44 Wikipedia.

45 Stadt in der Zentralukraine.

46 Stadt in Russland.

47 Stadt in Belarus oder Weißrussland.

48 Eine Stadt in der Südukraine, rund 40 km vom Schwarzen Meer entfernt.

49 Eine wichtige Industriestadt im Dnipopetrovsk Distrikt in der Südukraine.

50 Industriestadt in der Zentralukraine am Dnjepr.
51 Stadt in der Zentralukraine.
52 Dnipro, wichtige Stadt in der Ost-Zentralukraine am Dniepr.
53 Stadt am rechten Dniepr-Ufer, ungefähr 100 km südwestlich von Dnipro, mit Manganbergbau, der für die deutsche Rüstungsindustrie von großer Bedeutung war.
54 Stadt in Weißrussland; Ort einer der größten Panzerschlachten im Zweiten Weltkrieg im Juli 1943, die mit dem Sieg der Sowjetunion endete.
55 Eine russische Stadt, ungefähr 618 km südlich von Moskau.
56 Stadt in Südwestrussland.
57 Eine Gebirgsgegend zwischen dem Schwarzen Meer und der Kaspischen See mit dem Elbrus, mit 5642 m der höchste Berg Europas.
58 Stadt am Don in Südrussland.
59 Hafenstadt in Südrussland am Meer von Asow.
60 Hafenstadt an der Nordküste vom Asowschen Meer.
61 Heute Donetzk.
62 Weinberg, S. 605.
63 Wikipedia.
64 Die Rote Armee hatte am 18. August 1941 den hydroelektrischen Damm bei Zaporoshye gesprengt, der zwischen 1927 und 1932 erbaut worden war; Tausende von Soldaten und Zivilisten ertranken in den Fluten. Wikipedia.
65 Rata oder Polikarpov 1–16 war ein einsitziges einmotoriges Jagdflugzeug.
66 Die Argonnen sind ein Waldgebiet in Nordfrankreich.
67 Durchfall; das Ellenbogengelenk blieb also doch nicht erhalten, wie Hans-Günther geschrieben hatte.
68 Jesus heilte einen Kranken an einem Sabbat. Vers 14: »Danach fand ihn Jesus im Tempel und sprach zu ihm: ›Siehe, Du bist gesund geworden; sündige nicht mehr, dass Dir nicht etwas Schlimmeres widerfahre.‹« Vers 15: »Der Mensch ging hin und berichtete den Juden, es sei Jesus, der ihn gesund gemacht habe.« Zitiert nach *Die Bibel. Nach Martin Luthers Übersetzung. Lutherbibel.* Revidiert 2017. Jubiläumsausgabe. Deutsche Bibelgesellschaft.
69 Alverdes, 1897–1979, war Herausgeber der Zeitschrift *Das innere Reich*; sein Werk war beeinflusst von der Jugendbewegung und von seinen Fronterlebnissen im Ersten Weltkrieg; er war im Dritten Reich sehr beliebt, ist heute jedoch praktisch unbekannt.
70 Text von Goethe.
71 Elli Ney, 1882–1968, war eine bedeutende deutsche Pianistin, deren Ruf allerdings nach 1945 darunter litt, dass sie Sympathien für die Nazis gezeigt hatte.
72 Röselie war 17 Jahre alt.
73 Winterhilfswerk, eine Nazi-Wohltätigkeitsorganisation.
74 O-1 – erster Ordonnanzoffizier, einem Kommandeur als Gehilfe beigegeben, vergleichbar mit einem Adjutanten.
75 Wegen der Läuse.

76 Gemeint ist der Afrikafeldzug unter General Rommel.

77 Der Mius ist ein Fluss in der Südukraine, der bei Taganrog in das Asowsche Meer mündet. Dort war die Division meines Bruders stationiert. Taganrog ist der Geburtsort von Anton Tschechow.

78 Nach der ersten Verwundung in Frankreich bei Sedan.

79 Richard Evans, *The Third Reich in History and Memory*, S. 372.

80 Vgl. dazu James Q. Whitman, *Hitler's American Model*, S. 47.

81 Brief von Volksbund an mich vom 13.11.2019.

82 Brief an meine Eltern vom 10. August 1943.

83 Heute Donetsk.

84 Brief vom 31.8.1943 aus dem Osten an meine Eltern.

85 Sturzkampfbomber.

86 *Hamburger Tageblatt*, Nr. 209, 15. Jahrgang, Donnerstag, 26. August 1943.

87 *National-Zeitung* vom Sonntag, 7.11.1943.

88 *National-Zeitung*, 30.1.1944.

89 Viele kamen aus den Großstädten des Ruhrgebiets.

90 *National-Zeitung*, 30.1.1944.

91 Kershaw, *Hitler. 1936–45 Nemesis,* S. 339.

92 Halder war Stabschef im Oberkommando der Wehrmacht von 1938 bis September 1942.

93 Joachim Fest, *Hitler*, S. 885.

94 Weinberg, S. 300.

95 Günter Grass, *Beim Häuten der Zwiebel*, S. 127.

96 Brecht, *Gesammelte Werke 5,* Stücke 5, S. 1920 f.

97 Brecht, *Gesammelte Werke 10,* Gedichte 3, S. 838 f.

98 Uwe Timm, *Am Beispiel meines Bruders*, S. 10.

99 Englisch 1992; Deutsch 5. Auflage 2009; erweiterte Auflage 2020.

100 Timm, *Am Beispiel meines Bruders*, S. 154.

101 Ebd., S. 91.

102 Ebd., S. 10.

103 Susan Neiman, *Learning from the Germans*, S. 270. »Der Gedanke war, dass er wie jeder, der kurz vor oder kurz nach der Nazi-Machtübernahme geboren wurde, keine Verantwortung dafür trug und daher keine besondere Beziehung zu ihnen hatte.«

104 Timm, S. 22.

105 Neiman, S. 76. »Die zweite Ausstellung bewies ohne Zweifel, dass die gesamte Wehrmacht eine kriminelle Organisation war.«.

106 Schoeps, »Rescuers [Retter] in Wehrmachtsuniform«, 2008, S. 489–512.

107 Herwarths Großmutter väterlicherseits war Jüdin.

108 Vgl. auch seine Bücher *Against Two Evils* und *Zwischen Hitler und Stalin*.

109 Timm, S. 127.

Zweiter Teil: Meine Geschichte

1 Brecht, *Gesammelte Werke 4, Stücke 4*, S. 1835.
2 Earl R. Beck, *Under the Bombs*, S. 178.
3 Jörg Friedrich, *Der Brand*, S. 104.
4 Ebd., S. 104.
5 Beck, *Under the Bombs*, S. 178.
6 Friedrich, *Der Brand*, S. 358.
7 *Schlachthof 5 oder Der Kinderkreuzzug*, 1970.
8 Kurt Jr. Vonnegut, *Slaughter House-Five or The Children's Crusade*, S. 153.
9 Ebd., S. 154.
10 Ebd., S. 155.
11 Klemperer, 22.–24 Februar, Bd. 2, S. 661 f.
12 Ebd., 22.–24. Februar, Bd. 2, S. 663 f.
13 Ebd., 22.–24. Februar, Bd. 2, S. 667.
14 W. G. Sebald, *Luftkrieg*, S. 104.
15 Friedrich, *Der Brand*, S. 116.
16 Ebd., S. 115.
17 So Buruma in seiner Rezension von Jörg Friedrichs Buch *The Fire. The Bombing of Germany 1940–1945* in *The New York Review of Books* vom 21. Oktober 2004, S. 8.
18 Wolf Biermann, *Alle Lieder* (Köln: Kiepenheuer & Witsch, 1991), S. 396.
19 Briggs, *The Complete Poems of James Dickey*, S. 298 f.
20 Ebd., S. 293–294, 298.
21 Ebd., S. 300 f.
22 Ebd., S. 293.
23 Randall Jarrell, *The Complete Poems*, S. 144.
24 Ebd., S. 145.
25 Brecht *Gesammelte Werke 10, Gedichte 3*, S. 858.
26 Ian Buruma, »The Destruction of Germany.«, S. 11.
27 Friedrich, *The Fire*.
28 Ebd.
29 Wikipedia.
30 Die erste war vom März bis Juli 1943.
31 Friedrich, *Der Brand*, S. 158.
32 Ebd., S. 159.
33 Ebd., S. 43.
34 Peter Wapnewski, *Mit dem anderen Auge*, S. 125 f. Peter Wapnewski war ein berühmter deutscher Germanist, der als Soldat im Krieg durch Verwundung ein Auge verloren hatte.
35 Sebald, Luftkrieg, S. 77 f.

36 Wapnewski, *Mit dem anderen Auge*, S. 162.
37 Vgl. Sabine Bode, *Die vergessene Generation.*
38 Alan J. Levine, *The Strategic Bombing of Germany, 1940–1945*, S. 189.
39 Stephen A. Garrett, *Ethics and Airpower in World War II*, S. 89.
40 Ebd., S. 209.
41 Ebd., S. 101.
42 Friedrich, *Der Brand*, S. 99.
43 Ebd., S. 99 f.
44 Norman Longmate, *The Bombers*, S. 374.
45 Friedrich, *Der Brand*, S. 99.
46 Garrett, *Ethics and Airpower in World War II*, S. 133.
47 Ebd., S. 133.
48 Ebd., S. 115.
49 Ebd., S. 114.
50 Friedrich, *Der Brand*, S. 100.
51 Garrett, *Ethics and Airpower in World War II*, S. 115.
52 Ebd., S. 105.
53 Garrett, *Ethics and Airpower in World War II*, S. 122.
54 Wikipedia.
55 Wikipedia.
56 Garrett, *Ethics and Airpower in World War II*, S. 168.
57 Ebd., S. 181.
58 Ebd., S. 184.
59 Ebd., S. 183.
60 Ebd., S. 203.
61 Ebd., S. 203.
62 Longmate, *The Bombers*, S. 366 und Garrett, *Ethics and Airpower in World War II*, S. 157.
63 Longmate, *The Bombers*, S. 380.
64 Fritzsche, *Life and Death in the Third Reich*, S. 260.
65 Ulrich Herbert, *Fremdarbeiter*, S. 11. Ulrich Herberts Buch ist eine sehr ausführliche Darstellung »des ›Ausländer-Einsatzes‹ in der Kriegswirtschaft des Dritten Reiches«, so der Untertitel, mit Kapiteln zum »Ersten Weltkrieg als Erfahrungsfeld«, »Die Vorgeschichte des Ausländereinsatzes«, »1939/40: Der Poleneinsatz als Modellversuch«, »Blitzkriegseuphorie und extensiver Arbeitseinsatz«, »Arbeitseinsatz statt Vernichtung: Ausländerpolitik 1942«, »Rassismus und Sachzwang: Die Praxis des Ausländereinsatzes 1942«, »1943/44: Ausländerpolitik im Totalen Krieg«, »Integration und Terror: Die Praxis des Ausländereinsatzes 1943/44« und »Die Dynamik der Gewalt: letzte Kriegsphase«.
66 Rolf musste leider später eingeschläfert werden, da meine Eltern ihn nicht mehr ernähren konnten – ich habe damals nichts davon erfahren.
67 Evans, *Third Reich in History and Memory*, S. 203.

68 Siehe auch Ulrich Herbert, *Fremdarbeiter*, zur Lage der Ostarbeiter bei Krupp, vor allem auf den Seiten 317–326 und den Seiten 344–364.

69 Shirer, *The Rise and Fall of the Third Reich*, S. 1234 f.

70 Herbert, *Fremdarbeiter*, S. 410. Italien kapitulierte im September 1943; die Deutschen begannen daraufhin sofort mit der Entwaffnung und Internierung der italienischen Streitkräfte.

71 Regisseur Richard Attenborough, mit Sean Connery, Dirk Bogarde, Robert Redford, Gene Hackman und Anthony Hopkins, also einer Starbesetzung. Der Film basiert auf einem Buch von Cornelius Ryan mit dem gleichen Titel aus dem Jahre 1974.

72 Ein ausgezeichnetes Buch über dieses Fiasko erschien 2018 von Antony Beevor, *The Battle of Arnhem: The Deadliest Airborne Operation of World War II* (New York: Random House, 2018), rezensiert unter anderem von Max Hastings unter dem Titel »Botch on the Rhine« in *The New York Review of Books*, May 28, 2020, vol. LXII, no. 9, S. 32–39.

73 Friedrich, *Der Brand*, S. 154 f.

74 Hier ist Friedrich ein Fehler unterlaufen; Dinslaken liegt stromaufwärts von Wesel.

75 Friedrich, *Der Brand*, S. 155 f.

76 Harald Jähner, *Wolfszeit. Deutschland und die Deutschen 1945–1955*, S. 31.

77 Ebd.

78 Stig Dagerman, *German Autumn*, S. 13 f.

79 Ebd., S. 17.

80 Ebd., S. 11.

81 Ebd., S. 19.

82 Ebd., S. 22.

83 Ebd., S. 24.

84 Ebd., S. 74.

85 Ebd., S. 74 f.

86 Victor Gollancz, *In Darkest Germany* (Im dunkelsten Deutschland), S. 102 f.

87 Ebd., S. 56 f.

88 Ebd., S. 62 f.

89 Ebd., S. 64.

90 Ebd., S. 18 f.

91 Ebd., S. 64.

92 Ebd., S. 64.

93 Ebd., S. 64.

94 Ebd., S. 99.

95 Ebd., S. 87 und 99.

96 Vgl. Schoeps, »The Golden ›Cage‹«, S. 29–42.

97 Rede am 8. Mai 1985 in Bonn bei der Gedenkveranstaltung im Plenarsaal des Deutschen Bundestages zum 40. Jahrestag des Endes des Zweiten Weltkrieges in Europa, bundespräsident.de

98 Gollancz, *In Darkest Germany*, S. 55.
99 Wikipedia.
100 Sollen Kinder leben oder sterben? Eine Antwort auf Lord Vansittart.
101 Gollancz, *Vansittart*, S. 7. Ein ähnlicher Vorwurf wurde von Daniel Goldhagen in seinem Buch Hitler's Willing Executioners (Hitlers willige Vollstrecker, 1996) erhoben.
102 Gollancz, *Vansittart*, S. 51.
103 Unsere bedrohten Werte; 1947.
104 Gollancz, *Our Threatened Values*, S. 217 f.
105 Ebd., *Our Threatened Values*, S. 218.
106 Königsberg wurde Kaliningrad.
107 Band 1, 1931–1938 und Band 2, 1938/39, erschien 2014, Band 4, 1942–1948, 2015.
108 »Honnef« war der Vorläufer vom »BAföG«, vom Bundesausbildungsförderungsgesetz, das 1971 in Kraft trat. Das »Honnefer Modell« wurde 1953 zur Förderung des wissenschaftlichen Hochschulstudiums für Kinder aus unteren und mittleren Einkommensschichten eingeführt.
109 Wapnewski, S. 244 f.
110 Hermand, *Zuhause und anderswo*, S. 144.
111 Ebd., S. 145.
112 Fritz Stern, *Five Germanys I Have Known*, S. 10.
113 Wikipedia.
114 Shareen Blair Brysac, *Resisting Hitler*, S. 55.
115 Ebd., S. 207.
116 Wikipedia.
117 Mehr zu Rabbi Neuman im Buch *The narrow bridge beyond the Holocaust*, von Isaac Neuman und Michael Palencia-Roth (Urbana: University of Illinois Press, 2000).
118 Wikipedia.
119 Andrew Walker, »Project Paperclip: Dark Side of the Moon.«
120 Sarah Scoles, *New York Times*, 24.7.2020.
121 Wikipedia.
122 Walker, »Project Paperclip: Dark Side of the Moon.«
123 Ebd.
124 Ebd.
125 Bei meiner Beschäftigung mit der Nazizeit in Litauen stieß ich auf zwei Wehrmachtssoldaten, Major Karl Plagge und Feldwebel Anton Schmid, die Juden beschützt und gerettet hatten. Meine Nachforschungen fanden ihren Niederschlag in meinem Artikel »Holocaust and Resistance in Vilnius: Rescuers in Wehrmacht Uniforms« (Holocaust und Widerstand in Vilnius: Retter in Wehrmachtsuniform), der 2008 in *German Studies Review* erschienen ist.
126 Ariel Dorfman in *The New York Review of Books*, 27. Mai, 2021.
127 Rurh Ben-Ghiat, *Strongmen*, S. 255.

128 David Frum, *Trumpocalypse*, S. 69.
129 Frum, *The Atlantic*, 13. Juli 2021.
130 Carol Leonnig und Philip Rucker, *I Alone Can Fix It*, S. 437.
131 Leonnig und Rucker, *I Alone Can Fix It*, S. 383. MAGA ist die Abkürzung von »Make America Great Again« – ›Mache Amerika wiederum groß‹ – Trumps Wahlpropagandaspruch.
132 Leonnig und Rucker, *I Alone Can Fix It*, S. 5 f.
133 Hannah Arendt, *The Origins of Totalitarianism*, S. 474.
134 Timothy Snyder, *On Tyranny*, S. 66–68.
135 Barton Gellman, »Trump's next Coup has already begun.« 6. Dezember 2021.
136 Vgl. Steven Levitsky und Daniel Ziblatt, *How Democracies Die*, S. 7.
137 Alexis de Toqueville, *Democracy in America*, S. 866 und 864.
138 Philippe Sands, *The Ratline*, S. 254.

Verwendete Literatur

Arendt, Hannah, *The Origins of Totalitarianism*, Orlando: Harcourt, A Harvest Book, 1985 (erste Veröffentlichung 1968).

Beck, Earl R., *Under the Bombs. The German Home Front 1942–1945*, Lexington, Kentucky, The UP of Kentucky, 1986.

Brecht, Bertolt, *Gesammelte Werke 9*, Gedichte 2. Elisabeth Hauptmann, Hrsg. Frankfurt/Main: Suhrkamp, 1967.

Brecht, Bertolt, *Der aufhaltsame Aufstieg des Arturo Ui*, in: *Gesammelte Werke 4*, Stücke 4, Elisabeth Hauptmann, Hrsg. Frankfurt/Main: Suhrkamp, 1967.

Brecht, Bertolt, *Gesammelte Werke 10*, Gedichte 3. Elisabeth Hauptmann, Hrsg. Frankfurt/Main: Suhrkamp, 1967.

Brecht, Bertolt, *Schweyk im Zweiten Weltkrieg*, in: *Gesammelte Werke 5*, Stücke 5. Elisabeth Hauptmann, Hrsg. Frankfurt/Main: Suhrkamp, 1967.

Ben-Ghiat, Ruth, *Strongmen. Mussolini to the Present*, New York: Norton & Company, 2021.

Biermann, Wolf, *Alle Lieder*, Köln: Kiepenheuer & Witsch, 1991.

Bittner, Jochen, »1918 Germany Has a Warning for America.«, in: *The New York Times*, 30. November 2020.

Bode, Sabine, *Die vergessene Generation. Die Kriegskinder brechen ihr Schweigen*, Stuttgart: Klett-Cotta, 2004.

Brehm, Bruno, »Unser Kampf im Osten«, in: *Westfälische Landszeitung – Rote Erde*, Folge 91, Sonnabend/Sonntag, 17./18. April 1943.

Briggs, Ward, Hrsg., *The Complete Poems of James Dickey*, Columbia, SC: U of SC Press, 2013.

Brysac, Shareen Blair, *Resisting Hitler. Mildred Harnack and the Red Orchestra*, Oxford: Oxford University Press, 2000.

Buruma, Ian, »The Destruction of Germany.« Rezension von *The Fire: Germany in the Bombing War, 1940–1945*, in: *The New York Review of Books*, 21. Oktober 2004, S. 8–12.

Dagerman, Stig, *German Autumn*, Translated by Robin Fulton Macpherson. Minneapolis, MN: U Of Minnesota Press, 2011 (zuerst in Schwedisch als Tysk höst, 1947).

Davis, Norman, *Europe at War 1939–1945. No Simple Victory*, Basingstoke and London: Macmillan, 2006.

Dorfman, Ariel, »A Taxonomy of Tyrants.« Eine Rezension von Ruth Ben-Ghiat, *Strongmen. Mussolini to the Present*, in: *The New York Review of Books*, 27. Mai 2021, S. 25–27.

Epkenhaus, Michael, »Besetzt, geplündert, zerstört, ermordet. Vom Unternehmen ›Strafgericht‹ bis zur ›Operation Marita‹: Der Krieg auf dem Balkan begann vor 80 Jahren.«, in: *Frieden. Zeitschrift des Volksbundes Deutsche Kriegsgräberfürsorge*, 02/2021.

Evans, Richard J., *The Third Reich at War*, London: Penguin, 2008.

Evans, Richard J, *The Third Reich in History and Memory*, Oxford: Oxford University Press, 2017 (paper).

Fest, Joachim, *Hitler*, Frankfurt/M: Ullstein, 1973.

Friedrich, Jörg, *Der Brand. Deutschland im Bombenkrieg 1940–1945*, München: Propyläen Verlag, 2002.

Friedrich, Jörg, *The Fire. The Bombing of Germany 1940–1945*, translated by Allison Braun, New York: Columbia University Press, 2006.

Fritzsche, Peter, *Life and Death in the Third Reich*, Cambridge, MA: Harvard UP, 2008.

Frum, David, *Trumpocalyse. Restoring American Democracy*, New York: HarperCollins Publishers, 2020.

Frum, David, »There's a Word for What Trumpism is Becoming.«, in: *The Atlantic*, 13. Juli 2021.

Garrett, Stephen A, *Ethics and Airpower in World War II, The British Bombing of German Cities*, New York: St. Martin's Press, 1993.

Gellman, Barton, »Trump's next Coup has already begun.«, in: *The Atlantic*, December 6, 2021, updated 3:21 p.m. E T on December 9, 2021. Internet.

Goebbels, Joseph, »Vom Anspruch des Volkes.«, in: *Das Reich*, Nr. 51, Jahr 1942, Berlin 20. Dezember, S. 1.

Gollancz, Victor, *Shall Our Children Live or Die? A Reply to Lord Vansittart on the German Problem*, London: Victor Gollancz LTD, 1942.

Gollancz, Victor, *In Darkest Germany*, London: Victor Gollancz LTD, 1947.

Gollancz, Victor, *Our Threatened Values*, Hinsdale, Illinois: Henry Regnery Company, 1947.

Gollnick, Rüdiger und andere, *Dinslaken in der NS-Zeit. Vergessene Geschichte 1933–1945*, Kleve: Boss-Verlag, 1983.

Grass, Günter, *Beim Häuten der Zwiebel*, Göttingen: Steidl Verlag, 2006.

Herbert, Ulrich, *Fremdarbeiter. Politik und Praxis des »Ausländer-Einsatzes« in der Kriegswirtschaft des Dritten Reiches*, Bonn: Dietz, 1999.

Hermand, Jost, *Als Pimpf in Polen. Erweiterte Kinderlandverschickung 1940–1945*, Frankfurt/Main: Fischer Taschenbuch, 1994.

Hermand, Jost, *Zuhause und anderswo. Erfahrungen im Kalten Krieg*, Köln, Weimar, Wien: Böhlau Verlag, 2001.

Herwarth, Hans von, with Frederick S. Starr, *Against Two Evils*, New York: Rawson, Wade Publishers, Inc., 1981.

Herwarth, Hans von, *Zwischen Hitler und Stalin. Erlebte Zeitgeschichte 1931–1945*, Frankfurt/M: Ullstein, 1982.

Jähner, Harald, *Wolfszeit. Deutschland und die Deutschen 1945–1955*, Berlin 2019.

Jarausch, Konrad H., *After Hitler. Recivilizing Germans, 1945–1995*, Oxford: Oxford U P, 2006.

Jarausch, Konrad H. ed., *Reluctant Accomplice. A Wehrmacht Soldier's Letters from the Eastern Front*, Princeton and Oxford: Princeton UP, 2011.

Jarausch, Konrad H., Klaus Jochen Arnold, Hrsg. *»Das stille Sterben …« Feldpostbriefe von Konrad Jarausch aus Polen und Russland, 1939–1942*, Paderborn: Ferdinand Schöningh, 2008.

Jarausch, Konrad H., *Broken Lives*, Princeton: Princeton UP, 2018.

Jarrell, Randall, *The Complete Poems*, New York: Farrar, Straus & Giroux, 1969.

Klass, Rita, »Bayreuth als Symbol«, in: *National-Zeitung*, Sonntag, den 21. Juli 1940. 11. Jahrgang, Nummer 201.

Kershaw, Ian, *Hitler. 1936–45 Nemesis*, New York, London: W. W. Norton & Company, 2000.

Klemperer, Victor, *Ich will Zeugnis ablegen bis zum letzten. Tagebücher 1942–1945*, Berlin: Aufbau-Verlag, 1995, 1998.

Last Letters from Stalingrad: letzte Briefe aus Stalingrad, Westport, Conn.: Greenwood Press, 1961, 1974.

Leonnig, Carol und Philip Rucker, *I Alone Can Fix It. Donald J. Trump's Catastrophic Final Year*, New York: Penguin Press, 2021.

Levine, Alan J. Hrsg, *The Strategic Bombing of Germany, 1940–1945*, Westport, CT., London: Praeger, 1992.

Levitzky, Steven und Daniel Ziblatt, *How Democracies Die*. New York: Broadway Books, 2018.

Lieberman, Lawrence, Hrsg, *The Achievement of James Dickey: A Comprehensive Selection of his Poems with a Critical Introduction*, New York: Scott, Foresman, 1969.

Lexikon der Wehrmacht. Kommandant von Münster. 16. Infantrie-Division. Webseite Wehrmacht.de.

Longerich, Peter. *»Davon haben wir nichts gewusst!« Die Deutschen und die Judenverfolgung 1933–1945*, München: Siedler, 2006.

Longjaloux, Albert, »Die zweite Batterie. Aus dem Kriegsalltag rheinisch-westfälischer Kanoniere im Osten.«, in: *National-Zeitung*, 15. Jahrgang, Nr. 28, Sonntag, 30. Januar 1944.

Longmate, Norman, *The Bombers. The RAF Offensive against Germany, 1939–1945*, London etc.: Hutchinson, 1983.

Luther, Martin, *Die Bibel*. Nach Martin Luthers Übersetzung. Lutherbibel. Revidiert 2017. Jubiläumsausgabe. Deutsche Bibelgesellschaft, 2017.

Memories of a Lost Generation: German War Letters 1939–1945. Germanwarletters.com

Mogelson, Luke, »The Storm.«, in: *The New Yorker*, 25. Januar 2021, S. 32–53.

Muff, Wolfgang, »Das Geheimnis des Sieges«, in: Sonderabdruck aus *Stahl und Eisen* 62 (1942), Heft 1, S. 2–9.

Neiman, Susan, *Learning from the Germans. Race and the Memory of Evil*, New York: Farrar, Straus and Giroux, 2019.

National-Zeitung, Organ der Nationalsozialistischen Deutschen Arbeiterpartei, Ausgabe W Dinslaken, Dienstag, 2. Februar 1943.

National-Zeitung, Sonntag, 7. November 1943.
»Operapedia«: The Show Goes On, in: *Opera News*, March 2021, S. 11.
Pipke, Gerhard, »›Noch halten wir – jawohl, wir halten.‹ Bildnis eines Hamburger Regimentskommandeurs in Osten.«, in: *Hamburger Tageblatt*, Nr. 209, 15. Jahrgang, Donnerstag, 26. August 1943.
Roberts, Andrew, *The Storm of War. A New History of the Second World War*, New York: Harper Collins Publishers, 2011.
Robinson, Gabrielle, *The Reluctant Nazi: Searching for my Grandfather*, Cheltenham, Gloucestershire: The History Press, 2012.
Ryan, John, Fuller, *Wartime Woodburners*, Atglen, PA: Schiffer Military History, 2008.
Sands, Philippe, *The Ratline. Love, Lies and Justice on the Trail of a Nazi Fugitive*, London: Weidenfeld & Nicolson, 2021 (paper).
Schoeps, Karl H. »The ›Golden Cage‹: The Re-education of German writers in American POW camps«, in: Heinz D. Osterle, Hrsg., *Amerika! New Images in German Literature*, New York: Peter Lang, 1989, S. 29–42.
Schoeps, Karl-Heinz Joachim, *Literatur im Dritten Reich 1933–1945*, Berlin: Weidler, 2000.
Schoeps, Karl-Heinz, »Holocaust and Resistance in Vilnius: Rescuers in Wehrmacht Uniform«, in: *German Studies Review*, vol. XXXI, no. 3, October 2008, S. 489–512.
Schuman, Willy, *Being Present. Growing up in Hitler's Germany*, Kent, OH: Kent Sate UP, 1991.
Scoles, Sarah. »The Doctor From Nazi Germany and the Search for Life on Mars«, in: *The New York Times*, 24. Juli 2020.
Sebald, W. G., *Luftkrieg und Literatur*, Frankfurt/Main: Fischer Taschenbuch, 2001, 2003. (München: Hanser, 1999)
Seyler, Matt, »Top general responds to reports he feared Trump would use military after losing the election.« 21. Juli 2021, https://abcnews.go.com
Seyschab, Steffen, Schein und Sein. Das Leben des Kirchheimer Lehrers, Völkerkundlers und Expeditionsreisenden Max Grühl (1884) in einem Bericht des Jahres 1933. Internet.
Seyschab, Steffen, *Land um Teck und Neuffen – zwischen Nazis und Kommunisten. Eine andere Heimatkunde*, Nürtingen/Frickenhausen: Verlag Sindlinger-Burchartz, 2017
Shirer, William L., *The Rise and Fall of the Third Reich*, New York: Fawcett Crest Books, 1959, 1960.
Snyder, Timothy, *On Tyranny. Twenty Lessons from the Twentieth Century*, New York: Tim Duggan Books, 2007.
Stargardt, Nicholas, *Witnesses of War. Children's Lives under the Nazis*, New York: Harper Collins Publishers, 2007.
Stargardt, Nicholas, *The German War. A Nation under Arms, 1939–1945*, Citizens and Soldiers. New York: Basic Books, 2015, paper 2017.
Stern, Fritz, *Five Germanys I Have Known*, New York: Farrar, Straus and Giroux, 2006.

Timm, Uwe, *Am Beispiel meines Bruders*, Köln: Kiepenheuer & Witsch, 2003.

Tocqueville, Alexis de, *Democracy in America*, New York: Bantam Books, 2004. Erstmals 1835 veröffentlicht.

Vonnegut, Kurt Jr., *Slaughter House-Five or The Children's Crusade*, New York: A Delta Book, 1969.

Walker, Andrew, »Project Paperclip: Dark Side of the Moon.« *BBC News*, 21. November, 2005.

Wapnewski, Peter, *Mit dem anderen Auge. Erinnerungen 1922–1959*, Berlin: Berlin Verlag, 2005.

Weinberg, Gerhard L., *A World at War. A Global History of World War II*, Cambridge: Cambridge UP, 1994.

Whitman, James Q., *Hitler's American Model. The United States and the Making of Nazi Race Law*, Princeton: Princeton UP, 2018.

Wolff, Alexander, *Endpapers. A Family Story of Books, War, Escape, and Home*, New York: Atlantic Monthly Press, 2021.

Herbert Kremp
Morgen Grauen
Von den Anfängen des
Zweiten Weltkriegs
Gebunden mit Schutzumschlag.
712 Seiten.
Format 15,8 x 24 cm.
€ 38,00 [D] | € 39,10 [A]
ISBN 978-3-95768-232-1
Sofort lieferbar

»Herbert Kremp erspart sich und uns den bequemen Hochsitz des Historikers, der alles schon weiß und kommen sieht. Er analysiert und erzählt auf eine Weise, als hätten wir diese Geschichte noch nie gekannt, ein Drama, das uns immer wieder den Atem verschlägt.«
Thomas Kielinger

»Das Buch von Herbert Kremp ist ein fulminanter Beitrag zur Auseinandersetzung mit Hitlers Strategie in den entscheidenden ersten beiden Kriegsjahren. Es besticht durch Gedankenreichtum und analytische Tiefe, und es wird für Diskussionen sorgen.«
Prof. Dr. Ulrich Schlie

Mit dieser weit blickenden Studie über den Vorlauf und die Anfänge des Zweiten Weltkriegs betritt Herbert Kremp Neuland: Sein Werk basiert, anders als bisherige Publikationen zu diesem Thema, auf einer umfassenden strategischen Analyse. Kremp provoziert damit – gedanklich wie stilistisch auf höchstem Niveau – die Korrektur verbreiteter Irrtümer über Ziele und Motive der aufeinander und gegeneinander wirkenden Mächte. Auch deshalb, weil er eine neue, bestechende Perspektive wählt: Er sieht das Handeln der Akteure bestimmt vom *konsekutiven Zwang des Kriegs*, dem Stalin, Churchill, Mussolini, Roosevelt, vor allem aber Adolf Hitler unterworfen waren. Dabei werden Vorgeschichte und Verlauf der ersten Kriegsjahre nicht wie üblich aus dem Blickwinkel des Endes geschildert. Kremp sucht vielmehr die Beteiligten und ihre Entscheidungen in der originären Situation zu erfassen: Nicht als bloße Chronik, sondern als spannende, brillant erzählte Untersuchung, die vorurteilslos erklärt und dabei zu Einsichten gelangt, die in ihrer Stringenz, Aussage- und Formulierungskraft ebenso zwingend wie unkonventionell sind.

Aus dem Verlagsprogramm